◆ 作主题为《鲁迅的经典意义与当代价值》的学术报告

◆ 在全国现代文学助教讲习班上讲课。讲题为《鲁迅小说中的"狂人"家族》
（1982年，大连）

◆ 在哈佛大学讲学时，摄于哈佛大学教授宾馆门前（1990 年）

◆ 在哈佛大学讲学时，摄于校园内的哈佛塑像前（1990年）

◆ 在全国纪念鲁迅逝世六十周年国际学术讨论会上发言（1996年10月19日，上海）

◆ 在上海鲁迅故居门前留影（1996年）

◆ 与沈显惠同志交谈（2001 年）

◆ 与林声同志合影

16
鲁迅学论集

彭定安文集

彭定安/著

东北大学出版社
·沈 阳·

图书在版编目（CIP）数据

彭定安文集.16，鲁迅学论集 / 彭定安著. — 沈阳：
东北大学出版社，2021.8
　　ISBN 978-7-5517-2362-6

　　Ⅰ. ①彭… Ⅱ. ①彭… Ⅲ. ①社会科学—文集②鲁迅
著作研究—文集 Ⅳ. ①C53②I210.97-53

中国版本图书馆CIP数据核字（2021）第124919号

出 版 者：东北大学出版社
　　　　　地址：沈阳市和平区文化路三号巷11号
　　　　　邮编：110819
　　　　　电话：024-83680267（社务部）　83687331（营销部）
　　　　　传真：024-83683655（总编室）　83680180（营销部）
　　　　　网址：http://www.neupress.com
　　　　　E-mail:neuph@neupress.com
印 刷 者：辽宁一诺广告印务有限公司
发 行 者：东北大学出版社
幅面尺寸：170 mm × 240 mm
插　　页：4
印　　张：20
字　　数：336千字
出版时间：2021年8月第1版
印刷时间：2021年8月第1次印刷
责任编辑：牛连功
责任校对：周　朦
封面设计：潘正一
责任出版：唐敏志

ISBN 978-7-5517-2362-6　　　　　　　　　定价：90.00元

出版说明

　　本卷为论文集，所收论文话题均属于鲁迅学学术领域。它是此前各卷中，属于鲁迅学的专著之外的鲁迅学论文的结集。

　　论文主旨涉及鲁迅学的诸多方面，主要有：关于创建鲁迅学的首次建议，关于鲁迅学的学术范畴、理论命题、主要内涵及其文化学术意义，其中，有关20世纪80、90年代几个重要阶段的鲁迅研究的综述与评论，也属于这一范畴。这部分论述，可与本《文集》第9卷《鲁迅学导论》互相参阅。

　　此外的论文，主要论旨涉及鲁迅生平、思想、创作与学术研究等，其主要特色有二：其一，立足于世界、社会、时代、家庭、经历以及中西文化交流的广阔背景中，来探索与诠释鲁迅与"鲁迅世界"，从而形成一个独具个性的学术视域与诠释框架。其中关于鲁迅小说中的"狂人家族"的论述及关于鲁迅创作心理的系统阐述，均属自创的论旨和诠释内涵。其二，在论述前一论旨中，蕴含着"自身情怀"，即作者对鲁迅的崇敬、学习、研究与诠释，均充溢着切身的感应、人生的体察与对鲁迅的衷心敬仰，并且体现出践行鲁迅"俯首甘为孺子牛""我以我血荐轩辕"精神的深层意愿。故有评论指出："鲁迅研究同他的生命历程、思想深度、人格形成是血肉相连的"①。

本集中收录的，20 世纪 90 年代撰写的关于"21 世纪鲁迅研究预测"长篇论文，其所作预测，从鲁迅研究的现状看，有些确已成为现实，如其中关于"外部研究"的开展、"内部研究"的细化与深化、新的理论视域下新的解读、"文化大师鲁迅"的研究等内涵均是。

彭定安

2021 年 6 月

---

① 牟必海. 彭定安的学术世界 [M]. 沈阳：春风文艺出版社，2007：46.

我心中的绿洲（代序）

——我与鲁迅

"狂飙摧折徙塞北，风雪荒村读鲁迅"，这不仅是我的生活实况，更是我的心路历程，我的心灵接受抚慰和复苏的"心疗"。我至今难忘那时读鲁迅的情景和心境。时值"文革"岁月，我全家插队内蒙古，生活在边陲塞北的深山沟里——一个只有12户人家的小村庄。在孤立于村头远处的土包上，有一幢仅4平方米的孤零零的旧马架子，这便是我一家四口的栖息之地。在漫长的冬季，风雪之夜里，狂风像海啸雪崩，声震旷野，掀动低矮茅草屋的泥草房盖，缠绕着它发出凄厉的呜咽。我一灯如豆，拥被炕头，读鲁迅。下乡插队时，"净身出户"，在第二次"书灾"中，几乎所有藏书被抄、被卖，仅有马恩著作和红宝书，此外，就是《鲁迅全集》了。我读鲁迅的小说、诗，尤其杂文。回首历史、面对现实，思索文化与人生，思绪翻飞而开豁，心灵震颤而沉静。于是我进入鲁迅世界，一个情感的、理性的世界，一个历史的、文化的世界，一个文学的、艺术的世界。于是，它打开了我积郁的情意、闭塞的心胸、狭窄的眼界，面前开豁着一个广阔的天地。它把我带离现实的尘嚣，越过表面、越过皮相、越过现今与历史，也超越一己的抑郁忧愁和对个体命运前途的忧虑惶恐。我感觉似乎得到一副头脑的清醒剂、一种历史的穿透力和一贴心灵的解毒散。

的确，这不是一般的阅读，而是一种心的交流、情的融会，一种现实运命得免于精神危机和一直沉沦的拯救。我感到鲁迅是我物质与精神都处于荒寒地带时心中的绿洲。还记得，在"那时"的后来，我作为旗农业局的"干事"（实际没有任何名分，"干事"者是我自封"官职"），在一个生产大队蹲点，寄宿大队部，每晚与"跑信的"（通讯员）老人同宿。也是寒夜漫漫、风雪茫茫，寂静中，只有鬼哭狼嚎似的风扫万籁的凄厉恐怖之音。不禁想起流放边陲，前路茫茫，一生已矣，妻弱儿幼，归程何处？而国家民族，前途难卜。亦正斯时，身拥薄被、头戴狗皮帽、蜷缩炕头，捧读沉重的硬壳精装本《鲁迅全集》。同样靠"心中的绿洲"战胜现实的荒凉、心中的孤寂。这种"读鲁'心路历程'"与心中感受，没有同样或类似经历的人，是很难想象和理解的。

事实上，我的这种阅读与接受鲁迅的经历，不自此时始。

当我还在读初中时，读到了鲁迅的《呐喊》自序。其中有这样一段话：

> 有谁从小康人家而坠入困顿的么，我以为在这途路中，大概可以看见世人的真面目……

我的心当即被这语句吸引以至震撼，而且我感到一种觉醒，一种情感世界里带着理性成分的对于痛苦的觉醒，也就是一种人生觉醒吧。因为，我有着同样的身世和经历。并且，一个敏感少年的心，当时正遭受着世态炎凉，深感"世人真面目"的可怕。因此，我不仅感到心的相通，而且觉得内心的凄迷得到舒泄和表达。尔后读《故乡》，读《朝花夕拾》中诸多篇章，我都感受到类似的情感相通与心的响应。于是，我挚爱读鲁迅。这不仅是文学的爱好，而且，是文本和接受者在精神上的相濡相煦。以后，我更爱读鲁迅的杂文，并从中得到认识人生、认识世界、认识社会，特别是认识中国的历史与社会的启示和知识，所谓"知人论世"，而且，还感受到一种嫉恶如仇的心态和分辨真善美的理性。它们成为一个正在成长中、正在选择人生道路的青年心中的明灯，也是他感受时代苦难和个人痛苦的精神引导，又是苦闷中的安抚、沉沦中的激励。

正是此时，一位从上海归来的同学带回来一大批进步图书。其中有王士菁的《鲁迅传》和日本小田岳夫的《鲁迅传》，有欧阳凡海的《鲁迅的书》和平心的《人民文豪鲁迅》。这使困居南国闭塞小县城（江西鄱阳县）的我，得到了外面世界文化阳光的照射。我怀着激动的心情阅读了这几本书，从中了解了鲁迅的一生，了解了鲁迅的精神与人格，特别是越过感性的感受，从理性的层面上来认识鲁迅了。这是我早期的"鲁迅阅读史"。它不仅是文学青年在一般文学爱好范畴里对于鲁迅的阅读与接受，而且是融合自身的经历与情感、理性、理想，同自身的精神历程结合在一起的阅读与接受；不仅是一个稚嫩而苦痛的年轻灵魂向一个伟大灵魂的楔入，也是一个有待成长和展开的青春世界向一个恢弘深邃的世界的窥视。"阅读鲁迅"对于我来说，不仅仅是文学的欣赏和学习，更加是从文学世界进入理性世界的一个既严肃又充满激情的过程。以后，我一直保持着对于"鲁迅"的阅读和爱好，这成为我精神成长及情感世界和理性世界塑造的过程。

1954年，我在《辽宁日报》任编辑。有感于当时青年、学生学习鲁迅作品的热情和问题，发表了《关于怎样学习鲁迅作品的几个问题》（载1954年10月19日《辽宁日报》）。其中初步整理了自己学习鲁迅作品的体会。这是我第一篇关于鲁迅的文字。文中提到，要读懂鲁迅，需要学习中国历史，特别是中国近现代史，要了解作品的时代背景和中国社会状况。这体会自然是肤浅的，然而却是我切身的体会和感受。1956年，全国纪念鲁迅逝世20周年，多种报刊上发表了许多回忆文章和研究论著。我遍读了这些对鲁迅的"当代解读"，这对我是一次集中的灌输。对我影响最广最深的是冯雪峰的论文和回忆。我接受编辑部任务，写了长文《鲁迅的一生》，在《辽宁日报》上连载。这是我第一次对鲁迅的全面描述，也是第一次对鲁迅的认识的回忆和总结。一个完整的"鲁迅形象"在我心中形成。我的"粗浅而完整"的"鲁迅观"，也同时形成。于是，一个愿望在我心中产生：写一本鲁迅传记。当然，我感到这是一种奢望，但有一个美好的理想和"幻影"诱我前行。

1957年，我在政治风浪中倒下，并从此在报刊社消失，也在"鲁迅研究的队伍"里消失。但鲁迅仍在我心中。而且，我的"鲁迅阅读"，越过了此前的界域和规范，越过了"个人-个体心之炼狱"的范畴，走向人生的深处、社会的腠理、历史的玄关。同时，我也走向鲁迅世界的深处。我觉得更加懂得了鲁迅，也更加热爱他。这种"获得"，又使我得到一个识己知人、论世悟道的圭臬。记得1958年，在全民族"大跃进"中，在"向隅而泣"的悲叹和"病树前头万木春"的委顿中，唯吟鲁迅某些诗句，能够好似在沉埋中钻一小孔，得以透气喘息；而"寄意寒星荃不察""心事浩茫连广宇"句，则引入视接广宇、情寄苍生、心境豁达；"横眉冷对千夫指，俯首甘为孺子牛"一联，更增添精神力量。在"文革"苦难岁月的煎熬里，唯读鲁迅为时风所许，亦唯读鲁迅能"为君一销万古愁"，使过去和眼前的苦闷愁冤、抑郁沉沦得到文化消解。这些，只有身历其境者，或遭受过这种苦难的人，才"有幸"体验，而那些没有这种心路历程的人，是无法想象和理解的。

从1959年到1966年的六七年中，我隐姓埋名对岁月，埋头工作、低头做人。这期间，读书，尤其是读鲁迅，仍然是我心的寄托、情的皈依和精神的家园。其实，这并不是平安时期，不断地有这样那样的政治批判、小整风来摧折人心、考验意志、测试心理承受能力。能够支撑、扶助身处"另类"的人在风雨中前行的，也仍然是鲁迅的思想、精神和人格力量。在"三年困难时期"、饥饿遍国中，社会压力稍松，并号召加强文化活动、提供文化食粮，即后来被姚文元称为"牛鬼蛇神先是探头探脑后便大摇大摆出笼"的时候，我写了几篇研究鲁迅的文章，有关于鲁迅思想发展与中国革命进程之关系的论文，有论《野草》时期鲁迅的思想矛盾的论文，有《鲁迅的少年时代》部分文稿，有鲁迅诗的阐释稿。对于"另类"的我来说，这些均属于"地下黑文"。只有两篇鲁迅诗的短篇释文，因为毛泽东主席题写这两首诗赠日本友人，加之报刊宣传介绍，得以用笔名在报上发表。

1966年，"文革"狂飙起处，我应声而倒，而且罪名大得吓人，于是再次跌入深渊，各方面都比以前糟得多。个人的苦难沉冤，与国家民族的浩劫同在，对自身理想、信念的摧毁和身家性命的危殆造成的忧伤悲痛，与对苍生遭劫、社会沉沦、民族危机的无限担忧结合在一起：一方面增加了苦痛的深沉；另一方面又因而能够不拘于一己的悲愁忧冤，从而作超越性的广阔的、历史的思索。正是在这种时候，鲁迅的思想文章再次显出它的光焰和力量。又是剩下只有鲁迅著作允许读，我也就在极其特殊的情况下阅读鲁迅。我读到了"今天"①中国里的昨天的深刻印记，以至昨天的"历史沉渣"和"社会污秽"，在"今天"以革命的名义复活与变本加厉。我的审视力与分辨力增强了，我懂得了要觉察"麒麟皮下的马脚"，也增加了对"历史不会重复，江河岂能倒流"的信心。但更重要的是，我深深体察到"鲁迅如何做人"及"鲁迅教我们如何做人"的言与行。这成为我的主要精神支柱和生活导向。我凭此而超越自我，以冷静的心态——虽然不免悲怆，等待历史的转折，并细察显示历史曙光、报道历史足音的短暂闪光与微末动静。

---

① 指当时，即"文革"时期。

时值 1969 年末，我全家四口，以被强令"脱钩"（与原单位无瓜葛）之身，携"五带"（带家属和户口、粮食、工资、党员及团员关系）之证明，"在大雪封山之前赶到插队地"（当时的强令语）——塞外边陲之地内蒙古昭乌达盟敖汉旗牛古吐公社千营子大队丁家沟生产队。

我们来到插队地，一个坐落在荒僻深山沟里的小山村。这里的一个孤立在小山丘上的破旧的小马架子，就是我们的安身之处。这小马架子，只容得下一铺不大的火炕和一个半铺炕大小的炉灶。"这就是我们现在的，也许会是永久的家。"深沟高垒、荒山秃岭，穷苦山民，度日维艰。我在这里，同农民一样，从春到冬，从春耕到打场，在山野劳作，在狂风黄沙中锤炼。如斯整两年。我的心是平静而荒凉的，但不免凄清悲怆。唯有一片绿洲，滋润心田。这就是一部破损的《鲁迅全集》。在那个"革文化命"的时代和文化沙漠地带，它不仅是最好的精神食粮和营养，而且，它引领我在这样的时代和这样的地方，思考文化的精灵和问题，并且给我以依凭，去观察和思考更广泛、更深沉、更久远的时代、社会、世界、历史的发展脉络和现实状况。我因此而感受到一种荒凉中的充实、凄怆里的慰藉。我常常眺望着苍穹漠野，面对荒山，心想某个时刻，我将死去，埋骨此处。想至此，心里并不凄凉绝望，而是坦然。我相信历史会还公正于众生，怕只怕自己来不及等到这一天的到来。但我以坦然的心，阅读鲁迅、理解鲁迅、接受鲁迅。这就是我此文开篇时写到的情境。

1972 年，我被"改行分配"（这是当时辽宁省革委会对插队干部的处理政策："改行分配，就地消化。"）到旗农业局工作，直到 1978 年。这六年中，我虽然得益于旗文化馆图书室管理员的身份可以借到许多其他图书，但是，阅读的主要内容，仍然是《鲁迅全集》。到农村出差时，也总是带一本鲁迅著作。在每年四次的全旗 24 个公社的"拉练"中，我靠着背诵鲁迅的诗并在心中注释、"翻译"成白话文，以消解晕车的痛苦及疲劳和寂寞。到驻地后，便驱除疲困，在煤油灯下整理成文，经久成为一本书稿，我将它定名为《鲁迅诗注释、翻译和讲解》。这不是工作，当然更谈不上是什么研究，这是消除疲劳、寂寞与惆怅的副产品，更是消解精神委顿的甘泉。这份"工作"结束后，我又开始《鲁迅杂文读本》的"研究工作"。立意是面对基层干部和青年学生，选取鲁迅的重要而比较容易理解的杂文作品，加以注释和讲解，内容包括题解、注释、通俗讲解和艺术欣赏。业余时间，都用在这一"工作"上。而事实上，我的精神生活、思想活动、情感世界，都倾注于此。这些，在当时都是"只问耕耘，不问收获"的。因为我深知这只是一种粗浅的习作，既不是研究成果，更不会"藏之名山"。不过，这些积累，倒成为我后来撰写《鲁迅评传》和其他鲁迅研究著作的资料和思想、观点的基础。

自1957年以来的几十年中，我就是这样阅读鲁迅、"研究"鲁迅的；究其实质来说，这是我的情感寄托、心灵依附和精神生活的主体，是我的精神积累、提高的过程，也是审美能力、审美理想培育、濡化的过程。如果说这里面含有研究的因素，那么这种"研究"也具有一种特殊的性质，它不是在高等院校和研究机构里的学习和研究，而是在困厄生活中、在劳动改造中、在荒僻乡村里的阅读与思考，是心与情交融的阅读。它也不是一般客观冷静的、学理式的和"纯艺术-审美"的探究，而是蕴含着生活的"血肉"、裹挟着自我精神经历的抒发与阐释，带着主观的理解，含着自身的情怀。对我来说，"阅读鲁迅"是苦痛生活、艰困人生中的精神救赎和思想激励，是越过自我，进入广阔世界和现实人生的扶植。

1978年，我在插队十年之后，回到沈阳，并如愿进到辽宁社会科学院工作。1979年，我在边陲风沙中辛苦写成的书稿，经过删削修改，以《鲁迅诗选释》为名，由辽宁人民出版社出版。这是我生活改变之后，走上学术研究之途之首的第一件快意之事，也是我第一本关于鲁迅研究的书，故我称它"春天的第一只燕子"。接着，又由辽宁少儿出版社出版了《在世界的海边——鲁迅的少年时代》。它创作于20世纪60年代，完成于70年代。一本小小的书，经历了十多年的"写作历程"，反映了作者的经历坎坷。这时期，我的数篇鲁迅研究论文，先后在《鲁迅研究资料》《鲁迅研究》《社会科学战线》《社会科学辑刊》等学术刊物上发表。于是我"正式"走上专业鲁迅研究的道路。从此，鲁迅研究就是我研究工作的主体与主题，而且由这一研究领域衍生、延伸、扩展、深化至其他领域，尤其是文化领域的研究。

1980年春，我开始撰写《鲁迅评传》。这是我二十多年来的梦的实现。它经受了血泪的洗礼，却也偏得了生活的给予。其中，含着我坎坷生活的深深的印记。此书1982年由湖南人民出版社出版。读书问世后，颇获佳评。这是给我的最大的鼓励和最深的慰藉。此后，我就"一发而不可收"，陆续撰写和出版了数本鲁迅研究论著，计有：《鲁迅思想论稿》（浙江人民出版社，1983年）、《突破与超越——论鲁迅和他的同时代人》（辽宁大学出版社，1987年）、《鲁迅杂文学概论》（辽宁教育出版社，1988年）、《走向鲁迅世界》（辽宁教育出版社，1992年）和由我主编并撰写主要篇章的《鲁迅：在中日文化交流的坐标上》（春风文艺出版社，1994年）。此外，还有为数不少的鲁迅研究论文发表。1999年完成《鲁迅学导论》，由中国社会科学出版社出版。

二十年来，我逐渐扩大了研究领域，所涉甚多；但鲁迅研究始终是我研究工作的主要方面，也是我的"终身主题"。有人讥刺我："他选了个永远打不倒的研究对象"，意谓学术研究犹如做买卖，挑到俏货，就能捞钱。这既是诛心之论，又是庸俗之心。距离前面我所追述的"读鲁"经历和研究鲁迅的历程不仅十万八千里，而且风马牛不相及。

我以上的生活经历与心路历程，说明了我的鲁迅研究绝不是一般研究学科的选择，更与买卖无关；而是人生选择、生命寄托，是精神生活所志，是理想追求鹄的，是我的生活的重要组成部分。也有个别外国学者说我"这个人很保守"。对那些远离中国社会生活，特别是不了解半个多世纪的中国知识分子生活的人来说，讥我以"保守"，或许是有其理由的；但我相信，我以上略呈"读鲁心史"之所述，可以说明我之所以"保守"，是因为我没有攻击鲁迅，更没有谩骂鲁迅。而且，我之"保守"，也是有充分理由的，是"盖有深因焉"。那些论著之所论、所述、所诉、所言以至所颂，都是出自真心真意，不仅并非徒托空言，而且反映了一个中国现代读者与鲁迅的思想、精神的关系。这"关系"不仅反映着中国的真实，而且涵盖着深深的历史内涵和不幸的人们的血和泪。这是那些攻击"保守"的人们所无法理解，也不需要他们理解的。我们本来不是同路人。

（《上海鲁迅研究》第12辑，2001年9月）

目录

CONTENTS

一个建议：创立鲁迅学

——《鲁迅学刊》代发刊词

我谨提出一个建议：创立"鲁迅学"。

现在，创立这样一个学科，既很必要，又具备基础和条件。

一

鲁迅是中国的，也是世界的文化巨人。他的思想，他的著作，他的事业，他在文化上的作用和贡献，不仅在中国具有承上启下的、划时代的伟大意义，而且具有世界意义。现在研究鲁迅的工作，不仅在中国逐渐开展，逐渐深入，而且，已经是进入世界范围的事了。

鲁迅是中国封建社会的末代知识分子，又是共产主义思想文化的先驱。他针对中国几千年来的封建思想文化，进行了不屈不挠的斗争和广泛深入的批判；他又对中国几千年的传统思想文化进行剔除糟粕的工作，吸取其精华，继承和发展了中国几千年的优秀文化。鲁迅的思想，是外来的共产主义思想文化与中国固有的优秀文化相结合的产物。鲁迅是几千年文化发展史上的一个里程碑，是中国文化史上的一位巨人。

鲁迅思想，也是共产主义思想文化与中国社会、中国革命相结合的产物。鲁迅是中国人民革命的政治、军事、经济、思想、文化诸战线上的一个伟大旗手，他是在这个伟大革命中奋斗在文化战线上的巨人。

因此，不懂得鲁迅，就很难懂得中国。不懂得鲁迅，就很难懂得中国文化，很难懂得近代和现代的中国社会，很难懂得中国的反帝、反封建的新民主主义革命和社会主义革命。

因此，研究鲁迅，就是研究中国社会、中国革命、中国文化。

就世界范围来说，鲁迅因世界第一次无产阶级革命和社会主义国家的建立，而改变了自己的思想方向和发展道路。在此之前，他作为中国向西方学习的先进人士中的一员，曾经广泛而深入地学习和研究了西方资产阶级进步文化，吸吮了它的思想文化的汁液，同时又对开始进入帝国主义阶段的欧美腐朽没落的思想文化持批判态度并加以抵制；在十月革命之后，他则逐步地、踏实地、饱和着自己战士生涯中的体会和丰富的思想营养，吸收了以辩证唯物主义和历史唯物主义为理论基础的共产主义思想文化的营养。他的这个思想发展历程与世界共产主义思想文化发展的历程相一致、相叠合，并成为以亚洲为重点的殖民地、半殖民地和一切被压迫民族与国家的革命文化发展的趋势与成果的伟大代表之一。

在无产阶级为摆脱资本主义枷锁的年代里，鲁迅与高尔基，同为世界思想文化星空上的明亮的巨星，曾经映照、鼓舞、指导被压迫人民，促进他们的觉醒历程，鼓舞他们的斗争精神，激励他们解放自己的意志。1936年，这两颗革命文化巨星的相继陨落，曾经激起世界性的哀痛的波涛，这不是偶然的。

鲁迅的出现是与世界革命、国际文化发展史相联系的。

英国的莎士比亚，德国的歌德，俄国的托尔斯泰，法国的罗曼·罗兰，在他们各自的国家里以至国际文化界，人们都对他们进行了广泛深入的专门研究，已经形成一个专门学科。鲁迅作为一个中国的和世界的文化巨人，同样应该建立一门"鲁迅学"学科。

二

当《狂人日记》以它的忧愤的深广和格式的特别，在"五四"前夕的中国旧文苑和新文坛引起雷轰电击似的震惊时，"鲁迅"这个首次出现的名字，就引起了人们广泛的注意。而当《阿Q正传》出现，《呐喊》编集出版后，鲁迅就巍然屹立在中国文化界，并且很快就引起国际上的注意，作品有了日文和俄文译本，不久又出现了更加具有国际性的英文和法文译本。从此时起，鲁迅就成为一个文学研究的对象。20世纪30年代，鲁迅作为一代革命文豪、文化革命的旗手和主将，受到革命文学界和文化界的竭诚拥戴，得到全国人民的热烈爱戴；同时也遭到反动文化界的疯狂"围剿"与迫害，恶毒攻击与诬蔑；也受到同一阵营的战友的误解。或誉或毁，研究者大有人在（毁诬或误解，也是一种

"研究"、一种看法，也值得研究者去研究），研究著作和专论，连篇累牍。鲁迅逝世后，又进入一个回忆、悼念、研究的高潮。20世纪30年代末、40年代初，以毛泽东同志的《新民主主义论》中对鲁迅的评价为标志，对鲁迅的认识与研究进入新阶段。从此，对鲁迅的研究工作更加广泛。20世纪40年代末、50年代初，中华人民共和国成立，对鲁迅的研究进入一个蓬勃发展、广泛深入的发展期，取得了很大的成绩，并逐步形成了一支既有鲁迅的战友、学生为骨干与指导者，又有文学史论工作者参加的庞大的鲁迅研究队伍。从20世纪60年代中期到70年代中期的十年浩劫，使鲁迅研究在队伍和工作两方面都遭到摧残、受到影响。"四人帮"严重歪曲鲁迅，以鲁迅为打人的"棍棒"，把鲁迅研究引入歧途。但是，在此时期，一批热衷于鲁迅研究的正直的同志，在挖掘、收集、整理资料方面默默地工作，也取得了可喜的成绩。20世纪70年代中期至今，以打倒"四人帮"为标志，以中共十一届三中全会后思想解放运动为转折，鲁迅研究又进入一个新的历史时期。在研究工作上，不仅冲破了"四人帮"的压制，批判了他们的歪曲宣传，而且打破了"左"倾教条主义的束缚，恢复了实事求是的学风，使鲁迅研究获得了新生机、新气象，有了新的长足的发展。

总之，无论从鲁迅研究史的发展来看，还是从研究工作的基础、成绩和队伍来看，都已经具备了建立"鲁迅学"的条件。

当然，到目前为止，鲁迅研究还有许多问题虽已开展研究但却研究得不是很充分，还有不少薄弱环节，有的甚至还是空白。创立"鲁迅学"正可以使对鲁迅的研究更加计划化、系统化、理论化、科学化，也可以使已经开辟的领域的研究工作更广阔、深入、细密，更能开拓新的领域，填补空白，使"鲁迅学"成为一个科学体系。这样，将使我们的鲁迅研究水平更进一步，对鲁迅的宣传也提高一些。这对让我们的人民更广泛、更深入、更科学地了解鲁迅、认识鲁迅、学习鲁迅，将会起到很大的作用。

三

事实上，"鲁迅学"已经规模初具。根据我们已经开辟的研究工作和已经取得的成就，以及鲁迅思想、著作的实际，可以设想出"鲁迅学"的理论框架，其大致包括以下几个方面。

（一）鲁迅生平、传记研究

对鲁迅的生平事迹、革命实践、文化实践、文学创作实践等方面的资料进行发掘、收集、考订、整理，并进行广泛深入的研究，编写详尽的、有学术意义的鲁迅年谱，编写详尽的有学术价值的鲁迅传记。这样的年谱和传记，可以有多种，各有侧重、各有特点。

（二）鲁迅思想研究

对鲁迅思想开展纵向和横向研究。同时，展开对鲁迅生活的时代的政治、经济、思想、文化的研究。为了达到这个目的，需要有为研究鲁迅而进行的具有专业特色的中国近现代史、中国近现代思想史和文化史、中国现代文学史等的分项研究。当然，更重要的是对于鲁迅思想发展的独特路径的研究和对于鲁迅思想与中国社会、中国革命"同步"发展的研究。针对这种研究工作，既要进行断代的、专题的研究，又要进行综合性的研究。为此，首先可以有计划、有系统地编辑出版鲁迅思想类的资料专辑和研究专著。

（三）鲁迅著作研究

鲁迅的著作博大精深，范围广泛，是中国历史文化和文学艺术方面的具有独特性的百科全书。对鲁迅著作展开广泛深入的研究，不仅可以深入了解作品本身、鲁迅思想，而且能够帮助了解中国的历史文化和新文学艺术。对于鲁迅的小说、散文、诗歌、杂文、学术著作及翻译作品，都需要做分门别类的专项研究和综合研究；对他的著作的思想和艺术进行深入的探讨。现在，我们在这方面的研究，也是单项独篇的分析研究较多，且成绩显著。但是，综合性的研究却显得不够。

（四）"鲁迅面面观"的研究

鲁迅是时代的产物，是中国近代社会和中国伟大革命的产儿。但他不是一个偶然的现象、突然的现象，他和他的同时代人一起成长发展，他继承中国优秀文化传统，借鉴外国进步思想文化而成长。因此，研究鲁迅，就必须开展对与他直接或间接有关的同时代人（包括中国和外国；连及稍前或稍后于他的人）、对与他发生联系的古典文学、外国文学的研究。诸如下列主题："鲁迅和他的同时代人""鲁迅与古典文学、传统文化""鲁迅与外国文学"，都是可以且应该进行专题研究的。而且，这些主题还可以细分出科目来进行分别的研究。在这方面，我们的研究工作还是很不够的，而且连促进研究的知识水平和理论水平也不够，亟需加强。

（五）鲁迅研究之研究、鲁迅研究史之研究

从五四运动时期起到现在，鲁迅研究已经有六十年的历史了。研究者之广泛、文章专著之丰富、观点之杂然纷呈，是足以构成一部史和一个研究项目的。从"五四"到20世纪20年代、30年代、40年代直到80年代，每个时期既相继承又相区别，不断发展前进，"鲁迅观"各有时代特色，反映着研究者的思想观点和时代影响。对这个发展历史，进行史的整理研究和观点的整理、分析、研究，是很有必要的，是我们前进的基础和推动力。

（六）国外鲁迅研究的研究

国外研究鲁迅的人和著作都在增加，尤其在日本，研究历史之长、研究者之多、著作之丰厚，都是很值得注目的。在外国的百科全书中，也有对于鲁迅的介绍。这也许可算作各个国家对于鲁迅的研究成果的集成和总结。这些国外的研究，在内容、观点上具有独特的角度和方式，值得我们学习、借鉴，纵然有些不免显出隔膜，有些不免存在误解。但不管何种情况，都值得我们去了解和研究。"外国人眼中的鲁迅"，对于我们中国的鲁迅研究者来说，是有启发意义和参考价值的。我们要有计划地、系统地翻译出版这方面的著作与资料，把这项研究工作开展起来。

（七）鲁迅研究的文献学

关于鲁迅生平事迹材料的发掘、收集、考订，关于鲁迅著作（包括书信、日记）的收集、考订、注释，鲁迅著作的目录，中外研究鲁迅的文章与专著的索引，等等，足以构成一个鲁迅研究的目录学、文献学。它是开展"鲁迅学"必不可少的基础工作。

（《鲁迅学刊》创刊号，1981年）

鲁迅学：中国现代文化文本的理论构造

中国现代文化文本的理论构造，体现于众多文化学术名人的文化文本的理论升华与结晶之中。这种升华与结晶需要他们自己或别人为之提炼和作出理论概括。鲁迅文化文本的这一步工作，则集中凝结于鲁迅学之中。鲁迅学作为鲁迅文化文本的理论概括，一种由总体和分论构成的体系，便成为中国现代文化的理论构造的一部分。由于鲁迅在中国现代文化中的重要地位，鲁迅学也就成为这一民族现代文化文本的重要的理论构造部分。

每个民族在每个时代都会产生一批集中、凝聚、积淀、代表这个时代的文化总体的杰出大师，其思想和著作足可成为民族文化文本的人格化表征。在这种成批的代表人物中，又会有居于前列，具有更充分、更主要、更突出、更有代表性的几位大师，成为主要的代表。鲁迅，作为"五四"以来产生的一批中国现代文化大师中的佼佼者，更具有这种代表性。他的创作和著述的成就，他的思想高度，深刻、全面、突出地反映出中国20世纪的基本社会状况，以及这种思想在文化含量、思想深度、民族特征上的杰出成就。他的活动领域和影响广泛，这种影响直接地或通过各种文化中介的泛化而深入广大民众之中，还有他足以代表中国现代民族主题和主体的文化—心理性格，如此等等，都说明鲁迅是诸多中国现代民族文化文本中的杰出代表。中国人和外国人都可从他的文本中"读"出中国人的现代文化性格的演变和发展，并且这一文本在塑造着，也塑造了中国人的现代民族性格。

鲁迅不同于他的同时代人中的另外一些杰出代表，他以其创作和思想广泛深入地影响了整个民族的各阶层人，并触及他们的思想灵魂；也以他的创作和思想提出和回答了中国民族发展的根本问题。他不像其他的一些文化大师，不免局限于各自的专业或某些领域。他特别着力于揭露、解剖中国国民性，致力于寻求中国国民性格和中国文化的现代化出路。正是由于这些原因，使得鲁迅成为中国现代化民族文化文本的杰出的、特殊的代表。

当鲁迅比之"五四"思想文化领空上的耀眼群星稍迟一步出现于文坛上时，立即引起分外的注意和应有的高度评价，从这时开始，他也就成为人们研究的对象。以后，随着他的创作、活动、事业的发展，他的影响越来越扩大和深化，对他的社会阅读和接受，以及对他的诠释和研究也在日益发展，累积着日后成为鲁迅学这一学科的认知和经验的资料，也升华出若干理论的概况，其范围远超出文学一隅而广及整个文化领域。而且，这些解读、诠释、接受、评价和总结，都同中华民族的历史主题、中国文化现代化的母题，同探寻民族的出路和文化的转换密切相关。这样，就使"鲁迅研究"这一文化学术工作和业绩，同整个民族的沉沦、苦难、抗争、挫折、战斗和苦思求索紧密联系在一起。

鲁迅研究，在每一个"重读"和诠释的新周期里进行，总是和全民族的命运主题，同时也就是文化主题紧密相关、紧紧结合着。这是他的研究对象，即鲁迅的文化文本的本质特征所决定的。鲁迅的文化文本的全部形态，无论是小说、散文、散文诗，还是学术著作、翻译作品，以至书信和他所从事的文学—文化工作的实体（实际工作）所体现的文化精神、文化方向，总体上、本质上都是同时代精神、国家民族的命运、人民的自由解放的斗争息息相关、休戚与共的。因而这就决定了对它们的研究，既是对鲁迅的研究，又是对民族的命运与出路、文化的发展与建设的探索。两者是不可分割的。这里，便不能不蕴含着有机结合的两种"双相"研究成果，一个是对鲁迅的解读、诠释和接受的"近期的""切实的""具体的"成果，与"远期的""长久的""一般的"成果，两者结合在一起；另一个是对于民族命运和出路、文化重建与发展之探索的"近期的""切实的""具体的"成果，同"远期的""长久的""一般的"成果结合。这两种"双相"结合的成果，体现于具体的、个体的研究论著中，有的"一相"（前者）突出，过后失去轰动效应与恒久价值，而成为历史档案；有的"一相"（后者）厚重，过后仍不失其认识价值，甚至越发显出其思想光芒，而成为有意义的历史文献，进入鲁迅学的文化积淀之中。这些，也同时进入中国现代文化发展建设的总积淀中。这也是由鲁迅的文化文本的性质和它所决定的鲁迅研究的性质所决定的。

鲁迅研究可分为三个层次：第一个层次是研究鲁迅关于中华民族的命运和出路、中国国民性改造，以及中国传统文化向现代转化问题的思想、言论和作品等；第二个层次，是研究与总结鲁迅文化文本的行动意义与实际效应，以及鲁迅的实际工作与社会行为的文化文本的意义内蕴；第三个层次则是对鲁迅作为作家的产品（文学创作）的审美文化与一般文化的意义的研究。这三个层次都各自有其理论的概括和结晶，同时，各层次之间又相互渗透而融会，最后形成一个完整的体系。它们的理论构造和文化内涵，自然地就成为建设中国现代文化、形成中国现代文化文本的理论构造的一部分。

在鲁迅研究的第一层次上，研究者们所提出并作回答的问题，总是"鲁迅站在什么样的立足点，针对中国民族之生存与文化之复兴的根本问题，作出了怎样的批判和建树"。在第二层次上，则从对鲁迅的小说、散文、散文诗，特别是杂文这一鲁迅独创的文学—文化文本的深层意蕴的分析，从对鲁迅在他的生平的社会活动、文化创造和文学创作实践层面，剔抉梳理出他对于中国文化现代化发展所做出的努力和建树。在第三层次上，则更多地、具体地对鲁迅的小说和杂文进行思想的、艺术的分析，寻求其中的深层文化意蕴和对中国现代文化建设的具体贡献。在这几个层次的相区别又相渗透而至融合的研究成果中，总是体现着这样的总体精神并表现于几个重要的方面：中国如何从苦难中走向求生存争解放的道路，为此，要怎样清除中国文化传统沉积物的污障，怎样克服中华性格中的劣根性，并从而创造新的中国文化。这样一个总题目、总精神具体体现在以下几个重大问题上：（一）如何认识中国传统文化（包括儒、道、释三家及其综合），以及鲁迅对此所作出的剖析与批判；（二）如何认识中国国民性中的劣根性，它的表现、症结和社会文化渊源，以及鲁迅在这方面所创造的典型人物性格与所作出的批判；（三）如何认识和对待外国文化，特别是西方文化，以及鲁迅对此所作出的基本论述和提出的基本原则、基础理论；（四）为了这种种建设，如何对待"当面之敌"和"惨淡人生"，鲁迅在这方面的抗争、奋战、思索与实践；（五）为了这种种建设，如何对待"具体的"当前的西方文化思潮与文化现状，以及鲁迅在这方面的论述、实践和真知灼见。

这五个方面，是鲁迅学理论建构的基石，同时也是中国文化现代化的理论构造的基石。其原因就在于鲁迅作为一位伟大的作家和文化大师，他的思想、创作和社会活动，总是提出并围绕中国文化现代化这个主题所派生的几个基本问题来展开的。冲破传统束缚，寻找并创造现代性（即中国文化现代化），是中国文化的文化母题与文化主题，而鲁迅正是在他走上文坛之始，就用小说、杂文、随感录等文体，从多方面提出并剖析这一民族文化母题与文化主题。这一鲁迅的"思想、创造、活动"——母题与主题——直贯穿他的人生。他的《狂人日记》和《阿Q正传》以至整个《呐喊》与《彷徨》，他的收集于《坟》中的论文与杂文，表现了从20世纪之初到五四时期鲁迅的思想轨迹与业绩；20世纪20年代后期到30年代初期，他的杂文创造和思想发展，他晚年的几部杂文集和这一时期的广泛领域的文化活动与建树，则都表现了他在这两个时期围绕着同样的母题和主题，所经历的思想轨迹与所取得的文化业绩。而在这一历史时期之中，不管中国的社会状况如何变迁，政治形势如何变幻，在文化的母题与主题上，始终未曾越出这个范围，虽然各个具体时期的具体表现形态不同，重点或有变化。历史的事实和鲁迅的实践正是这样：中国文化寻找和创造现代性的过程，充满了矛盾、冲突、斗争、困惑、探索，是一个动态的、斗争的、艰难发展的过程，而鲁迅的"思想、创造、活动"，正是在直面这一"惨淡的人生"，及时地、直接地、突出地、鲜明地反映了这一艰难、复杂、曲折的文化发展过程。我们可以列出这样一个图式："中国文化现代化过程（五四时期—20世纪30年代）"/"鲁迅的思想、创造、活动"过程。"前项"是渊源，是基础，是"历史"；"后项"是体现，是表现，是"映象"。这样，我们看到了两者的同步性与同构性。正是在这个意义上，鲁迅学作为研究和总结鲁迅这一"思想、创作、活动"之总和与分体的学术文本，就成为中国现代文化文本理论构造的基础部分与重要部分。两者虽然并不完全等同，但是，可以说，鲁迅学的内涵部分地进入这一文化文本的理论构造之中；而这一文化文本的理论构造则并未完全接纳鲁迅学的全部内容。

在鲁迅学中探讨得最多的几个问题是：鲁迅思想的性质和历史、民族、文化根源问题，鲁迅和鲁迅思想同中国社会发展，特别是同中国现代革命，又尤其是思想、文化革命的关系问题；鲁迅的艺术典型，特别是"狂人"、闰土、祥林嫂、孔乙己、魏连殳、鲁四老爷、假洋鬼子，尤其是阿Q的社会、历史、文化内涵和意义问题；鲁迅国民性改造之探讨的问题；鲁迅的思想内在矛盾与前后期之划分问题。这些问题的探讨、解析、诠释与如何作出结论及作出何种结论，都涉及中国的社会性质与革命进程，涉及中国的传统文化、外来文化及它们之间的撞击与冲突，中国文化现代化等一系列问题。这本身就已经是"中国文化现代化转换"的总问题的组成部分了，而对这些问题所作出的结论，就自然是对其"母题与母体"，即中国文化现代化的讨论与结论了。由此，鲁迅研究在这一系列问题上的分别的和综合的结论，以及由此而形成的理论概括和理论体系所形成的鲁迅学的构造，也就自然而然地成为中国现代文化文本的理论构造的有机组成部分和重要的基础部分。

特别显示"鲁迅学/中国现代文化文本"的相关性和理论构造的相通与同构的，是鲁迅学的史的发展轨迹，即其明显的阶段性划分和各阶段的具体特征。当鲁迅还是以一位杰出小说家出现于文坛时，他的作品不仅立即引起了注意，而且对其评论也就是文化评估，就确立在中国传统文化消极面的核心部分的攻击，以及与此相关的对于中国国民性的解剖。吴虞对《狂人日记》的评价代表了当时的社会评价并获得了普遍的文化认同。他说："把吃人的内容，和仁义道德的表面，看得清清楚楚。那些带着礼教假面具吃人的滑头伎俩，都被他把黑幕揭破了。（吴虞：《吃人与礼教》）"而对于鲁迅的《阿Q正传》及其典型人物形象阿Q，人们则一致地指出了他的民族精神的代表性：阿Q是"中国人品行的结晶"（茅盾），"阿Q这人是中国一切的'谱'——新名词称作'传统'——的结晶"（周作人），"《阿Q正传》是藏着过去了的中国病态的国民性"（钱杏邨）。这些看法，也都是得到了普遍的认同的。至于鲁迅的杂文，由于阶级的差别、政治思想的分野、审美标准和艺术观念的分殊以至夹杂着个人意气成分，评价很不一致。但是瞿秋白的评价，即认为"反映着'五四'以来中国的思想斗争历史"，他所批判的是"社会典型"，即杂文中的具体的个人是作为社会的某种人的代表来对待的。这样的论证，还是比较普遍地被许多研究者认同的。尤其是鲁迅许多"文化杂论"（包括在《坟》和后期杂文中的许多篇章），直接地、系统地、深刻地抨击、剖析了中国传统文化的痼疾和毒汁，揭示了它的消极的文化本质，这是被普遍重视的，即使攻击者也无法否定而只取避而不谈的态度。还有鲁迅的可以全部概括在"社会批评"与"文明批评"中的杂文全体，其文化精神、文化批判的深层底蕴也是人们不能否认的。

这样，在对鲁迅的小说（及其典型）人物形象和杂文（以及其他作品）的剖析、诠释和研究中，就形成了鲁迅学的思想理论基干，而这一基干，又正是中国现代文化从传统向现代转换的文化内涵的基干和其理论构造的基干。中国文化与中国人的现代化正是要在理论上和实践上认清、揭露、抨击、批判中国传统文化的痼疾与顽症，认清、揭示、抨击、批判中国国民性的劣根性并寻求改造的内容与道路。

当然，鲁迅学之所以能成为这种民族现代化文本的理论构造的重要组成部分，不仅在于鲁迅"这么做"了，即提出了这些问题，而且在于他的揭示、揭露、抨击、批判是深刻的、正确的，而且具有审美素质和理论品性。

在鲁迅研究的自然形成的阶段性及其特征中，更是体现了"鲁迅学/中国现代化文本"的理论构造的同构性与相通性。五四运动前后是中国现代化的创获期，主要进行以批判儒家所代表的中国传统文化为主要宗旨的思想革命文化革命，而鲁迅研究的主要文化结晶，也正是鲁迅在这一主战场上的功绩和思想/文化成就及文化/理论形态。这一内容，正可成为中国文化转型初期、现代文化创获期的理论构造的组成部分。20世纪20年代后期至30年代初期，中国社会经历了急遽而剧烈的变化，中国革命形势也发生了急遽而剧烈的变化，文化营垒则相应地发生了多重的分裂与组合。新文化营垒分裂为激进派与英美自由主义知识分子派；而原来反对新文化运动的顽固守旧派和文化保守主义派，仍然与他们双方对立着。激进派中又分化出马克思主义文化派，走在文化革命的前列，举起革命文化的旗帜而与其他诸派均处对立状态。而这种局面，在30年代初中期，很快就整合为旗帜鲜明而尖锐对立的两派，这就是以共产党为代表的无产阶级马克思主义革命文化阵营，和以国民党为代表的地主资产阶级反马克思主义保守文化阵营。这两大阵营的政治色彩极为鲜明，处于对立状态，形成"武化斗争"局面，文化战士血染文化战场，以生命来殉文化事业，纳入了党派斗争、阶级斗争的范畴。一方处于统治地位，镇压迫害被统治的另一方。但在这一时期，在政治上处于劣势的革命文化派在文化上却处于优势，在不断发展壮大其阵营的力量，在文化上建树甚多；而另一方却在文化上处于劣势，总体上是保守的、倒退的状态。在两方血与火斗争的尖锐状态中，处于中间状态的以英美自由主义知识分子为代表的，主要以大学为"基地"的学院派文化人，则在这种民族文化分裂的张力场中，进行了科学文化的研究创造和建设。

20世纪20年代末期到30年代后期，中国文化内部进行着剧烈、深刻、尖锐的分裂、改组与斗争。这一时期，中国文化分裂为带着鲜明阶级斗争和党派色彩的两大营垒，它们围绕着中华民族在存亡之秋何去何从的主题展开了激烈的斗争。整个文化的建设与发展，也以此为母题和主题来展开。鲁迅正是站在这一斗争的最前列并成为代表全民族展开对民族敌人的斗争的思想文化旗手，一方面展开殊死的搏斗，另一方面围绕这一民族文化的母题与主题又由此连类而及向外沿扩展，在社会批评与文明批评的旗帜下，对当时中国的社会—文化和中国国民性展开了深刻的判断。这两方面的工作，实际成为中国文化在特殊的民族、社会、文化条件下的现代化进展，其主要精神是激进的民主主义、爱国主义，以及通过斗争以求民族独立、人民解放。文化的一般性发展和建设都围绕着这一民族主题来展开。无论当时的"这个时期的鲁迅研究"，还是以后对"这个时期的鲁迅"的研究，都是在这个主题和意义上来探索鲁迅思想发展的轨迹，评价他的思想、创作和全部工作的全民族的文化意义与价值。20年代末到30年代中后期对鲁迅的认识和研究的发展，正是循着这样一些主题来进行的，即鲁迅在五四运动之后的思想—文化意义与价值，他的全部文化文本与中国当代社会及中国革命发展的深刻关系，他对国民性改造问题的探讨的民族文化意义，他的杂文的深刻社会背景与文化渊源及其在文化建设发展中的特殊作用和地位，等等。以后的鲁迅研究，也仍然是循着这些问题来展开的。只是在内容上不断扩展、深化和具体化罢了。这样，这些研究成果的理论成分、理论概括和理论结晶，就成为这一时期中国文化发展和现代文化文本的理论构造的重要部分。

20世纪40年代的鲁迅研究，表现出一种双重的整合现象。一种整合以毛泽东对鲁迅所作出的系统的、全面的、崇高的评价和概括为主导，将所有各种对鲁迅的解读与诠释汇流于这一理论构架之中，合之者留，不合者弃（或批）。另一种整合则是鲁迅成为"中国新文化"方向和主体的唯一代表，即以鲁迅文化文本为唯一的标帜。其他文化系统、文化势力、文化存在均被视为同路人、友或敌来对待。中华人民共和国成立后，这一在鲁迅研究中所反映出来的双重的文化整合，达到顶峰并向极峰发展。原有的那种鲁迅评价指导成为全民族的、唯一正确的、至尊的、不可怀疑也勿需补充发展的评价圭臬，"鲁迅研究"完全整合成一个"定于一尊"的终止文本。而全民族的文化，也就以鲁迅文本为唯一的存在。一切文化存在、文化文本均以这一"鲁迅文本"之合与不合决定去取，甚至连细少的论争和文化学术争论以至人事纷争，都纳入这种文化方向、文化立场、文化斗争（即阶级斗争）的范畴之中了。这时候的鲁迅研究，许多对鲁迅的解读、诠释，常常是离开了鲁迅文化文本之本体的。这种情形下，难免出现一方面对鲁迅的思想作品的价值离开本体地拔高，同时又有忽略本体独特价值的贬低，另一方面则又忽视、弃置了鲁迅文本中许多有独特性和特殊价值的内涵，而这又正是鲁迅及其作品最宝贵的地方。这时期，此前鲁迅研究中许多有益有用、可贵的东西都遭到忽视、弃置甚至批判了。

这种鲁迅研究的状况，其实质也正反映了这一时期中国文化的发展状态：对传统文化的否弃和对外域文化的封闭；拒斥了人类历史上和中国历史上的宝贵的文化遗产，拒斥了全世界文化学术发展中可用可取的、健康先进的文化资料和养料。这时期鲁迅学的理论构造突出的是革命的、政治的、批判的、战斗的、激进的内涵，是一种"政治—文化"框架。这也就成为这一时期中国文化的理论构造的一部分。

待这种状况发展到"四人帮"主导的"文革"时期，鲁迅完全成为一个"金刚怒目"式的批判的、斗争的尊神，一个横扫一切的"棍子"。这当然是被极端歪曲了的鲁迅。这也是被极端歪曲了的"鲁迅研究"。这个伪造的鲁迅成为中国文化的代表，而这个时期的中国文化也确实就剩下一根"斩绝了一切封资修"（连在共产党领导下的左翼文学和革命文化的成绩也被一顶"30年代黑线"的帽子打入黑暗深渊了），割断了一切古今中外联系的"高、大、全"的文化独木桥了。

在1949年至1976年这一时期的中国香港和台湾，鲁迅研究是另一种运命。在香港一直存在鲁迅研究并且在解读和诠释上取得了不同于内地的偏得于文化解读方面的成绩；但也有另一方面的对于鲁迅的污蔑与攻击，如某时期《日记》失记之"有鬼""汉奸"说等。而在台湾则是完全禁止鲁迅的，一方面是继续其终身批鲁不哀的苏雪林的咒骂，算是代表了台湾的鲁迅观；另一方面则树立了胡适这面旗帜，将其尊为现代最大思想家、"五四"的唯一代表，而胡适正是代表了另一种文化方向、文化素质和文化性格的中国现代文化文本。这种状态，也正反映了这一时期整个中华大地上文化的分裂和文化在不同方向、不同路径、不同素质、不同性格上的发展。其间隔着一个深刻的、政治的、党派性的鸿沟。

1976年以后，鲁迅研究进入了一个未曾有过的新格局。包括从鲁迅同时代人、好友、学生到中青年一辈专家学者、文化人、作家、艺术家在内的专业和兼职的鲁迅研究者，对鲁迅的生平、思想、作品即"鲁迅文本"的整体，进行了分类的、全面的、系统的、展开的和深入的研究，论著之多，内容之丰富、深厚、系统，均为前所未有。特别值得提出的有这样几点：第一，突破了原有的鲁迅解读、诠释的固定框架，一种单一的、封闭的、政治化的，与革命理论寻求一致和对应的鲁迅学架构，被既继承了既定框架中的合理成分、基本方向，又予以拓展、延伸、深入、提高的鲁迅学架构所取代。第二，展现了一种宽容的、开放的、宏阔的、深化的学术文化气势，对鲁迅与中国传统文化（包含儒、道、释各家，精英文化、典籍文化与世俗文化等）、鲁迅与外国文化（包括欧美西方文化、俄罗斯语苏联东欧文化、日本文化，以及其他东方文化、西方古典文化与现代主义文化等），鲁迅与"五四"以来的文学—文化社团、文学流派，鲁迅同时代人，鲁迅与中外古今广泛的文化名人和作家艺术家、鲁迅与自然科学，如此等等，不仅显示出一种展开来的研究气势与氛围，而且在各个领域都获得了新的资料、新的实证和新的成果。第三，对鲁迅进行了广泛的学科视角的研究，而不是大体上局限于"政治—文化"视角兼及艺术审美的学科视角。特别是从社会学、人类文化学、美学、文艺学、心理学、创造心理学、历史学、文化学、比较文学与比较文化的研究，这种新的研究视角和新的研究意识，开拓了众多的鲁迅研究的新领域，创获了许多宝贵的、新颖的、深刻的研究成果，使鲁迅文本的内涵更广阔、更丰富、更深沉了。第四，突破了许多鲁迅研究的禁区，进行了过去被轻视和忽视的鲁迅文本的一些有意义的重要方面的研究。前者如鲁迅的前后期思想划分之时限、标准、原因之探讨及应否如此分期之质疑；鲁迅后期思想史发展抑或是停滞（以至倒退）的争论，鲁迅的"国民性改造研究"之研究，鲁迅与同时代人中的某些重要的人物之间关系问题的研究（如与成仿吾、郭沫若、茅盾、周扬，以及胡风、冯雪峰等人），鲁迅思想的"消极面"及其根源之研究，等等。后者如鲁迅与周作人、羽太信子之关系及"兄弟失和"问题，鲁迅之恋爱、婚姻、家庭等问题。第五，鲁迅的性格特征，即思想—文化特质的研究，特别是对鲁迅的"寂寞""孤独""矛盾""悲观"的社会根源、时代特征、人生体验、个性因素、人事纷争等原因的探索，由此也引发了互为印证地推动了对鲁迅的《野草》和一系列难解作品的新解读、新诠释，取得了许多新成果。第六，以内地/大陆为主体的鲁迅研究，吸收了香港、台湾的鲁迅研究成果，吸收了外籍（主要是美籍）华人的鲁迅研究成果，特别是，还吸收了欧美各国的鲁迅研究成果。这些研究都具有新的视角、新的文化背景、新的解读框架，因此开辟了新的研究领域，取得新的研究成果。它们启示、丰富了中国的鲁迅研究。

这些研究的种种方面，大多数都提升到理论层次来加以概括，成为一种文化结晶或为文化结晶提供了"半成品"。

这一切，正反映了新时期中国文化新的方向和新的构成、新的气势和新的内涵。鲁迅研究的新格局，是新的文化格局的组成部分和主要体现，而作为对中国现代文化大师鲁迅的研究，也就成为这一时期民族文化文本的开放性、开拓性和创新性的体现。因为，正是在这个新时期，鲁迅学不仅被作为一个新的独立学科来对待，具有了自身的学科意识和学科建设，而且，在总体上越过经验（实践与实际资料）层次、理论层次达到结构层次，并在三个层次的融化整合的基础上，形成了崭新的、更丰富、更理论化的文化构造，它是在新的时期的总形势和文化环境中形成的，又丰富和推动了这个形势和语境的发展。这样，就使鲁迅学包括它的文化形态、学术品性和理论构造，成为中国现代文化当代文本的理论构造的重要部分和主要体现。它与同一时期对其他学派文化大师，其他"五四"以来的重要作家、学者、文化名人的代表人物的研究，以及它们所形成的整合后的文化文本，一同组合成中国现代文化文本的"当代版"。

鲁迅学仍在发展，特别是在理论层次和结构层次方面的发展。鲁迅学史的研究与成就，以总结的形态表现并促进这一学术文化的成就。中国现代文化文本，也就在这一过程中向前发展，取得新成就。这是中国文化传统向现代化转换、中国文化创获现代性的全民族文化创造与建设工作的重要组成部分。

回顾总结，开辟未来

——全国纪念鲁迅诞生一百周年学术讨论会小结

各位领导、各位来宾、各位代表：

今天，纪念鲁迅诞生一百周年学术讨论会在进行了九天的活动之后，就要闭幕了。在这个时刻，我们大家都有一个共同的感觉：我们的学术讨论和纪念活动虽然就要结束了，然而，我们学习鲁迅、研究鲁迅、宣传鲁迅的工作，却开始进入一个新的阶段。我们每个代表，都怀着一种崇高的光荣感和热切的责任感；因为，我们所要进行的工作，不仅是一般的学术研究，而是在中华民族社会主义新文化的发展和我国社会主义建设事业中，具有重大的现实作用和深刻的长远意义。

自有鲁迅研究以来，召开这样规模的讨论会，还是第一次。因此，我们这次讨论会，实际上成为五六十年来鲁迅研究工作的一次总结，也是对打倒"四人帮"之后，党的十一届三中全会以来，鲁迅研究工作和鲁迅研究队伍的一次检阅；同时，也为今后更好地开展研究工作打下了一个有益的基础，创造了一个良好的开端。这应该说是这次讨论会的重大收获。

这次学术讨论会共收到一百六十多篇论文。同时，还有一些代表送交了新近出版的专著，包括鲁迅传记及对鲁迅的思想和著作的比较系统的研究。从这些论著中及本次讨论会的代表构成中，可以看到以下两个鲜明的特点。

第一，这次论文所涉及的鲁迅的思想、作品和生平史实，领域比较宽广，在研究的深度上有了进展，这是鲁迅研究中的新的收获、新的提高、新的成果，也是我们对于鲁迅诞生一百周年的一种最好的纪念。

第二，从这次提交讨论会的论著中和在这次讨论会上的发言，我们看到，老一辈专家学者仍然发挥了可贵的带领作用；同时，中青年鲁迅研究工作者也彰显了生力军的英姿，他们提交了占讨论会论文总数百分之九十以上的论文，其中有不少是具有较高学术水平的作品。这个情况表明，像其他事业上的情形一样，在鲁迅研究界，中青年研究工作者已经起着骨干的作用，他们从自己的师长、老一辈学者的手中接过了接力棒。这是一个很可喜的现象。老一辈专家学者对此感到欣慰，而中青年研究工作者则从中受到鼓舞。

我们的讨论会是在贯彻"百花齐放，百家争鸣"的方针下，在互相尊重、互相切磋的气氛中，展开比较热烈的讨论的。这次学术讨论会，反映了鲁迅研究界的新气象。

在党的十一届三中全会"解放思想、开动脑筋、实事求是、团结一致向前看"方针的指引下，鲁迅研究经过几年的拨乱反正，学术水平有了较大的提高，特别是学风和文风出现了良好的转变。一是那种从抽象原则出发，从事先设想的框框出发，摘引鲁迅的片言只语随意发挥的论文已经不多了，那种以意为之的实用主义的东西基本上绝迹了。从鲁迅著作出发，从事实出发的研究则多起来了。由于思想解放了，"双百方针"得到贯彻，敢于创新的精神得到了发挥，讨论会上提出了一些新的见解，曾经受到不应有的批评的命题，重新被提出来并进行讨论；过去被研究者有意回避或被视为禁区的一些课题，现在也有人研究并写出了论文。这是鲁迅研究工作的一个进步，对于进一步认识鲁迅、研究鲁迅，都是有益处的。

从这次提交讨论会的论文和送交讨论会的专著看，主要从以下几个方面反映了鲁迅研究工作的进展和学术水平的提高。

第一，鲁迅思想的研究受到更多的重视。思想研究方面的论文不仅数量多达七十余篇，几乎占全部论文的一半，而且范围广泛，对于鲁迅的政治、哲学、伦理、美学和文学艺术各个方面的思想观点，都进行了探索，写出了专论。比较突出的进步体现在注意探索鲁迅思想的体系，着重探索它的独特性及鲁迅思想发展的内在原因。这在鲁迅研究中，是一个好的趋向。虽然现在还有些分歧，但是，这是很自然的，是好现象，它有利于推动研究的深入。在讨论中，鲁迅关于国民性改造的思想普遍受到重视。这显然是关心振奋民族精神，改变社会风气和建设高度的社会主义精神文明的社会心理和现实需要的反映。在这个问题上，比较一致的观点是认为"国民性"是客观存在的，它和阶级性是有区别又有联系的两个范畴，并不是对立的。鲁迅虽然到后期才用马克思主义的阶级观点来分析和剖析"国民性"，但他的这一思想，因为是从事实出发的，所以不但总是正中鹄的，而且十分精辟、十分深刻。但是对于"国民性"概念的内涵和外延这一思想在鲁迅整个思想中所占的位置，还有不同看法，在论述鲁迅思想发展中，对于进化论的看法及其在鲁迅思想体系中占的地位，这次也展开了比较热烈的讨论。在鲁迅研究中，这是一个老问题。现在，对于鲁迅的前期思想以进化论为特征，但又不能完全用进化论来概括这一结论，已为多数同志所同意。当然，对于进化论在鲁迅前后期思想中的作用和地位，以及对鲁迅如何扬弃进化论等问题，还有分歧。这也将引导我们把研究深入一步。

第二，在对鲁迅创作的研究上取得比较大的进展，具体表现在：对鲁迅小说的历史地位及其影响的研究有了新的收获；对鲁迅小说开展的综合研究也有新的成果；对鲁迅前期小说和俄罗斯文学的关系的研究也有了新的角度和进展。几十年来，对于《故事新编》的"油滑"问题争论很多，这次有代表提出了一种新的解释：其出现在虚构的穿插性的喜剧人物身上，是中国戏曲中"二丑艺术"的继承和发展，不仅不影响《故事新编》作为历史小说的性质，而且是它创作上的一大特色。有同志提出，鲁迅在小说中并没有批判资产阶级的软弱性，也没有批评个性解放，由此引起了热烈的争论，也没有取得一致意见。这种争论，虽然没有共同接受的结论，但对于深入研究，在以后达到一致的结论是有益的。

关于《野草》的创作手法及其性质是近年来也是这次讨论会论文中的"热门"话题。几篇论文中提出了两种意见：一种意见认为鲁迅运用了象征手法，另一种意见认为是象征主义的作品。这一问题表现出大家对创作方法多样性的注意和重视。创作研究中，出现了比较研究，也是一个新的现象。这方面有几篇论文，对鲁迅的作品进行了比较研究，对鲁迅的比较文学观也进行了探讨，取得了一定成果。

第三，在收集鲁迅生平史实和佚文方面，近年来取得的成绩很可观。有些研究文章和专著本身便具有学术水平，并为进一步研究提供了基础和资料。这个工作是应该受到重视的。在讨论会上，也提出了值得注意的两个问题：一是对于鲁迅佚文的确定必须慎重严谨；二是对于回忆文字中的一些误记与失实，要认真考订、核实。有的同志提出，由于种种原因（比如周作人有意地隐瞒和添加），造成了一些混乱，由此考稽工作的任务还是很重要的。

此外，在讨论过程中，大家对提高鲁迅研究的学术水平问题，表示了深切的关心和可贵的热情。归纳大家的意见，大体有以下几个方面。

第一，我们共同感到，要在马克思列宁主义、毛泽东思想的指导下，对鲁迅的思想、作品开展综合研究。这是我们提高研究工作水平需要着力的方面。这种研究我们现在已经做了，并且可以说形成了一种好的趋向，但是，仍然做得不够，需要加强。这是研究工作的需要，也是学科发展的一种规律。

第二，比较研究受到了关注。讨论中，有的同志提出，通过比较研究，能够使对鲁迅的认识提高和深化。这是我们可以应用的一种研究方法。

第三，从研究的领域来讲，杂文研究亟应加强。杂文是鲁迅作品最重要的组成部分之一，鲁迅思想也主要体现在杂文中。而我们现在对于鲁迅杂文的研究，仍然处于一个薄弱环节。可以说，不懂得鲁迅的杂文，就不懂得鲁迅。对鲁迅杂文的研究不够，应视为鲁迅研究的一个不可忽视的缺陷。这很值得我们注意，并且需要努力加强。现在已有一些同志在这方面做了努力，有的同志准备在这方面下工夫。这是应当鼓励的。我们希望，也相信用不了太久的时间，在这方面会有新的成果，甚至有所突破。

第四，鲁迅研究不能局限于文学艺术方面，而应当有哲学、美学、历史、教育等学科的研究者投入这个研究领域。这是鲁迅研究工作者的共同希望，也是提高鲁迅研究学术水平的一个重要方面。

在这里，我们还要对中青年研究工作者说几句话。在提高鲁迅研究学术水平上，中青年研究工作者担负着承上启下的历史性责任，为了能够不愧对这一重大任务，中青年研究工作者必须努力提高自己的马克思列宁主义认识水平，加强理论武装，提升知识装备，增强专业知识，虚心向老专家、师长学习。可以说，提高中青年研究工作者的理论和学术水平，是提高鲁迅研究学术水平的关键。

为了提高鲁迅研究的学术水平，大家希望在中国鲁迅研究学会的组织领导下，开展有计划、有组织的研究工作；希望搞好研究著作的出版发行工作。在这方面，人民文学出版社、中国社会科学出版社和湖南人民出版社、天津人民出版社、陕西人民出版社、四川人民出版社等做了可敬的努力，取得了可喜的成绩，对推动和发展鲁迅研究事业起到了良好的作用。我们应该向他们致谢，并且希望他们再接再厉，更好地搞好出版工作。

同志们，我们的学术讨论会即将结束，我能感觉到大家的心情是很激动的。我们感觉到自己身上的光荣责任，决心在会后的后续研究工作中取得更多更好的成绩。同时，希望大家在对鲁迅的思想和作品的普及宣传上，贡献自己的力量。

让我们把学习鲁迅、研究鲁迅、宣传鲁迅的责任担当起来，为建设我国高度的精神文明而努力吧！

（《鲁迅研究》1982年第6期）

关于开展鲁迅研究的几个问题

——中国鲁迅研究学会第三届会员代表大会会议小结

同志们：

我们的代表大会就要结束了。我受理事会和大会领导小组的委托，就有关的几个问题作一个简短的发言。

我们这次代表大会，一共做了四件事。在全体同志的共同努力下，经过五天的活动，这四件事情都基本上完成了或者取得了一定的成效。这四件事情是：第一，回顾和初步总结了第二届理事会期间（即自1981年到1984年的三年时间内）会务工作的情况、经验和问题。第二，回顾和总结了三年来鲁迅研究工作的发展、成果和存在的问题，同时还介绍了国外和港台鲁迅研究的情况。第三，对已经迫近的1986年鲁迅逝世五十周年的纪念活动，提出了一些设想和建议。第四，选举产生了学会新的领导机构。在短短的五天之内，完成或者办理了这样四件重要的事情，应该说，大会还是开得比较成功的。这个成绩是靠全体代表的团结一致和共同努力才取得的。我代表理事会和大会领导小组向全体代表及工作人员表示衷心的感谢。

在会议期间，大家在听取了会务工作报告之后，对今后如何继续开展学术活动、办好刊物等提出了不少宝贵的意见，这是下一届理事会可以吸收并尽力去办到的。在会上，我们还听取了陈涌同志、刘柏青同志和陈漱渝同志的报告和发言。他们的报告和发言，对于我们了解近年来国内鲁迅研究的新进展和存在的主要问题，对我们了解目前世界上对鲁迅研究最重视也最活跃的日本鲁迅研究的情况，以及对了解与鲁迅研究界颇为关切的港台鲁迅研究的情况，都是很有益处、很有帮助的。这将打开我们的眼界，启发我们的思路，引起我们的注意，从而推动鲁迅研究的发展。因此，这些报告和发言，受到了代表们的热烈欢迎和赞扬。

当然，在讨论中也出现了一些不同的意见，有一些争论。这是很自然的，而且应该说是好现象。百家争鸣的方针是发展科学文化事业、推动学术研究向前发展的正确方针。这个方针反映了人们的思想认识的丰富和纷繁，更反映了我们认识、研究问题的发展过程与规律。"舆论一律""万马齐喑"的局面已为历史所证明是不利于学术文化发展的。有关研究方面的问题，在这样的一次代表大会上是不必也不可能展开讨论的，而只能起一个提出问题、交流观点的作用。要真正展开讨论，只能在会后通过学术讨论会和学术刊物来进行。不过，这次会上提出了课题，交流了信息，有了一些不同观点的接触，对会后的讨论和研究是有益处的。

大家对1986年鲁迅逝世五十周年的纪念活动都很关心，在讨论中提出了一些很好的建议和设想。归纳起来，主要的有这样几点。

（一）鲁迅逝世五十周年应隆重纪念，规模应该大一些。具体地，应该大于1956年鲁迅逝世二十周年的纪念活动，也要大于1981年鲁迅诞生一百周年的纪念活动。这样做，是鲁迅的地位所决定的，也是同建设社会主义精神文明、发展社会主义文学艺术事业及整个文化事业的形势和需要相适应的。

（二）应该开展国际性的纪念活动。接受纪念鲁迅逝世二十周年活动的经验，吸取鲁迅诞生一百周年纪念活动的教训，应该广泛邀请国际友人和各国学术界的朋友前来参加纪念活动和学术讨论。这是鲁迅在世界文坛和文化史上的崇高地位所要求的，也是同我国目前的开放政策、加强国际文化交流的形势和要求相适应的。

（三）设立鲁迅研究资料中心、鲁迅研究基金，开展鲁迅研究的学术评奖。这对于推动和开展鲁迅研究，对于集中资料、交流信息、稳定和积累成果，鼓励青年学者的成长等，都是很有好处的。我们应该乘纪念鲁迅逝世五十周年的机会，努力争取办成这几件事情。

（四）大力普及鲁迅思想著作。要在纪念鲁迅逝世五十周年期间，大力改善鲁迅著作和鲁迅研究著作的出版发行工作，争取掀起一个高潮。在这里，我借这个机会，对几年来一直坚持和支持鲁迅著作和鲁迅研究著作出版工作的几个出版社，如人民文学出版社、上海文艺出版社、天津人民出版社、湖南人民出版社、四川人民出版社、陕西人民出版社，浙江人民出版社等表示感谢。他们对鲁迅研究事业作出了贡献。

针对鲁迅逝世五十周年的纪念活动，大家还强调了要加强学术性，强调多拿出研究成果，并且要不断提高学术水平。为此，要提前做好准备，提高学术讨论的水平，并且，应该发挥各省分会的作用，先期分别多召开一些地区性的学术讨论会。

大家提出的这些设想和建议都很好。我们在会后将经过整理、补充，向中央写出正式的请示报告。

这次代表大会进行了新的理事会的选举（结果即将发表）。为了贯彻领导机构年轻化的方针，经过协商、讨论，大家一致决定，增加学会的顾问人数，并增设名誉理事。有一批年事较高而又有学术成就的老一辈学者，将担任名誉理事职务。长江后浪推前浪，芳林老枝发新叶，这是事业兴旺发达的标志。这是有利于学会工作开展和学术事业发展的。这些将要担任名誉理事的前辈们，过去是我们的师长和指导者，今后仍将是我们的师长和指导者。我们始终对他们怀着衷心的敬意。中青年研究者们，有许多人或者曾经直接受业于他们，是他们的及门弟子，有的则是间接得到过他们的教育、帮助和支持。今后也仍然如此。因此，将要担任各种不同职务的中青年研究者，接过的是前辈和老师们肩上移过来的工作的担子和学术研究的接力棒，但在思想上、学术上仍需一如既往向他们学习。

对于今后的学术研究工作，大家也提出了一些意见。这是值得我们今后好好研究和认真切实地搞好的工作。这里，我想借此机会提几点意见和希望。

（一）鲁迅研究，毫无疑问，是以鲁迅的生平、思想、著作为研究对象的。这自然是我们应当坚持的。但是，作为一项研究事业来说，我认为鲁迅研究的对象和内涵，应该拓展领域，在比较被忽视的领域里加强工作。

第一，鲁迅的生平、思想、著作的研究是最基本、最重要、最关键的内容，要继续搞好，不断发展，不断提高。

第二，鲁迅著作的教学工作，也应该视为鲁迅研究工作的重要内容，而不应忽视。我们要把鲁迅的思想、著作，普及于广大青年和人民群众。首先，要向广大的大中小学生普及。我认为这是最重要的普及。而且，在他们之中普及之后，他们又会成为宣传员，扩大普及面。因此，我们要增加高等院校（包括理工院校）鲁迅著作的教学内容和课时。同时，也要增加中小学课本中鲁迅作品的篇目。我们的科研成果，都可以转化为教学的材料，成为供普及用的高质量的素材。这就是科研的社会效果，也是科研同实际、同群众的结合。科研成果成为社会与群众的思想财富，这是对科研工作者的最高奖赏。从这一点上说，提高与普及是相结合的、一致的，科研与教学也是相结合的、一致的。

第三，鲁迅研究工作中，应该尽快地努力抓好社会普及工作。目前，青年一代人，广大群众以至干部，对鲁迅的了解是很不够的，对鲁迅的著作是读得不多、不大爱读也不大读得懂的。鲁迅之伟大，鲁迅思想之宝贵，我们是深深理解的。然而，这样伟大的民族文化思想瑰宝，却未能在广大青年和群众中普及，可以说是一项重大的损失。我觉得，"四化"建设、社会主义精神文明的发展，对于西方文化的腐朽部分的抵制，全体人民社会主义道德规范、行为准则和价值观念的建立，同普及鲁迅思想的关系都至为密切、至关重要。因此，我们一定要抓好鲁迅思想及其研究成果的普及工作。

（二）鲁迅研究一般归入现代文学研究领域。但是，我认为应该同时把它同我们当代的文艺运动、文艺创作结合得更紧密。鲁迅不仅是我国"现代文学之父"，而且是我国当代文学的理论和创作上的思想导师、艺术导师。鲁迅的方向，是我们应该坚持的文艺方向。我们不仅能从鲁迅"怎么说"中得到理论的养育，也能从鲁迅"怎么做"中得到创作实践的培养和启示。鲁迅去世已经四十多年了，但是鲁迅并没有过时，也永远不会过时。他的遗著不仅是我们宝贵的思想文化与文学艺术的遗产，而且也是我们可以从中直接获得教益的现实教科书。鲁迅研究同文艺运动与文艺创作的结合，文学艺术界有责任研究鲁迅。事实上，现在确实有些作家、艺术家不太重视学习鲁迅，或者仅是爱读鲁迅作品，敬佩鲁迅，但并不认为可以直接指导自己的思想创作；或者，有一部分同志，根本不大读鲁迅，以为它不能解决当前的创作思想与技巧问题。这里，我以为其中有许多糊涂认识，但也有许多可以讨论的问题和值得注意的倾向。当然，对于我们来说，应该反求诸己，努力使自己的研究同当代文学实践结合，在课题的选择上，努力定出一批"从实践中来，到实践中去"的题目；在研究工作中，密切注视当代文学的发展趋势和倾向。

（三）鲁迅学的发展中要开展多学科的研究。当今社会，科学发展的新趋向中重要的一个表现就是学科的边缘性、综合性和应用性的加强。鲁迅学应该说也是一个边缘学科。由于鲁迅是伟大的革命家、思想家、文学家，是一个百科全书式的伟大作家，因此，他的思想著作涉及的学科很多。我们不仅自己要从哲学、美学、历史学、教育学、语言学、文艺学、文学史学、伦理学等学科的角度去研究，而且也要吸引、推动、组织这些学科的学者专家们来共同研究。也就是，不仅从哲学等学科的角度来研究鲁迅，而且要以鲁迅为研究对象来研究哲学等学科。

（四）要开展全球性鲁迅研究。我们可以自豪地说，鲁迅是世界的。但是，我们又不能不遗憾地说，世界对鲁迅却了解得不够、不普遍、不深入、不切实际，甚至有误解、有隔膜。在这方面，我们有很多工作要做。我们要把鲁迅的著作和我们的研究成果，有组织、有计划地翻译出去，把鲁迅的影响扩展到世界去。我们向世界宣传鲁迅，就是宣传中华民族的优秀文化，就是宣传中国的现代文学，就是宣传中国人民的伟大性格，就是宣传中国的形象。同时，我们也要有组织、有计划地翻译、介绍世界各国对鲁迅的研究材料，取其精华，择其善者而用之；去其糟粕，择其不善者而弃之。若有误解和攻击，也要择其要者而反击之。

（五）加强鲁迅学的建设。我曾在1981年提出建立鲁迅学，得到不少前辈和朋友的鼓励与赞同。我再借此机会呼吁，加强这个学科的建设。英国有莎士比亚学，德国有歌德学，苏联有托尔斯泰学，我们也应该明确建立鲁迅学。一个新学科的建设，一般有两种情况：一是由于某位杰出科学家、学者的长期的研究，积累了丰富的成果，形成了体系，而后命名；一种是先根据需要和稍具基础的材料，给学科命名，再去建设学科。鲁迅学属于前一种情况。不同的是，它不是由某一个或少数几个学者发展起来的，而是在一批先辈学者的带动与率领下，由众多的几辈人的研究工作者共同建设起来的。现在，应该是学科命名的时候了。

由于时间的关系，我只在这里概略地提这几点，供大家参考。

同志们，我们大家都有一个共同的感觉，就是我们肩上担负着一个重大的传播思想文化的责任，这就是研究鲁迅、学习鲁迅、宣传鲁迅。这是我们伟大社会主义"四化"事业，特别是社会主义精神文明建设事业的重要组成部分。在此新老理事会和领导机构交替之际，我们都有一个共同的心情，要像中央号召开创文艺界大鼓劲、大团结、大繁荣局面那样，努力开创鲁迅研究界大鼓劲、大团结、大繁荣的局面。

同志们，这次大会得到了大连市委、市社科联，以及辽宁师范大学的热情支持和大力帮助，他们做了很多工作，付出了巨大的辛劳，保证了会议圆满成功。我代表大会，代表鲁迅研究学会，向他们表示衷心的感谢。由于一些不可避免也难于克服的客观困难，在一些会务问题上，出现了一些不足和缺点，这主要是作为主要服务人员的我的责任。我在此谨向全体代表和工作人员致歉！

会议就要结束了。祝各位代表一路平安，今后取得更多的研究成果和更大的工作成绩。

海内存知己，天涯若比邻。让我们会后在研究工作中保持和加强联系。愿我们明年相会在拟议中的学术讨论会的地点——南国一处胜地。

我的发言完了。谢谢大家！

（《中国鲁迅研究学会会员通讯》1984年第5期）

鲁迅的性格与家族的影响

　　鲁迅的家庭和家族对他的影响不同于一般作家。他的家族命运跌宕，使他所受的影响更多元、更久远、更深刻。这是他的家族本身的状况以及幼年、少年时期的生活所决定的。在这方面，我们在史实考订和研究上都做了不少工作，并取得了丰硕的成果。我在这里，打算更集中地来叙述和探讨鲁迅的家族对他的思想性格的影响。

一

　　鲁迅的祖父周介孚想与命运搏斗，决意要从科举仕途上猎取功名，振兴已经没落的家业。虽然他的母亲戴氏反对他走这条路，但他仍执意不改。他通过顽强刻苦的学习，终于在1871年（同治十年）考中了进士，实现了金榜题名的夙愿。但是，他命运不济，仕途多舛，最后更招来杀身之祸。这固然有种种封建官场的倾轧在起作用，更由于牵涉科场舞弊案，但事情之所以如此发展和结局，却与他的刚强耿介的性格分不开①。祖父性格的这一面，显然给了孙子以深刻的影响，而成为后者性格的基因。

　　鲁迅的母亲和姑母在性格上也表现了各自不同的刚强、坚定与执着。母亲鲁瑞的一生，有几件事情，突出地表现了这种性格特征。她虽

---

① 据记载，周介孚因居官清廉、不谙媚迎合，为顶头上司抚州知府所深恶痛嫉；他对非科甲出身的上司巡抚李文敏也多不敬，并和缉私委员陈某常起争执。周介孚案发后，礼房浩的女婿陈华汉（舫庆）正好任苏州府的发审，但他不仅没有给这位亲戚帮忙，反倒落井下石，乘机向拟把案情缩小的苏州知府王仁堪建议据实揭参，结果使周介孚下狱杭州。陈华汉这是在报复周介孚。因陈华汉不得志时，曾久居岳父家，故周介孚讥刺说："布裙底下躲躲的是没出息的，哪里会出山。"陈华汉深受刺激，从此怀恨在心，伺机报复。（《鲁迅生平史料汇编》）。

然出身于官宦家庭，然而父亲早年隐退，乡居多年，并未给女儿认真的教育。但是，她却以刚强坚毅的精神，坚持自学：在老师给她兄弟上课时，她站在旁边听，如斯一年；后来，父亲不让她听，便自己学，不会的就问别人。这样，终于凭自己的努力和坚持，培养了看书的能力。以后，在接受和学习新事物方面，如放足、剪发、学织毛衣，都表现出思想毫不守旧及刚毅的品性。

鲁迅的大姑母周德性格之刚强，仅在她因之丧生的一件事中，就表现得十分突出了：她只因继母一句也许是幽默戏言，而坚持冒险回家，因此丧生于暴风雨中。虽然是家庭纷争，死而无意义，但当时的家庭妇女实难脱此樊笼，思想性格只能拘囿于此种范围中，也只能表现于此种事情上。这是我们不能苛责的。但从中却窥见她性格上的突出特征。

显然，我们在鲁迅的性格中，看得见这种刚毅、坚强、执着的特征。我们可以合理地推断，这种性格是受到他的祖父、母亲与姑母及其他族人的影响的，源自从他们身上接受和继承的最初的基因。

祖父是鲁迅所敬重的。祖父对长孙的教育也很重视。母亲更是鲁迅最爱的人，尤其在家庭败落后，他是母亲心灵上最大的安慰、生活上最大的助手。家庭成员中这种有意识的灌输（教育），同生活、共患难的经历中的接触、影响与平素的濡染，也都会在性格上造成深刻的影响。

心理学上曾研究过人们性格形成的种种因素，其中特别肯定了人在童年时从家庭成员和家庭环境中受到各种影响的作用力，证明"家庭关系对其人格发展的影响最大"，"人的性格乃是社会历史发展的产物"，"周围环境的生活条件、教育影响都是形成性格的主要源泉"。[①]鲁迅的性格特征的最早因素，也是在这种复杂的家庭生活的影响下积累和形成的。

二

鲁迅的幽默是举世闻名的。这不仅是他的性格特征，而且是他的作品的艺术特征。

幽默往往是一种力量的表现，是一种出于正直性格、正义冲动而对于相反的人和事予以揭露的一种方式、手段。幽默是这两种相反事物相

---

① 陈孝禅. 普通心理学 [M]. 长沙：湖南人民教育出版社，1983：495-500.

撞击时产生的智慧火花。因此，它往往出现在性格刚毅、耿介和感情激越的人身上。鲁迅的祖父在性格上正具有这一面。他素性耿介，不喜欢巧言令色、阿谀奉承，因此常顶撞上司，以至遭到弹劾。当他在江西金溪任知县时，有一次晋谒知府，话不投机，这个上司便用大帽子压他，说"这是皇家的事"。周介孚竟答以"皇上是什么东西？什么叫皇上？"在这侮骂中，透露着一种激越的幽默感。周介孚的一个本家侄媳守寡不贞，他常常议论这件事。这侄媳的公公周藕琴为之辩解，说这其实也没有什么，"寡妇见鳏夫而欲嫁之"这句话，也就说的是这些旷夫怨女吧，并说他们一鳏一寡，虽有悖伦常，却也是人之常情，何必刺刺不休呢？周介孚听了便加以反驳："那么猪八戒游盘丝洞也是合乎情理的呢？"从此以后，周介孚一碰到周藕琴，就要大讲《西游记》，但是只讲盘丝洞这一节①，使周藕琴大感狼狈，以至在周介孚在时不敢从他面前走过。这真实生动地表现了周介孚的幽默和他使用幽默的武器来"战斗"的效果。

鲁迅的继祖母蒋氏，也是性格幽默诙谐。据周氏族人介绍：她好坐在房门口的一把椅子上，让侄孙辈到她家来玩。孩子们聊天说笑，她总是默默地听着。往往在关键的时候，说上一句两句，画龙点睛，引得大家哄堂大笑。而她自己却不动声色，还反问："你们为什么这样好笑了？"这里记述的，同后来许多人回忆鲁迅的幽默故事简直是一模一样，当然，内容、思想是不一样的。蒋氏最有趣有力的一次幽默故事是，因周建人被族叔周伯文无端用长烟管敲了脑袋，她巧妙有趣地给以报复的事②。那办法，带着风趣而严峻的幽默，简直可以和鲁迅后来提

① 周遐寿在《鲁迅的故家》中写道："……介孚公喜欢批评人，大家都不大高兴听"，"藕琴是特别害怕，有时候要上大街去，不敢贸然出来，必须先叫冠五去一看，假如介孚公站在堂前，他的出行只能无条件地延期了。他怕的是什么呢？介孚公也不怎么麻烦他，一看见他就同他谈《西游记》，特别是猪八戒的故事，即使他推说有事要急走，也不肯听，总是要留住他讲几句的"。

② 有一天，周建人从外面回来，族叔周伯文正双手叉腰站在门槛上，手上拿着旱烟管。建人轻轻地从他的腋下擦过去，他抢起烟管敲建人的头，斥责说："见长辈为什么不叫？"建人回去告诉了祖母，蒋氏不动声色，一边抽烟一边走到神堂前坐下，等周伯文走到面前时，她也轮起长烟管一敲说："你看见长辈为什么不叫？"又说："你会教训阿侄，我也会教训阿侄。"周伯文受到训斥，连忙认错："八妈，阿侄错者，阿侄错者。"（《鲁迅生平史料汇编》，天津人民出版社，1981年7月出版，第95—96页）

倡和实行的"以其人之道还治其人之身"的战法相提并论。

　　关于鲁迅的母亲，人们的回忆中没有提到过幽默的表现，但有些事情，确也透露着这种性格的消息。比如她放足之后，本家有个叫金鱼的，便放谣风说："某某放足，怕是要嫁给外国鬼子吧。"她不但没有被吓住，而且也不申辩，却回敬道："可不是么，那倒是很难说的呀！"这"战法"和这两句话，不是既表现出刚强，又透露出幽默么？鲁迅后来对于论敌的斗争，有时也用此种战法而收到很好的效果。

　　鲁迅思想性格的另一面，表现为思想发展方向和人生道路的选择上的突出特点：坚决地不走科举道路；对劳动人民的深厚同情与感情联系。而这方面的家族影响也是很分明而突出的。鲁迅的祖父周介孚纵然不能叫作科举迷，至少也可以称走科举道路的坚决分子。他不仅自己立志靠科举来振兴已经没落的家族事业，而且幻想儿孙都跟随他走这条道路。要把伯宜（鲁迅的父亲）、伯升二子和长孙树人（鲁迅）培养成为翰林。他心目中悬了一个封建士大夫的高大目标：在台门口悬一个"祖孙父子兄弟叔侄翰林"的匾额。直到自己因科场舞弊案入狱并在狱中度过八个春秋获释回家之后，他仍然热衷此道。他要求鲁迅学八股文、作试贴诗，命鲁迅把所作诗文寄杭州交他审阅。身系狱中，犹不忘儿孙科举仕进之事。不可否认，这种家教和在这方面所做的实际安排，都不能不给少年鲁迅以一定的影响。但是，另一方面，这位祖父在教儿孙读书方面，又颇具特点，表现了不同于封建教育的开明一面。在启蒙教育方面，他与先教孩子熟读四书五经的一般封建家长不同，却认为孩子应该先念一点历史，好先对历史有一个概略的了解。他主张小孩子可以先读能够看懂的小说《西游记》——这种当时被轻视排斥的"闲书"，然后可读《诗经》。学诗，他则主张可先学易懂的白居易的诗，然后再学李、杜；还可以多学陆放翁等诗人的作品，因为其中"多越事"。这都表现了他高出于当时可说是"阴沉木做脑袋"的封建士大夫和冬烘先生，而带着开明的色彩。正是在他的这种开明的指导思想下，鲁迅开始就读了《鉴略》，以后又可以公开地看《西游记》，并学习了白诗、陆诗。这些实际教育措施，其作用与效果正是与科举教育相反的。《鉴略》的历史和知识，《西游记》中的民主性精华，白诗的人民性，陆诗的爱国主义，都启窦少年的民主思想、活泼心性，是与封建科举思想相抵牾的。这样，周介孚在长孙身上所施行的是两种不同性质的教育，而后者是更进步也更接近少年天性并易为他们所接受的。它抵制了、抵消了甚至盖过了封建科举教育的作用。

当然，对鲁迅进行反科举教育的，还有实际生活的启示。这种教育是具体的、深切的，因而具有更大的影响和作用。我们知道，鲁迅的家族中有一件曾经震凡骇俗的家族轶事。鲁迅的曾祖母戴氏，一向反对她的儿子周介孚走科举道路。也许周氏家族以经商发迹的家史给了她以现实的教育，而使她鄙薄科举。她有一个看法：做官如不能赚钱便要赔钱（这也表现了商贾观念），因此，她没有鼓励儿子周介孚刻苦向学。而且当儿子考中进士，报子拿着京报，远道而来提锣狂敲、高声贺喜，全家人本应欢腾的时候，这位戴老太太却闻报而在后堂放声大哭。人问其故，她说道："拆家者，拆家者。"①她这个与世俗观念大相径庭的表现，自然广为传播，更为家族子弟所熟知。鲁迅被曾祖母的这个举动震惊也是可想而知的。当然，更富有深切教益的是后来的事实：祖父周介孚果然因为做官为宦而弄得险些丧生，终系牢狱，而使家庭败落，苦难无穷。这不能不使身受其大害、为之吃苦受难的鲁迅痛感科举之路的可畏可憎和曾祖母不幸言中的震撼。

鲁迅在祖父入狱之后，因为父病弟弱便分担了家庭担子。平常的筹措，每年秋季为祖父免遭极刑而借款、通关节等，他都与母亲共同承担。这两种事实，也都使他更加深切地感受到科举制度之黑暗和仕途的险恶。

在鲁迅生活于其中的新台门周宅里，还有许多周氏子弟在科举制度下潦倒牺牲的实例，如子京的悲惨下场，玉田的寂寞终生，四七与五十的潦倒堕落。还有许多被称为"破靴党"的人物，台门子弟浪荡货，肩不能挑手不能提，科举无出路、谋生无本领。②他们的命运与生活，都是对于科举制度的血泪的控诉和哀痛的挽歌。它们不都具有震惊人心和撼动灵魂的作用么？这不能不使后继者深深地思考为什么会如此。这些家族实例像一把把犀利的刀剑，划开了少年鲁迅眼前的云翳，使他拓展视野看到绍兴城里、社会上的种种类同现象。倒如：方正博学的自己的老师寿镜吾先生，教书糊口，清苦一生；孟夫子沦为窃贼，被人轻视毒

---

① 绍兴土语，意为拆家败业。

② 参阅周遐寿《鲁迅的故家》中"白光""子京的末路""四七与五十""桐生""桐生二""阿有与阿桂"等节。

打；等等。这些，再加上当时封建末世的种种腐败没落现象，就不能不使走在人生十字路口的鲁迅下决心要"走异路，逃异地"了。

鲁迅不仅不肯走科举之路，而且也"总是不愿意走科举之外的当幕僚和经商的"另外两条道路。所以，在硬被拉去参加了一次考试并被录取之后，坚决不再参加复试。曾有论者，把鲁迅的反封建科举，说得好像是天生品性的表现。这是主观加臆造的妄说。更多的则是未作探求而下结论。事实上，鲁迅抉择的正确和态度的坚决，并非"天纵之圣"的表现，而是家族生活中许多不幸人的不幸命运在他思想中的反映，是生活实际的启示，是不幸事实的结晶。这里，正反映了鲁迅是封建阶级的逆子贰臣的最初的原因和起跑的脚印，正说明了他是历史的产儿，是时代所造就的伟大人物。

鲁迅在谈到自己如何下决心"走异路，逃异地，去寻求别样的人们"时，曾经概述其原因是看见了"世人的真面目"。他写道："有谁从小康人家而坠入困顿的么，我以为在这途路中，大概可以看见世人的真面目。"（《呐喊·自序》）这记叙是很准确的，也很深沉贴切。鲁迅虽没有详细说明，不过，根据这一概述，结合他的家族情况，可以进行一些探索。当然，提到鲁迅的家庭由小康坠入困顿，首先使人想到他家因为祖父入狱，突生变故，而遭到世态炎凉、人情冷暖的打击。例如：下乡避难而被人讥为乞食者；原来称他"小友"的叔祖玉田在族人议事时，也帮同大家作出不利于鲁迅家的决议，而且当鲁迅以"需问祖父"为由而拒绝同意时，他竟申斥鲁迅；还有鲁迅在整整四个年头里出入于当铺与药铺的屈辱与忧伤的生活，以及在这种生活中的痛切感受；等等。这些，都是鲁迅提到过的，也是为研究者常常拿来作为引起鲁迅思想变化的论据的事实。

但是，显然，仅仅举出这些事情是很不够的，是不足以充分说明鲁迅所做的上述概括的。在一个败落的封建士大夫家庭里，属于"家族轶闻"、家庭故事之类的事情，是很多的；家庭成员的命运，也呈现出纷繁复杂、奇诡多变而又表现了共同的不幸命运的情形。这应是鲁迅所说的"世人的真面目"的一个方面。在这方面，我们可以见到不少惹人注目，甚至令人触目惊心的事实。前面提到的鲁迅的曾祖母戴老太太因儿子金榜题名人皆庆贺而她独哀伤的事件，尤其是她的预感成了现实这一点，是很令人惊讶而且感触很深的。鲁迅祖母的命运也很值得一提。鲁

迅的亲祖母死得很早，而与他共同生活过并给他讲故事的是他的继祖母
蒋氏。这位继祖母虽然性格幽默诙谐，但是，她作为继室夫人，命运是
很不幸的。周介孚当了京官之后，又娶妾潘氏，从此家庭不睦。这件
事，曾经成为周介孚在江西金溪县任知县被弹劾去职的原因之一。这自
然是一件使家庭生活不愉快的事情。以后，又发生了前妻孙氏（即鲁迅
的亲祖母）之女周德因误会她的话的意思坚持回家而不幸罹难的事件，
导致她作为后母而遭人议论。而她唯一的亲生女儿周康又因产褥热而死
去，使她失去了唯一的安慰。正是在这一年，她的丈夫周介孚又因科场
舞弊案而险遭杀身之祸，家庭发生极大变故。身为继室，夫妻不和，家
庭不睦，又加上在生活中遭到许多的不幸，这位封建时代的妇女感到了
生活的、命运的沉重压力。她虽然不念佛不上庙，但仍然时常免不得要
买上蜡烛和三支线香，长跪膜拜，乞求上天赐福。然而，当有一次一个
基督教女教士来传道，向她宣传来世幸福时，她却回答说："我这世还
顾不周全，哪有工夫去管来世呢。"这是充满了绝望与哀伤的声音，反
映了封建社会一个士大夫家庭里的妇女的不幸命运和哀叹。鲁迅与这位
继祖母的感情很好，这不仅反映在她活着时曾经给他讲过许多优美的民
间故事，为鲁迅所久久不忘，而且表现在她去世后，已经是一个为人注
目的新党人物的鲁迅奔丧回家，接受守旧人物的条件，亲自为死者穿
衣、跪拜（这细节鲁迅都写进了小说《孤独者》中）。在这件事上，同
时还说明了鲁迅对于继祖母的死及她一生中的不幸的深沉同情和哀伤。
小说所写的"忽然，他流下泪来了，接着就失声，立刻又变成长嚎，像
一匹受伤的狼，当深夜在旷野中嗥叫，惨伤里夹杂着愤怒和悲哀"。这
一段描写即使不是完全写实，却也真实地道出了鲁迅当时的真实感情和
深切的感受。

鲁迅祖父的一生，也是坎坷不平、风波迭起的。他虽然刻苦自学，
得遂素志，但是，遭弹劾、革职、奔丧、科场舞弊、事发入狱，不仅自
己险遭杀身之祸，而且家庭因此遭难崩毁。他的命运是不幸的。鲁迅的
父亲周伯宜，因父亲入狱，自身有"罪"，功名被革，身罹重病，转辗
床褥，抑郁而死。其遭遇也是很不幸的。母亲鲁瑞，在公公入狱、丈夫
久病、儿女弱小的情况下，独力支撑一个生活艰难的家庭，而且失女、
弃子、丧夫，遭到一连串的沉重的打击。她那一生的哀痛，也是很深沉
的。鲁迅的小姑母周康是继室蒋氏所生。她性情和善，与侄儿们感情很

好，并能给他们讲故事、唱歌，因此侄儿们都很喜欢她。当她出嫁时，孩子们竟天真地要跟了她去。但这位姑母的命运也很不幸。她嫁到东关镇金家后，夫妻感情很好，可是舅姑刁顽，不易侍候，受到不少折磨。她的父亲周介孚在狱中有所闻，脾气发作，提出要与金家绝交，这在当时是难以实现的，两家关系却从此更坏了。1894 年，即周介孚下狱、鲁迅已经 13 岁那一年，她得了产褥热，不幸母子同逝。周康得病后，发高烧时说胡话，声言有红蝙蝠飞来。当时，鲁迅写了类似祭文的文字，质问上天神明，派遣这红蝙蝠，是神的使者还是魔鬼，为何使好人早夭。可见鲁迅对这位姑母的感情很深，对她的生活悲剧的感触也很深。后来鲁迅在日记中记着小姑母的忌日，还怀念着这位早逝的亲人。由此亦可见这位亲人的不幸命运对鲁迅思想感情上的影响。大姑母周德的悲剧，更令人触目惊心。她非蒋氏所生，母女间有着隔阂，又因父亲在择婿上挑拣，导致高不成低不就，以至出嫁较晚，不得不做人填房。这在封建家庭中，是一件不幸的事。以后，又在一个三伏天，因继母的一句戏言而惨死于暴风雨中①。她的死，不仅引起了人们对她的同情，而且招来了人们对蒋氏的议论，认为若是亲生母亲，怎能让女儿回去呢。于是引起家庭不睦。周德死后，遗下一个女儿玉姑，遭到兄嫂的虐待压迫，走投无路，只好随乳母出奔，后来给一个茶食店的伙计作妾，又遭大妇的凌虐，竟被卖入娼寮，最后不知所终，但下场之悲惨是可想而知的。大姑母悲惨的一生和表妹凄惨的下场，显然会引起鲁迅深深的感触和伤痛。

这样一连串的至亲骨肉的不幸，对鲁迅的打击和思想感情的影响，肯定是至为深沉的。从这些家庭事故和亲人命运中，鲁迅所感受的，起初可能只是不幸和痛苦，后来就不免要逐渐集中起来思考，融会各种感受，而从对于"为什么会这样"的问题的探求中，逐渐认识到封建家庭的没落的命运。几十年后，他写过"毫不可惜它的溃灭"的话。这态度

033 鲁迅的性格与家族的影响

---

① 有一年三伏天，周德回娘家拜生母忌日，打算按例当天返回。当她到叔父周藕琴家谈及此事时，藕琴劝他推迟，因为暴风雨要来了，雷声已经轰轰作响，她又从小怕雷电。她回家向继母蒋氏说及此事。蒋氏很可能是出于幽默诙谐的习惯，说道："九叔（指藕琴）这么说吗，九叔话不会错，那么今天乡下河港里不会再有船了。"周德认为话中有刺，忙说"一定要回去"。蒋氏又说："九叔叫不要去，你怎么能去呢？"周德斩钉截铁地说："我一定要回去。"她走了，果然途中遇到暴风雨，她不幸落水而死。（《鲁迅生平史料汇编》，天津人民出版社，1981 年 7 月出版，第 104—106 页）

是很决绝的，同时也包含着痛苦的感受。这一系列的家庭变故和亲人的不幸，反映的正是封建家庭制度的腐朽，以及封建家庭的没落与地主阶级、士大夫阶级溃灭的必然性。这是一个拌和着血与泪、哀伤与悲痛的苦难过程。它使人伤怀，又使人感到难以忍受而宁愿它毁灭并产生对新的生活的企求。

这种封建家庭的溃灭和地主阶级的没落，还有另一方面的表现，这就是家庭中的不愉快以至令人痛苦的日常现象。周介孚因娶妾而造成家庭不睦。他获释后脾气更坏，时常骂人。娶妾章氏，生一子伯升。后章氏死去，又娶妾潘氏。潘氏系北京人，比周介孚小31岁。这个不幸的女人，像一粒随风飘荡的砂石，跌入了南国水乡一个封建大家族里。她给这个家庭带来了不和与不幸；这个家庭又像一架复杂而残酷的机器一样，碾压这个外来的砂粒，给她制造了一生的悲剧。家庭风暴总是归罪于这个外来人，而这种风暴也总是袭击这个不幸者。周介孚逝世后，潘氏年仅三十六七岁，难于孤守。蒋氏最后以主母身份，立下手谕，称："因汝嫌吾家清苦，情愿投靠亲戚，嗣后远离家乡，听汝自便，决不根究。"潘氏也立下字据，称"情愿外出度日，无论景况如何，终身不入周家之门，决不食言"。从此又流落风尘。鲁迅的父亲也因为种种不幸的遭际，脾气坏起来，经常是抑郁寡欢，有时还酗酒生事。更不幸的是，他还吸鸦片。这也给家庭带来痛苦。[①]以后周伯宜口吐狂血而死，做父亲的周介孚还不肯宽恕他这一点，在挽联中予以谴责："世间最苦孤儿，谁料你遽抛妻孥，顿成大觉；地下若逢尔母，为道我不能教养，深负遗言。"在这沉痛激愤的语言中，对生者的不幸的哀叹，令人痛心伤怀；而对死者的缺失的谴责，却不免叫人深感过苛，也为父子之间的生死抵牾而难过。此时，鲁迅已16岁，已经告别少年时代而开始步入青年时代了，对这些家庭哀史，一定是感受很深、触动很大的。这当然与他后来对旧的生活的决绝态度有直接关系。

鲁迅家庭里亲子之间的关系，也是复杂的。祖父周介孚，原配夫人曾生子伯宜、生女周德；后又娶姨太太章氏，生子伯升；继室蒋氏又生

---

① "当伯宜公病到医药无效的时候，有人劝他吸鸦片救急，他果然吸起鸦片来，逐渐成瘾。一次，母亲就牵着幼小的鲁迅的手，到那家窗外去暗中察看，看到伯宜公确在那里，母亲仍然牵着他的手，擦着泪回到自己家中。"（《鲁迅生平史料汇编》，天津人民出版社，1981年7月出版，第100页）

女周康。父母、兄弟、姐妹、叔侄之间，关系亲疏不一，不免常常发生摩擦。再加上聚族而居，人多嘴杂，又有人挑唆，如衍太太之流，流言蜚语，挑拨离间，那情形也是复杂、不安宁和令人伤怀的。如果走出周介孚一支人居住的房宅，进到整个新台门周宅的各个角落，那么，映入眼帘的，则是更多的台门子弟"破脚骨"，如子京、桐生、四七、五十等。他们或者名为读书子弟，其实不通之至，科场必然落第，教书误人子弟；或者略具才识，但不争气，终于没落；或者流落街头，沦为乞丐；或者偷鸡摸狗，堕落潦倒，成为社会渣滓；或者怪癖奇特，一生怪人怪事，贻笑四方。……这一帧帧"人物画"，构成一幅群像，它所告白的是：这个阶级除了没落不能有更好的命运，只能"毫不可惜它的溃灭"了。

所有上述情况汇集起来，所显示的便是一幅具体、复杂、生动的地主阶级没落和封建家族制度腐朽的图画。在这里，众多的人，男女老幼，转辗反侧，遭遇不幸，遭受痛苦，也可以说是在"吃人"或"被吃"。鲁迅在这幅活生生的、飘散着愁云惨雾的家庭"图画"面前，感受着痛苦，思考着人生，观察着世态，体验着生活。在这种人生体验中，他对生活的感受不断深化，思想也在不断前进。正是在这时，他接受到一些维新思潮的影响。由此，决定了他与科举道路、封建家族决绝的态度，而要"逃异地，走异路，去寻求别样的人们"，"总得寻别一类人们去，去寻为S城人所诟病的人们，无论其为畜生或魔鬼"。这感情是何等激越深沉，这态度是何等坚定决绝。他怀着对"旧"的深刻痛恨、拒斥和对"新"的热切追求、企望的心情，走向新的世界。这是一种觉悟，是向维新思想的飞跃，也是向爱国主义最初的迈进。这也是鲁迅对于封建士大夫道路和地主阶级的背叛，是他成为伟大革命家的起点。

这一切——他的家庭生活和家族里人们的种种命运与表现，刺激了他，从反面教育了他。他的思想和背叛行动，是这一切刺激的产物。鲁迅说："我的祖父是做官的，到父亲才穷下来，所以我其实是'破落户子弟'，不过我很感谢我父亲的穷下来（他不会赚钱），使我明白了许多事情。"（《鲁迅书信集》下册第865页）这里说的"明白了许多事情"，就是觉醒的表现。

温床与羁绊：鲁迅世界和他的家世

——段国超著《鲁迅家世》序

每位作家都有一个仅仅属于自己的世界，包含他对世界的认识、了解、阐释和反应，以及他自己的内心世界——思想的和艺术的世界。这一个人的世界，自然不是主观自生的，不是无源之水、无本之木，也不能脱离历史、民族与时代。这是一个客观世界在主观世界里的反映，一个社会、环境、群体在个体身上的反映；同时，也是个体对客观世界的接受、内化和作出的反映与反应。从客观、群体来说，必然置烙印于（作用于）个体之上；从个体来说，必然注特质于（反作用于）反映与反应之中。在总体上，这就是一个作家成长、发展过程和主客观交互作用的过程。作家的一般思想状态、创作心理及艺术思维、艺术世界的构造、特质和运行机制，都是在这个"大过程"中形成的。

从这个意义上说，作家研究和作品研究都离不开这个"大格局""大结构""大过程"。而且，我以为，只有在这个"大格局"的研究中，才能更深入细致，也更科学地去了解、破译、诠释作家的特殊世界和作品的思想艺术特质。

正是在这种理解和意义上，我感到鲁迅研究中，对鲁迅家世的研究是十分有意义的。因为，我们所说的历史、社会、环境、时代，都不是一个抽象的存在，而是具体的。在时间上，它们"具体"在（体现在）某个时间区段内，即某个历史时期、某个年代；在空间上，它们具体化于（体现在）某省某县某区，尤其具体化于某个家族和家庭。而且，"时"与"空"两者交汇的聚焦所在，正是家族、家庭。其人格化的表现则是父母的兄弟姊妹以至上溯到祖父母辈、横及叔伯姑姨，等等。所以，了解、研究、探索这些因素在作家——具体地说是鲁迅的身上所发生的作用、所造成的影响、所种下的各类"因子"，也就是既远之、广之地了解研究了社会、历史、时代背景，又近之、微之地了解、研究了家族、家庭与家人的作用与影响。

当然，还有一点不可忽视。家族、家庭、家人的影响，总是发生于一个人、一位作家的人生早期，即婴幼年时期、童年和少年时期。而这是一个"开化"期、敏感期、吸收期：一是接受力强；二是接受内容既属基本性质又很广泛；三是接受频率高；四是影响大、刻痕深；五是后效应、远效应强。总之，这个时期的接受和影响，是基因，是种子，是胚胎，是会生根、发芽、开花、结果的。在性质和作用力上，它大大不同于青年时代，更不同于壮年和老年时代。一个人的性格，基本上塑造于这个时期。因此，在时期上和性质上，家世研究就显得重要而意义笃实了。

而且，对于一个作家来说，他的"人生三觉醒"——人生觉醒、艺术觉醒和性觉醒①，都发生于这个从童年到青少年的时期，而家世影响也在此时期内集中而且严重地作用于觉醒者的身上。从鲁迅身上可以明显而突出地看出，他的家世的变迁，他在台门周家度过的童年、少年生活，他在此时此处所受的人世冷暖的煎熬、家庭衰落的摧折、人事变幻的震悚，以及由此而引发的痛苦、哀伤、忧郁、惆怅，他内心的孤独、寂寞与愤激之感受，对于他的人生觉醒，是作用至大至深的，由此影响及于他的精神世界与艺术世界之形成、架构和特质的显现。我们对于他的身世的研究，在这方面的意义也是明显而重大的。

当然，鲁迅犹有特殊处。绍兴台门周家不是小门小户寻常百姓家，而是百年旺族却衰变急遽。因此，带有非同一般的丰富性、复杂性、戏剧性和悲剧性。而且对于产生、成长于其中的每一分子，震荡大、刺激猛、作用深、影响久远。而鲁迅既为一房的长孙长子，承压尤重，他又生性明敏、感应深切。这样，在家庭衰变蜕化中，他的反映与反应，也就更为强烈。在中国著名作家中，类似于他这种身世的，大概只有巴金一人吧。但巴金的家族还是处于衰变中，子弟们已经走向新世纪，所以老一辈中，犹有继续为非作歹的，祖父犹能颐指气使，依然老太爷威福有加，而儿孙辈却已经在反抗和出走；再加上"巴蜀性格"，所以也就

---

① "人生三觉醒"，是我在研究文学创作心理学时确立的一个特殊范畴和理论命题，其详见拙著《创作心理学》（中外文化出版公司，1990）。

形成了巴金与鲁迅完全不同的个性与艺术世界。

这样，我们可以看到，对鲁迅身世的研究和描述，可以了解鲁迅的家族、家庭和他早年的生活状况，以及这些"客体"和这时期他的心性所受的影响、所接受的文化熏陶和文化规范，以至这一切所留下的遗痕和鲁迅性格的基础。当然还可以了解鲁迅创作心理的形成和特质的渊源。而且，可以从中了解鲁迅许多作品的直接源流：题材的，人物的，主题的，等等。

因此，这项研究，就不是一般地了解、说明鲁迅家世的来龙去脉，而是走进鲁迅世界的入口、媒介和通道了。

正是基于这种认识，我过去常读段国超教授这方面的文章，而且每有所见，均须一读，也受益良多。这次，集中和系统地将他这方面的著述一一过目，就更多获益，也为他写了这么多此类文章且已成系统而感到高兴和佩服了。而且，也进一步领会到这种研究的意义——这应该是鲁迅研究的一个不可或缺和有意义的方面。从鲁迅学的构成来看，它也是必不可少的一个组成部分。

这种研究，对于鲁迅和鲁迅的接受者来说，还有一层意义，这就是：把"人间"交给鲁迅，把鲁迅还给"人间"。

任何英雄伟人，都不是从小就与众不同、预设天定地将要成功的。他同凡人一样，也被看作凡人一样地出生、成长、成人。"人间"是他成长的摇篮和空间，他跳不出这个"如来佛的掌心"。不过，鲁迅，以及另外一些中国的英雄伟人，都曾经被神化。神化到似乎生下来第一声啼哭就跟凡人很不相同。有人好像总在宣传一种观念，似乎伟人们总是同他出生时的环境——"人间"，存在着对立的、高于它的关系，能够慧眼洞穿一切，因此，他在"世外生长"，是天生的、自发的批判者和改造者。还记得那年月有人出过半部《鲁迅传》，说鲁迅捧着神像来到人间，君临世人。我忘不了这样的故事：1979年我在北京参加纪念五四运动六十周年学术讨论会，有幸与李何林、唐弢、钟敬文、王瑶诸先生在同一讨论组。李先生是组长。当他言及鲁迅时，王瑶先生便讲了一个当年鲁迅著作注释小组里的工人师傅坚持说"达尔文氏"者，就是"达尔文的老婆"的笑话。接着钟老发言，讲到这半部《鲁迅传》。他说他看了就问那时还健在的冯雪峰："这个传里的鲁迅是不是有些拔高?"冯雪峰回答说："他们写的这个鲁迅，我不认识。"一个"神的鲁迅"是不会为真实的鲁迅、"人的鲁迅"的学生、同志和朋友所认识的。我还记得这个半部《鲁迅传》写到少年鲁迅，就是对家中长辈都是界线划得清、自觉反封建、常常横眉立目的。这当然是不真实的鲁迅。因此，我觉得对于鲁迅的家世的真实描述，就是"把人间还给了鲁迅"，又把"鲁迅还给了人间"。这也就是使鲁迅回归自己，并且从神坛上走下来。这样的鲁迅，不仅是真实的，也是可亲的，而且，鲁迅也是心安的吧，他最不愿意别人把他捧上神坛。

概括来说，家世对鲁迅"全方位"的影响，可以表达为：温床与羁绊。表面的看，这好像是积极与消极兼有，具体表现为两个方面：有得也有失；两类情况：推进也促退。其实，究其实质，是不能这么说的。实质上，"温床"也者，既培养了积极的东西，也滋生了消极的影响；"羁绊"也者，既妨碍了一些积极因素的发展，也成全了一些美好因素的生长。而且，我还觉得，无论从思想上还是从艺术上来说，有时却也不能用"两面思维"模式来规范，用功利和道德观念来评判，而且也不能静止地来断定，且在断定之后又固定其结论。需要的倒是把对象放在一个动态的大系统中、一定的历史范畴内，去分析、评断其优劣高下和不同性能功用，这才是唯物辩证的观点、方法，庶几不至于陷入形式主义和绝对主义。总之，温床也好，羁绊也罢，都不是凝固的价值判断，而是辩证的性能认定。

鲁迅家族的没落、家庭的败落，的确使鲁迅被"抛"入一个不幸的、痛苦的境地，因此使他受了很多苦，但也使他的人格与心性为其所熔铸。对此，鲁迅颇为自知，他说"所以我其实是个破落户子弟"；但也正为如此，所以他又说他感谢他的父亲不会赚钱，使他比较地能够懂得劳动者的痛苦，走向人民。用瞿秋白的评论来说，鲁迅是"吃狼的奶汁长大的"，因为他从小走进了野孩子群，最后成长为封建阶级的贰臣、劳动人民的朋友。这里，温床与羁绊的作用都存在，具体就看指什么了。

鲁迅的祖父和母亲，对他的影响都至大且深。母亲的挚爱和人格，深深投影于鲁迅；祖父的刚毅和开明，也深深影响了鲁迅。而母亲炮制的包办婚姻，送给鲁迅一件"礼物"，为自己娶了儿媳，却未曾给儿子娶个妻子；祖父的通关节于大考，以至险遭杀身之祸，他的脾气暴躁、好骂人和由此带来的家庭不幸，此二者，又对鲁迅造成了深深的不幸而影响至巨。这里，温床与羁绊两种作用也同样都在，而不宜只看一面。

朱安又如何？她当然构成了鲁迅一生婚恋与家庭生活上，以至于整个生活上的忧郁与痛苦，因而成为鲁迅生活上和心境上的深深的羁绊。然而，她何尝不也有另一面，她使后来鲁迅与许广平的恋爱结合，增加许多障碍和痛苦。鲁迅曾经先是不敢爱，后来是爱而准备身败名裂，而且横遭物议与攻击；但也因为这一切，使鲁迅与许广平师生之恋更热烈、更深沉、更具人生意趣，也更有幸福感。这边的"羁绊"，又成了那边的"温床"；一种障碍，又成另一种"成全"。"蚌病成珠"！

于是温床与羁绊，在功能上都最终汇集于"成全"了鲁迅的创作心理与整体的鲁迅世界。我在拙作《创作心理学》中，论及鲁迅的"人生三觉醒"中的"人生觉醒"时，这样写过：

> （鲁迅的人生）觉醒是由于祖父的突然入狱，父亲的因此卧病，家庭的因此陡然破落。这一切对于身居长子、长孙之位而又已经到了十三岁年龄的少年鲁迅来说，那忧伤、痛苦、悲哀是至巨至深的，那刺激也是至巨至深的。而且，尔后的日子更难挨：要为母亲分担家庭的忧愁；要为父亲延医求药；要关怀两个弱弟的成长……而在这破落途中，社会的白眼冷遇、家族的欺寡凌少，更深深地刺激了他，使他痛苦而且悲愤。……
>
> 他的人生觉醒的触发是在这样的不幸中，在巨大的震荡中发生的，因此带着哀伤、带着悲痛、带着怀念已逝的欢乐岁月的惆怅，也带着忍受眼前艰苦折磨的忧伤，还带着为今后前途的渺茫和追求一个朦胧的理想的疑惧与决心。这些，便构成了少年鲁迅一种心理格局和"情结"定势。以后，他便按照自己的这种格局及其需要，去捕捉、同化和内化社会人生的信息，形成自己的创作心理的建构。这建构，在心理内涵的知、情、意三方面，都留下来它的特点。对在人生与世界的认识上，他看到的灰色的雾罩，感受到它的悲凉、冷酷、崩毁；他的情感、情绪是趋向内向型的，是忧郁、深沉、哀伤的；他的意志、欲望，是同已有的、旧存的决裂，热切地希冀追求新的环境、新的生活、新的心境。我们可以说，鲁迅创作心理中最突出的特点和它终身所坚持的核心意识——忧患意识，此时已经牢牢地在他的心理机制（知觉、情绪、情感、意志等）之中

植根了。这忧患意识同他的追求理想、追求新的人和新的生活的愿望，是紧密地结合在一起的，是同一个事物的两个方面。

这是他的创作心理的渊源。

（《创作心理学》，中外文化出版公司，1990年12月，第64—65页）

在这里，鲁迅的家世对于他的具有鲜明特质的创作心理的形成，也是温床与羁绊两种功能同在的。

摆在我们面前的这部专以鲁迅的身世、家庭亲人、早年生活等为研究和描述对象的著作《鲁迅世家》，正是对于前面所说诸方面具有详细资料、周密说明、系统讲述和功能论证的一本著作。我喜爱这本著作。它详实、具体、生动、细密、系统，涵盖较全，汇融描述、介绍与论证于一体。看得出来，作者是经过一番探究、梳理、整合、思索、考稽和研讨的。他有整体的描述和考索，又进行了论列剖析，如鲁迅之家世述略、家世变迁之历史原因分析及对鲁迅所产生的影响；他也有对于每个个体（鲁迅的亲人）自身状况的考究、描述和他（或她）与鲁迅的关系，以及产生的影响的探讨、分析与论证。家庭成员包含较全，固然有一般研究涉及较多的父亲、母亲和祖父，也有涉及较少的祖母蒋氏和夫人朱安，还有更少见的曾祖母戴氏和"衍太太"。可以说，童年和少年时代鲁迅周围活动的主要人物，基本全备了。这在整体和分体上，都既能帮助我们了解这些人物的行状、性格、死生去处，又能帮助我们了解到他们与鲁迅的关系及其对鲁迅产生的影响。这于我们前面所说的作家创作心理形成渊源的几个方面，是都有益处的，至少具有参考价值。

这不是一本工于求索、刻意考订作家生平的研究专著，而是在求索考订基础上，用一根思想见解的"线"把散在的材料、史迹串联起来，而又连贯地、系统地记叙描述，同时还夹叙夹议，是作者用自己的眼在看这人、这事，用他自己的观点来记叙这人、这事，所以不是纯客观地叙述，而是观点统帅材料的介绍、描述和论证。但又因是这种性质，所以他不是论述而是评述，读来轻松亲切，而无枯燥之感。这也许是本书的一个重要特色吧。

作者也特别注意到这些人物与鲁迅的关系和对鲁迅所产生的影响。比如关于祖父周介孚，于其生平思想性格收集全备、描述清晰，是我所见到的关于周介孚的最全面详尽的完整叙述与论证。同时也较详细地评述了他对鲁迅的影响，列为专篇，所言甚全。其中，关于周介孚对鲁迅性格上的影响和创作上的影响，是谈得较详细且有自己的分析见解的。

关于朱安，过去的研究谈得甚少。近些年，谈得比较多了，但是，关于她的整体情况还是不够清楚的。据我的孤陋寡闻，在前几年，关于朱安还是限于"两头"的记述较多，即订婚、结婚前后和八道湾暂住阶段，而且语焉不详。而最早写出详细、全备、系统材料的，就是作者段国超于《中国现代文学研究丛刊》1983年第3辑上发表的《鲁迅与朱安》这一长文（即本书中之"旧式婚姻的苦与涩"）。这也许可以说是第一篇详尽的"朱安传略"、第一篇较周全的"鲁迅与朱安"研究专文。记得我在撰写《突破与超越——论鲁迅和他的同时代人》中的"梦魇、隐痛和挚意真情——论鲁迅与朱安"时，这篇专文便是主要参考文章之一。

关于"衍太太"的一篇，颇有意味。作者不仅考究阐明了"衍太太"的"生平事迹"，详述了她的是是非非，而且并没有完全局限于当事人鲁迅自己的记述品评，而是依据更多史实来作评断。但其又不是完全改变鲁迅的评议，却是分析了他的评议产生的历史与情感原因。这种治学风格也是应该得到读者嘉许的吧。

总而言之，我以为这本专著给了我们一个有关鲁迅家世的比较完整系统的印象与认识，这本身自然就是很有意义的；它于大中学校的教师、学生的教与学有用，于一般阅读鲁迅作品的广大读者有用，于从事中国现代文学研究的专业工作者也是有用的。

而且，它的意义并不止于此。它还可以帮助人们（包括研究工作者）从"生平研究"进入作家的思想、艺术、作品的研究之中，因有此依据，而更实在，因得到较多事实的启发而多有所得。它于鲁迅作品的主题学和类型学的研究也是有用的。

在这一点上，我们也许可以把这本专著当作"鲁迅别传""鲁迅外传"的书来看待。就现在这本书的性质来说，也就系统性、全备性、严谨性来说，它是当之无愧的。

作者段国超还有一篇《建国以来鲁迅家世研究述评》，连载在《鲁迅研究资料》第22辑上，现在收入该书。此文系统、简要地介绍了四十年来在这方面研究的收获和进展，使我们知道这项研究的概貌。从中我们也看到了这方面的考索、研究的意义。它与整个鲁迅研究"同步"发展，互相推动和"启发"，作为鲁迅研究的一个组成部分，随鲁迅学的发展而发展。就他本身来说，它的"发育"是助长了鲁迅学的"发育生长"的。在总体上说，这种谱牒学的研究，远不在谱系追踪以为对象争光的狭义价值，而是于社会、历史、文化背景研究，于人格、心理成长研究，都是一种有史实依据的追索和探寻。

从国超同志的这篇"总结"文章中，我除了解到鲁迅家世研究方面的概貌外，同时也想到一个问题：这项研究是否到头了？这个问题的实质，不在于下一个断语，而在于如何看待这个问题。以我粗浅的理解，这种研究至少有两个方面的内涵：（一）史实的调查、求索；（二）对史实的分析、研究。第一项我们是否"水涸鱼尽"了呢？我以为至少在短时期内，还不能这么说。打比方说，现在关于莎士比亚、托尔斯泰、蒲松龄等离现实很远的作家，有时还会发现一些新的生平资料，那么，鲁迅的这方面的情况，也还可能出现新的资料，殆非绝不可能吧？但这又并非主要方面。主要的还在于，我们现在就可以列举出一些在"鲁迅家世"这个题目下还可以挖掘和研究的人或事来。比如，鲁迅与周作人，近年研究是比较多的，不过，如果仅就资料、史实这一点来说，简直可以说基本上是运用周作人提供的材料，不少是他的日记和书信，这不免太偏狭，而且难免是"周作人视角"：错误、失忆、误记，甚至有意歪曲和篡改皆有。是否还可以也应该从其他方面试试挖掘一下呢？这不仅是必要的，而且是应该的，也是可能的。关于周建人，当然更是如此。因为过去对于他和鲁迅，人们写得不多、研究很不够。周作人的日本妻子羽太信子，大概是一个"漏掉"的重要人物。她对周作人的影响至巨至深，因此，她对鲁迅的直接和间接（通过周作人）的影响，就是不可忽视的。她简直可以说是鲁迅生平中的一颗"尅星"和"灾星"，怎可"忽略不计"？我们还可以举出鲁迅的两个姑妈来。她们的命运都是不幸的。这对鲁迅对于人生的体认产生过影响。还有祖父的姨太太——潘氏，其命运也是凄惨的。这里，我还想特别提出鲁迅的几位姑表、姨表姊妹来。她们都是不错的姑娘，特别是鲁家的大姑娘，知书达理，家人曾为她与鲁迅提过亲，因为她的姑母（鲁迅的母亲）不同意而作罢。她为此而抱中天之恨，临终还倾诉衷情，责问周家这门亲事为何提而作罢？这是周建人在回忆中带着感情描写过的。连小弟都知道了，难道当事人的大哥鲁迅本人反无所闻？这不免令人想起这里是否有一段恋情？也许不妨设想，倘若豫才与琴姑娘结亲，也许鲁迅的一生有许多事情要重写，他的思想、作品都会不同，至少是艺术素质上会不同。于此，我们自然不能做出可笑的建立在已经不可能发生的假设基础上的种种判断，那样就不是学术研究，而是蹩脚的编造和欺世盗名。但我们却的确可以从这种未曾发生的和已经发生的事情的两相对照中，推证后者是如何影响了鲁迅的生活道路、生活内涵，以及由此影响到他的思想和艺术的发展及其性质。

我在这里举出这些例子，可能遭到误解，以至嘲笑。记得华君武曾经画漫画讽刺"红学家"研究曹雪芹有多少根头发。我之所以做如上说，自信绝非"数头发"之类，也不是要给鲁迅荣宗耀祖，或找出劳动人民朋友，或挖出隐情秘史，以此为"治学"甚或拿无聊当有趣。我的意思无非是：此种人事，如果有，也不妨一记或值得一记，这对全面了解鲁迅亦非毫无意义；其次，当然也不是大家都来干，而是说，有人有时在这方面做些事情，只要是严肃的，就应该肯定。事实上，近十年来，在这方面取得的成绩，也确实使我们对鲁迅了解得更全面也更深一步了。

不过，我以上所说，仍然不是这项研究的主要意义所在。我以为，主要的意义还在于这方面的材料（有时甚至是细节）、史实，是了解、认识、分析鲁迅思想和创作的事实基础、客观依据，是这种通道中的细流和小路。比如，鲁迅对封建制度，尤其是宗法制度、宗族制度痛恨之切、理解剖析之深，就同他早年的生活经历、家族生活状况分不开，同他亲见亲历的各类亲人的各类不同命运，以及他们同自己的不同关系、情感纠葛有关；他对国民性问题的重视和研究，也和他对于败落中的家族人中的形形色色表现分不开。杰出的散文之作《朝花夕拾》，不仅其内容重要部分是家世、家事，而且这些家事之羁绊，也正为他的艺术与思想特质的成功因缘。艺术奇葩《野草》中的《风筝》，小说集《呐喊》中的《狂人日记》《孔乙己》《阿Q正传》《白光》《社戏》，小说集《彷徨》中的《在酒楼上》《孤独者》《伤逝》《兄弟》都与他的家世有关涉；而近年新发现的写于1919年的《我的父亲》和《我的兄弟》，更是家世的重要辑录。家世研究，对于理解、诠释和接受这些作品，也是于揭示其艺术世界很有意义的。

当然，如果就这方面的研究来说，就会感到我们现在研究得还不够，还有许多可以做的事情。在对于鲁迅作品的诠释，更多的还是当时的时代、社会背景，而对于早期的心理文化渊源的追溯则是不够的。实际上"前""后"两个原因都是起作用的，早年的事通过现时的事起作用，反过来也如此，而且各自赋予形态与特质。

而且，我们现在还可以在早年生活、家世影响这一领域内，以谱牒学（现代谱牒学，不是传统的谱学）、社会学、文化学、心理学、艺术心理学、创作心理学、传记学等方面来进行探索和研究，将会在诠释和接受鲁迅世界上得到新的收获，开辟新的天地，而且也会于这些学科的研究上有所创获。

说到这里，请恕我顺便地、斗胆地说一点，即该书在鲁迅家世研究上，如能进入上述多学科的研究领域，将会获得新的佳果。

得到段国超同志有关鲁迅家世研究文章要结集出版的消息，我深感高兴。首先，在他多年的努力，散见于各报刊的同类文章，如今可以集中起来，既见这项研究的总体成果，又给读者提供一个系统读物，这是颇有意义的；其次，在目前学术著作出版困难，鲁迅研究相关图书尤其难出版的情况下，教育科学出版社欣然出版该书。为此，我作为一个社会科学研究人员和鲁迅研究工作者，是感到欣慰和高兴的。然而国超同志还嘱我写序，我则像每次接受此类邀约时的心情一样，惶恐而以为不妥；但又像每次一样，盛情难却，却之不恭，只得从命。不过，这次却有愿写的意思，其原因在于我有一点认识、感想，不妨乘机说出，以与同好讨论。这便是以上所说的那些浮泛之议了。

我还想借此机会预祝国超同志在此项研究工作上取得新的进展、新的成绩，也希望鲁迅研究界在这方面更有所进展。

我与国超素未谋面，是未曾交谈过的"书面"朋友吧，以共同的爱好和研究工作而有了联系和此种文字结缘的机会，甚愿今后互相切磋。西望秦陕，情意悠然。"乾坤万里眼，时序百年心"，他说他已过半百，又以来日不算"方长"为慨；而我则已过花甲，黄昏岁月，犹思夕阳尚好。他远处渭南市，非属通衢大道，更不在京华海上，但他于教学之余，而从事鲁迅研究，学有所专、研有所得，以这本非热门题目的学术专著，参与全国学术界和鲁迅研究界的学术对话，实非易事，亦且可贺。近年我常有"鲁迅寂寞"之感，而且有人以批鲁迅为能事，捧周作人为"五四精神之真正代表"，另又见到且有幸遇到以非鲁迅、反鲁迅之心研究鲁迅者，实不明其为何种心态意愿，令我不禁感慨系之。国超耐得寂寞而在僻远之地坚持"冷门研究之冷门题目"，我是颇为感动而且怀着敬意的。

"渭北春天树，江东日暮云。何时一樽酒，重与细论文？"他嘱我写序，且允我从长言之。我借机啰唆，实无足观，只请读者读此新著，同时还希望真有与他煮酒论文时。

一九九〇年五月二十日，匆草，沈阳。

（《鲁迅研究月刊》1990年第9期）

"只研朱墨作春山"

——鲁迅美术论著中的"新"与"美"

在鲁迅诞生一百周年纪念日来临时，我们美术工作者，应该怀着感激和眷恋之情来怀念他。鲁迅不仅是一位伟大的作家，而且是我国新美术事业的勇敢的拓荒者和辛勤的园丁，又是美术家的领路人和艺术导师。他的心血一滴一滴地洒向艺苑，他的生命付于艺术事业，他抚育了我国第一代新兴美术工作者，他培植了艺苑里第一批新苗。他所留下的艺术业绩，是不朽的。他所遗留给我们的艺术论著，至今是我们宝贵的思想与艺术的宝库。

"愿乞画家新意匠，只研朱墨作春山。"①这两句诗，如果我们不拘泥于诗句所表达的意思，而依其意境作广而深的发挥，也许不妨说，这是鲁迅用诗句表达的对美术创作的根本要求，是他的美学思想中的一个重点。这就是：新与美。一件艺术品，如果没有内容和艺术上新的意匠，哪怕是一点点，大概是很少有生存价值的。重复是艺术生命的窒息剂。在前人的窠臼里飞不出艺术的金凤凰来。

鲁迅曾经为两位画家的作品展览写过评述文章，一位是陶元庆，一

---

① 《集外集拾遗·赠画师》。

位是司徒乔。他称赞陶元庆是"以新的形，尤其是新的色来写出他自己的世界"①。他赞赏司徒乔"将自己所固有的明丽"，"照破黄埃"②。这赞扬便是一种评价和论述，告诉我们，每有所作，要有新意，要有美。

创作的新意与美，是一种思想与艺术的追求的结果。它不会自然地形成，也不可能轻易地得到，而是一个艰苦的创作过程。鲁迅对这个过程的内涵作了深刻的揭示。他称赞司徒乔在北京"终日在画古庙，土山，破屋，穷人，乞丐……"。鲁迅认为种种人间的事物和活生生的人的形体，如"深红和绀碧的栋宇，白石的栏杆，金的佛像，肥厚的棉袄，紫糖色脸，深而多的脸上的皱纹"，等等，都是人与天然争斗的结果。"凡这些，都在表示人们对于天然并不降服，还在争斗。"③而画家对于这些"人与天然争斗"的结果的景物和人给以描绘，又是人与这"人天争斗的结果"的结果。他说，司徒乔的美术作品便是这样的产品。"我发现了作者对于北方的景物——人们和天然苦斗而成的景物——又加以争斗，他有时将自己所固有的明丽，照破黄埃。"在这里，鲁迅把画家的表现世界，看作是一个斗争的过程。这个"斗争"过程的内容，就是要认识对象和能动地反映对象。这就说明，艺术家的反映世界，并不是像镜子那样简单地、原封不动地映照出来，而是要赋予自己的理解、判断，要有所取舍。画家所反映的是客观世界，然而在这"反映"中，又有着他自己的世界：不仅有他自己独特的认识和理解，而且有他的艺术趣味和艺术技巧，有他自己对于世界的解释和创造的艺术意境。艺术家正是要用自己的创作把欣赏者带进自己所创造的意境中去。取得这样的成果是他最大的欣慰。艺术创作确实是一个获取知音的斗争过程。

鲁迅对于艺术创作过程的这个深刻的见解，是建立在他总的美学思想基础之上的。他在介绍普列汉诺夫的美学观时，曾经这样概括地论述道："普力汗诺夫（现译普列汉诺夫）之所究明，是社会人之看事物和现象，最初是从功利底观点的，到后来才移到审美的观点去。……美底愉乐的根底里，倘不伏着功用，那事物也就不见得美了。并非人为美而

① 《而已集·当陶元庆君的画展览时》。

② 《三闲集·看司徒乔君的画》。

③ 同②。

「只研朱墨作春山」

存在，乃是美为人而存在的。"①从这样的美学思想出发，来看待艺术创作，就不会看作无目的的活动，而必然包含着功利的因素。鲁迅这种美学思想和对于美术的功用的看法，是一贯的，并且不断地深化和提高，并达到辩证唯物主义的高度。

早在1906年，鲁迅在为拟办的《新生》杂志选择插图时，就选用了英国画家华兹（1817—1904）的《希望》和俄国画家威列夏庚（1820—1904）的《英国在印度镇压革命者》等。《希望》的画面上画着一个漂浮于太空的地球，上面坐着一个手抱竖琴的诗神，她的头无力地依靠在竖琴上而朦胧入睡。威列夏庚的《英国在印度镇压革命者》画的则是战场上英军排着一列大炮，正准备轰击、镇压印度革命者。当时，处在风雨飘摇中的中国，正在酝酿着辛亥革命。这表现了希望的朦胧和革命遭镇压的画幅，显然很适合正在觉醒途中和准备起来斗争的中国人民的需要。这种选择，很好地体现了鲁迅的美学思想和对美术创作的要求。1926年6月，鲁迅在参观司徒乔画展时，购买了他的炭笔速写《五个警察和一个0》。②这是画家在北京街头亲见的情景，用炭笔画下的粗略的速写，可以说它还不是一个艺术成品，而是一张草图，但鲁迅却购买了它而且把它挂在自己工作室的墙上。这正说明他重视这幅速写的内容——反映了中国社会的严重的阶级对立，也重视画家这种艺术冲动和创作动机。以后，在上海时期，鲁迅提倡连环画和倡导、扶植新兴木刻，是把美术事业当作革命事业的一翼来看待的。他称赞新兴木刻时，曾指出："它绝不是葬中枯骨，换了新装，它乃是作者和社会大众的内心的一致的要求"，"它所表现的是艺术学徒的热诚，因此也常常是现代社会的魂魄"。③鲁迅一直称赞它的战斗性和群众性。

基于上述的美学思想，鲁迅一贯重视对美术家思想方面的要求。这是很自然的。早在1913年，鲁迅在《拟播布美术意见书》中，就明确而有力地指出：美是创作活动，"一曰受，二曰作"，"受"是任何人都具有的能力——"倘非白痴，莫不领会感动"，"作"却是"再现"、是"新品"，"故作者出于思，倘其无思，即无美术"。这里，鲁迅把作者的

---

① 《二心集·〈艺术论〉译本序》。
② 画中是五个警察在拽拉和殴打一个孕妇。一般介绍者，均据画面，写为《五个警察和一个孕妇》或《五个警察和一个女人》。
③ 《且介亭杂文二集·全国木刻联合展览会专辑序》。

"思"放在了决定性的位置——没有"思",也就没有美术。鲁迅还更进一步指出："凡有美术,皆足以徵表一时及一族之思维,故亦即国魂之现象。"这就更从总体上指出了美术反映民族性和人民的思想灵魂的性质。他还进一步指出:美术可以辅翼道德,"美术之目的,虽与道德不尽符,然其力足以深邃人之性情,崇高人之好尚,亦可辅道德以为治"。①这里又从美术的功用和社会效果的角度,论证了美术的思想意义。所有这些方面,都要求美术家努力培养和提高自己的思想能力。一个有成就的艺术家,必须是思想走在时代前列的人。

在五四运动期间,中国的新兴文学诞生了。以鲁迅的小说《狂人日记》的发表为奠基礼,新文学运动从此蓬勃兴起。然而,美术事业却稍逊一筹,处在萌芽期。正是这个时期,鲁迅就以《我们对于美术家的要求》为题,发表了自己的深刻见解。他说:"美术家固然要有精熟的技工,但尤需有进步的思想与高尚的人格。他的制作,表面上是一张画或一个雕像,其实是他的思想和人格的表现。令我们看了,不但喜欢赏玩,尤能发生感动,造成精神上的影响。"②

他更提出:"我们所要求的美术家,是能引路的先觉","我们所要求的美术品,是表记中国民族知能最高点的标本,不是水平线下的思想的平均分数。"③……

20世纪30年代,在上海时期,鲁迅作为伟大的共产主义战士和文化新军的伟大旗手,更加重视美术作品的思想意义和艺术家的思想能力。他经常指导青年美术家们要"扩大眼界和思想","艺术家应注意社会现状,用画笔告诉群众所见不到的或不注意的社会事件。"他说:"要善于利用这种语言"(指"绘画语言")来"传播我们的思想"④。

然而,鲁迅却不以"思想"当作棍棒,用它来打击那些并非直接表现社会生活和思想意义不是很强的作品。鲁迅从来不抱狭隘的功利主义观点。在他的书账中,记载他购买了大批从汉魏石刻画像到现代木刻,从《芥子园画谱》到《美术全集》的古今中外美术作品。他既从汉代石刻画像上了解当时的社会生活,也从中汲取古代美术作品的古朴、生

---

① 《集外集拾遗·拟播布美术意见书》。
② 《热风·随感录四十三》。
③ 同②。
④ 1930年2月21日,鲁迅在上海艺术大学的讲演。

动、逼真等艺术营养。同时，他还精印北平笺谱，供给艺术家赏玩、学习。他既爱珂勒惠支和麦绥莱勒的战斗的艺术，也不鄙弃蕗谷虹儿和比亚兹莱的纤细的、甚至有些不健康的作品。他既劝那些在当时不免有些幼稚的青年木刻家们不要勉强去刻只能把读者吓走而自己又无力表现的"进步木刻"，又鼓励广东木刻家们取那些有地方色彩的风景、动植物、风俗等来表现。可见，鲁迅的艺术视野是开阔的。他认为，就像长江大河不拒细流乃能汪洋一样，艺术家应该像蜜蜂一样，广泛吸取多种艺术营养，而不能老是叮在一朵花上，这样是不能成为艺术家的。

鲁迅强调艺术家必须了解、熟悉他所表现的对象。他认为"天物"是美术不可缺少的"三要素"之一。他告诫年轻的艺术家们："学画的人要从事实、从创造出发。"他批评说："抄袭模仿得来的没丝毫意义。"① 他认为，离开了客观世界，"无论怎样说大话，归根结底，还是不能凭空创造"。那种"专靠了神思，所谓'天马行空'式的挥写"，虽然看起来似乎能够以意为之，不受拘束，但事实上还不过是"三只眼，长颈子"，"增加了眼睛一只，增长了颈子二三尺而已。……这算什么创造？"② 鲁迅一再指出，当时青年木刻家不善于表现人物，是对于人体还不熟悉的缘故。他反对艺术家去表现自己不熟悉的东西。他劝导青年艺术家们"一是要练习素描，二是要随时观察一切"。③ 鲁迅这些教导，我们今天读了，仍然感到深切、实用。

"技巧修养是最大的问题"，"现在的许多青年艺术家，往往忽略了这一点"④。这也是鲁迅反复强调的问题。我们有一个时期，讳言技巧，仿佛谈技巧就是单纯技术观点，甚至就是错误。多年来，特别是"四人帮"横行时期，有许多艺术家因为谈了技巧问题而遭到了批判甚至迫害。这种现象应该结束了。其实，鲁迅早就指出过，如果缺乏技巧，"表现不出所要表现的内容来"，哪还有什么艺术呢？鲁迅打比方说，像作文章一样，"因为不能修辞，于是也就不能达意"⑤。当然，鲁迅强调的技巧，是指能够表达内容和用以表达内容的技巧，而不是抽象

① 陈广：《记鲁迅先生的一次讲话》，载《解放军文艺》1957年1月号。

② 《且介亭杂文二集·叶紫作<丰收>序》。

③ 《鲁迅书信集》第731页。

④ 《鲁迅书信集》第746页。

⑤ 同④。

的技巧、不顾内容的技巧。他指出："如果内容的充实，不与技巧并进，是很容易陷入徒然玩弄技巧的深坑里去的。"①当鲁迅把技巧和表现内容联系起来时，我们就能更深刻地理解他所说的技巧修养是"最大的问题"的深意了。

　　人类的任何劳动，都有它一定程度的技巧性，这是经验和知识的积累。艺术技巧是一种文化素养，它有着悠久的历史传统、深厚的民族特性和广泛的知识联系。鲁迅深刻地研究了这种丰富的内涵，并且指出了它的主要方面，教导艺术家如何来把握它的精华。在说到陶元庆的绘画时，他以广阔的世界视野、深沉的历史眼光来作出评价，言简意赅，内容深沉。他说，当时的时代，是"世界的时代思潮六面袭来"，而中国的一部分人"还拘禁在三千年陈旧的桎梏里"。但有人却"觉醒，挣扎，反叛"，要出而参与世界的事业——文艺事业。鲁迅就在这样的时代和历史背景下，来观察、评价陶元庆的创作，一方面肯定了他运用了"新的形，尤其是新的色"，说明他接受了迎面而来的世界时代思潮的影响，冲出了三千年陈旧桎梏的拘禁，但是，"其中仍有中国向来的魂灵"——民族性。因此，鲁迅称陶元庆一方面"并非'之乎者也'，因为用的是新的形和新的色；而不是'Yes'，'No'；因为他究竟是中国人"。②同时，鲁迅还指出了陶元庆是用两方面结合的技巧来"写出他自己的世界"。这里，就是一个艺术的"三极结构"：民族传统、外来影响、艺术家自己的风格。必须是这三者的融会、化合，才能产生既有民族传统，又有新的创造并具有独特个性的艺术珍品。

　　鲁迅的这些论述，在今天仍然具有新鲜的启发教育意义。如果我们还像十年浩劫时那样闭关自守，以"封、资、修"的罪名封闭一切外国的、古代的艺术传统，那我们自然是被拘禁着，而不可能发展。正因为闭关自守、孤陋寡闻，所以当我们一旦站在世界艺术之窗下，刚刚窥见一点点形象，就忘记了自己的民族传统，一会儿"向埃及坟中的绘画赞叹"，一会儿又"对黑人刀柄上的雕刻点头"③；今天拜服在现代派的作品之下，明天又倾倒于超现实主义的绘画。虽然不能说这些流派并无可资借鉴处，但问题在于未经深究就生吞活剥起来，就不免既失了我们的

---

① 《鲁迅书信集》，第746页。

② 《而已集·当陶元庆君的绘画展览时》。

③ 同②。

民族性，又可能一并失掉了自我。

鲁迅一方面指出了"新的艺术，没有一种是无根无蒂、突然发生的，总承受着先前的遗产"①，新的艺术不是凭空生长的，也不是从天而降的②，必须植根于民族的土壤里。对于这种传统的作用，鲁迅指出了它的两方面的意义和作用。他在谈到木刻青年擅长风景而不能很好地刻画人物时，曾指出这是因为中国的艺术传统前者见长的缘故。他说由此可见传统的好的作用，也可见它对后人的束缚。这见解十分深刻，完全符合辩证法。基于这种看法，鲁迅在强调学习和继承民族传统的同时，又强调要借鉴外国艺术的必要。他说："要技艺进步……必须看外国名家之作。"

鲁迅认为在"青年竟无法看见一幅欧美名画的原作"，不能借鉴外国艺术，"都在摸暗弄堂"这种情况下，"要有杰出的作家，恐怕是很难的"③。

鲁迅主张的是中西汇融结合，创造新的艺术。他说："所以我的意思，是以为倘参酌汉代的石刻画像，明清的书籍插图，并且留心民间所赏玩的所谓'年画'，和欧洲的新法融合起来，也许能够创出一种更好的版画。"④

鲁迅在这里虽然说的是版画，但他提出了一个总的基本原则。他在这方面的论述，也是同样值得我们今天好好学习的。

以上，极简略而又粗浅地勾勒了一下鲁迅与美术的关系和他的有关美术问题的论述。仓促成篇，挂一漏万，只是谨以此略表纪念鲁迅诞生一百周年之忱。如果能够引起美术界同志对"鲁迅论美术"这个题目的关注和学习的兴趣，那就是最幸运的收获了。

（《美苑》1981年第2期）

---

① 致魏猛克，载《光明日报》，1977年2月19日。
② 《鲁迅书信集》第506页。
③ 同②。
④ 《鲁迅书信集》第746页。

鲁迅杂文艺术世界：建构与特质

鲁迅向中国现代文学，也是向世界文坛奉献了一种新的文学样式、一种新的艺术世界，这就是诗与散文结合而以思想为主体素质的杂文文学。这是中国现代社会生活的产物，也是鲁迅的创造。

任何作家都是在他的总体创作意识和创作心理的支配下从事他的艺术创作的。鲁迅创作杂文，也是如此。那么，他是在一种什么样的创作心态下来写作杂文的呢？

鲁迅创作杂文，就是从改良"中国的人生"、使衰老的民族复兴，使垂危的祖国获得自由、解放这一总目标和"终极价值"出发，通过反映"中国的人生""中国大众的灵魂"的总体视角来实现目的。为此，他要"揭出病苦，引起疗救的注意"，要"为现在抗争""为现在和未来战斗"，"也照秽水，也看浓汁，有时研究淋菌，有时解剖苍蝇"，而且使文章中"有着时代的眉目"，成为"对有害的事物，立刻给以反响或抗争"，"是感应的神经，是攻守的手足"，并且，"乐则大笑，悲则大叫，愤则大骂"，但又"喜笑怒骂，皆成文章"，"生动，泼辣，有益"，"而且也能移人情"，"也能给人愉快与休息"，这就是他的创作杂文的总体意旨、总体意识和思想-艺术的总体设计。这可总揽于他的杂文创作的创作心理之中。

正是在这种创作心理的基础上，他在他所创作的杂文中，创造了一个意义世界。这个意义世界，以对中国的历史、社会、文化和中国人的剖析、诊断、抨击和探寻其自省自新之路为根本、为核心；也就是以中国传统文化的自省自新，亦即由传统向现代转化为根本与核心。因此，我们可以说，鲁迅杂文的意义世界，是以中国文化与中国人实现现代化转换为其重要内涵，是在这方面创建思想文化基础的。这一点，我们只要拿鲁迅全部杂文的总体，来同产生它们的那个时代，那时的中国社会、文化的状况，以及由此而产生的时代-历史任务对照起来看，便会感觉得很明显、很突出。而且，早期和后期的杂文，从社会现实到杂文和从杂文到现实，"顺向"和"逆向"地加以推究，也可以明显地看出，现实-物质世界同精神-文化（杂文）世界的互相对应的变化发展的关系。比如，前期杂文偏重对封建文化、人的封建性文化心态的剖析，和后期的对殖民地的、工业与城市文化，对殖民地-小市民"现代"城市文化心态的剖析有所侧重，就反映了鲁迅杂文的意义世界的这种随社会现实、公众文化心态的演变而演变的轨迹，和鲁迅杂文的这种厚重的富有文化内涵的意义世界的特质。如果再拿鲁迅杂文揭示和蕴含的意义世界，同最近若干年来中国社会的演变和中国人文化性格的演变中所产生的"旧病复发"和"新症滋生"的状况对照来看，而感受到鲁迅的杂文"仿佛说着今天"、"触着了今天的痛处"，那么，我们就更深刻地感受到鲁迅杂文的这种意义世界的内涵，和它对于中国社会、文化、公众的实现现代化转换的针砭作用和建设意义了。

鲁迅杂文的艺术世界，正是建立在这种意义世界的基础之上，而且，特别是同这种意义世界融会一体而产生和存在的。鲁迅杂文的美学构成，正是以此为起点而构筑起来的。他的那些抨击现实，为今天而抗争，为民族存亡、祖国命运而战斗，为人民的觉醒，为他们的今日之生存权、明天之幸福而抗争、搏战、抨击、鞭笞的杂文篇章，以其正中敌对者的要害，揭露了它的本质，以其深入腠理、抓住了真正的症候，以其分析之透辟、挖掘之深刻、情感与理性之融会一体，等等，总之，以其现实性、战斗性、思想性及它们同高超的艺术性的完美结合、融会一体，而产生一种美，给人以美的愉悦。这里的美与审美享受是双重的：一以其致敌"死命"或抓住了国民性的病根，而给人以赏心悦目、兴奋痛快之感受，而产生审美愉悦；一以其"这一切"，又是艺术地、美丽地表现出来的，而产生美感，给人以审美的愉悦。同时，与此相结合的，正如我们前面所说到的，他的那种总体创作立意和创作心理，他的那种崇高的、特有的、又以高层次文化结构构成的艺术思维，那种诚挚爱国者的情怀，使他在总体上、在创作一篇杂文时，都具有一种"风雨故园""寄意寒星"的黍离之悲的悲剧美的思维、心理、艺术背景——它给每一篇作品都贯注一种"悲为美"的素质。这是其他作家所不可企及的，以高度、深度、浓度、炽烈度而为人所不可企及。还有，它的这种"情怀"，融思想、情感、理论、审美理想、创作心理于一炉的"情怀"，总是蕴含一种炽烈、深沉、丰厚的热情。这热情又总是经过长期酝酿、聚集、压抑的热情，而当写作时，它更有一种喷射迸发之势。这种"心理势能"，又由于环境的围束、高压，是一种"带着镣铐的跳舞"，或者由于艺术上的考虑和安排（不太露、不太直、不一览无余），而含蓄、隐晦、曲折、寓庄于谐，讽刺幽默并用，古今中外典故广征博引。这样，就使他的杂文文学又具有了另一种双重的美：一以其爱国、爱民的热情之真挚炽烈并高度凝练、激越深沉而产生美；一以这种热情喷射迸发而出时又很"节制"、有理有序、曲折有致而产生美。这也是鲁迅的杂文为他人所难企及者：他的这种热情经过高度的"社会-文化-心理"加工，以及这种热情的特殊的喷发方式，都是他所独有的特长，而为其他作家所不及的。

这样，我们也就看到，他的杂文具有一种特殊的叙述范型，一种特殊的论证方式，这可统称为"鲁迅笔法"。在这里，先要接着申说的是鲁迅的杂文，如果仅仅具有这种现实的战斗美和"漂亮地"（具有美学素质和美学功能地）进行和完成这种战斗而产生的美，那么应该说，还不能算特别突出、具有高超成就和长久的价值。我们还必须补充说，鲁迅像所有伟大作家、文学大师及一切经典著作家一样，在他们从事当前的战斗，为了解决当前的社会、文化、理论问题时，总是从具体到抽象、从个别到一般，提炼出一般意义的问题，上升到一般理论高度，升华和结晶为具有长久意义、一般意义和基础理论、基本原理性质的理论、学说等。鲁迅的杂文，也具有这种"理论升华""文化结晶"的意义。这就是他的杂文的深厚的文化内涵、思想内涵，也是它的长久价值所在。不仅他的那些我们在前面评述过的称为"大型杂文"、"文化杂文"（如《坟》中的那些杂文及后期杂文中的长篇杂文等）具有这种文化-审美素质，而且就是那些他自己所说的"执着于小事"，被人们误解地贬称为"个人意气之争"的"小型杂文"（如《热风》中的杂文、《华盖集》续编中的部分杂文，以至后期《花边文学》等杂文集中的杂文）也同样具有这种文化-审美素质。当然，我们说"具有"，并不是说所有这类杂文一律皆有，也不是说"具有的程度"一律相等。但是，这种情况不能等同"一律没有"。

不过，理解和承认这一点，最重要的是承认并品味鲁迅在每个时期的抗争与战斗（无论在具体的一篇杂文中是为了什么或何事、何人、何种现象、何种行为而发），总是同当时国家、民族的命运，同人民的生存发展，同历史发展的主题贴切紧密地相联系的，而且又总是站在时代思想的高度来分析论述的，也总是处在文学、艺术、美学发展的高水平层次上。也就是说，他总是以他的杂文，与人民的心相通、情相连，与时代的课题、历史的主题相契合，站在现实的土地上，走在时代的前列，处于社会审美的高层次。这些，就奠定了他的杂文文学艺术世界的高度审美素质的思想与艺术的坚实丰厚的基础。

当然，我们还必须探讨，他是怎样达到和完成这个杂文艺术世界和它的高审美素质的成就的。首先他非常成功地实现了两个至关重要的转换：思想向艺术的转换和生活向艺术的转换。这两种转换是相区别又相统一地结合在一起的。它们在同一位作家的身上，在他的创作心理中，是合二为一、融会贯通的，思想以生活为不竭的源泉和思维的素材，生活以思想为自身的结晶与升华，但是当向艺术转化时，当生活和思想转化进入艺术世界时，它们就有各不相同的品性和转化的机制与方式。因此，又是相区别的、不同质的。而在作家的创作行为中，就要求他具有驾驭这样两种不同质的对象间转换的双重技巧和能力：思想的才华与艺术的才华。鲁迅在杂文创作中，正是充分地发挥了这种才华。

关于第一个转换——"思想→艺术"的转换，鲁迅的特点和成就何在？思想与艺术是一对矛盾，可以说艺术创造的一大课题就是如何处理好思想对艺术的矛盾。思想，常常被视为"艺术的反叛力量"，因为在艺术作品中，如果宣传、塞进某种思想，就往往妨碍了艺术，不管思想正确与否，它都会使艺术苍白，使作品成为思想的传声筒，或者成为思想高超而艺术低劣的赝品。这当然不是思想的错，而是它与艺术如何"处理好关系"的问题。因为艺术必须是艺术，而不是装思想的酒瓶。但是艺术却又是必须要具有思想的，"无思想性"是艺术的生命的终结。这也证明问题的实质在于处理好两者的关系，即实现思想向艺术的转换。普列汉诺夫在分析亨利·易卜生的伟大和弱点的时候，曾经说到，思想"本身完全不排斥艺术性"，但是这有个条件："宣传必须是明白和始终一贯的，宣传者必须清楚了解他所宣传的思想；这些思想成为他的血和肉，他们必须在艺术创作的时刻不要使他困惑不安，不要使他陷于谬误，不要使他感到困难。"普氏还从消极方面强调："如果宣传者没有成为自己思想的完全的主人，如果再加上他的思想不清楚和不始终一贯，那么思想性就会对艺术作品发生有害影响，那么它就会给艺术作品带来冷淡、沉闷和枯燥。"最后，普氏还指出，过错不在思想，而在于"艺术家没有本领把思想弄清楚，没有成为彻底有思想的人"。这些议论，很适于分析鲁迅的杂文。

鲁迅的杂文虽然在总体上基本是一种社会-文化批判文体，思想性是它的根基与特质，它的主要宗旨是述说、论证、提出某种思想、观点、见解，但是，由于鲁迅不但能够把自己的思想弄清楚，是明白和始终一贯的；而且他自己确乎是一位"彻底有思想的人"。更为重要和更有特色的是，他的所有思想都已经成为他的血和肉了。还应进一步指出，鲁迅的清楚的、明白的、始终一贯的、彻底的思想，贯注于杂文之中时，不仅饱和着他自己的血和肉，而且饱和着中国历史、社会、文化的血和肉，浸渍着中国人民的血和肉（他自己直接说过，他的某些杂文是看了人民、革命者的血而写的，是总结他们流血的经验而写的，是革命者、牺牲者的血淤，使他艰于呼吸而写的，如《论"费厄泼赖"应该缓行》《记念刘和珍君》《而已集》中的多篇杂文及《为了忘却的记念》等），因此是动人的、深沉的、成熟的、彻底的。因此，他的思想进入艺术（杂文），不但没有"对艺术作品产生有害的影响"，而且产生了力量的磁性、撼动人心的魅力，因此也是一种艺术魅力，不但不会给杂文作品带来冷淡、沉闷和枯燥的恶果，而且相反，给作品带来热烈、丰富、精彩、活泼、辛辣、幽默等美学品质，从而提高了杂文的艺术品性与品位。以深刻、彻底、成熟、一贯、热情的思想，以成为自己的血肉的思想进入作品，这就是鲁迅的杂文实现"思想→艺术：审美素质"的飞跃和升华的艺术机制与艺术成就。这也是作为思想家-艺术家的鲁迅之所以能创造他的杂文艺术世界和这种艺术世界的特质形成之根基与奥秘所在。

当然，鲁迅在杂文创作中所完成的这种转换，还在于他同时把这种彻底的、成熟的、变成自身血肉的思想，不是一般地，而是美丽地、巧妙地、多样地与思想、材料、形象都完全契合地转化为艺术作品，可谓锦上添花。本来，具有前一点，已经足够使思想转换为艺术了；而现在，再加上这种更好的表现手段、方式、形态，使得这种转换更为出色和成功了，也就进一步提高了鲁迅杂文的艺术品位。然而，什么是这种

"美丽地""艺术地""契合地"从思想转换、转化为艺术的真意和实质所在呢？韦勒克和沃伦合著的《文学理论》中曾经提出过一个命题："思想进入文学的真正方式。"他们在论述中谈到哲理诗和它的"思想"与其"进入文学的方式"的问题时说："哲理诗像其他诗一样，不是由它的材料的价值来评判，而是由它的完整程度与艺术水平的高低来评判的。"[①]这里所说的"完整程度"，应该就是指思想和艺术构成了一个完整的整体，二者是浑然一体的。他们从反面论证过这一点，指出："艺术家采纳的思想太多，因而没有被吸收的话，那就会成为他的羁绊。"这就是说，如果思想在艺术品中不是因为没有被吸收而显得采纳太多（以至成为多余）的话，那么，被完全吸收的思想，就与艺术达到了一种"完整程度"，作品就达到了高级的艺术水平，而思想也就转换、转化为艺术了。后面，韦勒克和沃伦又指出，在文学史上，有时也会出现那种"极其罕见的"现象，即"思想放出了光彩，人物和场景不仅代表了思想，而且真正体现了思想"。而在这种情形下，他们指出："哲学与艺术确实在某些方面取得了一致性，形象变成了概念，概念变成了形象。"鲁迅的杂文正属于文学史上"极其罕见的现象"之一。他写的不是《文学理论》中所论的小说，而是杂文，但他的杂文，在思想进入艺术时，确实是思想与艺术的结合达到了"完整的程度"，思想既放出了异彩，哲学与艺术也取得了一致，形象变成了概念，概念变成了形象。因而他的杂文成为思想进入艺术、实现"思想→艺术"的创造性转换和转化的最佳状态与高峰境界。比如这样一些既是概括又是形象的描述，也是论证："虽然是狗，又很像是猫，折中，公允，调和，平正之状可掬"；"外国娘儿们上街牵着的叭儿狗"；"嗡嗡地闹"着，"停下来舐一点油汗，倘有伤痕或疮疖，自然更占一点便宜，无论怎么好的、美的、干净的东西，又总喜欢拉上一点蝇矢"的"苍蝇"；"未叮之前，要哼哼地发大篇议论""说明人血应该给它充饥的理由"的"蚊子"；领着羊群走向屠场"脖子上还挂着小铃铎，作为智识阶级的徽章"的"山羊"，以及在《二丑艺术》中关于"二丑"这类人的描述，散见于杂文中的关于"破落户子弟"的描述；等等，不就都是这种"概念与形象"互渗互

① 韦勒克，沃伦. 文学理论［M］. 刘象愚，等，译. 北京：生活·读书·新知三联书店，1984：13.

变互相"塑造"的艺术么？

这就是鲁迅杂文艺术世界的一个"景点"了。

至于"生活→艺术"这种转化，鲁迅也是完成地相当高超。美国作家H.加登纳在《艺术与人的发展》中谈到艺术的特性时曾经指出，艺术要直接接触情感、思想、经验、生活法则，并使一切"生动起来"，也就是说艺术"要传达生活的主观方面"，为此，就要"创造出一种吸取这些主观因素的客体来"，并使这种"客体"符合主观的经验、体验、意图、思想、愿望等。T.S.艾略特也曾经说过："要用艺术形式表现情感，唯一途径是去发现一种'客观相关物'。换言之，就是应该去发现那些应能形成那种特殊感情的对象、一个情景、一连串事情。"这里的"感情"可以代入思想、经验、人生体验等，并得出结论：艺术之中的情感、思想等，要能在生活中去发现一种客观的相关物，这才能得到艺术的表现，使作品成为成功的具有审美价值的艺术品。鲁迅的杂文，正是这种散文艺术品。鲁迅就是从生活中寻找到了形成和体现其思想、观点、见解、剖析的客观相关物——对象、一个情景、一连串事情等。总之，现实生活的情景、事件、人物及其言行，亦即可以总括于"人情世态"之中的社会生活。他的杂文中，充满了具体的社会事件、现象、情景，以及有特色的、乖戾的、出奇的，可笑、可悯、可怜、可恨、可诅咒、可同情的人和事，他的"感情"——思想、情感、观点、见解等，正是从这些现实生活情景中观照、审察、提炼出来的，又被作为"相关物"而引进杂文之中，成为生活→艺术的转化机制与素材。这里且不举例，只提醒回忆一下他的杂文中所纳入的社会百相、人生千态就可以了，那都是活生生的、具体的、来自当时的日常生活的对象、情景、事情。它们都已成为"概念变成了形象，形象变成了概念"的来自生活的相关物，又是思想情感的体现物了。

在论述了鲁迅杂文的这两种创造性转换之后，有必要再在总体上阐明一下他实现转换的基本艺术手法和基本结构范型。过去，关于这一点，基本的概括就是逻辑思维与形象思维的结合。这自然是正确的——已经有众多论证和分析了。这里需要补充的仅仅是：关于这一点"结合"，他是怎样来完成的？具体机制又如何？对此，可以概括如下：

1. 生活情景（即现象、情景、事件、人物及其言行，亦即"相关物"）→（形象的描述）→2. 意象形成→（思想剖析）→3. 结论（可以是一种思想表述，也可能是一种情绪表现或较多的评议，但都不会太长）。

这里的"三段式"，并不是一种固定结构模式，却总是随着内容、杂文的具体风格而采取不同的结构方式，如"1/2/3"或"2/1/3"或"3/2/1"或"3/1/2"等，这种"配制"，当然使杂文风韵绰约多姿、变幻诡奇。每一段的长短也不是定型的，长短各异，同样变动不居。"结论部分"，有时是较长议论，但议论中又同时浑然一体地运用形象；有时就用一两个字，如"活该"来结尾"煞车"，或者简直就用一个符号，如说张资平的三角恋爱小说的创作法，就是"△"。在早期杂文中，如《坟》中的《春末闲谈》，我们可以"代"上述的"艺术范型"，为：小青虫被整→不死不活→中国圣人的治心术和"理想"→不死而麻痹→反抗→〔结论〕失败。后期杂文，如关于"推""踢""爬""撞"在中国社会中人际关系的争斗情景的概括和深刻批判，则可为：推、踢、爬、撞的生活情景→其体现的人际关系→其适度抽象的意象及体现的人生哲理。鲁迅就是这样来完成他的两种思维形态的结合，也是完成其"艺术的转化"的。这是一系列形象的呈现、显示、推移、变幻、比较、回返的过程，其中又渗透着逻辑理论、思想，渗透着逻辑思维。

在鲁迅完成上述的艺术工程中，他所使用的艺术手段是多样的，其基本构成和结构因素则是讽刺、幽默、语言、典型（类型创造）。这些，在过去关于鲁迅杂文的论述中所在多有，就不再赘述了。

（《鲁迅研究月刊》1993年第7期）

鲁迅杂文研究中的几个重要课题

　　根据鲁迅杂文的实际情况，也根据到现在为止的鲁迅杂文研究的状况，我觉得有几个重要的研究课题，有待于我们去突破，向前迈进一步。这里，将它们提出来，并发表一些看法，论述未必有当，主要是借此提出问题，以期引起注意和讨论。

一、鲁迅杂文产生的主客观条件

　　鲁迅的杂文是怎样产生的？对于这个问题最早作出回答，而且回答得很深刻的，当然首推鲁迅的亲密战友瞿秋白。他在那篇著名的论文《序言》中指出："谁要是想一想这将近二十年的情形，他就可以懂得这种文体发生的原因，急速的剧烈的社会斗争，使作家不能从容地把他的思想和感情熔铸到创作里去，表现在具体的形象和典型里；同时，残酷的强暴的压力，又不容许作家的言论采取通常的形式。作家的幽默才能，就帮助他用艺术的形式来表现他的政治立场，他的深刻的对于社会的观察，他的强烈的对于民众斗争的同情。不但这样，这里反映着五四以来中国的思想斗争的历史。"[①]

　　瞿秋白的这段论述无疑是正确的，曾经长期指导了我们对鲁迅杂文的研究。从那时到现在半个多世纪过去了，对于他的原则的论述，我们尚需作出具体的阐述。

　　首先，关于社会斗争的急遽和剧烈的原因，我们可以从远近两方面来考察。中国曾经是一个封建社会长期存在的大国，同时又是一个农民战争连绵不断的国家。在这长期的不断的尖锐斗争中，思想文化方面的

---

① 《瞿秋白文集》第三卷，978页。

斗争，也往往采取了尖锐的形式。从秦始皇焚书坑儒到清代的大兴文字狱，都反映了这种状况。这成为历史发展的一个特色，也形成斗争传统，并留下了宝贵的思想与文学遗产。在社会斗争上，这种情况表现为广泛的、长期的、反复的流血；在文化上，则反映在不断发生的短兵相接的白刃战上。中国历代驳议文章及寓言、讽刺小品的发展与成就，可能正是这种历史状况的表现和结果。当然，这只是历史的远因。更重要和更直接的是近因——近代和现代的社会状况和斗争形势。

中国在从"五四"到20世纪30年代的这个历史时期中，经历着一个大动荡、大变革的过程，一个群众不断革命化的过程。整个社会从底层开始骚动起来了，越来越多的人组织起来，走上斗争的疆场，好似要把整个世界翻转过来。但是，延续了几千年的封建思想文化严密精致、欺骗性极大，根深蒂固地统制着、影响着人民，而反动统治又不会给人民丝毫的民主权利。在尖锐复杂的斗争中，各种外来的、本土自生的、古往今来的学说、理论、主义及治世拯民的药方纷至沓来、纷然杂陈，争夺群众、占据阵地。这样，斗争就来得特别激烈、复杂、尖锐。

鲁迅在他的杂文中曾经多次谈到流血问题。他主要指出的是：（一）改革本不免流血；（二）但流血非即等于改革；（三）改革的大小快慢同流血的数量没有关系；（四）历史上存在流血很多而终究还是灭亡了的民族；（五）中国历来流血很多，连开一个窗户也要流血，甚至于流了血也未必开成；（六）改革者不要吝啬自己的血，但浪费又是"大大的失算"；（七）"中国的死地极其广博"，到处都可流血；（八）改革者要敢于"正视淋漓的鲜血"，又要不轻易流血，要实行壕堑战；（九）"造化本为庸人设计"，时光会洗涤旧的血迹，因此要经常提醒群众记住血的教训，寻找新的战斗方法。鲁迅一直到逝世前还在总结这种历史的带血的经验。这是鲁迅对于中国历史经验的可贵的总结。他创作的杂文和对杂文创作的设计（这促成了他的杂文艺术的特征的产生），都与这个经验总结有关。因此，这是鲁迅杂文产生的历史的与现实的因素，亦即客观的社会条件因素。这也正说明了鲁迅的杂文是这种社会条件的反映。

其次，近代和现代新闻事业的发展，促使各种报纸、杂志的出现，特别是"五四"以后出现的报纸副刊这种中国特有的新闻-文学样式的创造和发展，是鲁迅杂文产生的不可或缺的社会条件。这个条件有两方面的作用。一是众多的日报和五花八门的杂志，充塞着各类报道、纪事、文章，能够每天提供大量社会信息，反映大量的、形形色色的社会现象，暴露社会和各色人等的形象，提供了大量评论的对象和素材。二是报纸杂志（特别是副刊）也给鲁迅提供了发表评论的阵地，使他能够迅速及时地进行揭露和战斗。^①可以说，没有这两个条件，也就没有鲁迅的杂文。鲁迅杂文产生的这一社会条件，对鲁迅杂文的性质、特征和作用也产生了影响，因此有着重要的意义。

此外，鲁迅杂文的产生，还有一个社会条件，也是不可忽视的：对立面、反动势力，尤其是反动统治者的帮凶、帮忙、帮闲文人，也利用杂文这个武器来作战，用以反对进步、改革、革命，反对新思想、新文化，并且集中攻击鲁迅。同这种反动势力、保守势力的斗争，就成为一种刺激、磨砺，使得鲁迅发展了自己的思想与艺术，提高了作品的思想性与艺术性。

当然，鲁迅杂文之产生与发展，还由于中国的优秀文化传统，特别是论述、驳议、寓言、散文的优秀传统，以及对于外国文学营养的吸取。这种继承与借鉴，也使得鲁迅的杂文在思想与艺术两个方面都深刻、丰富、优美、多彩而放出了耀眼光华。

从主观方面来探求鲁迅的个人条件，即他的特殊的革命家、思想家和文学家的气质，他的坚毅的战斗品格和杰出的艺术才能，具有决定的意义。这里，除了他的敏锐、丰富的辩才和幽默才能之外，他的思想的深邃、丰富和他的高度责任感，都是不可忽视的。没有这一切，就没有鲁迅，也没有鲁迅的杂文。在中国现代文学史上，像鲁迅这样具有广博的知识、深邃丰富的思想、杰出的艺术才能的作家艺术家不能说完全没有，但是，像鲁迅这样不仅具备这些条件，而且具有能将这一切综合起来的力量，同时还具备那种高度的革命责任感、坚毅的革命家性格的，把革命家、思想家、文学家三者融为一体的人，却只有鲁迅一人。这是鲁迅杂文产生的最主要的主观条件。

当我们谈到鲁迅杂文产生的主客观条件时，只是"静止"地举例，事实上，这些条件无论主观方面的还是客观方面的，都是动态的，不断

---

① 锡金在《鲁迅的杂文》中最早指出："没有新闻杂志的出现，就不能有那种一点一滴地迅速反映社会现象（包括文学现象）而加以评论的杂文。"（载《长春》，1956年第10期）

向前发展着的。作为内在的和外在的因素，它们一开始就都具备了，但是后来又都有着不同情况的变化。鲁迅的杂文的发展不仅反映了它的变化，而且证明了它的杰出的基本品性：紧密地结合实际斗争，迅速地反映社会生活，而且他自己的思想与艺术才能也在这种斗争中和在为斗争服务的过程中，得到发展、提高和丰富。这体现为一种创造的过程，证明着这是一种真正的创作。

二、鲁迅杂文的正名和分类

这是我们研究鲁迅杂文首先应该探究的一个问题。它的解决有利于其他许多问题的研究。锡金同志曾经正确地指出过鲁迅对于"杂文"这个文体名字的用法："鲁迅以杂文名编而不是以杂文名篇，这是杂文的真意。"[①]鲁迅说："凡有文章，倘若分类，都有类可归，如果编年，那就只按作成的年月，不管文体，各种都杂在一起，于是就成了'杂'。"[②]很明显，鲁迅所说的"杂"是指一本编年的文体中，什么内容、形式、体裁的文章都集中在一起，所以叫"杂文集"，而单篇的文章，议论某事某人某物某题，一事一议，就其自身而言，是无所谓杂的。所以瞿秋白当年编鲁迅杂文选，即用《鲁迅杂感选集》之名，且为鲁迅所同意。

当然，"杂文"这个名称早已经通用，为人们所共同接受，已经是一个专有名词、习用的文体名称，我们今天无须更改了。但是，为了研究而将这个问题澄清一下却是有益的。因此，我们需要对鲁迅编年杂文集中所收的各类文章进行一个必要的分类，以挑出那些鲁迅的真正的杂文来进行研究，而将那些不能称为杂文或非典型意义上的杂文分出，这样才能更准确地研究鲁迅杂文的特征。这不妨就叫鲁迅杂文的"定性分析"。

在鲁迅的杂文集中，显然是各类文章都有。当然，占主要篇幅的，是我们习惯上所说的鲁迅的杂文；但其中也夹杂着因是编年文集所以收入的非杂文类的文章。粗略地分一下，即可有数类文章应该剔除于"杂

---

① 《长春》1956年第10期。

② 《且介亭杂文·序言》。

彭定安文集
鲁迅学论集
16

文"之外：（一）广告；（二）启事、声明；（三）学术资料，如《集外集》中的《关于小说目录二件》，《二心集》中的《关于〈唐三藏取经诗话〉的版本》；（四）学术论文，如《集外集》中的《关于〈三藏取经记〉》，《且介亭杂文二集》中的《六朝小说和唐代传奇有怎样的区别》等；（五）文艺评论，如《革命时代的文学》《文学和革命》《〈中国新文学大系小说二集〉序》等；（六）诗歌；（七）其他，如便笺、更正、墓志、碑文、目录及个别的翻译等。

以上七类之中，（一）（二）（三）（六）（七）五类，有的是短小的广告、启事，正式的墓志、墓碑书目，或标准的资料文字，是完全不能算作杂文的，它们没有任何杂文的特点。（四）（五）两类，则又不同，它们有的是长篇大论、宏篇巨制，有的是有一定程度展开的文章，其中议论风生，形象生动，也有时运用一点讽刺、幽默，虽然就其总体说，不能算是典型的杂文，但其间有杂文因素、杂文笔法。当然，所有这些文章，我们向来统称为鲁迅的杂文，是可以的，以后一仍旧贯，也是应该的。但是，作为杂文研究，要探求鲁迅杂文的性质、特征、渊源、手法、语言、结构，以至艺术构思、创作心理、思维特点等，那么，进行分类就是十分必要的了。这样可以避免"混淆视线"或"言不中的"，可以"纯化"研究对象。当我们进行剔除工作之后，就可以很自然地称它们杂文学，就像我们称一种介乎新闻与文学之间的文章为"报告文学"一样。或者还可以称议论散文，就像有抒情散文、记叙散文一样。这样，鲁迅的杂文足称创作和列入文学之林就毫无疑义了。当然，我们的目的并不只在于此，但这却是实事求是的自然结论。

在鲁迅这种杂文学或叫议论散文中，我们还可以分为几种类型，它们又各有特色，其艺术特征与创作手法也不尽相同，文学成分也有差别。大体分之，又可有以下几种：（一）散文诗。如《热风》中的《生命的路》《为"俄国歌剧团"》，《华盖集》中的《长城》，《准风月谈》中的《夜颂》《秋夜纪游》等。它们与《野草》中的优美的散文诗是同属一体的。如果鲁迅后来继续收集《野草》一类的散文诗集而不出编年集，把它们收入散文诗集是完全合适的。（二）散文。许多鲁迅的杂文名篇，属于这一类。如《纪念刘和珍君》《忆刘半农君》《忆韦素园君》《我的第一个师父》《这也是生活》《女吊》等，都是十分优美、抒情的杰出的散文篇章。与《朝花夕拾》中的散文比，它们在艺术上堪称姊妹篇，有的则在内容上有着接续关系。如果鲁迅后来不出编年的杂文集而出散文集，那么，这些散文收入其中是毫无问题的，也并无不合适之处。（三）杂文化小说（或者可直接称为小说）。如《阿金》（《且介亭杂文》中的一篇短文）便是这样的出色的小说。它以记叙为主，且有刻划，议论则"裹胁"于其中。这种手法一向为鲁迅的某些小说所常用。可以说，它比《一件小事》更小说化，它与《故乡》《社戏》《鸭的喜剧》《头发的故事》等小说有相同的艺术风格。（四）形象化议论散文。它的主旨是发议论，但手段却是形象化的，是散文型，直接的议论极少或干脆没有，而只是寓意于形象和叙事状物中。这只是散文的一种类型罢了——它其实是散文。如《热风》中的《知识即罪恶》，《且介亭杂文末编》中的《写于深夜里》《这也是生活》等便是这种类型的作品。（五）形象性议论文。它与前者恰相反，它是议论风格，驳难剖析，批判鞭挞，但却时时闪着形象思维、形象化手法的亮光。这类杂文在鲁迅杂文中占多数，是它的主体。然而未必能多于前面四类的总和。这一点是我们应予注意的。的确，有一些论者，往往是仅以第五类杂文来论述和想象鲁迅的杂文。这就难免产生以偏概全之弊。

经过这样的两层分类，鲁迅杂文这个"浑沌一体"的概念，就可以清晰了、"纯净"了。在此基础上，我们才能比较顺利地探讨它的艺术特征。

三、鲁迅杂文的艺术特征

对于这个问题，有许多前辈和同志做过认真的研究，也取得了许多可喜的成果。而且在一些基本观点上，意见比较一致，虽然说法上稍有不同。最早的当然是瞿秋白的"定义"："战斗的阜利通（Feuileton）"，即战斗的文艺性论文。这个定义明确地规定了鲁迅杂文的两方面的性质：文艺性和论述性。在此基础上，以后又有种种提法，如诗与政论的结合、形象思维与逻辑思维的结合、思想性与艺术性的结合，以及形象性、抒情性、典型性、讽刺幽默、形象化语言等。这些论述当然都是正确的，符合鲁迅杂文的实际，并揭示了它的特征。但是，我们同时又不能不看到，所有这些论述却又显得不够，其主要体现在两方面：第一，不够深入，即还没有能够深入到鲁迅杂文的里层和本质中去；第二，缺乏特质性探讨，即共性的探讨多，而对特性的研究则不够——我们只说明"是什么样"是不够的，更需要说明"为什么是这样"和"怎样达到了这样"。总之，我们需要回答：鲁迅用什么方法、什么特殊手段和怎样的途径取得了这些艺术效果、形成了自己的艺术特质，并创造了一般意义上的艺术规律？近年来，有的研究工作者在这方面做了努力，开辟了新的研究蹊径。这是很可喜的。他们的成就给了我们继续深入研究以前提和基础。阎庆生在他的文章中指出，鲁迅杂文的特点是：形象思维与逻辑思维"两种思维方式互相渗透、转化、联结"。[①]这里，比一般地说"结合"深入一步了。但还需要进一步阐明鲁迅是怎样达到这种渗透、转化、联结的，它的特质和特长是什么。探明了这一点，我们才能使研究更深入一步。

要回答这个问题，首先，我们需要弄清鲁迅创作杂文的立意和总体设想，这是决定他的杂文艺术特征的前提和基础。鲁迅是为了适应历史和斗争的需要，为了"现在"而抗争、奋斗，才拿起杂文这个武器的。他的杂文艺术之"鹏鸟"的两翼，就是"社会批评"与"文明批评"。而他的头脑则是为革命、为人民的思想立意。这就决定了鲁迅是从现实生活中汲取他的诗情，获得他的创作素材的，他要为民抗争、代民立言。要发议论，有感而发，他的总方式是：议论。但是，这又只是他的立意和总体设想的一个方面。另一方面，他的文学家的特质，又决定了他不是通过科学论文或社会科学的研究著作来达到目的，而是以反映他"眼里经过的中国的人生"，以描绘"压在大石底下几千年的国民的魂灵"，以揭露旧社会、旧制度、旧势力的疮疤为己任；而且，他又要使杂文不仅能像匕首投枪那样战斗刺杀，还要给人以休息与愉快，要能移人情，即要获得美学效果。这样两个方面的结合，就决定了他的杂文创作的立意和总体设想：他的革命胸襟、思想与美学理想及炽烈的感情，向实际生活去捕捉事实、生活场景、人物形象，他要以逻辑思维"钳"去"捉拿"生活形象；而生活形像又促使他的形象思维活跃起来，在形象思维的过程中，去凝聚、提炼和体现逻辑结论。在这样的互相渗透、影响、促进的过程结束时，他根据具体情况，采取前述五种杂文形式中的任一种来达到自己的目的。

---

① 阎庆生. 杂文文体的根本特征 [J]. 载西北大学学报（哲学社会科学版），1981（2）：80.

鲁迅"要发议论"的立意，并不妨碍他的形象思维与逻辑思维的结合。大家知道，他说过，他写小说也是为了要用小说来发议论。而他的小说艺术就是成就很高的杰出的形象思维产品。一个作家的作品是否概念化、理念化，是否违反形象思维的规律，关键在于他在实现自己的目的的过程中，能否够贯彻形象思维与逻辑思维的结合，能否让形象在这个过程中始终参加活动而不隐退。这里，涉及作家的构思过程和其"机制"。鲁迅杂文的艺术特征正是在这种艺术构思过程中体现出来的。所谓艺术构思，是解决作家如何艺术地掌握世界的问题。因此，要研究鲁迅杂文的艺术构思，就要清楚他在立意和总体设计的基础上，如何对待客观现实，凭依什么资材，从何处出发，向何处和怎样发展这样一系列的问题。

关于鲁迅杂文的艺术构思，王献永有一段论述："鲁迅杂文和他的小说、诗歌一样，是以人们的精神情态，即所谓人情世态为着眼点和出发点来体现他的创作构思的。以人情世态为聚光镜来看取社会、看取人生，把人的实情与社会实相结合起来，主要通过对人们精神生活现象的捕捉，而紧紧掌握时代的精神、潮流，摄取现代社会的魂魄，这便是鲁迅杂文认识社会、获得主题的基本构思特点。"①这段论述揭示了鲁迅杂文艺术构思的总体性特征，在已有研究成果上前进了一步。鲁迅的这一艺术构思的特点，事实上是首先注目于某种社会现象，即所谓社会相（或人生相），然后探寻、追究它的底蕴、奥秘、根源，侧重点则在历史、社会的各个方面的根源和精神、灵魂上的症结。这就是其社会批评、文明批评的具体化、具象化，这就是所谓"人情世态"的内容。在这个艺术构思的过程中，他所捕捉到的"这一个"社会相和人生相的情节、环境、形象等始终参与活动，是素材、主体、实体，是活跃的"分子群"，它既"分泌"出逻辑的结论，又受逻辑思维的指导、梳理、调整、"酶化"。这便成为形象思维与逻辑思维的结合。因此，在这里起聚光镜作用的，不是"人情世态"，而是鲁迅的创作立意，他的总括于世界观中的各种观点、思想、意识和与此相一致的强烈炽热的感情。"人情世态"是被观察的对象，但却是一个集中的对象。这构成了鲁迅艺术构思的特征。这种构思过程和特征，决定了鲁迅杂文的基本艺术特征。

---

① 《论鲁迅杂文的艺术构思》，纪念鲁迅诞生一百周年学术讨论会论文。

这种构思法和他运用这种构思的高超技巧所达到的杰出成就，正是鲁迅高出于任何别的杂文作家的主要之点，也是他作为伟大文学家的杰出之处。这是他给我们留下的宝贵艺术经验和遗产。

联想和想象，在鲁迅的形象化构思中起着非常重要的作用[①]。它是主要的手段和方式。鲁迅的联想和想象表现出奇特诡异的形态，但实际上却是他思想深刻的表现。他见人之所未见、想人之所未能想，异乎寻常，所以令人称奇，这实在是他的过人之处。人们对于某人某事某物，往往只见其形象，略窥其内涵，鲁迅却能见其本质，剔出其奇、其丑、其乖谬，因而能产生非常人所能有之联想和想象，于是由某一现象联想及其他现象，想象出其他形象。比如，他由小青虫的被细腰蜂一蜇而不死不活，想到中国圣人的想使人民处于不死不活状态的治心术，以及这些"术"的治绩和终究失败的结局，指出"我们今天仍要战斗"，等等。其整个联想和想象的路径、形式表现为：小青虫被蜇→中国圣人的治心术……（相同与不同的结果）→麻痹→反抗。这里，是一系列的形象的推移、变幻、比较、回返、提炼的过程。其间，始终有形象参与活动，又有逻辑思维的活动。这就决定了鲁迅的杂文是一种特殊的形象思维的产物。这个构思过程中，我们还可以看到科学、历史、现实都参与了活动。这体现了鲁迅的广博的知识、深刻的历史眼光和对现实的透彻的观察。这三者对于他的形象化的构思起着决定性的作用，给他提供了大量的历史的、各项科学知识的、现实生活的素材，以及这种素材所提供的形象。同时，又有他的对于历史、现实生活现象的深刻、独到的观察、剖析和理论概括。鲁迅杂文中的形象，概括性如此之强，内涵如此之丰富，而且具有鲜明的形象性，富有生活色彩，再加上他的形象化语言的表达，这就构成了他的杂文之"绝"，而为别的作家所难企及。

鲁迅的这种艺术构思方法，我们既可以从他关于一般文艺创作规律的论述中，以及他在关于自己的杂文创作的论述中勾稽出线索来，也可以从他的创作实践中寻觅出轨迹来。比如他剖析破落户子弟的篇章，是他的杰出杂文精品的一部分。他的构思，总是从上海滩上亲自碰见或听说了一些人和事之后开始；然后从这种社会世相的情节和人物行为（言

---

① 参阅沈敏特《试谈鲁迅杂文艺术中的联想和想象》（载《清明》1981年第3期）。文中说："鲁迅杂文作为艺术创造的瑰宝，同样产生于充满着联想与想象的心理过程。……他的杂文正是联想与想象的结果。"

谈、举止）中，探寻出其底蕴，挖掘其"祖坟"，在这种对形象分析的基础上形成一定的结论、评断；然后，"勾魂摄魄"式地描绘出他们的"人情世态"来，勾画出人物或现象的"精髓"来。此外，对于"苍蝇""蚊子""叭儿狗""二丑""洋场恶少""正人君子""革命小贩"等的描写与批判，也都无不如此。这是一种构思类型，可称为个性化、典型化的构思。另有一种构思类型，如在《推》《踢》《爬和撞》（均见《准风月谈》）中所作的，是对一种社会相的揭露与批判。这是鲁迅对于旧中国社会现象的一种极深刻的观察分析。但他并不是从理论的、概念的结论出发，而是始终运用着爬、挤、踢、推等人与人之间相克相斗的社会实相，以描述这种社会相为经，逻辑的分析为纬，织成了杂文的僮锦，其中既闪着形象思维的光彩，又透出逻辑思维的力量，两者不仅结合着，而且融会在一起，是有机的"化合"，而不是机械的拼合。

以上是对于鲁迅杂文艺术特征的基本点的看法。可以说抓住了这一点，就可以抓住鲁迅杂文艺术特征的根本。其他特征都是这个"根子"上开出的花朵、长出的树干。

四、鲁迅杂文的典型创造问题

鲁迅的杂文创造艺术典型了吗？

回答有肯定和否定两种。但问题却不在于对这两种答案作出一种选择，而在于对特殊的对象，要了解它的特殊的质的规定性，从而得出符合它的实际状况的准确的结论，不必只在"是"或"否"上论正误。

有的肯定的回答，往往为了证明鲁迅的杂文是文学创作而去论证他在杂文里所创造的确是同小说、戏剧中一样的典型。然而，我们前面探讨过，鲁迅的杂文是一种"杂文学"（与"纯文学"相区别，当然又相联系），是"议论散文"，而且，我们还说到，鲁迅的杂文按不同质的情况，可分为五种不同的类型。这样，我们就不能：（一）按一般文学概论、文学原理的条条框框去规范具有创造性和独特性的作品，以及他所创造的独特文学样式；（二）"浑沌一体"不加区别地以同一规格去要求以至衡量几种不同的对象。总之，关于鲁迅杂文典型的研究，我们不必拘泥于一般文学创作典型的规范，让具有独特性和独创成就的作品去适应固有的规范，反而是抹杀了它的特性、成就和贡献，减弱了它的艺术的光辉，而降低了它的意义和价值。它的意义、价值本来在于突破、创造，因而是发展了关于艺术典型的概念和内涵，补充了典型创造手法，这是鲁迅的突出的独创贡献。我们的责任不在将它纳入已有规范，为它取得"合法的"艺术地位，而在于深入研究作者的创造性艺术劳动和独创成就，探寻出作品自身的规律，从而永葆它的艺术生命，并为我们消化和掌握艺术遗产开辟道路。

鲁迅杂文中独特的典型创造，大体上可分为两种类型。

第一类是典型创造，即一种揭示了社会本质的、具有形象性和个性化的典型。它概括的是如鲁迅所说的"或一形象的全体"。它具有一般艺术典型的基本品质，如反映了典型的本质，具有生动具体的形象性，能够给人以突出的、具体的印象，使人久久不能忘。但是，它又不同于一般艺术典型的品质，它没有情节构成，没有人物的性格发展史，也没有丰富的或比较丰富的故事与细节，等等。因此，它的手法不是呈现、描画、记叙、雕刻。一方面，它像雕塑，是静止的"动态"，是内涵甚丰的一瞬间造型，却没有发展过程；另一方面，它又犹如漫画，是线条勾勒，生动、逼真，还有夸张，但却没有更多的背景、明暗、色调，像油画所作的那样。所以鲁迅常说他的杂文是"取类型"，像"嗡嗡的苍蝇""叮人之前还要哼哼地发一通议论的蚊子""脖子上挂着小铃铎的山羊""外国娘们上街牵着的叭儿狗"，等等，都是很具体、形象、生动、逼真的，据此可以画出很好的漫画像。这种类型化典型，具有一种形象化的共性名称，但它却没有个人姓名，不是贾政、范进、祥林嫂、阿Q、闰土等，而名"苍蝇""蚊子""叭儿狗"等。在揭示社会本质、人物灵魂的社会效果和认识价值上，在给人以美的享受上，它都同小说、戏剧创作所创造的艺术典型具有同样的功效、同样的价值。但它取得这些的方法、途径却不同，而且，它以短小的篇幅明剖直示地揭露本质，具有尖锐、泼辣、明快的特色，具有更丰富的内涵、更广阔的概括作用。在上述"苍蝇""蚊子""叭儿狗"等专有名词中，人们可以根据自己的生活经验、所了解的人物和社会状况，充填以自己的内容，而使之具体化。这些，又有一般纯文学的艺术典型所不及的地方。承认和指出这种艺术典型的特色，不是降低而是提高了鲁迅杂文所创造的独特艺术典型的价值和功用，因此我们不必用它去比附一般的艺术典型而求得它的社会价值与艺术价值的确立。

鲁迅的杂文艺术典型，还有一种类型，它使用的表现方法也是呈现、描绘、塑造，具有生动的场景、情节和人物活动，也都有这些是与一般的艺术手法一样的元素，但又有不同之处，它是部分的、片断的、管窥式的，像一套组画中的一幅或一幅油画中的局部，有时也像一幅速写画。它的典型性、形象性很强，刻画也很具体、细致、深刻，不过，它又是大笔触的、写意式的，是粗中有细的。鲁迅说过，他爱用白描法；又说，他绝不将速写材料硬拉成小说。这都是谈他的"小说作法"。但他在杂文写作上运用白描手法，高妙之处不亚于他的小说创作；运用速写手法，巧妙精到，胜似小说作品。虽然因为斗争的激烈、急剧，使他不能从容熔铸于小说创作的艺术形象之中，但这种杰出的速写形象，却丝毫不低于小说创作中的人物形象，就像伟大画家的速写画，不低于他的大幅油画创作一样，而且别有风致、别有韵味、别有艺术洞天、别有美学价值，为大型艺术创作所无者。例如《记念刘和珍君》中对于刘和珍形象的刻画，在《〈守常全集〉题纪》（见《南腔北调集》）中对于李大钊形象的勾画，《为了忘却的纪念》（见《南腔北调集》）中对于柔石的描写刻画和对于白莽的速写，《忆韦素园君》（见《且介亭杂文》）中对于韦素园的描画，在《忆刘半农君》（见《且介亭杂文》）中对于刘半农的描写和对于李大钊、陈独秀、胡适的勾画，等等，都是这种典型创造的精品佳作。谁能在读了这些文章之后，忘却这些令人难忘的人物形象呢？这难道不是几十年的无数事实所证明了的吗？典型创造也好，其他艺术规律也好，美学原则也好，都不能也不应该束缚了已经超出它的一般规定性的艺术作品。

鲁迅的杂文创造艺术典型了吗？我们不必去做这样的肯定："在鲁迅杂文里，也和他在小说里一样，正确地表现了典型环境中的典型性格。"我们的回答则如上述：区别对待，肯定特点与独创。

五、我们面临的迫切任务

前面提出的几个研究课题，是我们已进行了较多研究也取得了成绩，但还很不够的问题。此外，还有几方面的问题，我们或者还没有进行研究，或者还研究得很不够，因而迫切需要提出来。

第一，我们对鲁迅杂文需要进行全面的、总体的、综合性的研究。

鲁迅的杂文是他的整个思想、创作的一部分，而且是主要的、重要的一部分，这同他的其他方面的创作构成一个全面的系统和整体，我们不能孤立地来研究杂文，而要放在这个系统、整体中来研究。从鲁迅（作家）与生活的关系来说，他所面对的社会现实也是一个整体，并和作为它的反映的杂文构成一个整体。因此，鲁迅所生活的、面对的现实革命斗争的整体、思想文化斗争的整体，以及鲁迅思想的整体、创作的整体等几个方面，都是很重要的，是我们所必须深刻了解和研究的。这种研究将使我们对鲁迅杂文的研究具有更广阔的眼界、更深刻的历史眼光，从而取得更大的成果。对鲁迅杂文的比较研究，是当前一个重要的课题。在一些论文中，探讨了鲁迅杂文的民族文化渊源和吸收、借鉴外国文学的情况。鲁迅曾经受到影响，可以称他的杂文的民族渊源的，涉及许多中国古代和近代作家，其中有屈原、先秦诸子（特别是庄子）、嵇康、唐代三文人（皮日休、陆龟蒙和罗隐）、吴敬梓等，近代则有章太炎、梁启超等。国外的，有尼采、果戈理、夏目漱石等。我们都应该进行总体性的、同个别作家的比较研究。这种研究既能加深我们对鲁迅杂文渊源的认识，又能加深对他的杂文的思想与艺术性的认识。

第二，鲁迅杂文的普及是个重大问题。首先是编出更好的选本，搞好注释和讲解等工作。这个工作过去做过，但是也受到了"左"的思想影响，在选目和注释、讲解上不免有些不合适的地方。现在我们可以更好地来开展这项工作了。把我们的研究成果变成群众的财产，在普及工作中来提高我们的研究水平，从群众需要中找到并确定课题，这都是我们开展研究工作中具有重要意义的事情。我们应该承担起这个责任来。

（《天津社会科学》1984年第6期）

鲁迅：为创获中国文化的现代性而求索奋斗

——纪念五四运动八十周年

　　五四运动的深刻久远意义，在于它推动中国文化从传统向现代转型，开辟了中国文化创获现代性的道路，并取得了辉煌的划时代成就，推动了中国现代化进程。鲁迅，这颗"五四"时期中国思想文化领空的灿烂群星中明亮夺目的一颗，其终身服膺的母题、奋斗的目标和取得的成就与作出的贡献，也正是在这方面。他的这一业绩，比之他在为某个革命阶段的具体任务所作出的贡献及意义，更重大也更久远在今天的价值也更大。

一、"五四"：对民族文化主题的把握

　　中国的现代化进程，一直受到传统文化的严重阻滞，它背负着沉重的传统"文化包袱"，艰困地踽踽而行；这种窘境，为其他国家所无。这与中国文化作为世界四大文明之一、东方文化主要代表之一有关，也是中国文化的古老悠久和突出特点所决定的。俄罗斯彼得大帝改革和日本明治维新，都没有遇到这种巨大而顽固的文化阻力。它们也都积极学习西方。但俄罗斯原来就有西方的"文化血脉和遗存"，并有介于东西方之间的文化品性；日本维新时期实行文明开发政策，从"汉学"转向"洋学"，"脱亚入欧"，也只是从一种外国文化转向另一种外国文化。所以，实行现代化改革时，皇帝带头，学者前行，"群众响应"；而不像中国那样，皇帝以传统文化为命根，为"法统""道统"之根；学士儒生视"西学"为洪水猛兽，触动传统文化则如丧考妣；民众受传统文化"愚化"，对"洋人""洋学"既恨且怕、"上下齐手"，形成全面性的民族大阻力。本来，中国文化有尚静守成、重农轻商的抵制现代化的一

面，加之彼时的中国人又有极严重的"唯我独好"的文化优越感，夜郎自大。这更加大了文化阻力。中国的现代化研究专家指出：中国的现代化是在以儒教文化占支配地位，并在与封建政权小农经济结合的社会条件下进行的。具有高度稳定性和板结性的中国传统社会和文化，既严重地阻碍了传统文化中许多接近现代性的因素的发挥，又成为现代化过程中的慢变因素。[①]外国研究者也指出，中国现代化受挫于一种"特殊的思维习惯"，"尚古心态阻碍着中国人抓住大好时机以创造一种新的未来"；他们说，"在帝制中国，儒学从来就不仅仅是哲学，它是进入官场的通行证，是派别斗争的武器，是统治的工具也是地位的标志"。而"在西方，学问却完全没有这些功能"。[②]这样，到五四运动前夕，经过洋务运动、戊戌维新直到辛亥革命的器物层、制度层的改革，仍然收效不大，如鲁迅所说"内骨子里还是依旧"，统治者仍然提倡尊孔读经、以儒治国。历史车轮印出的辙迹就是如此：中国的现代化进程，必须也已经进到文化层次；当面的强大之敌，也正是以儒学为代表的传统文化。这不是中国传统的"文化决定论"习惯使然，而是中国的革命先驱对民族的、历史与现实的主题和难题的准确把握。他们认识到，中国的现代化进程到了解决文化层问题和从文化层解决问题的时候了。五四运动的发生，正是以前诸阶段改革进入文化层的继续和深入。鲁迅由于早就寻觅思索过，并经历了在东京发起文艺运动的失败，以及回国后的几年沉思探索得出结论：中国积贫积弱是"文化斗争的失败"，必须进行国民性改造和文化再造。因此，他便全身心投入运动，高举文化革新的旗帜，把握了运动的主题。

二、鲁迅对"五四"主题的把握：人的现代化

鲁迅从20世纪初在日本发表6篇论文，直到1936年10月逝世，终其一生，坚持创造中国文化"新宗"，改革中国国民性，即"文化⇌人"这一民族的、历史与现实的、现代化的文化母题。这是鲁迅经过外观世界之思潮、内察中国之实际、深究中国与人类之历史所得出的重要

---

① 罗荣渠. 现代化新论 [M]. 北京：北京大学出版社，1993：271-275.
② 吉尔伯特·罗兹曼. 中国的现代化 [M]. 南京：江苏人民出版社，1995：11，258.

结论与文化选择，其中特别重要和现实的是就近研究和考察日本明治维新的历史经验和现实状况，并不是由于鲁迅受中国传统的"文化决定论"思维习惯的影响。而且，这里浓缩了鲁迅自身的思想历程，潜存着深厚的历史、社会、时代、文化的背景。鲁迅在"五四"以前，即经历了"习水师（振兴海军）——学开矿（振兴实业）①——学医（增强国民体质）——从文（改造国民灵魂）"这样一个思想与求索历程。它基本上"浓缩"了中国现代化进程和诸多民族精英求索的这样一个历程，而达到了进入文化层改革和创获现代文化的认识水平：洋务运动——戊戌维新——辛亥革命直至五四运动。这反映了鲁迅的思想发展，也反映了中国现代化发展的实际和历史节拍，形成了他作为"民族思考人"的思想基础和精神品格。鲁迅的"改造国民性"的认识，也是他研究了西方19—20世纪思潮、接受了中国思想界前驱的影响的结果（前者见于他的早期6篇论文，后者如梁启超1901年5月在《清议报》发表的《中国积弱之源于风俗者》一文，其中列出了中国国民性中的六大劣根性）。这两方面不仅反映了前述鲁迅思想"源于实际"的品格，而且表明他的思想接受了西方文化的洗礼和资源充实，也接受了中国思想家的思想—文化资源。这些，总括地说明：鲁迅所把握的文化母题，表明他真正把握了五四运动的精神。这一思想是"鲁迅文化文本"的核心。

鲁迅所把握和始终致力的文化母题，至今还是当代追求现代化目标国家的主要的和首要的课题。一个国家的落后，不仅是经济图表上一大堆可怜的数字，而且是一种"心理状态"。这已经是世界共识。技术、设备、机器等硬件需要人去掌握和使用，"完善的现代制度及伴随而来的指导大纲、管理守则，本身是一些空的躯壳。如果一个国家的人民缺乏一种能赋予这些制度以真实生命力的广泛的现代心理基础，如果执行和运用着这些现代制度的人，自身还没有从心理、思想、态度和行为方式上都经历一个向现代化的转变，失败和畸形发展的悲剧结局是不可避

免的。"①法国杜蒙教授指出的，20世纪60年代非洲一些国家曾试图"用钱买来一个现代化"的失败的事实证实了这一点。国际社会学界在20世纪60年代对6个发展中国家进行大规模调查之后，得出新的观念："要重新调整以往研究国家发展的重点，把人作为注意的中心，特别是普通人，而不是那些杰出的人。"②世界社会学界分两个学派，一个重在狭隘的社会学和政治学的研究，主要注意制度；一个重在广泛的社会学和心理学的研究，主要注意的是人，特别是个人。再看我们每天所亲见的我国的现实，也可以体会到，仍然是人的落后，国民劣根性的复燃以致某些方面的恶性发展，阻滞了现代化进程的更快发展。这一切使我们理解到鲁迅坚持和发扬"五四"精神，始终把握住"改革国民性"（实际上也就是人的现代化）这一中国实现现代化、达到富强目的的母题，是何等重要、何等深刻、何等具有远见，也可见"鲁迅文化文本"在今天的尖锐而现实的意义与价值。

鲁迅在改革国民性上的认知逻辑与理论线索是：中国的积弱积贫而又改革长期甚少成效，在于国民性的落后窳劣。造成这一国民劣根性的原因，则在于中国是"衰老的国度"，"废料愈积愈多……组织变硬"，其文化即"旧文明"，只会教人"怎样敷衍、偷生、献媚、弄权、自私"。因此，必须改造中国的传统文化以改造中国国民劣根性，为此他提出"立人"，"致人性于全"，要进行"思想革命"，在文化上"取今复古，别立新宗"。这"新宗"就是中国文化的内之自我革新、外之吸取西方文化，实现由传统向现代的转化，建设中国现代文化。

三、批儒/反传统：创获文化现代性

鲁迅一直坚持反传统，以此为推动改革、进行国民性改造，以创获中国文化现代性、建设中国现代文化的前提条件和基本母题。然而，鲁迅并不是全面反传统，他反传统的重点，是以儒学为代表的中国传统文化的保守内向、同现代化进程不适应以至阻碍现代化的一面，尤其是被历代统治者利用为治民之术和愚民政策的那一部分。他的批判侧重于三

---

① 殷陆军. 人的现代化：心理·思想·态度·行为 [M]. 成都：四川人民出版社，1985：4.
② 同①，第11页。

个方面：一是封建礼教制度、家族制度、等级制度和以此为基础的封建、半封建统治制度；二是儒道佛结合而以儒家为主的传统文化的那种保守、消极、中庸、忍让、迷信的文化方向与文化精神；三是被这种传统文化所愚化、毒化，也是作为统治者"治绩"的国民劣根性。鲁迅并未全面批判更未否弃传统文化。早在留学时期写的《破恶声论》中，他就肯定中国上古神话传说，是一种"向上之民"，超越物质层面作形上的思考与想象；肯定"普崇万物为文化本根"的精神；并给中国"'龙'文化"以肯定评价，以为"神思美富，益可自扬"。他指出，如果对作为"国徽"之"龙"，"加之谤"，"旧物将不存于世矣！"这足见鲁迅对中国传统文化的源头及其精神是十分肯定的。以后，在回国后的沉默思索的几年中，他以"回到往古去"的精神，收集古小说、临抄古碑、研读佛经，实际上是"外寻"受阻之后，又"内求"之，向传统文化再寻必破、应继、宜立之规。在"五四"狂风暴雨式"打倒孔家店"时期，他仍然研究和讲授中国小说史、中国文学史，写散文以美好感情赞美中国民间文艺，特别是它的文化精神。以后，他继续费心力和金钱收集汉画像，整理出版古籍，收集出版《北平笺谱》，收集资料准备撰写中国文学史、中国文字变迁史，并且创作《故事新编》，从中国历史中寻找题材，挖掘、赞扬中国传统文化精神中像女娲、大禹、荆轲以至孔子的可以和应该肯定的部分（在《〈出关〉的"关"》中，鲁迅说，孔老相争，孔胜老败，因为"孔以柔进取……孔子为'知其不可为而为之'的事无大小均不放松的实行者"）。这些，不仅说明鲁迅并不全面反传统，而且表明他正是在这种发掘、整理、继承传统文化中的积极成分，并进行"现代诠释"以至"现代化处理"之中来创获中国文化的现代性。而且他的辛劳创业，取得了我们至今受益的业绩。

鲁迅是以彻底的精神反传统的。但这种"彻底"，不是完全彻底地否弃全部传统，而是表现在一种彻底的精神上：既然批判那些应该批判的，就应彻底地批判之，批判到彻底的程度，而不能心慈手软、半途而废，不打落水狗或折中骑墙，"此亦一是非，彼亦一是非"。这正是一种现代文化精神。他之所以坚持"彻底"，还因为"硬化"了的传统文化的"沉积"，以及维护它们以维护其统治的统治者们的手段：一方面会使用"苦肉计"，用"软刀子"杀人，另一方面还会"在瓦砾场上修补"，甚至"落水后爬起来再咬人"。而且，他指出，特别值得注意的是，种种反改革的势力、反动统治者，对于他们治下的人民，对于改革者，那钳制、镇压与戕害，是不遗余力、毫不手软、向来很彻底的，是不同情、不妥协、不原谅、不宽容、不讲"费厄泼赖"的。鲁迅之反中庸，也是反对这种折中骑墙的态度。这正是"五四"精神所坚持与发扬的。现今有的论者对于这种"五四"精神和鲁迅坚持的这种精神，以为是完全彻底否弃整个儒学和传统文化，因此提出质疑、加以否定，这是出于误解或者是一种历史反思的误区。

鲁迅的批儒，也是有原则、有分析的。他并没有批判原初的、整个的，特别是作为思想学术文化的儒学的全部。他所批的是"被统治者捧到吓人高度"的，被"种种的权势者用种种的白粉给他来化装"的孔夫子，是被统治者利用为"敲门砖"的孔教，是为历代统治者制造"人肉筵宴"的"治民众者"的"治国的方法"的儒道。当然，他还批判儒家的家族制度、礼教制度和等级思想。应该说，鲁迅所进行的批判，正是体现了"五四"精神。鲁迅对于"国粹"的批判和对于保存这种"国粹"的"国粹派"的批判，也是基于这样的原则和精神。这也是符合与体现了"五四"精神的。现在的对五四运动的反思，以至对儒学的研究和新儒学的研讨，都是当代学术文化的发展，而不应成为对于"五四"精神和鲁迅精神的否定。包括近年来，对于学衡派的重新估价，也是如此。学衡派作为"五四"时期文化保守主义派，拥有一批学贯中西的大学者，有一批具有学术文化价值的论著。在当时，其作为整个学术文化"合力"之一，参与、推动了中国现代文化的发展建设，在今天仍然保留着其价值，应予肯定，这是正确的。但是，也不能不看到，在"五四"时期的激烈斗争中，军阀统治尊孔读经，提倡孔教，镇压新文化运动，学衡派同其他文化保守派一起，成为统治势力的"同盟军"，至少是站在同一面，而与新文化势力对立的。因此，新文化阵营与之对垒，展开论争与批判，也是合情合理的。就像他们抵制批判新文化运动和文化革新派也是情理中事。现在有的论者，把鲁迅视为批判学衡派的主要"责任者"来批，甚至把几十年后学衡派受贬和吴宓遭难的账，都扣到鲁迅头上，这是不符合历史事实的、不公正的。事实上，鲁迅并没有同学衡派展开真正的论战，他只写了一篇《估〈学衡〉》的小杂感，指出该杂志上有的文章提倡国粹，但于国粹还不了了，用词有误，如此而已。杜维明先生指出，在"五四"时期，对于儒家学术文化的批判，倒是对于孔孟之道起到了"厘清的积极作用";而利用孔教作敲门砖的军阀统治者,却确实"把儒学的象征符号污染了",①使它腐化。这是回顾"五四"的一种清醒的反思。

四、"中外东西":接受改塑,"别立新宗"

鲁迅一直高举着五四运动举起的民族主义、爱国主义的旗帜。然而"五四"时期及以后,人们都面对"中学/西学"——"传统/现代"的双向悖论与两难选择。鲁迅对此的文化策略,是以"批判—吸取"的方针,超越"体用"框架,"取今复古,别立新宗","外之不落后于世界之思潮,内之不失民族固有之血脉",从而创获中国文化的现代性,建设中国现代文化。他早期和后来的论文与《中国小说史略》等学术论著,都体现或论证了这一文化思想。他的小说、杂文和散文诗等作品,更是中西艺术文化、美学理论和传统现代互相结合、水乳交融的实证,而民族精神、爱国主义思想也都突出地蕴涵其中。他终身坚持自己提出来的"拿来主义",实行"拿来"的总原则:"沉着,勇猛,有辨别,不自私",拿来之后,"或使用,或存放,或毁灭",都可以。他一生立足中国,面向世界,把握现代,积极地、及时地、有选择地译介外国文学艺术新的思潮流派的理论和创作,除了自己选译,还热情帮助和扶植年轻的作家、翻译家,并创办了在我国文学发展上卓有贡献的外国文学杂志《译文》。他一面收集汉画像、出版《北平笺谱》,一面介绍外国艺术流派,并提倡、扶助新兴木刻艺术的发展。他的所有这些论述、工作、事业及其成果,都是中国艺术、学术、文化创造发展现代性的文化资源,产生了巨大的效应,培养了一代又一代作家、艺术家和广大群众。这是鲁迅对中国文学艺术和学术文化创获、发展现代性的重要贡献。

鲁迅对于外国文艺思潮、思想文化的吸取,都是经过挑选、滤过、咀嚼、消化,赋予了自己的解读与诠释之后才做出的。这是一种经过海德格尔所说"三前"(前有——预先有的文化准备;前识——预先有的概念;前设——预先已有的假设),即接受学所说的"接受屏幕"和"期待视野"的挑选、映应;又经过罗兰·巴特所说的"读者的工作",

① 杜维明,一阳来复 [M].上海:上海文艺出版社,1997.

赋予了在"原意"基础上，由于主体的创造，而后产生的"意义"。而这意义，是根据中国需要、时代精神、文化语境，以及鲁迅自己的创造性工作（比如，他为许多译著所写的序跋，便是这种工作的很好表现），从而创造获得的。这是对于外来文化的一种民族诠释与接受；从而成为借"他山之石"以创获中国文化的现代性的成果。鲁迅不是外在地、机械地、分割地、孤立地各取若干部分，拼接式地接受、组合、镶嵌成一体，而是整体地、有机地、全面系统地把握对方精神实质，消化融合、选取吸收，为我所用。因此，这里包含着一种"合理的误读""为我所用的诠释"的接受以至改塑。鲁迅对果戈理、尼采、波特莱尔、安德列夫、厨川白村等的接受；他的杂文创作，把对魏晋文章的清峻通脱、唐代罗隐和皮日休等的讽刺讥诮、晚明小品的清丽洒脱的继承，与对英国散文的幽默典雅、日本随笔的轻灵雅致、尼采文章的奇诡恣肆、波特莱尔文字的想象无羁等融为一炉，既是地道中国的精神神韵，又具充分现代性的审美特征，便是最好的实证。

五、科学/民主：建立人国与"两种文化"结合

科学与民主，是五四运动提出的，也是鲁迅一直坚持的两项中国实现现代化和创建现代文化的重要内容。中国传统中是缺乏这种思想、文化资源的。早在五四运动发生之前，鲁迅在留学日本时期，就撰写了《科学史教篇》的专论，论述了科学在人类历史特别是西方近代历史上对社会文化发展所起的巨大、广泛而深远的作用。鲁迅对科学的认识和评价，是从广阔、长久、深远的历史与文化背景下提出的。他不仅仅是把科学看作一种工具，一种能够使人类、社会得利的知识与能力，而且，更重要的是，由于科学发明的实际应用，不但推动了生产，而且能提高人的认知能力，从而能引起思想革命，进一步"改革遂及于社会"。他说，科学是照耀世界的"神圣之光"，可以遏制颓势而激励人心，平时是人性之光芒，战时由科学的激励而产生治理国家的人。这样，他就把科学看作一种人类的认知体系与世界观、方法论，远不只是具体的工具。

更为值得我们重视的是，鲁迅这时便已经指出人类两类文化的分异，和人类社会、人类心灵保持两者平衡发展的必要。他疾呼："顾犹

不可忽视者，为防社会入于偏，日趋而之一极，精神渐失，则破灭亦随之。"如果人类只注意科学一事，"人生必归于大寂"。所以他提出，还要注意人类"美上之感情，明敏之思想"；人类不仅要有牛顿，还要有莎士比亚；不仅要有康德，还要有贝多芬；不仅要有达尔文，也要有卡莱尔。鲁迅是越过器物层/物质层的认知范围和樊篱，站在人类历史、社会、思想、文化的广度和高度，来认识和评价科学的功能与作用的。他说明，科学远不只是得利的工具，它是西学中，也是文化现代性中的重要的、基本的内涵；是人性、人的精神世界的基本内涵。鲁迅的这种科学观，是他贡献于中国文化现代性创获的重要内涵，至今值得我们认真思索。当前，存在重理工轻人文的情况，唯以科学为"兴兵振业"之具，"唯枝叶之求"，"眩于当前之物，而未得其真谛"，这种鲁迅当年批评的对科学的认识误区，也还是存在的。

鲁迅正是站在这一立场上，在五四运动中以至终其一生，都以科学为创获中国文化现代性的主要内容之一，为改革国民性、批判传统文化的主要内容之一。他虽然未曾再撰写科学专论文章，但在他的杂文中，既有丰富的关于科学的社会、思想、文化的功能价值的论述，又有深厚的科学思想、科学知识背景。鲁迅文化文本，就是两种文化结合的"中国现代文化文本"的范本之一。他还自己整理、翻译、出版过中国古代和外国的科学方面的著作；又支持、帮助他人编译这方面的译著，或为他们写序。在"五四"时期及以后，他都指出，治疗中国国民性和传统文化中的迷信、昏庸、愚妄等病症的药物，"只有科学一味"。提倡科学精神、科学方法，同反科学的态度、政策、思想作斗争，要同时、同等重视科技文化与人文文化，要"致人性于全"，这些都是鲁迅一生的重要事业，是他创获中国文化现代性的重要方面，是留给我们的最珍贵的思想文化遗产，并且是至今保持着新鲜意义的箴言。

对于民主，鲁迅除了杂文中的许多战斗言论之外，还参加了中国民权保障同盟的活动。但他并未撰写过关于民主政治的专论专文，也很少从政治学角度、用政治话语来谈论和探讨民主问题。这是他与胡适等同时代文化大师的不同之处。他更侧重于使用从历史与文化角度创生的话语，来论述民主问题。他很早就使用了"建立人国"这一独创的话语。从他的具体论述和他当时的思想脉络可以看出，他的"人国"中的"人"，指的是国民，尤其是其中的劳苦大众。因此，这实际上就是"民主共和国"的从文化学角度所作的表述，或者说是"鲁迅文本"中的"文化—政治"话语。"五四"时期，他又提出了"三个时代"说和"三个要求层次"说。这也是他的文本中的"文化—政治"话语的表述。他说，中国几千年的历史，总括起来说，不过是两个时代的交替："一是想做奴隶而不得的时代；二是暂时做稳了奴隶的时代"；而现在则是要创造中国历史上未曾有过的"第三样时代"。这三个时代的划分，都是立足于人民大众的立场来说的，即人民大众是否"做稳了奴隶"或"做奴隶而不可得"，以及不再做奴隶。至于统治者，是"治人者"，从来不是奴隶。他还说，"我们目下的当务之急，是：一要生存，二要温饱，三要发展"。这三个递进的层次，也是立足于人民大众的，是他们要生存、温饱、发展；而那些"治者""食人者"是永远"享受着人肉筵宴"的。鲁迅从未脱离实际社会状况，仅从学理、理性层面来谈论民主，而总是结合民族的命运、社会的需要、人民的生活情状，来具体地提出和论述民主问题。20世纪30年代，面对日寇的步步进逼，国民党实行不抵抗政策的反动统治、思想钳制与文化专制，以及人民抗日热情和运动的遭受镇压，他便在杂文中疾呼爱国的自由、抗日的自由、言论的自由、新闻出版的自由、集会结社的自由等，这些都是当时迫切的民主要求。

鲁迅在民主思想方面还有一个深刻处——他不仅揭露和批判"暴君的专制"，而且指出"愚民的专制"。这是一种"群体的专制"，是愚昧的民众，以愚昧来实行的普泛的专制，包括父对子、夫对妻以至母亲以"愚昧的爱"的专制。这种专制的形成，表面层次自然是愚民为之，但实际上，愚民的这种"愚"，是统治者"治"出来的，其所用的手段就是旧思想、旧文明、旧道德，所以，这实际上仍然是统治者通过愚民政策愚化人民之后，再通过愚民之手对大众实行的"愚民专制"。鲁迅既深入揭露、批判了专制制度更深层次的罪行，又深入地揭示了实行民主的深厚群众基础的必要性、重要性。这种民主是必须启发民智，改革国民性，使全体人民成为现代人，才能真正地彻底地实现的。而这又必须把眼光再回到统治者身上，首先面对当面之敌，改变、推翻专制主义对人民的愚弄、愚化。这样，鲁迅关于民主的论述和思想，又同他的改革国民性、中国文化从传统向现代转化等思想联系起来了，成为他的"中国文化现代性创获"的组成部分。"鲁迅文本"，本来就是一个完整的、自成体系的中国现代文化文本。

六、阿Q形象："中国魂灵"的文化蕴涵

鲁迅以文艺为唤醒民众、启发民智、改革国民性的首要武器，因为文艺是"国民精神的火花"，它既能照亮人民，又能点亮人民心中的"精神燃料"。他文化大师的伟姿，是首先以作家的身影显现的。这是他同许多同时代文化大师显然不同的地方。然而，他的文学创作又是"从文化到文学"，因此他的创作意识和艺术世界里的文化观念、文化意蕴特别丰厚而深沉。他的主要作品都是聚焦于"通过文化剖析和溯源（'挖祖坟'），揭露国民劣根性的痼疾以改革国民性"这一社会课题和文化母题的。《阿Q正传》是集中"写出国人的魂灵"的典型之作。其他许多小说，也都是描画、揭示国人魂灵的某一方面的。其中多数是压在社会底层的劳苦大众，如润土、祥林嫂、华老栓等；也包括士大夫和统治阶级中的人物，如孔乙己、陈士成、魏连殳和举人老爷、假洋鬼子、七大人等。鲁迅揭示了各阶级、阶层的劣根性，以"引起疗救的注意"。在这方面，鲁迅不朽的贡献，就是创造了阿Q这个艺术典型。阿Q已成为中国人的一面镜子。几十年来，直到今天，人们都以阿Q为鞭策中国人上进的"戒尺"。以后还将如此。这是鲁迅对中国文化现代性建设的一个伟大贡献，它是在中国人由传统向现代转换中的一种推动力。

阿Q形象的诞生，是鲁迅以他的用中西文化交融形成的现代文化观念、艺术思维和创作意识，观照中国社会、中国人的国民性塑造的结果。这里不仅有他的深沉的揭露、剖析与批判，而且寄托着他的理想与希望，蕴藏了他冷峻的现实主义之中被有意地掩蔽着的浪漫主义精神：对阿Q也是对中国人，不仅"哀其不幸"，而且"怒其不争"，也还肯定他们身上极微弱、极隐蔽、极深沉地蕴涵着的忧郁、怨恨、不满以至抗击的情绪。这就是在鲁迅文本中"狂人家族"的成员们身上不同程度地存在的"狂性"①。鲁迅说过，历史上还没有"国民性不能改革"的先例；中国只要发生革命，"阿Q就会做革命党"。这是鲁迅所看见的中

① 见1998年版四卷本《彭定安文集》第四卷《论鲁迅小说中的"狂人家族"》和《"狂人家族"产生的主观素质与文学、美学意义》二文。

国社会现实和中国人身上的实况，也是改革国民性的依据、希望的亮点和理想的晨曦，虽然暂时还是微末的。鲁迅还说过，要用"酸剂以至强酸剂"去洗掉中国传统文化中几千年积存下来的"废料"、"矿质"和"游走细胞"。他的作品就是要起这样的作用。他更"预言"了一旦"革命成功"，阿Q会去杀人劫财、霸占女人、抢秀才娘子的宁式床。鲁迅的这种批判力量，一直保持到现代，还有它的新鲜性和尖锐性。这些都是鲁迅灌注于自己艺术思维、创作心理和整个文化文本中的现代文化因素，也是对中国文化现代性的有力的创获。

这里，还有一点提出来讨论，即阿Q精神的"反物正用"。几十年来，中国人（特别是知识分子）遭受到种种苦难，许多人（包括笔者在内）能够"挺过来"的因素之一就是靠了一点"阿Q精神的支撑"。聂绀弩曾提及"庭户轩窗且Q豪"，并说："阿Q气是奴性的变种，当然是不好的东西，但人能以它为精神依靠，从某种情况下活过来，它又是好东西。"①这大概是鲁迅当年所未曾设想和预计到的。这主要是由于环境的迫力太强大了，精神上的摧残太冷酷了，孤立无助的状态太严峻了，没有一点"阿Q气"简直没法活下去。这里，透露了阿Q这个艺术典型精神内蕴的深层的另一面：他用"精神胜利法"抵御了无边的黑暗，进行了微弱的抗击，显示了灵魂深处的一点微末的亮光。这应是鲁迅的本意。因为如果没有这"一点点"，阿Q就连鞭笞也不值，没有"引起疗救的注意"的必要和可能了。当然，聂绀弩、丁铃及其他许多知识分子的"借用"阿Q精神，是在鲁迅作品与典型提供的"原意"基础上，"从抽象上升到具体"，进行了"现代—现实加工"，产生了"意义"，"为我所用"。而这正证明，鲁迅文本的"含义"中原本就有那"合理的内核"。这一思想—文化的"底蕴"与"内核"，也就是鲁迅作品中的现代性表现。

---

① 见聂绀弩著《散宜生诗》（人民文学出版社1985年版）第97页和该书中朱正所写"附记"。"附记"中还说："在绀弩同志写这后记的一年以前，我写过一封信给李锐同志，诉说自己在三十年间遭遇到的横逆，信中说：'何况我这人还有一点阿Q精神，并不认为自己吃了多少亏，因为这对我也是一种特殊的锻炼……'我把这封信拿给丁玲同志看过，她看到此处也笑了起来，说：'你说你是阿Q，那天我还和陈明在说，我们都是阿Q！'"

七、杂文文本：独创性现代艺术—文化成果

鲁迅在改造国民性和创获中国文化现代性方面，最大量使用的艺术文化武器是杂文。他在这方面作出了突出的、巨大的、成功的，也是最富独创性的贡献。他的杂文，是他运用他的现代思想—文化眼光和胸怀，对中国"历史—社会—传统—文化—国民性"这个整体，即他所说的"旧文明""老调子"，也就是"中国传统文化文本"，进行观照、揭示、剖析与批判之后的结晶。这是"鲁迅现代文化文本"同"中国传统文化文本"的"对视"、"对峙"、对立、对抗，以及由此爆发出的思想火花和艺术结晶。由此便产生了一种以"杂文"艺术形态出现的"鲁迅文化文本"，亦即五四运动所催生、孕育的中国现代文化文本的重要部分。鲁迅一直高擎着两面旗帜，即他所说的"社会批评"和"文明批评"。前者是对种种社会现象的批评，特别是对"蕴含着中国国民性的社会现象"和"中国国民性在社会现象中的表现"的批评；后者则是对于中国历史、传统、文化的消极面的批评，是他所说的"挖祖坟"的工作。两者是互相渗透、彼此结合、表里为一的。他的杂文批判的突出特点是：普遍与具体的结合、广大与细小的结合、历史与现实的结合、思想与艺术的结合，还有现代与传统的结合。"社会—人（国民性）"/"传统—现代"渗透、弥漫在全体文本之中。他的杂文如他所说是"一鼻，一嘴，一毛"，是"地摊"上的"几个小钉""几个瓦碟"，是"照秽水、脓疮"；但又是既"常取类型"又"皆为公仇而非私仇"，故虽是"个案"却有丰厚的社会文化含量；是"投枪、匕首与解剖刀"，又是文化批判的武器。因此，"有着时代的面目"，并且是"中国人的灵魂都反映在我的杂文中了"。他无情地揭露和批判了中国国民性中的种种劣根性表现：自私，虚伪，"看客态度"，"做戏的虚无党"，"自己的手不懂得自己的足"，"各人只顾自己，目中毫无他人"，盲目自大，安于现状，以至于"拿'残酷'做娱乐，拿'他人的苦'做赏玩，做慰安"。在他的揭露批判中，显示了新道德、新思想、新文化的底蕴和背景。他的现代文化方向、精神、心态与方法，都蕴涵其中了。这样，他的杂文文本，就在剖析、批判传统文化中，蕴藏、显示了现代文化，成为创获中国文化现代性的成果。

鲁迅的早期杂文，主要收集在《坟》《热风》《华盖集》及其续编中的杂文中，还有一批长篇的、专门的文化批判文章，从整体上、根本上、基本文化方向与精神上，对传统文化中的资质老化、硬化的部分，用"文化的强酸剂"去腐蚀、剥落，为中国文化现代性的创获与发展作出巨大贡献，至今仍是我们认识传统文化、建设现代文化的思想文化明灯。在这批"文化杂文"中，大量地、系统地、全面地、丰富地、深刻而富有文学风采地渗透、灌输、显示了现代文化的精神与方向。

鲁迅后期杂文，即在上海沦陷十年时期的杂文，一些论者惋惜地认为"太执著于具体人事"，"太关注当前时势"，而减弱以至丧失了艺术价值；有的国外论者，甚至以为是"鲁迅创作力衰竭的表现"。这不免是一种误解。如果大体言之，鲁迅这时期的杂文大体针对两方面的"时事"（即社会现象）发言：一方面是民族危亡与国民党统治的不抵抗政策；另一方面是大上海的社会文化现象。前者是当时"民族第一主题"，实为最大之事。后者因是社会文化现实现象，既有一般意义，又不少都与抗日救亡运动有关。有论者说，他原来喜欢鲁迅早期"那种对于中国文化猛烈而庄严的批判乃至宣判；而对后来那些卷入具体人事的笔战文章却略有微词，认为它们不免有些琐碎和不值得"。但是，20世纪90年代重读，"印象则恰恰反过来，觉得那些笔战才更有人气和烟火气，才更真实因而也更深刻，反是早期那些面对整个文化作战的文章相比之下稍嫌浮泛了。"①这应该说是一种了解中国现实和鲁迅之为鲁迅的论断。但更重要的是，鲁迅后期杂文的文化意蕴，犹有值得我们开掘的内涵。

20世纪30年代的上海是当时中国最现代化的大都会，是所谓"东方的巴黎"。然而，它又是当时中国的一个极端畸形发展的城市，是中国的一个"现代化孤岛"。一方面，它是"中国现代性的化身"，"一个作为中国现代性文化母体的城市"；但是，另一方面，它又被中国的前现代的、落后的地区和农村的"汪洋大海"所包围。因此，在那里，各种文化纷然杂陈，形成一种农村的、封建半封建的、殖民地半殖民地的、中国传统与现代的、西方先进的和腐朽的、前现代与现代的等文化的"混交文化杂合体"，一个鲁迅所说的中国传统文化"大染缸"中的一个"杂色文化大染缸"。这就是鲁迅当时面对的"中国的文化现象与

① 李书磊. 杂览主义 [M]. 北京：中央编译出版社，1996：108-109.

文化世界"。他就是要与这种文化作战。他在杂文中揭露、剖析、批判了上海的儿童、少女、"康白度"（买办）、"三道头"（租界警察）、小报记者、无聊文人、"洋场恶少"、流氓瘪三、"吃教"的、"吃白相饭"的等，他在种种"人事纷争"中，透视了大上海从流氓大亨到小市民的各种文化心态和国民性中的种种问题。如果说早期杂文更侧重于对具有更多传统文化—心理结构的国民性的批判，那么，上海时期的大量杂文，则更侧重于对具有一定程度现代文化—心理结构，又混杂着落后传统文化，存着一颗落后传统灵魂的"现代市民"——"'现代—传统'中国国民性"展开批判。在《流氓的变迁》《经验》《谚语》《沙》《谣言》《推》《"推"的余谈》《踢》《爬和撞》《冲》《儒术》《说"面子"》等一批杂文中，那种对"上海的（也就是中国的）世态人情"，即中国国民性和文化传统的剖析批判，又有了新的内涵、新的意蕴、新的文化创获。此外，在同时期，他还写了不少类似早期杂文而又带有20世纪30年代社会情态与文化特色的"文化杂文"，其思想深度、丰富内涵、广博知识、艺术素质、隽永韵味等，都不亚于早期同类散文。这两大类散文，其基本母题仍是解剖中国传统文化、改革中国国民性，也就是追求中国文化的现代性。这是一位文化大师、一位被称为"中国现代作家第一人"的作家，以立足中国现实、展视世界大势，站在现代文化的基地上，以当时最先进的人类现代文化的意识、观念、理论、视点，对人们在时代性时空条件下和具体社会环境中所表现出来的国民劣根性和文化"老调子"予以揭露、批判。因此，一方面，在表面的破坏层次，是对具体人事和现象的揭示、暴露、剖析与批判；另一方面，在内在的建树层次，则可从文章的内在文化理念、文化视野与文化意蕴上，体察到一颗文化大师的现代文化之心，感受到一种现代文化的底蕴、脉搏与熏陶。一方面，这正是杂文本身就是中国文化现代性的创获；另一方面，又以这一"鲁迅杂文文本"，使接受者在阅读过程中经过"视界融合"而创获文化现代性，或者为此创造条件。

鲁迅的杂文文本，我们现时阅读，联系到在发展市场经济中的种种社会心态、现象、"传统国民性的重现以至翻新"，就会感受到它好像是"当代文化文本"。一位作家，本希望它"速朽"的文本，现今仍然"鲜活"，这很好地证明了鲁迅杂文中所蕴涵的中国现代文化素质。

八、《野草》与古诗:"现代中国心灵"的独白

鲁迅的散文诗《野草》,是中国"现代文学—文化文本"的最具特色和独创性的典型代表。它是一位中国作家作为"现代灵魂的受难者"的独白。这个用中西文化装备起来的,并为创获中国文化现代性寻觅道路的现代灵魂,在前现代、现代、反现代、传统、西方文化、国粹混杂在一起并互相拼搏的社会文化语境中,经受煎熬,发出呻吟、悲叹、哀号。它在生与死、爱与恨、光明与黑暗、希望与绝望、崇高与堕落、方生与未死之间挣扎。生命的痛苦、存在的困惑、死去的过去的纠缠、未来的希望的诱惑、现实的荒谬、灵与肉的矛盾,如此等等,完全是一位现代作家对存在的一种现代性感受与回应。这种感受和回应,是作家对当时军阀统治下中国社会现实、"五四"之后思想革命与文化革命的前进与倒退的环境,对自身的、家庭的、婚恋的、社会的状况等的反映与反应;是这一切,通过作家的心灵、艺术思维和创作心理的"酶化"、艺术化并哲理化之后的升华和结晶,它们绽开为"地狱边沿的惨白色小花",凄艳,幽雅,高洁,朦胧,情与理、思与艺相互结合。这种感受与回应的感性与理性、具象与意象、沉思与遐想、梦境与真实,统混融为一体,形成一种现代文化理念和艺术意象,灌注于他所写的生活、人物、事件、幻觉、想象、意象、象征等之中,形成一种具有高度艺术性、哲理性和现代文化意蕴的文学—文化文本。

李欧梵先生指出:"本世纪20年代世界文坛上出现了《荒原》和《尤利西斯》,而在中国,鲁迅的《野草》可能就是独一无二的成就,他显示出一种与西方现代主义的趋同。"[①]这种趋同,表明鲁迅对于当代世界文艺思潮流派的广泛的"拿来"与接受。比如《野草》中有明显的对于尼采、波特莱尔的接受、借鉴与"改塑"。然而,这种接受,又经过与自身思想感情、艺术思维、创作意识的结合、交融与"折射",经过同他置身于其中的社会现实的结合,更加以现代眼光与心态的观照、透视与剖析。如此发而为文,就使作品既是社会现实经过"现代的眼与心"的反映、折射,又是这种现实的心灵的颤动和自白的反映、折射,

---

① 乐黛云. 当代英语世界鲁迅研究 [M]. 南昌:江西人民出版社,1993: 93.

从而使作品具有了充足的现代性。我们在《野草》的《题辞》和诸多篇章，如《影的告别》《求乞者》《复仇》《希望》《雪》《好的故事》《过客》《死火》《狗的驳诘》《失掉的好地狱》《墓碣文》《颓败线的颤动》《死后》《这样的战士》等文中，感受到"虚空""虚无""虚妄""大欢喜""大乐""大光辉""无物之物""无物之阵""无血的大戮"等奇异而深邃、朦胧而引人思、绮丽而发人省的寓意性、理念性的意象；接受诸如"野草""地火""窘得发白的月亮""地狱边沿的小白花""没药调和的酒""人之子""神之子""孤独的雪""死掉的雨""死的火焰""火聚""口唇不动的言说""颓败线的颤动"等凄艳、奇诡、新鲜、形象、独创的象征。它们网结、镶嵌、组织、渗透在文章整体之中，构造成一个受难的现代魂灵，在一个前述这种矛盾情状的现代与传统纠结争斗的社会环境之中，寻觅、思索、抗击、奋战，艰苦地前行，寻觅个体和全体"突围"和"解救"的道路与方法。这使我们感到作家是在感受一种海德格尔式的对于"存在"的感受与思考："存在的不可定义性并不是叫我们取消对存在意义的追问，而是逼使我们去正视它。""我们总已经生活在一种存在的领悟中，但同时存在的意义又归于晦暗。""在出场的同时，它总是又把自己扣留在遮蔽之中。在者处于其中的开放空间本身同时又是遮蔽。遮蔽正以一种双重方式在众在者中间支配一切。"①当然，这又不是"纯海德格尔的"，而是鲁迅"这一个"中国现代作家饱和着中国现实、中国文化、中国心态和他个人的生活内涵的所受、所感、所思的升华与结晶。作家的文化心灵是现代的，又是"中国的"，而两者是矛盾且斗争着的，它们撞击的火花，便是《野草》。

《野草》和《阿Q正传》一起成为"中国现代文学"的第一文本，也是"中国现代文化"杰出的代表性文本之一。它在当时和以后的长时期中，成为中国文化现代性创获的叙事范型。由于它的高度独创性，让它成为"唯一的"、不可替代、不可模仿甚至是不可重复的。它是鲁迅个人，也是中国现代文学的一抹"越轨之笔"。它为人们提供了一种文化现代性的深切体验和文化心灵对社会生活的一种现代性感受，并且启迪来者去创获文化的现代性。而他国、他民族的人们在跨文化阅读中，

① 海德格尔. 人，诗意地安居：海德格尔语要 [M]. 上海：上海远东出版社，1995：3，16.

也能感受和理解到20世纪20年代产生的中国人现代文化—心理结构的状貌，以及中国文化现代性的突出显现。今天，在前现代—现代—后现代多元文化混存的现实中，它可使人于阅读中感受、体验、吸取真实的现代性文化，并从中理解中国现代文学与现代文化及现代心灵的状貌，以进一步创获文学与文化的现代性。

鲁迅的古体诗，在形式上完全是传统的，这本不是他"自为的"创作领域，更多的是他抒发个人情怀的"自发领地"。但是传统的僵固形式，却未能遮蔽一个"现代灵魂"的隐在，未能束缚一位现代作家的文化性灵的表现。对此，李欧梵先生在他的《鲁迅创作中的传统与现代性》一文中作了精到的论述。他指出，在这些古诗中，显示了确实无疑的现代性。这就是一种包含孤独母题、真正现代意味的恐惧焦虑、存在主义式的空虚感等"'现代的'体验"。"诗中的'我'被困于传统中国与现代中国之间的某个无人之地"，"鲁迅虽然在'探索'一条新的文化途径，但诗中的情绪比 Wandering（彷徨）和'寻找'更有丰富的意义"。"他将古典的意象和当代现实融为一体，生动地揭示出自己的痛苦和烦忧。"①鲁迅突出地应用了屈原的"香草""美人"的意象，但他在古典的意象美中，融进了一颗跳跃在苦难中国现实生活中的现代心灵的文化内涵。这里包含了国家民族遭受日本侵略的苦难，他的爱国热情和全民共同心愿遭受反动统治的血腥镇压，国民的依旧麻木软弱，以及左翼文学—文化阵营的纷争等。这些在心灵的个体感受上，也可以归结为整体的、民族的国民劣根性问题，和个人"吾独醒"与孤独的存在的苦痛。同时，一个坚贞不屈、特立独行、英勇抗争的现代人格形象，也于诗中显现。鲁迅的古体诗所产生的文化影响与文化响应，历经数代而不衰，不仅在知识精英中如此，而且获得了大众的喜爱，许多仁人志士和一般群众吟诵着他的诗句，坚持斗争、渡过难关。这正是一种现代文化思想影响力的表现。

五四运动过去八十周年了，从"长时段"历史观看来，对于它的认识仍将继续、仍将反思，特别是对于"五四"时期的"中国文化文本"和从那时以后所形成的整个的"中国文化文本"的研究与反思，犹有研究深思的价值。这对于我们今天的文化现代性的创获和现代化事业，都

---

① 乐黛云. 当代英语世界鲁迅研究［M］. 南昌：江西人民出版社，1993：98–103.

会产生积极的作用。其中，包括对鲁迅文化文本的研究——它是重要的组成部分。本文就此主题，作了一点不够全面的尝试性的探讨，仅以此纪念五四运动八十周年，并求正于方家。

1999年3月，沈阳

（《鲁迅研究月刊》1999年第3期）

"鲁迅世界"的新开拓

——1982—1986年鲁迅研究一瞥

　　鲁迅世界——一个浩瀚恢弘的世界，这是中国与中国文化，也部分地是世界文化的"世界"。几十年来，我们一直在探索和研究这个世界，不仅为了鲁迅本身，而且由他而及于其他。五年来，我们在这个领域中的努力，可以用一句话来概括：对"鲁迅世界"，有了新的开拓。这是一个发展，一个提高，一个前进。机械地分，我们常常把鲁迅研究分为三部分：生平研究、作品研究、思想研究。我们在这三个方面都开拓了新的领域。

　　前此的鲁迅研究，在鲁迅生平资料的发掘整理和研究上，成绩是突出的，硕果累累。近五年来在这方面的成绩难与之相比，这主要是客观因素决定的：挖掘得差不多了。但这五年来却有一些重要的发掘。虽无人做出惊人之举，却有些重要发掘。像关于鲁迅确曾以"从戎救国"、建设海军之志，而不仅是因为不收学费才考入南京水师学堂；关于鲁迅与朱安、许广平的新材料；关于鲁迅的家族的更细的若干资料，都是颇有价值的，对于了解鲁迅，进入鲁迅世界有一定意义。它们主要是更进一步让我们由小而大地窥见一个真实的鲁迅，一个"人的鲁迅"（非"神"或"天纵之圣"的鲁迅）。像许广平《魔祟》的公布，映照了一个真实的、具有七情六欲的、人的鲁迅的风貌。他是可亲、可爱也更可敬的，他距离我们更近了。当然，我们由这个鲁迅的"世俗世界"也能更好地进入他的思想的、艺术的、心灵的世界。

似乎作为前几年"传记热"的余波似的，几本鲁迅传记的出版及对鲁迅、许广平与朱安的研究，综合地和单题深入地也继续开掘着鲁迅世界。对于鲁迅同时代人的书信、日记的整理、公布与研究，也从另一个侧面提供了鲁迅世界的面貌。特别是，更把一个"文学的鲁迅世界"进一步拓展为"文化的鲁迅世界"。因此，这两方面，虽然为数不多，但却是认识鲁迅世界的一个前进，一个提高。

但是，主要开拓是对"鲁迅世界"的本体的认识与研究的展开、深化。对于鲁迅世界中的艺术形象——主要的自然是那个不朽的艺术典型阿Q，以及"狂人"等——作出了新的分析，显示了一个"八十年代阿Q观"的态势，从心理学角度进行分析，用系统论方法进行分析，在鲁迅笔下的艺术形象系列的整体观念的观照下的分析，在时代艺术形象的画廊的总体中来观照、剖析，等等，都是一种新的尝试、新的挖掘、新的发展。

对于鲁迅的小说、杂文（部分及于他的散文，主要是散文诗《野草》），从整体观和系统论方面，提出一个更符合、更切近鲁迅的思想与艺术实际的新视角和新的构架，是几年来鲁迅研究的鲜明突出的现象。对于他的杂文的总体性艺术特质和主要表现，对于他的小说创作的观照系统的新见解的提出，都是可喜的收获。从一个曾经是合理的、正确的和带有前进与提高意义的对鲁迅小说的原有视角（即社会政治革命的角度）和由此构筑的"鲁迅世界"的框架，向另一个视角和框架过渡，即从思想革命的角度、反封建思想革命的镜子中折射出中国的社会政治革命这个角度，来构建鲁迅世界的框架；从鲁迅的思想实际状况、艺术思维特征和艺术总体立意出发，从创作主体的内在构造由内而外地了解、剖析和描述评估，而不是从客观世界的环境因素由外向内地来描述、评估一个作家的主体世界。这种新的视角和框架，勾画出一个新的鲁迅世界，发掘了这个恢弘世界的新的内涵与素质。同样，从一个新角度来分析鲁迅的杂文和散文诗，不是一般地从逻辑思维与外形思维的结合来剖析杂文，也不只是从社会历史角度来挖掘《野草》的定义与价值，而是进一步从思想与艺术的结合上，从两种思维如何互相渗透、交叉影响、推论，从作家主观世界与艺术思维，从创作主体的艺术个性和心理特征来探索他的艺术——思想内涵与特征。这也提出了一个新的视角和框架。

一个展现了新貌的鲁迅与鲁迅世界出现了。这是一种可喜的发展与提高。

鲁迅的比较研究和鲁迅与外国文学思潮的关系的研究，把鲁迅放在世界文学与文化背景上来进行比较研究，又展现了鲁迅世界的另一面，让我们看到这是一个开放的、宽容的世界，也是一个吸取了世界系统的阳光雨露，而又奉献了自己的思想与艺术之泉的世界。

鲁迅世界的新开拓，反映了近年来整个学术界文化的演变、文学观念的变化和新方法的运用。它是近年来学术发展的一个表现，也推动了这个发展。

然而，五年来，在新开拓的鲁迅世界的周围，也有烟尘升起——贬损与否定之风吹起的烟尘，遮掩这个世界。这不是单纯地对待鲁迅的不敬与轻侮，而是一种文化现象。寻根者觉得鲁迅这个"根"不是地道的民族血脉；求外者则认为鲁迅与世界新潮隔膜；"儒文化第三次复兴期"论者们，以"五四"时期为造成民族文化断裂带的不幸时期，鲁迅难辞其咎；创新的作家们觉得鲁迅"过时矣"，只属于历史的价值体系；更有激进论者，觉得鲁迅似乎以自己巨大的背景挡住了中国当代文学的去路。这里自然都带着深刻的误解。但似乎表现了一定程度上的历史规律：人们在为本民族的文学与文化探寻新的高度、新的境界时，常常首先昂首向外或回头向古或低眉俯视足下，而在反思中对于一代文化巨人，却当作过时的以至要革除的或遗弃的对象。但历史走着曲折的路，无论是寻根者还是外求者或者别的探寻者，总会有一天，在跋涉中不无怅然若失之感时，疲倦地或深思地抬起头来，会发现曾被轻忽的文化巨人仍站在自己的面前。那时会觉得似乎寻回了失落的世界。

不过，精神的现象也会产生物质的后果，文化与文学领域某种程度的对于"鲁迅世界"的失落，其"物化形态"便是刊物不愿意发表"鲁研"文章，出版社大批积压和退回"鲁研"著作，一部分研究者的案头上、抽屉里堆着遭到冷遇的书稿，一部分研究者转向另外的领域。连纪念鲁迅逝世五十周年的活动也远不如诞生一百周年纪念活动隆盛了。

但是，失落终会消失的。那消失正孕育于文化的追寻和文学的追求中。英国未曾失落莎士比亚，俄罗斯未曾失落普希金，德国未曾失落歌德，法国未曾失落巴尔扎克，难道中国会失落鲁迅吗？一个更新的鲁迅世界必将展现在我们面前。现在就正在酝酿着从更广阔的社会文化历史的背景上，从更开放的大系统的综合研究的框架中，以更新的研究意识与方法，来进一步打开和研究鲁迅世界。

这只是匆匆一瞥，而且是陋巷斗室之中的一瞥，容多不当，谨呈一隅之见以供参考吧。

20世纪80—90年代对鲁迅的解读与研究：扩展、深化、提高与问题①

鲁迅作为一个文学与文化文本，以至作为一个古老而伟大的民族的现代"文化文本"，是一个无尽的文化宝藏，不会有一种"阅读终止"，也不会有一种"止于至尊""达于至善"的解读。这就像其他中华古老的和近现代的有价值的民族文化文本一样。对鲁迅的解读与接受，每一个不同的时代、不同的文化语境和不同的社会"接受屏幕"以至集体无意识，都会有不同的选择、不同的重点、不同的视角、不同的阐释以至不同的依据于文本"含义"而创获的新的"意义"。温故而知新。只有丰厚深邃的文化文本，才具有这种深厚的文化含量，可供不同时代的后人开掘与阐发，才具有这种开发力、生成力、创造力。后人的新的解读、诠释和接受，是接过前人"接受"的接力棒的新的前进，而不是对前人接受的否定（就总体来说是参考，不否认个别的和局部的对前人接受的否弃与对抗）。这是垂直接受的"接受史学的规律"，也是文化生

---

① 1995年9月，在丹东召开"辽宁省鲁迅研究学会年会暨学术研讨会"。我应邀在会上发言，对近十年的鲁迅研究状况作一简略回顾。发言时只据提纲讨论式叙谈，未及细究。本文据提纲写成，"所写"与"所讲"有些出入，特此说明。这种文章本非我之身份与能力所应为与能为，现斗胆言之，甚感惶恐，敬请方家批评教正。

成、发展的规律。伟大的文化大师和先哲所期望的正是这种文化的接续承传，而不愿意自己成为神龛里泥塑木雕的尊神，凝固不动。

一、新的诠释、接受与文化效应

一种文化文本，尤其是具有民族性和历史性的广度和深度的文化文本，对于鲁迅这样的民族文化大师，其诠释和接受都必然会表现出在历时性的垂直接受和共时性的水平接受所交叉形成的"解读坐标"上的移动，以及所形成的发展轨迹和不同的现时解读框架。鲁迅从出现于"五四"文坛与文界开始，对其的解读和接受，就是不断发展、变化、深入和提高的。基本上以每十年左右的时间为一个周期。20世纪最初的20年，基本上是"初识鲁迅"，主要是对作为杰出作家的鲁迅的肯定和赞扬。20年代末到30年代末，以瞿秋白的评价为"总结"和代表，是对一位由旧营垒中转变过来的清醒的现实主义作家和无产阶级诤友的思想战士的评价，以及普遍认同的民族魂的爱国主义精神导师的崇拜。30年代末到40年代末，是以毛泽东的评价为总结和代表的共产主义战士，党外布尔什维克，伟大的文学家、思想家、革命家的高度评价。50年代至60年代末是对这一定于至尊的评价的学习、理解，作补充、扩展、提供实证式的诠释和接受，是在具体的理解和论证上沿着既定结论深化和提高。60年代末到70年代末，对鲁迅的认识则被发展也被歪曲成"文化尊神"、大批判先驱、无产阶级思想文化与文学艺术的历史和现实的裁判，更加是一根打人的棍子。这一方面是被"捧为至尊"，另一方面又是严重的歪曲和利用。而无论哪一方面，都是鲁迅研究的异化。70年代末到80年代初才结束了这段不幸的历史。

回顾以上半个多世纪对鲁迅的诠释和接受的历史，可以看出几个重大的特点。第一，每个时期对鲁迅的接受，都是同当时的时代特点、社会状态和文化语境紧密结合的。对鲁迅的"期待视野"和"接受屏幕"即这一切的重要体现，并构成其重要政治与文化内涵；而鲁迅所提供的文化文本（他的全部作品和他作为社会存在的文化个体），也成为这种"视野"和"接受"的塑造对象。第二，由于时代特征和历史内涵所决定，对鲁迅的诠释的接受，都是"突出政治"的，是带有浓重政治色彩的文化解读，且以后者为前者服务并服从于前者。这是血与火、肉搏和拼杀的民族战争、阶级战争和政治斗争时代的基调所必然带来的文化后果、文化现象。第三，在这种鲁迅解读基调上，所能弹奏出来的更多的解读曲调和解读主旋律，所侧重的都是政治的、思想的、革命的、斗争的强音，而呈弱相的则是文学的、艺术的、审美的吟诵。第四，这一切铸就了一个相当固定的、定于一尊的、相对政治化的、怒目金刚式的鲁迅形象。

应当肯定，这种延续的评价框架，除了"文革"时期有那种歪曲和利用始终存在的咒骂与攻讦、污蔑与亵渎之外，是具有它的历史合理性、社会与时代的依据和文化背景的，因而是符合历史和时代需要、为多数群众所接受的，也是符合鲁迅的实际的。它在中国近现代史和中国现代文学史上，描绘和树立了一个伟大的现实主义作家和文化大师、思想与精神导师的形象，教育、鼓舞、启迪和导引了几代作家艺术家，在思想上、艺术上和人格上哺育他们成长，也教育了几辈中国的普通群众。在这一认知和评价框架中关于鲁迅作为作家、思想家、革命家、学者、翻译家所创造的成就和它作为文化遗产的价值，是基本上符合历史的实际和鲁迅的实际的。它应属于中国现代史、中国文学史和文化史的稳定的一部分而应被肯定、接受和加以发展。以今之视昨而否定这些文化积淀和历史业绩是不公允的、偏激的、不科学的；以今之所见而讥笑、鄙薄这些，则是缺乏历史观念和不客观的；或者"高高在上"以居高临下之姿而回视和品评这一评价框架和以此框架或基本以此框架为指导的研究成果，指斥为传统、保守、"左"，视为一钱不值、不承认其学术性等，则未免过于狂躁，过于无视历史、无视中国半个多世纪的实际，并表现出一种学术偏见。

当然，另一种情形也是不利于学术研究和文化建设的，是难以让人接受和同意的，这就是"唯我独尊""唯原有框架为是"，不愿意随时代、社会、文化语境的变化而前进，不愿意接受合理的、科学的和具有历史原因、历史需要与历史权利的新视角、新观点、新理论、新框架、新形象。不能来个"不许动"。凝固的观点是不符合历史和文化发展规律的，其实也不符合鲁迅精神。

当然，我们不会忘记，在这个历史时期，还有另一种声音、另一种评价存在，而且持续存在、从未间断。这就是一种用学术话语、文学手笔、闲言杂语及小报辱骂等方式的对鲁迅的造谣、污蔑、攻击和谩骂。

其中，真正属于学术——文化的严正的（不管对错）的评论并不多。这些历史的陈账，只要翻一翻近年出版的孙郁所编的《被亵渎的鲁迅》（群众出版社，1994年出版）就够了，就可见其概要了——虽然所收文字远不及几十年来伴随鲁迅而泼洒的污水的百分之一。我们现在且不去理论这些被总称"亵渎"的攻讦文字的见解和实质，而只需指明一点就可以了，即"鲁迅之被亵渎"的意义何在？当我们作为历史的后辈来回顾这些前人的詈骂时，能深刻地感受到，这是带有必然性的，是具有深刻的历史原因、社会背景和文化斗争根源的。如果没有这些存在，或者说，没有"鲁迅之被亵渎"，鲁迅也就不会是鲁迅。正因为他是文化斗士、精神导师、杂文大师，所以他才遭到这么"丰富"连绵的攻讦，才引来这么多的论敌。因此，这些攻讦正是鲁迅的人格、功业、创作、学术的成就的反面证明。这是一种逆向接受。它同前述的接受是对立而存的，彼此关联着，是同一个接受整体（时代的、社会的、民族的）相生相克的两面。其实，从这些攻讦中，也同样可以透视出鲁迅的功业与价值，不过是从反面映衬出来的。今天提及这一点，不仅因为这是历史的存在，而且因为这"历史的存在"今天又在新的情况下重新出现而又有新的发展。这方面的问题，后面再详议。

20世纪70年代末，中国整体地进入一个新时期，尤其在思想文化方面，其新的标志更为突出鲜明，而对鲁迅的理解、诠释与接受的变化，则是重要的一种表现。这也是鲁迅在这个领域中的地位决定的。这种新时期的新接受的最大特点之一，就是对鲁迅的全面接受和全面诠释。这种全面性表现在对鲁迅的文学家、思想家、革命家的"三位一体"式的和"单性深入"式的阐释、研究和接受；表现在对鲁迅作为伟大作家、文化大师与共产主义战士、无产阶级斗士的全面性阐发、接受；表现在对鲁迅的杂文、小说、诗与散文诗、学术论著的全面性研究与接受；表现在"最具民族特色的作家"与"世界文学的介绍和吸收者"，以及"民族性作家"与"国际性作家"相结合的鲁迅的研究与接受上；表现在对鲁迅的作品不仅作出思想上、革命性与社会性上的肯定，而且进行了与之相结合的艺术性、审美价值方面的探究和剖析；表现在对既为左翼文坛领袖、革命文学导师，又是"五四"新文学作家、中国现代作家第一人的鲁迅的两相结合的理解与评价上；最后，还表现在对于文化大师鲁迅与普通人鲁迅的结合上。这种多方面的对于鲁迅的全面性接受，显然是对以前的诸多评价和接受的补充、发展和提高。因为，由偏于一面而至全面了，由重点突出有所缺失而获得补正了，由论而不及不透进到更多而更透彻了，等等。这些，显然也就是一种提高。这样，也就描绘了一个崭新的、全面性的鲁迅形象。他从圣坛上走了下来，从受崇敬的文化的尊神变成为受爱戴的文化宗师，从受敬畏的文坛泰斗，成为可亲近的文学导师。80年代初，以1981年纪念鲁迅诞生一百周年学术讨论会为标志的前后数年中，几百篇学术论文、几十本学术专著和七八本鲁迅传记的面世，充分反映了这种对鲁迅的全面接受和新的鲁迅形象的出现。

这种对鲁迅的新接受和新的鲁迅形象的出现，是中国20世纪70—80年代之前整个思想文化界以至社会结构变化的反映。社会发展的驱动力和方向由"以阶级斗争为纲"向"以经济建设为中心"转变，奔赴现代化目标取代了建设贫穷"社会主义"的乌托邦，文学、艺术、学术、文化的作为"阶级斗争"的目标和工具，向具有相对独立价值和运行规律的社会—文化领域转变，全面封闭的社会实行了初步的开放，相对自由的文化环境和氛围的形成，如此等等，造成了一个比较宽松的学术文化的大气候。在这种时代特点、社会背景和文化语境中，人们开始清理过去相当长时期以来的以"左"的教条主义、"政治"统帅一切和庸俗社会学为主要特征的学术文化理论、评价框架和总体视角。这也同时成为对鲁迅的新的认识视角、评价框架、诠释基点和接受意识的社会—文化条件。

这一鲁迅接受史的新阶段、新面貌与新高度，是垂直接受和水平接受的自然而合理的结果。从接受美学的基本观点看来，任何一个文学—文化文本，作者都只是完成了"一半"，而另一半要由接受者来完成。文本自身自然具有作者所赋予的固定不变的"含义"，但经过读者从自己的"期待视野"、"接受屏幕"以至整个接受意识出发，对文本"含义"的解读、诠释、理解、生发、创造，会形成一种"意义"。这"意义"自然会随着接受者的不同和不同的接受语境，而有不同的性质、面貌和内涵。正是在这个意义上，人们说"一千个人就有一千个哈姆雷特"。鲁迅自然也是如此。只有含量丰厚的文化文本，才能是一座宝矿，其"含义"能够千秋万代供接受者去开掘和创造，创获新的"意义"。新时期对鲁迅的新接受和新的鲁迅形象的出现，不是对鲁迅的歪曲，也不是对以前对鲁迅的接受和评价的否弃，而是一种向上的发展。半个多世纪以来的"革命的、政治的、阶级斗士的、批判一切的民族英雄鲁迅"，现在逐渐明晰了他的另一种形象，即"革命的、思想的、艺术的、批判和建设的现代作家、文化大师鲁迅"。这不是谁取代了谁，而是后者继承了前者，又扩大充实了前者，并且纠正了前者由于时代因素、社会条件和文化语境（但也包含个人因素在内）所造成的一定程度上的褊狭与扭曲。因此，这种学术文化成就，理应纳入中国现代文化建设和发展的总积淀和前进洪流之中，而肯定它是新时期文学艺术、学术文化总收获中的重要的一部分。

二、新高度与新问题：扩充、拓展、深化与提高/逆向的泡沫与粉尘

从20世纪80年代中期到今天①，十多年的时间中，对鲁迅的阅读、诠释和接受又有了新的变化、新的发展和新的提高，当然也出现了新的问题。但前者是主要的，确实具有文化主流的那种宏伟的气势、高深的层次和文化建树的贡献；而问题一面，的确不过是支流，是涌起在主流和支流之上的泡沫和粉尘。

新的接受与新的提高的主要表现是：扩充、拓展、深化与提高。我没有掌握全面精确的统计数字，但仅就已经看到和接触到的论文和专著来看，在出版难，尤其是鲁迅研究著作出版难的这十几年中，鲁迅研究的专著和相关论著的出版数量仍然是相当大的，就"作家研究"来说，鲁迅研究仍然居于其他任何作家之前，其数量遥遥领先。而且，研究的队伍在扩大，新人在增加。在不少老一辈鲁迅研究专家相继谢世之后，从中年进入老年的研究专家们仍在努力，仍然拿出了不少研究著作；而80年代初的中青年研究家们，如今也进入中老年，以成熟的思想和深思的研究写出了许多新论著；可喜的是一批青年研究家们以新的姿态和学术话语，进行了新的探讨。这种鲁迅研究队伍的扩大、变化和发展，也应视为鲁迅研究、中国现代文学研究、中国文学研究以至现代文化研究的一种发展、一种提高，是90年代学术文化的可喜收获。

但更重要的收获是对鲁迅的诠释与接受，视角更扩大、更拓展、更

---

① 本文作于1995年12月4日。"今天"指当时。

新颖了，研究面也更扩大和更深化了。总体上说，是人类文化、世界现代文化和中国文化总体与中国现代文化相结合的一种大文化视角。一个艺术—审美文化的视角，一个文学创作心理的总视角，同时，也是一个鲁迅的艺术—文学—文化整体视角。在这两种视角的分别的和综合的观照之下，对鲁迅的思想、作品、论著、翻译、全部活动和人格进行了深入的研究探讨。有的论著由此也就一并或单独进行了综合研究和比较文化、比较文学的研究。

这种研究、诠释与接受的新的发展与提高，概括起来，体现于四个方面。

（一）作为中国现代作家第一人的鲁迅

在新的诠释框架中，对作为现代作家的鲁迅，进行了比以前更全面、更周密、更深入的解析，也进行了在艺术和审美维度的更为丰富、深入、细致和新颖的论证，并且，这种论证多是从鲁迅文本的实际出发，自然地引进了比较文学研究的范畴，也常常被纳入新的文学、美学、艺术心理学、艺术形态学等传统的新兴的和交叉的学科理论架构之中，或者运用这些理论的和单科的或交叉的和综合的独特视角与学术话语，从而使对鲁迅的小说、诗歌、散文诗与杂文的解读，具有了新的观点、诠释和"意义"，自然便促使接受的深化与提高。

在这种对作为现代作家的鲁迅的新的诠释中，往往既没有忽视传统的社会学、政治学、文学理论的运用并接纳原有的这方面的成果，同时又补充了过去在艺术审美分析方面的缺失，特别是更注重了对鲁迅文本本身的阅读和对其原"含义"的开掘。因此，"顺应"这种研究思路和由这种"思路"引导而出的，便是对鲁迅的创作文本的民族的和世界性的深刻渊源的探索和比较研究，从而是对其艺术素质和审美含量之丰厚、深邃、璀璨的肯定。

同时，在总体上，对鲁迅的创作心理、创作意识和文化心态，进行了与社会、民族、时代、历史相对应的和鲁迅特有的反映与反应的社会学、艺术学、心理学的探究，从而对鲁迅对客观世界特有的超越他人的反应、解析和感受，对于他的作品的独特艺术风格，作出了新的诠释，尤其对鲁迅的孤独感、荒谬感、悲剧意识等独特心理状态，作出新的渊源（社会的、民族的、历史的、人类的、世界的、个人的）追溯和意义肯定。

这些新的解读，肯定了鲁迅在文化意识、创作心态和"现代觉悟"上，是走在"五四"以来诞生的中国数代作家"家族"中的最前列，甚至可以说是现代作家第一人。他在文学意识和对文学创作的把握上，在文本的主题深度、哲理性上，在体裁多变、结构繁复多维以至语言层面上的现代性凝结与体现上，都具有达到国际和时代层面上的高度水平，为其他同时代作家所远远不及。中国现代文学作为民族文学文本之发展的第一主题和根本目标，就是寻找和创造现代性。肯定鲁迅在这一主要和基本层面上的高度成就，是对鲁迅的重要的和应有高度的肯定；同时也是对中国现代文学成就的肯定。

（二）鲁迅文学文本的现代意义的诠释

如果说前一点是从总体上把握现代作家鲁迅并由此进向作品，那么，这里则是以鲁迅文学文本为立足点进行剖析，作出现代意义诠释的，包括社会学、艺术学、美学、心理学、语言学、文化学与哲学的视角深入、意义诠释与艺术成就和特质的分析。在这方面，由对《野草》的"含义"、艺术风格、审美素质的最初探索发轫，逐步深入、扩展，到对《故事新编》及小说的全面深入与扩展，近些年，更对杂文篇章进行了这种现代诠释。这种艺术分析上的深入，实际上成为以艺术——审美和创作心理、创作方法的维度为切入口，对鲁迅的作品及鲁迅的思想、创作心理与文学品性进行更深入的探究，而且，这种探究中也贯穿着历史、时代、社会背景的追溯和分析，然而又不是一般社会学的"联系实际"，而是从"鲁迅之镜"的思想心理、性格特点出发，寻绎出其特殊、突出、鲜明的富有个性而又具有历史和时代深度与尖锐性的反映与反应来。

（三）作为哲人大师的鲁迅形象的丰满与深化

在最近十几年①的研究和诠释中，在肯定他的伟大的文学家、思想家和革命家的基础上，又更向深广的方面发展了。一位文化大师，一个民族性的文学——文化文本，总是既具有强烈的尖锐的时代特点，同时又具有从个别到一般、从具体到全面、从现实到历史、从今天到明天的一

---

① 本文作于1995年12月4日。"最近十几年"是就当时而言。

种思想结晶和文化升华，创造出超越时空性、民族性以至人类性的共同性文化财富，进入民族和人类的总体文化积淀。如果说过去的解读和接受自然地和不能不偏重于鲁迅文本在当时当"地"的共时性的时代价值的肯定，并对其作这方面的诠释，那么，现在在民族斗争、阶级斗争的主题已成为历史，而代之以现代化社会和现代文化的建设的时代，也就自然地、不能不从原先的侧重点向其他层面发展。这好比一尊塑像，原来站立在一个"立足点"，从某一视角注目于某个方面，那么，时过境迁，就站得更远、更高，从更广阔的视角来全面地观照了。这当然是一种合理的发展和提高。

在这种新的观照中，人们发现了鲁迅作品的许多未曾注意和未曾发现的文化内涵。鲁迅思想之开阔、深邃、开放，鲁迅对于历史与现状、中国与世界认识之深刻透彻，对中国文化底蕴、民族特性和国民性的认识之深刻透彻，批判的深度、力度、中肯及包容于这一切之中的他的文本、话语、视角、切入口之独特，表现在这些方面的哲人大师的心态胸襟与人格魅力，等等，它们的长久的、广远的文化意义，都是中国现代生活的文化反应、艺术结晶，是中国现代文化大师群中首屈一指的。在这方面，国内研究者既侧重它的深刻丰厚独到的民族性，又肯定它的东方的与世界的意义，而国外研究者则更注重肯定它的民族性，称之为"民族寓言"，并在此基础上肯定其国际意义。

鲁迅的这种哲人大师形象的树立和描述，不是使它更高踞于人众之上、之外，而是更向人们走近了。因为过去那种政治的、斗争的、怒目金刚式的、"会骂人"、大批判式的鲁迅形象，不仅由于某种偏激和扭曲而使人敬而远离，而且，即使是在完全恰当的评价基础上描述的形象，也因为同今日生活的远离，已进入历史范畴，只是一种历时性接受对象，而使人有疏离感，时空间隔而遥望之。但作为哲人大师的鲁迅，除了"骂人"之外的文化批判与文化论证，以至在"骂人"之中的文化含量、文化意蕴，他的民族性文化文本中的广阔、深刻、独到，其深沉的历史感、哲理性，都使读者获得一种哲学的、文化的与审美的享受和启迪。人们便向他走去了。

（四）鲁迅学的进一步发展与建设

新时期的新诠释与接受，广泛众多的新论著的出版与发表，包括鲁迅研究史著作的出版，大大推进了鲁迅学的发展与建设。

一个学科的形成，一般需要三个层次（阶段）的进程。首先是实践（实际、实验）层次，即经验层次。在这方面，鲁迅自身的活动、创作、各类作品，以及大量的研究论著提供了深厚的基础。最近十几年来超过以前的众多论著的出版和发表，更使这一层次的基础增宽增厚了。其次，是理论层次，从实践提高到理论上的论证，并且形成了本学科的理论架构，确定了其内涵与外延。在这方面，鲁迅研究论著之中不乏建树，尤其从开创时期到新时期以前，即已有核心理论之形成。而新时期的许多论著，更突出的一点是在理论层次上的发展与提高。这具体表现在两个方面：一是对于鲁迅的论证的理论性和理论建树；二是对于鲁迅的小说、杂文、散文诗等作品的理论性的剖析和论证。这既有对文本自身的理论性的剔抉、梳理和提炼，又有在研究思想、方法论等方面的论述和结晶。这些都促成了鲁迅学在理论层次上的发展与提高。第三是结构层次。理论不仅是丰富的、系统的，而且是形成了一种分类分层而又形成统一整体的完整结构，是一种整体性的理论构造。在这方面，近十年来所提供的接受文本，从研究论著——总体的和分类的，到各种文本类别的多种性质的研究，以及史的研究、专题性的方法论研究，还有直接就鲁迅学的结构进行讨论的论著，如此等等，构造了一个丰富、系统、完整、日益深化的鲁迅学的结构层次。

从以上四个方面，我们看到了鲁迅学的客观上的发展、生成与建设。而且，还有直接的专门的对于鲁迅学的研讨。这种种成就，都是对鲁迅学的发展与建设的贡献。它既是作为结果而出现的，同时，又进一步开辟了鲁迅接受史的新途径与新领域，从而更使鲁迅学向前发展了。

三、新的诠释与接受的十个方面

为了更具体地说明前述的新成就，我拟从下列十个方面来加以申述。见闻所限，未必全面周到，也未必恰当，权当一种读者的反映来看。

（一）鲁迅阅读的发展

现在，阅读鲁迅的势头在增长，鲁迅的各种综合性选集和文体分类选集、鲁迅语录、鲁迅作品单行本等在多家出版社纷纷出版，且重复出版，还有不少出版社计划出版《鲁迅全集》。这反映了一种同若干年前人们几乎不读鲁迅的现象大为不同的阅读倾向。从已出版的鲁迅选集内容看，这种读鲁迅的阶层是比较普遍的，不限于高文化阶层。而且这一代读者中的多数，是远离鲁迅那个时代的，因而对"鲁迅文本"的现时性主题、话语，是有相当疏离感的。他们的现时阅读，倒是一种对"历史主题"的重温和了解，但更多和更重要的成分，已经是当代的期待视野和接受意识了。他们可能是要从鲁迅的作品中去了解、体察对认识今天的社会现象、体验人生经验的启迪和指导，当然，还有审美和文化的体认。我在一所大学旁的书店里看到《鲁迅杂文选》销售较好，也亲见年轻的大学生购买这本书。

这种鲁迅读者群的发展，特别是在大众层的发展，既是鲁迅作品自身的文化引力所致，但也同新的鲁迅诠释和鲁迅形象分不开。总之，它接近和切合时下读者群的需要和接受意识。

（二）海外鲁迅阅读的发展

在国外，尤其是欧美，以及我国港澳台地区，阅读鲁迅的范围确实比较小。但是，近年来有了明显的变化。在欧美的华人中，过去由于政治偏见和对鲁迅的"政治形象"的误解，读鲁迅的只限于进步层，但现在，由于国内外政治形势的变化，以及鲁迅新形象的出现，读者圈扩大了。我在美国多处超级市场里的"书店"里看到出售海外版的鲁迅杂文集单行本，而且装帧雅致美观，显非粗劣印刷品。在芝加哥附近的一家由我国台湾有关人士办的文化活动中心的图书室里，也出借鲁迅作品。在中国台湾，鲁迅全集、选集、语录，已经出版了多部。而过去，鲁迅著作在台湾是禁书，读了要坐牢，比当年胡适之在大陆还要禁压得更严厉，政治色彩更浓。在德国，出版了波恩大学顾彬教授翻译的六卷本《鲁迅选集》。在日本，更是一向出版相当数量的鲁迅著作和鲁迅研究著作。鲁迅在海外的影响确实是越来越大了。不能否认，在政治上、观念上，海外的读者群同我们不一致以至分歧。如果国内对鲁迅的诠释和接受，仍然是20世纪60—70年代的理论—文化架构，鲁迅形象仍然是那种"金刚怒目"式，可以想见，人们对于鲁迅的认识和理解，就会受到影响，因而产生接受障碍。因此，现在海外鲁迅阅读的发展，实与前述鲁迅诠释和鲁迅形象的转换分不开。

（三）研究规模的发展和良好的态势

这里，只说研究规模、研究态势的发展，至于更具体的内容方面的表现，下面再分述。最近十几年来，鲁迅研究在国内有着很可观的发展。它的规模在"作家研究"中是首屈一指的，广度、深度、理论高度都有发展它不像对有些作家的研究那样，显得那么热闹、形成热点、闹闹哄哄、调门高、深度差，却是稳步前进、稳步上升。它也不像有些作家研究那样，有些方面不免显得浮泛地称颂、肤浅地赞扬，而缺乏扎实的、充分的理论性深究；在这方面，近些年的鲁迅研究，逐渐少了那种"英雄崇拜""政治颂扬"的成分以至消除了这种喧声，而比较扎实的、深入的、理论性的、艺术的和审美的分析和论证成为主流。

研究规模的发展，还表现在研究领域的开拓、研究主题的开发和研究视角的展开方面。这些，将在后面详述。

这里要指出的是研究队伍的扩大和研究论著的增多。前已述及，在20世纪80年代初期以后，老年的鲁迅学家相继辍笔以至谢世，但中年学者接续而上，且人数大增；而近十年来，更有一批年轻的学者，带着新的研究意识、研究视角，以新的文化装备来从事鲁迅研究，写出了不少鲁迅学的论著。我们如果拿出1981年见之于研究资料上的论文作者名单，同今天的论著作者名单来比照，就会发现，不少人的名字消失了，而又有大批的新的名字出现了。这其实不只是一个鲁迅学研究的现象，而且是中国当代的一个文学研究现象和文化现象，反映出人们在这两个领域中对于"文化鲁迅"的注目。在众多中青年鲁迅研究者中，不在少数的人并非专业的鲁迅研究者，而是在从事中国现代文学、中国文化研究中，不能不走进鲁迅世界。而另一方面，一些鲁迅研究的老学者们，又不能不从鲁迅世界走向中国文学、中国现代文学和中国文化的广阔的领域。这种现象，正反映了鲁迅的广博，以及在中国现代文学和现代文化史上的地位①。国外鲁迅研究的发展，也同样值得我们注意。

日本，向为鲁迅祖国之外鲁迅学发展最好的国家。最近十几年的发

---

① 由于鲁迅研究著作像一般学术著作一样，出版很难，所以可以推断，已出版的"鲁研"专著只能是已完成的一部分。

展更为显著突出。日本的鲁迅研究，规模较宏阔普遍、掌握资料周密详备、研究视角独具特色，研究者"代有才人出"，一辈一辈鲁迅学家相继崭露头角，不断有出色的论著问世。仅就我自1993年访问日本至今的两年中，就收到日本鲁迅学家的内容新颖厚实、装帧优雅美观的鲁迅研究著作十几部。这当然远不会是全部。在日本，对鲁迅的研究，一方面有领域的拓宽，另一方面又有对鲁迅思想与作品的深入精研。而且这两方面的研究成果，常常补充了中国本土研究之不足。

西方世界鲁迅研究，只要举出乐黛云先生先后主编出版的两本国外鲁迅研究论文集就可看出其发展了。乐先生继1981年主编出版《国外鲁迅研究论集（1960—1981）》（北京大学出版社出版）之后，又于1993年主编出版了《当代英语世界鲁迅研究》（江西人民出版社出版）一书，反映了20世纪80年代西方文化学术界对鲁迅的诠释。《当代英语世界鲁迅研究》内容计四部分：鲁迅创作研究、鲁迅思想研究、鲁迅与中外文学、对鲁迅的诠释与接受。这大体上反映了英语世界，也反映了西方世界、西方文化对鲁迅的研究的领域、规模、深度和接受概貌。其意义，正如编者所指出的，反映了"以世界文化大汇合为大背景的鲁迅研究的潮流"。这16篇论文从纵剖面和横断面，对鲁迅进行了西方文化背景下的诠释。其中，有三点特别值得注意，这就是主编乐黛云先生在该书代序中所指出的：其一，第三世界的文学文本，总是以一种"民族寓言"的形式来投射一种政治："关于个人命运的故事包含着第三世界的大众文化和社会受到冲击的寓言"，而"这种寓言化过程的最佳例子是中国最伟大的作家鲁迅的第一部杰作《狂人日记》"。这种解读，显然并不只是以《狂人日记》为特例，而是可供我们解读整个"鲁迅文学文本"作参照。其二，把鲁迅作为一个东方文化、第三世界文化的代表的"他者"，并在与这一"他者"的对照中重新认识自己。乐黛云指出，这是"八十年代发达世界的一处新的觉悟"。其三，更扩大和深入一步的，则如乐黛云所指出的："把鲁迅创造的文化遗产作为世界文化的一个重要组成部分，参与对世界面临的共同问题的解决，则是西方世界的一种更普遍的认识。"

日本及西方发达国家对鲁迅的诠释和接受，不仅是对鲁迅的诠释的扩充的深化，也是对鲁迅的意义和价值的提高和加深了的评估。我们可以从"世界文化背景下的鲁迅诠释与接受"中得到启示和推动，更好地进行新的、更高更深的"中国的鲁迅诠释与接受"。

鲁迅研究成为一种世界文化现象，并且如当年鲁迅对中国文学提出的希望那样："出而参与世界的事业"，鲁迅和他的"文学文本"已经代表中国和中国文化出而参与世界的事业了。

（四）鲁迅研究领域的扩展

这种扩展可以概括为两个大的方面：一个是对于鲁迅的研究向多方向扩展；另一个是对于鲁迅的作品，在整体上、类别上和单篇的进行了扩展的研究。在前一方面，虽然有不少"重复"研究，但已经是"再认识"性质，即其研究领域扩展开来了。比如对于鲁迅前期的生平思想与作品的研究，对于鲁迅晚年活动与思想的研究，对于鲁迅与外国作家的研究等，都是如此。但更重要的，是新的视域和新的内涵的扩展。对于小说，"《狂人日记》《故乡》《祝福》老三篇"式的研究格局早在80年代初既已打破，现在，更扩展到对鲁迅大部分小说的研究；《故事新编》的研究受到注意；杂文除了"全景式"研究之外，对其"文化杂文"的研究增多了；对于《野草》的研究，领域越来越宽泛，而且表现出以深化为特征的扩展；对于鲁迅的日记、书信、藏书、所收拓片画像的研究，对于鲁迅在文学论争中的研究，鲁迅与新文学流派、社团的关系及同现代作家的关系，等等，都进行了研究，并且，具有新资料、新视角、新见解、新诠释，也对鲁迅形象进行了新的描述。其中，特别是对于鲁迅与周作人、胡适、梁实秋、胡秋原等人的研究，都扩展和深入了。

（五）鲁迅研究的延伸

这主要是从"鲁迅与×××"这种对鲁迅和他的同时代人的研究格局中，更延伸开去，除了仍然包含了"×××之与鲁迅"之外，对各个同时代人已进行了独立性的研究。这一方面是这些文化人、作家等本身即具有独立研究价值，但却也与他们同鲁迅的关系较深或较重要有关，因此，这种研究也就不仅对理解这位作家本身的价值，而且对鲁迅研究也增加了内涵和"旁证"。比如对陈独秀、李大钊、胡适、周作人、柔石、冯雪峰、许寿裳、孙伏园、钱玄同、内山完造、增田涉等的研究，都是如此。在这同时，发表了不少这些人的与鲁迅有关或无关的书信、日记、记事、回忆录、传记等，也都表现为一种"鲁迅研究的延伸"的性质。这种延伸，也成为中国现代文学和现代文化的研究。

（六）鲁迅研究的主题学的增加和扩展

鲁迅研究的主题学的发展，标志着研究工作在理论层次上的深化和提高，这涉及社会学、文字学、艺术学、美学、历史学、心理学、传记学及比较文学等学科在研究上的"介入"和理论上的结晶与升华。对于鲁迅的思想的发展历程及历史—社会成因与内心反应的研究，便涉及上述学科中的多门学科。不少传记和论著，在这方面提炼出了理论性命题。关于鲁迅的小说，新的论著（包括国外的著作）一方面是从叙事学、诠释学、心理学、结构主义、比较文学等学科角度凝炼和提示主题，另一方面则提炼出一些可称为"鲁迅小说学"的主题。对鲁迅的杂文，也有不少涉及美学、文章学、叙事学等学科的主题。对散文诗《野草》的研究，也越来越显示了关涉诸多学科的主题学的研究，尤其是涉及社会学、心理学、艺术学、比较文学的主题。在鲁迅传记方面，也同样如此。这些在"鲁迅⇌理论（学科）"架构上的主题学研究，把鲁迅研究引向深入、提高，建筑在理论的、科学的基石上。这方面的发展，不仅是鲁迅研究的发展，也同时是各相关学科理论上的发展。

还有一些可视为鲁迅特有的研究主题，如"国民性""文明批评""死亡""狂人""复仇""孤独者""中间物"等类的主题学研究，或为"旧主题"新深入，或为"新主题"新研究，也都表现为诠释和理论上的深入与提高。

（七）鲁迅同时代人研究的发展

与前一发展相联系的，是对鲁迅同时代人研究的发展。这里主要是指对这些人的独立的、未专门取"与鲁迅的关系"视角的研究。比如对"五四"精英的研究，对左翼作家的研究，对郭沫若、茅盾等著名现代作家的研究，对周作人、胡适、林语堂等作家的研究，以及对鲁迅的论敌、对手和"有关系"人物的研究等，都在它们各自的学术文化价值之外，还具有"鲁迅研究的支援"的意义，还有提供更具体、细致的文化背景的作用。这些，都帮助、支援、补充、推动了鲁迅研究。

（八）比较研究的发展

首先是国内作家比较研究，如鲁迅与胡适、周作人、郭沫若、茅盾等的比较研究。还有的学者作了鲁迅与其他两位相关作家的"循环比较研究"。这种比较研究，由于把他们同置于一个共时性的"文化天幕"之下来观察，对他们的创作动机、文化心态和"文本"背景，以及他们各自的和交叉的活动，进行了比较研究，探寻其同，更寻绎其异，描述各自的个性，因而，既有助于对鲁迅的生存环境的文化背景的掌握，也有利于从某一侧面更好地了解鲁迅。

鲁迅同外国作家的比较研究，是真正意义上的比较文学研究。这一研究在近些年来有了新的发展。对鲁迅与尼采的比较，在影响研究范畴之内，过去由于认识上的限制，不够深入，现在深入多了。这一方面显出了鲁迅所受尼采影响的深度，但另一方面又寻绎出鲁迅的独立自主的选择、接受意识和对尼采的"改塑"，彰显出其研究的深度。此外，在对鲁迅与日本的厨川白村、夏目漱石、白桦派的比较研究方面，在对鲁迅与俄国作家屠格涅夫、安特莱夫、陀思妥耶夫斯基等人的比较研究上，也都有了向深度和高度的发展。这方面的研究，可贵的不是在于鲁迅如何和在多大程度上受到了哪位作家的影响，而在于从中发现鲁迅的接受意识、接受状态中蕴含着的他的独到的见识、从原作文本"含义"所创获的"意义"、高超的审美判断和开放的、宽容的、锐利的文化态度。在他的不同时代的接受中，也足见他的思想的发展。这种研究成果，帮助了人们从"侧翼"进入鲁迅世界的深层。

（九）综合研究与专题研究的发展

综合研究是多方面的，一种是对于"鲁迅文本"做综合的研究，即"文本整体"包含思想、生活、作品等各个方面；另一种是对"鲁迅作品文本"的研究，既包含小说、杂文、诗歌的综合，从包括学术论著、翻译、古籍整理在内的综合研究。这可以说是宏观研究。

专题研究方面的发展，不仅有对小说、杂文、散文诗的专题研究（专著），有对《呐喊》、《彷徨》、《野草》、《故事新编》、《两地书》（及其原件）、《日记》、《鲁迅书信集》等的研究，而且还有对鲁迅的留学生活、鲁迅与中日文化交流、鲁迅的家族、鲁迅的婚姻家庭等的专题研究，还有对鲁迅进行分时期的生活、思想和作品的专题性研究。

（十）从"反面"对鲁迅的研读

近些年，过去许多被视为"反面"教材的与鲁迅有关的文字，相继重新问世，为我们了解鲁迅当时的心态与性格的形成、文章泼辣尖刻的来由、思想的发展，即"鲁迅文本"形成及特征的渊源的另一个侧面，提供了第一手材料，这比过去从注释中见到的几句话的定性，显然丰富多了。作家的思想、作品及其整个"文本"都是对话性的，只看"本文"自身，未见"他者"、未见"对话者"，便难见全面。现在，《西滢闲话》的出版可谓诠释《华盖集》的重要底本，梁实秋的文章——包括当时的和鲁迅死后发表的，也都与大陆读者见面了，《被亵渎的鲁迅》文集也出版了，其他还有许多"反面"的或罕见的材料，比如高长虹的许多作品等，构成了一个解读鲁迅的重要"对话文本"。应该说，只有充分阅读了这些"文本"，才能充分解读鲁迅，理解鲁迅之为鲁迅。

以上列举了十个方面，未必全面而又会有交叉重叠之处，这里不过是为了说明状况，分列提示而已，自会有不当之处。

四、被误读的鲁迅：泡沫与粉尘

对鲁迅的误读一向存在，也还会继续存在下去。解读这种"误读"，也是诠释和接受鲁迅所必需的。在新的时期里，这种误读又有了新的方面、新的发展。

鲁迅首先是一位现代作家，他的文学文本的现代性，在20世纪中国文学中是首屈一指的，在世界文学的范畴中亦占有其地位。然而，很奇怪的是，在新时期，为数不少的作家对鲁迅甚为冷淡，"不以为然"。在文学界，甚至有人认为"鲁迅不倒，中国文学没有好"。何以如此呢？未闻其详。可能他们仍是以被"左"的文学理论以至"四人帮"的文艺统制下所描述的鲁迅，尤其是以被利用为棍子的"鲁迅"为鲁迅[①]，认为是鲁迅列出了一条又一条文学禁令和禁区，妨碍了中国文学

---

① 1979年，笔者在纪念"五四"运动六十周年学术讨论会的小组会上，曾听钟敬文先生发言谈道，他看到石一歌的半部《鲁迅传》后，曾问冯雪峰："这里对鲁迅是不是有些拔高？"冯雪峰回答说："他所写的这个'鲁迅'我不认识！"

的发展，因而不去了解他。这实际上是鲁迅被曲解和利用，他的话被用来制成了禁令和教条。大凡如此误读鲁迅的情况，可以推定是并未认真读过鲁迅的。因为只要读过鲁迅全部或大部分或主要作品的人，只要不是凭一知半解来理解鲁迅的严肃的作家，是决不会如此误读鲁迅的。

在当代作家中，还有另一种情形，就是对鲁迅的冷漠。他们很少读鲁迅、很少谈论鲁迅，以为今天已经不必了解那个过时的"左"的作家，因而冷而远离之。其实，中国作家研读鲁迅，并非要"像鲁迅那样去写小说、写杂文"，他不应是被模仿的对象。作家对于鲁迅的理解，是他的文学遗产中的那种对民族、对人民、对人类的深切关怀和以文学来体现民族心灵的创作激情；是他的文学意识中对现实的深究和以高层审美形式所作的反映；是他的不脱世界文化大潮、引领中国文学主流的那种哲人大师的、站在时代前列的精神。今天的作家中不少人所缺的正是这种伟大精神和艺术抱负。

现在还出现了一种新的亵渎：拿自己承认的攻击鲁迅的诽谤和污蔑来作为"证词"，肯定鲁迅当了多年官，又与"日本间谍"来往亲密，并在他的荫蔽下求生，更用他的钱出版自己的书。然后，又在这么泼了一身污水之后，说鲁迅仍不失其伟大，实质上是说鲁迅"玩的鬼"，用卑劣手段沽名钓誉得到"伟大"的称誉。这种言词真让人很难相信是出自现代中国作家和中国人之口。

在中国现代文学研究和鲁迅同时代人研究的过程中，也出现了一种反常的现象。有一些论著自觉或不自觉地在研究的意识中，潜存着或明摆出一个参照者，这就是鲁迅，有直接的论证，结论是鲁迅"偏激"了"过分"了。这种结论往往就事论事，忽视了总体背景、时代环境、文坛斗争，特别是忽视鲁迅当时所遭攻击污蔑之偏激、过分等，也未细察"来言"之狠恶，却责"去语"之尖刻。这在对周作人、梁实秋、高长虹的研究文字中都是存在的。更有甚者，在实际的评价上，将周作人等放在鲁迅之上，虽然并未如此对比地论证，但就其在总体评价上，在对周作人的各种作品的评价上，确实给人以这种感觉。

近一二年，却又出现了另一种情形，就是"炒"鲁迅。前面肯定了鲁迅著作出版的热浪，其中自然有出自发展建设学术文化的动机，但也有的出版者是出于"市场行情看涨"而来"炒"一番。与此种情形对照，鲁迅研究的著作出版却十分艰难。好像也从反面证明赚钱目的的动力。在这种"炒"鲁迅中，也就难免出现投市场之所好、投低级趣味之所需，而对鲁迅（也还包括其他作家）的生活、思想、作品作歪曲的、不健康的、捕风捉影的描述和分析的情形。

五、新一轮阅读与诠释

随着中国社会的空前的结构性变化，以及中国传统社会向现代社会转换的重新构造运动的向深层进展，中国文化也在人类文化转型与重构的世界语境中，经历着从传统向现代转换的新阶段。在这个社会、人心、文化都在急剧变化的时期，在社会阅读的潮流中自然地出现了对鲁迅的注目，而不是由于某方面的提倡，也不仅是出现在知识界和学术界。这是一个良好的文化信息。在社会急剧的变革和动荡中，沉渣的泛起、旧物的复苏、新病的生长，特别是国民劣根性的死灰复燃以至变本加厉，旧疤上长出了新瘤，均使人们想起或发现了鲁迅，并从中解读到一种清醒的、批判的意识，一种出于挚爱而来的沉痛而深刻的揭示和鞭笞，一种潜隐于嘲讽之中的爱与仇、理想与信念、求索与思索。

从更深的层次看，在中国社会的重新构造运动和中国文化的转型中，真正在中国文化现代化和创获20世纪中国文学的现代性方面，鲁迅作出了卓著的贡献，激发了他的潜在的光芒，更被发现了由于过去的阅读格局、诠释框架、接受意识的局限而未曾发现的价值和意义。鲁迅仍然是中国现代文化建设与发展的支援与资源。

这些，构成了对鲁迅的新的解读、诠释、接受的时代、社会、文化背景，它或将导引出20世纪90年代到21世纪的对鲁迅的新的阅读浪潮。

面对这一态势，鲁迅研究所面临的任务是：建设新的研究格局，在继承、发展过去研究成果的基础上，在新的时代高度、文化语境，新的接受意识与文化心态之上，建立新的诠释框架，发掘"鲁迅文本"的更新、更深广和更同现实生活契合的文化内涵。这是垂直接受的一种自然的史的发展，不是谁可以强行为之的，也不是可以被阻挡的。文化的永恒的发展长河，就是如此流淌了几千年。

在具体的研究中，对于鲁迅杂文的文化与审美价值的探究，还应深化（要像有人那样详尽细密周到地去发掘周作人文字的价值那样去对鲁迅杂文）。对于鲁迅的"文化杂文"，如集中于《坟》中的杂文和散见于以后诸杂文集中的及晚年几篇杂文，很有必要加强研究，发掘其深沉丰厚的历史、文化、审美内涵；对于鲁迅所有的杂文，包括那些"攻击时弊"的他本人希望它们如脓水随细菌同逝似的"速朽"的杂文篇章的文化蕴含、审美价值，也大可发掘。对于小说，除了叙事学的研究之外，对那些散文式的小说，似乎内容不那么厚重的作品，也还可探究。对鲁迅的翻译，研究不多，而且有一种"他的翻译（译笔）已过时、无读头"的较普遍的感觉，因而以为无可论者。但是，如果从中外文化交流、比较文学、中国现代文学的建设发展等角度，来评估鲁迅当时的"向世界文学花园的采摘"——其选择和接受的"文化机制、文化动机、文化效应"，其文学气质与接受意识的内涵、特征和意义，都是很可研究的。对鲁迅所译介的那些作品的"含义"的研究和鲁迅所给予的"意义"的探究，也是甚有可为的。就是仅从翻译本身来说，鲁迅的"译作文本"，也不能以"硬译"一语而全否之。这种"文本"是否都是不可取的？是否都是不如现代话语的译本？即使是当时的文学—文化价值，也是可以探究的。对于鲁迅的学术著作，更是研究得不够。"学者鲁迅""鲁迅的学术研究""鲁迅与中国现代学术文化建设""学术领域里的胡适与鲁迅"，以及其他近现代著名学人与鲁迅的比较研究，也都是大有可为的。

　　鲁迅以一个从19世纪末到20世纪30年代末期，从事文学革命、文化建设的现代作家、文化大师，参与了中国现代文学与现代文化"第一期工程"的"开山辟路"和"艰苦创业"，既有与他的同时代战友"五四"精英的共性，又有他的独特的个性，并因此创建了这一时代中华文化的"民族文本"中的高深层次的、具有代表性的高峰文本之一。这一"文本"曾经在20世纪30—40年代、50—70年代参与了当时文学艺术与文化的发展建设，发挥了它的积极作用。今天，在新的时代，它的这一"民族文本"在"中国文化从传统向现代转化"的转型重构过程中，又再次显出了它的意义和价值，在如何对待传统、如何对待外域文化，如何以开放、宽容、多元、多极的态度和接受意识来建设新的文化方面，都正在提供新的思想文化资源。他不再被塑为生硬的"教导者"，而是自然地以导师之姿，以实践的过来人、开路者，以实际的建设者，以其文本所凝聚的经验、思想、智慧与灵感，向我们昭示前路，提供启迪和"参照文本"。

在继续创建中国文学的现代性的当代几辈作家形成的"作家家族"中，面对现代主义迟来的影响、引力、启示和"榜样"，面对后现代文学与文化的冲击、刺激、惑乱和诱惑，可以来寻找和创造符合中国文化语境、社会状况，足可与国人现实心态对应的文学文本，仍是一个模糊的、迷惑的、以为清醒实则难于抉择的问题，或者是乱投杂取。在这方面，鲁迅留下的"文本遗产"和理论探索，是我们切近的"本家族"的导师和范本，它旨在启迪我们，而不是要我们依样画葫芦。

当代生活提供的纷乱事实、社会心态的震颤，国民劣根性的"新一轮复苏"，都使人们从鲁迅的特殊文学文本——不仅小说，而且特别是杂文中，发现了现实意义。历史的批判俨然成为现实的抨击，而那种批判的文化底蕴和文本中的批判锋芒，使人看到这不是简单的文坛争议或无聊的詈骂，而是具有深层意义和长久价值的民族性剖析和传统文化批判。

这些现时的需要和"期待视野"许多是潜隐的、间接的、曲折的，而以此对鲁迅文本的解读，也就需要一种"代读"、"导读"和诠释，这是鲁迅研究者的责任。既熟悉鲁迅文本，又了解当代社会接受意识与期待视野，是承担这种责任的条件。我们相信，在20世纪90年代到21世纪初的新时代的诠释和接受中，会有新的理论与学术创获。

1995年12月4日

（《鲁迅研究月刊》1996年第1期）

20世纪90年代：对鲁迅的重读与诠释

20世纪90年代，出现了对鲁迅的自发形成的、颇具广泛性和深入意义的重读现象，作为一种民族文化现象，它表明和标示了一种什么样的时代精神与社会精神呢？又包含什么文化内涵呢？

一、对鲁迅的阅读和诠释历史

大凡一位足可成为民族文化文本的作家、学者、文化大师，其思想著作，总会经历不断的、因时代变换而产生的重读与再诠释的"生命历程"，这在世界文化史上屡见不鲜。20世纪80年代，中国迎来了一个全面性的新的发展时期，对鲁迅的重读和新诠释就是它的表现形式和重要内涵之一。它在总体上继承了从瞿秋白到毛泽东的评价系统和基本精神，而又有了反映新时期政治、经济、思想、文化的新状态、新精神的发展与提高。一个"'革命的、战士的、批判的'／'文化的、兼容并包的、文学的'"鲁迅诠释框架和形象由此形成，并循着这一认识路线和理论系统逐步发展提高，也还融进了欧美、日本等国学术界对鲁迅世界的诠释的可接受部分，进而形成了一个文化大师、中国现代文学与现代文化发展和建设的民族文化文本之杰出代表的鲁迅形象，并逐渐使之更加丰满和具体。这一对于鲁迅的重读与新诠释，合理地和必然地被纳入我国新时期文化发展、文化现代化建设的总体成就之中，而成为一个基础的和核心的部分。

二、20世纪90年代的重读鲁迅新浪潮

首先引人注目的是鲁迅著作出版的空前发展，不仅《鲁迅全集》多次重印，而且鲁迅著作的整体选集、分类选集（如小说、杂文、散文等）以各种形式编选出版；近年来，更有鲁迅杂文的单行本先后问世。这反映了一种在"非知识界、文化界"的"民间"性广泛和深入地阅读鲁迅的情形。这是在高层上和文化深度上经过现实比较之后的对鲁迅的复归。这实际上表达了20世纪90年代中国读书界、文化界以至一般社会性读书层面上对鲁迅回归（重读鲁迅）的本质意义的理解，是大众文化层面上的文化比较和比较阅读之后对鲁迅认识的提高与深化。这种回归，具有全民族性的、深层的文化觉醒的意义。

三、重读鲁迅的社会背景与文化语境

中国目前正在发生一场历史上空前的结构改革，是社会的重新构造运动，是历史急遽而又剧烈转变的时代。在这个过程中，一方面是新生的、变革的、优秀的、好的、美的事物在发展；另一方面，腐朽的、停滞的、倒退的、假的、恶的、丑的，也在挣扎、滋生、蔓延、施虐、为害。在这种时代与社会背景下，鲁迅被发现了，他的社会批评、文明批评，他的批判的热忱、坚定、深刻，他的讽刺的力度和深度，他所批判的社会现象、人物嘴脸与心态，同今日的同类之"相似乃尔"，他在批判中所表现出来的对中国社会、历史、民族文化心态认识之深刻、剖析之精到、文笔之成熟老到、文化涵量之深厚、知识之广泛应用、古今中外思想学术文化艺术之融会，如此等等，都使读者感受极深而受益匪浅。"老读者"的再读、"新读者"的发现，都得出同一个结论："还是鲁迅深刻。"

文化语境的转换，是重读鲁迅的重要根源。中国文化正在经历从传统到现代的急剧转换。这种转换中，一方面是旧文化体系、文化心理性格的破坏，另一方面则是新的文化体系、文化心理性格的发展。而且，在后现代文化的国际风浪中，中国文化的转型经历着从前现代向现代和从现代向后现代转换的同步发展。这一切，构成了一幅生机勃勃、兴旺发达，同时又存在死灰复燃、借尸还魂现象的文化风景线。在这种文化语境中，紧张、混乱、迷惘纷呈。在抉择和思索中，鲁迅的激越、抗争、批判、燃烧、"面对渗淡人生"的文字，他的深察细品生活，为新生者奋斗、为挣扎者助力、为腐朽者送葬的篇章，就成为人们爱读的华章美文，说出了人们心里想说的话。特别吸引人也教人奋起的是他那蕴含于文字中的他的崇高的人格和伟大的心性，他的做人和教人怎样做人的"作品的核心与宗旨"。

这里，特别要指出的是，在当前的社会中，中国国民劣根性中的许多病根，又在新条件下萌发生长、变本加厉、恶性发展。这使得鲁迅对国民性的研究和批判，凸显出了鲜明的现实意义，而成为人们的现实生活的文化批判力、文化指导和新的文化心理性格之塑造的动力。20世纪90年代的重读鲁迅，带着热烈、迫切、深沉的民族思考，以及民族文化在深层中前进的气势和心态。

四、十种表现：再"重读"与新诠释

20世纪90年代，人们对鲁迅的再"重读"与新诠释，大致可归纳为四个方面、十种表现。

第一，鲁迅阅读的发展。除了在高文化层次群体中的继续外，更有在大众文化层和比较普泛的社会层的阅读。第二，鲁迅进一步走向海外。在国内，台湾对鲁迅开禁，出版了不少鲁迅著作和研究鲁迅的著作；香港对鲁迅的阅读和研究也有发展。在国外，欧洲和美国对鲁迅的阅读和研究也都有发展。我在美国和加拿大都看到精美的鲁迅著作的中文本；在德国，近年新出版了六卷本的《鲁迅文集》。还有《野草》及杂文的译本。日本的鲁迅阅读和研究更为突出。第三，鲁迅研究规模的拓展和研究势头的发展。年年有新的鲁研著作出版，作者不限于鲁迅研究者，出现了中学教师、机关干部、企业职工中的研究者。第四，鲁迅研究领域的拓展。其主要表现在两个方面：一个是在研究内涵方面，向多元领域扩展，即对鲁迅的生活、思想、作品，进行了多方面、多学科、多视角的挖掘与探索、生发与阐释；另一个是对鲁迅的作品进行了单篇的、综合的、分类的、比较的、深入细致的研究。第五，多学科研究鲁迅。如在文艺学、美学、文学史、社会学、心理学、历史学、文字学、文化学、传记学、比较文学等学科（还有尚未列举的学科）的主题学范畴内的专题深入的研究，或者是综合一两个学科或更多学科的专题研究。第六，对鲁迅和他的同时代人的研究的发展。近年来，对这一课题的研究日益扩大，涉及的人物越来越多，也日益向文化层次深入。第七，鲁迅研究的延伸。这表现在两个方面：一是由于与鲁迅发生过关联或有过瓜葛，而被作为研究主体独立地进行了专题研究；二是由于其本人作为历史人物或文化人物或作家、艺术家、学者，有一定历史和文化价值而被独立地进行了专题研究，由此而"瓜连"及于鲁迅。前者是从"鲁迅研究"及于某人，后者则是从对某人的研究中渗入到"鲁迅研究"。第八，比较研究的发展。如与李大钊、陈独秀、胡适、周作人、郭沫若、茅盾的比较研究是较为多而深的。通过这种研究，更充分、全面和丰富地认识和描述时代与社会的文化状况、历史进程。"鲁迅与外国作家"的研究，作为真正意义上的比较文学研究，在近几年有更深广的发展。第九，综合的、专题的研究的发展。前者指对鲁迅的生活、思想、作品之综合，进行大、中、小不同规模的综合研究。后者则是多学科的综合的研究鲁迅作品之全部。第十，从反面对鲁迅的研读。近年来，苏雪林、陈西滢、梁实秋这些人的批判鲁迅之作，与读者见面了，《被亵渎的鲁迅》这样的书也出版了，这对从对鲁迅的亵渎中来认识鲁迅大为有利。了解这些亵渎，是重读鲁迅的重要的、不可忽视的方面。

总括20世纪90年代重读鲁迅的十个方面，对鲁迅的新的诠释框架和新的形象的描绘，大致可以归纳为四个方面。这便是"中国现代作家第一人"的鲁迅；鲁迅文化文本的现代诠释；哲人大师的鲁迅形象的丰满与深化；作为理论构造的鲁迅学的进一步发展与建设。在更开放和全面的新时期文学讨论与研究中，经过争论、比较和研究，鲁迅作品的思想和对社会剖析的深度、艺术和成就的高度、审美素质和文化涵量的厚度，以至他的创作心理和整体意识的现代化程度，在中国现代作家中，都是遥遥领先地走在最前列的第一人，不但缺乏比肩者，而且在其后者，是有着一大段距离的。正是这种原因，鲁迅的文学作品和他的总体文本，被看作是现代中国的民族文化文本的代表，并在此文化视角和基点上进行了一面是继承了前此的对鲁迅解读与诠释的思想文化资料，一面又作出了现代意义的诠释的解读与形象描绘。而由此，鲁迅的哲人大师的形象也更为丰满而深刻了。在这一切的基础上，鲁迅学在学科建设的三个基本层次，即实践（经验）层次、理论层次和结构层次上都得到进一步的发展，具有了历史的和理论的构造，而取得了它的基本学科形态。

五、误读、曲解与新攻讦

鲁迅终其一生，一直都承受着遭人攻击的"待遇"。而他死后的60年里，这种攻击一直都在。特别是在最近几年里，新的攻击仍然不断。这是值得我们深思的。这种对鲁迅的态度，反映了一种深刻的社会、历史、文化原因，只因为在一个伟大的人格面前，一些人发自内心的不能容忍，就破口大骂和谰言攻讦了。但鲁迅今天还值得这些人这么使劲来骂，这本身就证明了他是民族的、文化的一个巨大的存在。还有一个值得注意的背景：在近几年花样翻新的"骂鲁风"中，总是把鲁迅同一个他们树立的榜样对照来骂，尤其是全面肯定周作人时，总是拿鲁迅作"垫背的"，隐在地有一个遭批判的鲁迅在后面受戮。

"鲁迅之被亵渎"，实质上是反映了一种文化的选择与文化的态度。一些没有读过鲁迅或读过鲁迅的学者文人而要"拿鲁迅开刀"，实非寻常事，而是有意地攻击一种严肃的、深沉的、具有民族抗争精神的、悲天悯人的胸怀，以及关心人民、富有社会责任感的文化态度、文化选择、文化性格和文化方向。

（《鲁迅研究月刊》1999年第2期）

鲁迅：新的解读、接受与文化效应

——纪念鲁迅诞生一百一十周年

鲁迅研究已经成为世界性文化现象，正在成为沟通中国文化与世界文化、东方文化与西方文化的一种中介。不仅在日本，在苏联、东欧诸国拥有众多的鲁迅研究家，而且在欧美诸国，也有不少研究鲁迅的教授、学者。他们以西方文化视角，在世界文化语境中来解读鲁迅作品、诠释鲁迅世界，并且以鲁迅的艺术—文化世界为参照系，来阐述东西方文化。这种"西方文化视角"的鲁迅解读与接受，不仅打开了、揭示了鲁迅世界原来蕴含的文化内涵，而且以新的接受视角描绘了一个鲁迅形象。这些，无论在西方还是在中国，都产生了它应有的文化效应。

与此同时，在国内，与一种普遍对鲁迅淡漠以至有少数人贬损鲁迅共生的是，在另一极，在高层次上对于鲁迅的研究更宽宏与深邃，开辟了不少新的领域，出现了前所未有的多方位、多视角的鲁迅研究论著，数量可观，质量上乘。

国内外两路研究，互相渗透、参照、影响并相融会，构成了对于鲁迅精神世界与艺术世界的新解读和新接受，由此也产生了多方面的文化效应。鲁迅是战斗的、革命的、批判的作家和文化大师。他的作品和整体的思想世界、艺术世界具有鲜明的、突出的、令人有炙手可热之感的现实性、战斗性、批判性、革命性，其价值和作用都具有"当前的""此刻的""今天的"意义，他的作品与思想的产生、发展和实现，都是"合为时而作"，是遵革命之命的"遵命文学"，饱含着中国人民的挣扎与抗争、苦难的呻吟与战斗的呼号，体现了民族的"硬骨头"精神，在整体上与中国人民革命的发展进程同声同步、同命运共呼吸，因此是时代的纪录、革命的诗史。鲁迅属于那种"危机时代的艺术家"，他喜欢在斗争的风浪和人世的风沙中搏击，他一向认为唯有为"现在"奋斗的艺术才能有价值，也才能够存活，"失去了现在，也就失去了未来"。

鲁迅的作品与思想是中国人民民主革命的深刻反映和战斗篇章，是为这个革命最忠诚、最执着、最有效的服务文学，因此，我们突出了它的革命的、政治的、道德的社会历史作用，并依据鲁迅世界自身的实际，如实地描绘了一个革命的、政治的、战斗的革命家、思想家、文学家的高大形象。这不仅是符合鲁迅的实际的，而且是符合几十年来中国革命和中国社会—文化发展的客观需要的。至少从20世纪30年代到70年代末的"鲁迅接受视界"，是受到当时的这种社会—文化发展状况所制约和决定的。这是我们历史的、传统的但仍然保持着现实意义的对鲁迅的解读与接受。这种解读与接受，曾经广泛、深刻地产生了革命的文化效应：广大群众的觉醒和一代代革命者、进步作家、艺术家和文化人，在对鲁迅世界、鲁迅精神的这种解读和接受中成长起来。

但是，历史前进、时代变迁、社会发展，最近十几年来的中国现实发生了根本性的变化。建设有中国特色的社会主义是时代的主课题，经济、社会、文化的发展成为社会活动、群众创造历史的主体内涵。受到这种社会接受基因和接受视界的决定性影响，会合理地产生对于鲁迅的崭新的解读和接受。至于国外的鲁迅研究，特别是欧美诸国的研究，是在西方文化背景和西方语境下，以至在世界文化格局中，以他们的艺术观、美学体系和价值观来解读和接受的，当然与我们传统的解读与接受更为不同了。不过，无论前者还是后者，在总体方向、基本精神上，并不与鲁迅原型相悖，都是与接受对象鲁迅自身的状况相符的。总体上说，它是侧重于鲁迅世界的艺术的、美学的和文化的层面了。但是，这又不是脱离开了原先解读与接受的社会的、政治的、道德的、革命的层面，而是在这个基础上向更广阔的层面发展与深入。

鲁迅正是这样的文学大师与文化巨人。20世纪八九十年代，中外汇融的对鲁迅的新的解读和接受，正是这种情形。这是对鲁迅的认识、理解的提高，也是鲁迅的光荣。目前，在这种国内外共同接纳和予以高度评价的中国现代作家中，鲁迅居于首位。

也许我们在这里有必要试举几例，以为证明。比如，关于鲁迅的小说，我们曾经正确地评价了它在反映辛亥革命与中国人民革命方面的巨大的成就。现在，有些新的研究并不是否认这一点，而是在这个基础上，进一步探讨鲁迅小说在完成这一主题时不同于一般的反映视角的特点，即侧重思想文化革命，突出民众心态的刻画（他没有正面去写群众的反抗行为与革命斗争），探讨他如何艺术地来完成他所要表达的主题及这些小说的文化内涵，等等。而国外不少研究者，则更多从鲁迅小说的母题、结构、语言、传统与外来的结合等方面来申说与论证（国内也有不少同类研究，但视角与内容仍多有不同之处）。鲁迅的创作意识、创作心理及他的小说创作所受国外诸艺术流派的影响，近年来，也为国内的研究者所注目。所有这些研究，都是建立在肯定鲁迅为完成他的基本主题所达到的成就这一基础上来进行的。鲁迅的杂文是战斗的匕首，是刺向他那时的"当前之敌"的，还有许多解剖国民性、揭露社会腐朽黑暗面和评议中国文化的杂文，这也都是针对和揭示当时的社会相、人生相的。但是，作为文化大师的鲁迅，在揭露细小的事实、具体的社会现象时，即如他自己所说的，在"照秽水""看脓汁""研究淋菌""解剖苍蝇"时，在"挣扎和战斗"中，在"同读者一同杀出一条血路"的时候，同时放射着"一塌糊涂泥塘里的光彩和锋芒"，"也能给人愉快和休息"，其中不仅有时代的眉目，而且有深厚的文化含量，揭示了一般的社会真理，饱含着他的人生体验，注入了哲学、美学、文学、艺术及科学文化等领域的睿智思索。从而，从个别达到一般、从具体上升到抽象、从现象深入到本质、从事实结晶为理论。因此，短小的文章凭其丰富深刻的内涵，成为文化上品、思想精品，成为超越时代、超越历史、超越国界的接受对象和文化结晶。

我们曾经突出地解析、诠释和接受鲁迅杂文的投枪匕首式的战斗作用、功效、批判力和艺术功能，而今天，在仍然肯定这些的基础上，则突出且从新的层面揭示它的上述思想科学文化内涵。因此，新的解读和接受，不是对历史的、传统的解读和接受的淡化、冲击，当然更不是否定，而是在此基础上的发展、前进、丰富与提高。然而，不能否认，在这种社会性的新的解读中，确有"杂音"存在，有些是离开鲁迅的实际，有些是背离鲁迅原型，因而是不合实际的、不科学的；至于那些贬损以至反对鲁迅的言论，自诩什么"新解读"，我们应该对其展开批评，辨明是非。

前面说到的新的解读与接受所产生的文化效应是多方面的。首先，对鲁迅世界的把握、认识、理解与诠释，都更广阔、更深刻、更全面了；第二，启发我们不仅更深地走进鲁迅世界，而且借此走进中国文化的神髓，了解它的深厚恢弘的内容，并且了解中国现代文化的产生、发展、流变，以及在斗争中前进的历史，走进这个文化世界，去把握中国现代史的足迹与脉搏；第三，由此我们也就能够进入体察、认识中国现代文化的建设、中国文化由传统向现代化转变的轨迹，并加深对当代经济与社会改革的意义与途径的认识；第四，鲁迅走向世界，成为世界的鲁迅，也就使中国现代文化、现代文学，进入世界性越来越突出的世界文化格局之中，并在中国文化与世界文化、东西方文化之间，形成了一个伟大的沟通彼此的中介。

（《辽宁日报》1991年10月26日）

鲁迅逝世半世纪以来的命运

——为纪念鲁迅逝世五十周年而作

当五十年前，[①]中华民族的苦难已经深重到最后的关头，全民族的抗争的洪流即将来临时，忽然，"走近十月的河边，他停息了！"（田

---

① 本文作于1986年。"五十年后"应指1936年，当年10月鲁迅逝世。

间）"一个高大的背影倒了/在无花的蔷薇的路上/那走在前头的那高擎着倔强的火把的/那用最响亮的声音唱着歌的/那比一切人都高大的背影倒了/在暗夜，在风雨连天的暗夜！"（绀弩）两位当时的年轻诗人由衷地唱出了这样动人的哀歌。他们那一代人对于他们称为导师的人，是怀着一种虔诚的敬崇之意的。如今，两位诗人也同他们的导师一样，已经作古了。若干年后，他们的同时代人都将陆续离去。那时，鲁迅是否会被人们遗忘？这不是莫名其妙和毫无意义的提问。因为，现在有人在怀疑甚至诅咒，为什么还不把他遗忘？

然而，五十年的历史事实告诉我们：他将永远为我们的人民所纪念和学习，他已经列入我们民族不朽者的光辉名册之中！而且，历史事实也说明了为什么会是这样。不过，半个世纪以来他的命运却是曲折的、复杂的、跌宕的。这不仅是他个人的命运，而且反映了我们民族的、人民的和文化发展的命运。

回顾一下五十年前他刚刚停息、倒下时的情景，是会有益的。当这盏智慧的明灯突然熄灭时，人们陡然感到黑暗来袭。一个群众性的纪念的洪涛席卷了中国、东方以至全世界。在逝世当天，上海的非左翼报纸，也都以"中国文坛巨星陨落"为标题迅速作出反应。第二天，上海《铁报》作出了最早的评价："无疑的中国的文坛的巨人的死，不仅震惊了许多的人，而且是我们无数的苦难中的人的一个最伟大的损失！"在香港，报纸的标题和言论这样写着："高尔基逝世后又一震惊世界的噩耗/中国民族解放运动痛失一英勇战士"，"将引起全世界文化界哀悼"。甚至，反对鲁迅的上海《华美晚报》也在逝世当天即表示哀悼："中国左翼文坛领袖鲁迅先生今晨五时二十五分逝世，我们抛开一切见解的歧异，以及私人友谊的冲突，对于他的死，谨致沉痛的哀悼！"此后，在日本的郭沫若说："鲁迅的死是最伟大最光荣，三代以来，只此一人。而鲁迅的精神是永远不死的。"日本著名作家秋田雨雀等则表示："鲁迅氏文学修养深邃，社会思想卓越，为东洋文学者群中之明星。此次溘然长逝，实为世界文坛上，国际文化上之巨大损失。（上海《申报》载华联社日本东京电）"作家佐藤春夫指出："鲁迅的思想，不仅对中国社会有深刻的认识，同时对于东洋社会也有非常深刻的理会，所以鲁迅的作品不仅在中国社会产生了重大的影响，同时在东洋，不，在世界也发生着重大的影响。鲁迅的死，是中国的损失，是东洋的损失，也是世界的损失。（载上海《文化报》）"

从以上极简略的回顾中也可以看到，当斯人逝去人们作出即时反应时，就对他的文学成就，以及精神、思想、品格作出了崇高的评价，对他的意义和价值作出了超越文学与文化，超越本民族的、世界性的肯定。这是五十年前的事实。这一切，自然不是由于权势而得来的阿谀，也不是某个政治集团为了政治目的所作出的欺世之谈。历来总有一些人攻击说："鲁迅是被捧起来的偶像。"那么，这一切便是最好的事实的驳斥。五十年前对于鲁迅之逝世的中外反映表现了中外文化界、思想界和人民大众对于鲁迅的认识、评价和崇敬。这股伟大的洪流，冲决了他生前所遭到的一切诬蔑和攻击，洗刷了反对者喷洒在他的圣洁的声名之上的污垢，震醒了那些原本对他认识不够的糊涂者，也吸引了许多对他素无所知的人们，对于他的死深切哀悼，对于他在生时的贡献的认识进一步提高与加深。这是在他逝后不久的一次全民族对于一位民族英雄、文化巨人的认真的注目。人们含着眼泪，望着他逝去的巨大背影，同时，心中觉得失去了精神上的依持，失去了导师，失去了明灯。这是一次民族对于"民族思考人"的认真思考，对于民族代言人的一次肯定发言。从此，鲁迅不仅越出了左翼文艺界，越出了文坛、文化界、思想教育界，成为全民崇仰的伟人，而且作为一个伟大的文学研究对象被人们所崇敬和钻研。

紧接着便是全民族奋起的抗战。人们很自然地想起刚刚逝去的民族英雄。他的"硬骨头"精神，他的民族气节，他的奋斗勇气，他的韧性，都不仅作为一种思想、观点、气节而存在，而且作为全民族的内在力量，贯注于人民的抗日斗争的实践之中，成为工人、农民、学生、战士的心头之火、手中的刀枪和意志中的支柱。这是一位作家和文化战士所能直接发挥作用的高峰状态。在这同时，人们很自然地对他的思想和作品展开了研究。在重庆，在延安，在成为孤岛的上海，都有计划、有组织地展开了研究，写出了一批论著。这是鲁迅研究的第一个高潮、第一个丰收期，是中华民族对于鲁迅的认识的最早的科学结晶。它以毛泽东所作的高度评价为代表，总结了这次认识运动。

这时期，鲁迅是被作为民族的英雄、精神上的导师和民族性格的代表、革命精神的化身而活在人民心中的。这一时期，中国经历八年抗日战争①，三年解放战争，一直延续到20世纪40年代末全国解放前夕，鲁迅的伟大的形象始终深深印刻在人们的心中。第一部《鲁迅全集》、第一部《鲁迅传》、第一批研究鲁迅的专著，都在这时期出版、流传。他的作品比他活着的时候为更多的人们阅读和喜爱，特别是成为进步青年学生的生活与革命的教科书。

20世纪50年代，随着全国解放和中华人民共和国的建立，学习鲁迅、宣传鲁迅形成了全国性的高潮。这充满激情和教育的浪潮，几乎流遍了全国。鲁迅著作的出版，包括收集、整理、结集，达到了空前的程度；对他的生平思想、著作的研究，也是空前的；对他的小说、杂文、书信、日记、学术著作，也都进行了研究。总体性的、分类别的、单部（篇）的，从思想到艺术，从内容到形式，从结构到语言，都有人进行了深入的研究，论著成批地出现。这一时期，第二版《鲁迅全集》出版了。纪念鲁迅逝世二十周年前后，形成了学习运动的又一个高潮。认识深化了、发展了、提高了，鲁迅不仅作为民族英雄、伟大作家，而且作为伟大思想家和革命家来认识、对待和学习。鲁迅的声名，达到了从未有过的高度。一代新人在他的深邃思想和伟大精神哺育下成长。他们在精神上、思想上、文学上踏着鲁迅的足迹前进。鲁迅的文学思想、理论体系也被广泛地传播、深入地学习。他的精深博大的思想，成为马克思主义文艺理论建设的深厚基础和指导思想，并发挥了巨大作用。

这一切都不是鲁迅生前所能料到的，也不能是他所希望的，但这确实是他的无上光荣。一位作家能得到这样的全民的崇敬和学习，在全民族的革命进程和文化建设中能起到这样的作用，这本身就说明他不仅是一位伟大的文学家，而且是伟大的思想家和革命家。

当然，在这个思想与文化的洪流中，也有一些大小的支流。比如，过誉之词，不切合作家和作品实际的分析，对于他的作品的艺术分析的不足，对于他的生平中的某些事"为贤者讳"的做法，等等，都是对鲁迅的不准确的反映，不能不说是鲁迅的不幸。

在从20世纪50年代到60年代中期的十几年中，对于鲁迅的思想和作品，基本上形成了一个统一的认识模式，即反映了中国近代特别是现

---

① 中国人民抗日战争，是中国人民反抗日本帝国主义侵略的正义战争。从1931年9月18日"九一八事变"开始，至1945年结束，共14年抗战。八年抗日战争指1937年7月7日日军挑起卢沟桥事变，中日战争全面爆发后的抗战。

代革命的历程，中国革命的一面镜子。这个认识是正确的、恰当的，今天仍然应该这样看。但它又是不够的，存在缺陷，而且有的地方不合实际。

每个作家都逃不脱这样的命运：他的客观存在的作品，作为一个既存的事实被后来人所阅读，会被不同时代、不同时期的人们，从不同的角度作出各自不同的解释，进行对象对主体的反馈，欣赏者在对象（作品）提供的基础上的艺术与思想的再创造。鲁迅也是如此。他被塑造成了一个伟大的文学家、思想家、革命家的形象。这是符合历史的实际、他本人的实际和作品的实际的。但我们充分地解释了他的主要方面，却忽略了其他（但未必是不重要的）方面，留下了欠缺、未涉及的领域和空白。

20世纪60年代中期到70年代中期，在这跨越两个年代的十年中，一场浩劫席卷中国，鲁迅也竟成为遭劫者之一。然而他不是被封、被禁、被批，而是被捧。他像他评价孔子的那样，"被捧到吓人的高度"。而且，他被用来作为打人的棍子，凡是同他有过笔墨之争或其他争论的人，都成了罪人；凡是他说的话，都成了经文，"句句是真理"。他被装扮成永远怒目金刚式的英雄大伟人，每一次发动，每一个问题，他都"预言过"，他的话都成了棍子和判词。从批封资修到批走资派，从批民主派到批《水浒》，从论辩子到谈避孕，都把他拉上审判的宝座，铁青着脸整人。所有的鲁迅画像，都是令人生畏的，半部《鲁迅传》和一本"鲁迅的故事"，编了一些"鲁迅神话故事"，伪造出一个假鲁迅[①]。他们神化鲁迅，实际是丑化鲁迅。这才真正是鲁迅的不幸。就像马克思曾经针对歪曲他的思想学说的"马克思主义者"说"我只知道我不是马克思主义者"一样，鲁迅如果活着，面对这样的肆无忌惮的丑化和扮装，他必然会愤怒地说："我不是'鲁迅'！"

鲁迅同中国人民、中华民族、中国文化一同受难！这是他个人的不幸，也是历史的命运。在这十年里关于鲁迅的胡言乱语中，有一部分是前此十几年研究中的"杂音"和缺陷的恶性发展，是我们前面肯定了的认识、评价模式的极度歪曲。这造成了令人痛心的恶果。这是鲁迅说过

---

① 1979年，笔者在北京参加纪念"五四"运动六十周年学术讨论会时，在一次小组讨论会上，曾听鲁迅的学生钟敬文先生发言，他在看到石一歌的半部《鲁迅传》后向冯雪峰说："这里对鲁迅是不是有些拔高？"冯雪峰回答说："他们写的这个鲁迅，我不认识！"

的文人死后的遭劫。

物极必反。随着浩劫的结束，马克思主义的旗帜重新高高飘扬，文学与科学文化的春天到来，鲁迅也翻身了。人们撕去了恶人给他带上的"纸糊的假冠"，拂去尘埃，洗净污垢，一位伟大哲人和民族英雄的真正的圣洁容颜，又出现在全民族面前。关于他的生平史料、作品收集整理之多与全备，达到空前的程度；年谱之作，多达四五部，且篇幅大、质量高；传记也有七部之多，质量也较过去提高；研究论著的出版也是空前的。第三版《鲁迅全集》出版了。这是目前最完备的全集。最重要的是，在研究工作中贯彻了实事求是的精神，反映了一代学风的严正和活跃。特别是，视野大大扩大了，研究领域大大拓展了，思维领域和方式也改观了，那些被忽视、被轻视、从未涉及过的领域，都有人"闯"了进去，并取得了成绩，不仅在思想上、内容上，而且在艺术上，也展开了深入的研究，并且在两者的结合上进行了综合的研究，此外，中外的比较研究和在中西方文化比较研究的客观视野观照下的研究也得到了开展。对于他的一切活动的方面，在文学、艺术、理论、学术、翻译、中外文化交流、教育活动、实际的政治活动等方面，都展开了深入研究。一个真正的、全面的鲁迅的伟大形象出现在民族面前。这是我们从未见过的鲁迅，然而是真正的鲁迅。

我们不仅从这里来全面地认识、评价鲁迅，而且由此进入对于中国现代文学、中国现代文化和民族传统文化的认识与评价。从文化巨人身上和透过他伟大思想与作品来认识他所代表的文学与文化，这是必经之途，也是宽阔坦途。

这是鲁迅逝世以来，他的命运的最好的时期。

1981年，鲁迅诞生一百周年之际，举行了全国最高规格的、隆重的纪念会，还举行了高规格的全国性学术讨论会。这次会议等于对从《狂人日记》发表以来六十多年来的鲁迅研究的一次检阅、一次总结，是鲁迅研究的一次新的高潮、一个新的高峰。

仿佛又是"物极必反"，从此以后，鲁迅研究出现了逐渐加码的不景气。及至近年，更出现了贬损鲁迅、否定鲁迅之风。三言两语的讥讽有之，系统地、全面地否定者有之，更有在高层次上对鲁迅的否定：五四运动造成了中国传统文化的断裂带，鲁迅作为代表人物难辞其咎。似乎鲁迅一无足取，似乎文学上他无多大成就，文化上、思想上他没有什么贡献，似乎他倒有罪了。然而，竟有人对此否定之风表示欣喜与欢呼！

这确实是鲁迅的又一次不幸的遭遇。不过，这一次善意的或无知的误解，多于有意的谩骂，也与恶意的吹捧与神化正相反。然而它却有着深厚的文化背景。当改革事业蓬勃发展、开放之风吹遍全国之时，人们自然地进行历史的反思和前途的展望：中国文化向何处去？发生了中国现代史上第三次文化问题大讨论，在探索之中，把本是前进的里程碑，当作了绊脚石；在总结过去时，却把先驱者当作迷路的诱惑者；而在面对未来时，又把引路者当作了挡路人。这历史的误解是何等严重，又是何等令人惊讶！鲁迅有知，面对这情景，当不免瞠目结舌吧？

有人说，历史总是悄悄地与现实对话，此言不假。在如何认识和评价鲁迅的问题上，历史再一次与现实对话。它仿佛说，请看一看我，好吗？这里有过去的经验、文化运行的轨迹、鲁迅研究发展的足迹，它能告诉我们很多很多。

历史预示我们，云翳终将过去，冷漠定会消逝，人们将更广阔、更提高、更深入地认识鲁迅。这预示着中国的文化复兴时期的到来！

谨以此纪念鲁迅逝世五十周年。慨乎言之，然而却远没有言所应言者。呜呼，我期待着高人方家的言说，而自愧浅谈，言不中的，且难免有误。

（《鲁迅学刊》1986年总第6期）

在鲁迅研究问题上的两极现象

——在辽宁鲁迅研究学会1988年年会上的发言

我历来主张，把鲁迅放在世界大系统中来考察。鲁迅是中国的，也是世界的；鲁迅是历史的，也是现实的。鲁迅与鲁迅研究，在建设有中国特色的社会主义的伟大事业中，具有迫切而重要的意义。我还曾经建议创立鲁迅学。但是，这些现在都并不那么受到重视。现在不要说创立鲁迅学、研究鲁迅学，就是学鲁迅也不被人重视，甚至遭人讥笑。有许多人认为鲁迅没有多大价值了，有人还要"进步"得多、"勇敢"得多，似乎认为不捅几下鲁迅，就显不出他的高超、时髦、"现代派"，甚至以为不"批鲁"中国文学好像就不能前进。鲁迅研究的文章难于发表，鲁迅研究的著作难于出版，出版了没人订、没人买。但我从亲身经历中感到，不是实在无人买而是想买的买不到、该卖的他不卖，"中焦"阻塞。

去年我出了一本书——《突破与超越——论鲁迅与他的同时代人》，从湖南、浙江都收到不相识的朋友来信给予的鼓励，也得到几位前辈学者的鼓励；但是，我试着到沈阳市一家书店去问，可否替我代卖，无论什么条件我都接受，但女营业员坚决拒绝。她先以为是"鲁迅的书"，冷冷地回答说："鲁迅的书没人要。"我又说："是研究鲁迅的书。"她有点笑我不懂事，说："那更没人要。"此理很明白：某物无人要，研究某物的某物还有人要么？鲁迅竟在中国落到了这步田地！值得注意的是，不要鲁迅的，并不都是无知的人，如果这样，倒也还可理解；问题在于，往往是有知识、有"学问"的人，也这样认识、这样做。

不过，目前关于鲁迅研究问题，表现出两极现象：一极是鲁迅研究不断地拓展、深化、提高，鲁迅研究取得了很可观的成绩，就它的规模与广度、深度来说，是空前的。不过，这一极，基本上限于精英文化层。另一极是空前的冷漠，冷漠到令人忧伤、令人痛苦。这一极，基本上表现在大众文化层，但在中上层也有此现象。

精英文化与大众文化距离的加大势头，可能还要持续一个相当长的时期。在外国（如法国、美国）也有这种现象。中国现在一方面精英文化发展得很快，有一些学术著作可以进入国际水平的层次；而在大众文化层，在大面积普及的同时，又使整个文化层次降低，就像鲁迅当年对佛教在中国的传播的评价一样，一方面普及了，另一方面又降低了。从这种背景考察鲁迅研究上表现出来的两极现象，也就是可以理解的了。

近年鲁迅研究，在生平史料的挖掘方面，总体上讲，没有太多的新东西，但在许广平及鲁迅与他同时代人方面（如周作人、钱玄同等日记的发表和书信的发表）有新的收获。这对进一步研究鲁迅很有帮助。现在，一个神化了的、政治的、虚假的、令人不亲近的鲁迅，变成了一个人的、文化的、真实的、可亲可敬的鲁迅，进一步恢复了鲁迅的本来面目。当然，这种恢复工作做得还远远不够。这些成就，是1981年鲁迅研究高峰和1986年的"次高峰"的继续和发展。这一时期，出现了不算少的，具有新内容、新领域、新水平的鲁迅研究论著，也出现了一批新的鲁迅研究专家。这是十分令人欣喜的现象。

在这同时，还出现了另一种现象：一些搞鲁迅研究的同志"转业"，搞别的研究去了。这当然与近些年来鲁迅研究的论著难于发表、出版有关。但我以为这只是表面现象，更深层的原因大概有三：一是这些研究工作者在研究鲁迅的过程中，旁涉许多一般性文学、艺术、文化、美学等问题，特别涉及中国现代文学、现代文化、文艺理论、美学思想等问题，因此，或者因深入研究鲁迅而涉足另外一些学术领域，或者一经涉及、兴味盎然，而至深入进去，另辟了研究领域和课题。二是为了深入研究鲁迅，而有意识、有目的地去钻研鲁迅所曾涉及过的广阔的文化领域，或者是另一种情况，为了深入研究鲁迅，而"跳出来"，从更为广阔的文化背景下来研究鲁迅。这样，便都会要"离开鲁迅"而涉及他人、他事，走向另外的天地。但在这天地中，既有其"本位"的内涵，又有鲁迅的"影子"在。三是一些研究者为了个人的兴趣和知识结构等其他原因，而去从事别的课题的研究了。这似与鲁迅无关。然而，在这些鲁迅研究者的心目中，仍然有鲁迅在，因此在研究中也时常会关涉鲁迅，或者受其思想的影响，或者为其伟大精神品德所鼓舞和指引，或者运用鲁迅的方法、见解、材料。

总之，我以为上面说的三种研究者，不论是何种情况，虽然是"离开了鲁迅"，然而却又是"与鲁迅同在"，是"非鲁迅研究"的鲁迅研究。这在总体上，仍然可以归入鲁迅研究，而且可以说，这是鲁迅研究的一种特殊状况的拓展、深化与提高。这应当看作是好现象。

综合以上这些状况，都可以说是鲁迅研究的好的、光明的、令人欣喜的一面，是我国近年来学术研究发展的一个组成部分。因此可以说，这些成就的取得不是偶然的，它既是广大鲁迅研究者努力的结果，也是与近几年中国的大文化背景分不开的。

我国正处在一个文化复兴时期，处在一个民族艺术再觉醒的时期，处在改革已经进入文化层的历史时期。文化问题，更明确地就是文化的现代化问题，或叫传统文化向现代文化转变的问题，突出地摆在人们面前，一种深层的文化潜流喷涌欲出。许多知识分子，包括从事鲁迅研究的知识分子，内心感应着这种思潮与社会心理，很自然地由文化问题而及鲁迅，或者由鲁迅而及研究文化问题，逐步走向了更广阔的领域和更深入的层次。在文化这个包罗万象的天地中，当然又向"旁支"发展，从而由旁涉而至鲁迅、由鲁迅而至旁涉。因此，我们不妨把这种鲁迅研究的拓展、深化与提高，不仅看作鲁迅研究事业的发展，而且可以合理地看作中国文化现代化运动的潜流与浪潮。

作为"文化的鲁迅"的研究，或者说作为"鲁迅的文化研究"，只能说是刚刚开始。今后，我们可以从三个方面来考察：一是在中国文化史的发展中研究鲁迅；二是在中国现代文化的发展中研究鲁迅；三是在世界文化史中考察鲁迅。

与此相联系的是，作为"一个真实的人的鲁迅"的研究，也是很有文章可作的。至于鲁迅学的建设，我以为工作还很多。

现在我想就另一极多说几句。

现在对于鲁迅的贬损，在层次上比以前提高了。如果说以前是谩骂多于理论，那么，现在可是理论色彩浓了，有依据、有理论，得到了中国文化发展真谛似的"重新评价"鲁迅。现在，有些人是在相当自觉的程度上否定鲁迅的。这是鲁迅的不幸，也可以说是中国文化的不幸。有一篇文章，谈胡适的"另一面"，说他如何研究了中国文化、古小说等。现在来否定过去对胡适的偏颇，肯定胡适的"另一面"，自然无可厚非，而且这件工作还要认真地做、进一步做。其实，胡适的这个"另一面"以至比这"另一面"还更重要、更有价值的一些方面，学者也是有目共睹的，只是过去不想说、不敢说罢了。现在，特别提出来，使公众明白，"以正视听"，当然是可以的，应该的、只是它令人想起，人们似乎忘记了或不大提鲁迅也同样有这样的"另一面"。他的《会稽郡故书杂集》《古小说钩沉》《小说旧闻抄》《唐宋传奇集》《嵇康集》，以及其他多种古籍的收集、整理、校订，他的《中国小说史略》《汉文学史纲要》等学术论著的问世，以至出版《十竹斋笺谱》《北平笺谱》等，还有同胡适的切磋古典小说研究等，均能体现作为学者的鲁迅，不是也有突出的"另一面"么？但人们却往往视而不见、见而不提，仿佛鲁迅就知道斗、斗、斗，始终"金刚怒目"，横扫一切。这其实也是他们心目中的鲁迅。事实上，这个鲁迅是不存在的。鲁迅如在世，也会像马克思对歪曲他的学说的人说一声"我只知道我不是马克思主义者"一样，叹口气，说一声："对不起，我不认识这个鲁迅！"

更严重的是，现在有些人大谈周作人的温和、宽容，以为这是五四运动以来最好的、值得称道的文化精神，而激进是不对的，并慨叹说，"当年要是不那么激进该多么好啊"。真是深刻之至的"宏论"。如此说来，我们几十年来竟是弄得大错特错，照周作人那么办就好了，坏事就坏在那些"激进分子"身上，难道鲁迅及李大钊、陈独秀这班激进民主主义者都走错了路，太"不温和"了？所谓温和宽容，作为一种一般性的总体文化精神、态度，自可论其优长，肯定其作用，但拿它来作为律令、一般原则来到处套，甚至用于特定的历史条件下、具体的历史范围内，这就有问题了。

中国现代史，是一部革命史、奋斗史，也是一部屈辱史、受害史，帝国主义者、侵略者长驱直入，劫掠搜刮，中国人民流离失所、家破人亡、尸骨遍野、血流漂杵，人为砧上刀，我为刀下肉。这血泪斑斑的历史，是中国人忘记得了的吗？应该忘记吗？今天中国人的改革热忱、社会主义热忱，很深刻的源泉，即出于对这段历史的记忆。在这种历史条件下，是温和和宽容的时候吗？作为一种文化态度，也是要温和、要宽容的吗？周作人是一种什么样的温和？鲁迅又是一种什么样的激进？以至李大钊、陈独秀、吴虞、钱玄同、刘半农是什么样的激进？就是周作人，不也是激进过么？温和与激进，在历史的天平上，何轻何重，应作何种价值评估，无论是在政治上、文化上还是艺术上，不是了了分明么？但是，不幸的是，竟然有人会孤立地、单独地、抽象地，在总体上一般性地来肯定周作人的温和，而否定鲁迅的激进！

当然，我不想否认，周作人的散文、杂文（如《知堂书话》）中，渗透着、流露了他在文化上、学术上的那种温和、宽容精神，我们可以有前提、有条件、有分析、有分寸、局部地加以肯定，即肯定他这"另一面"；但也应该对鲁迅及他那个时代的前驱者们给予理解和肯定，或许他们在"激进"中有某种过激之言、过激之举，但必须对之进行历史的总结，指出问题之所在，研究其产生的时代的、历史的、文化的、个人的原因。这样两方面的工作，都不会妨碍我们既全面衡量周作人的整个人，又承继他们可取的一面，把他的著作放在恰当的历史—文化地位上来学习、吸取和运用；当然也不会妨碍我们既研究学习鲁迅，又看出他的不足与缺陷。但是，偏偏有人抛开了历史条件，抹杀了刀光剑影，掩盖了斑斑血泪，一般地把两者作抽象的对比，从而扬一贬一，不免令人愤慨，至少是难以忍受和理解的。如果这样挂一漏万、片面列举，我看鲁迅的温和和宽容之处也不少。如为《何典》写序，给《淑姿的信》写序，谈《游仙窟》，编《比亚·兹莱画集》《露谷虹儿画集》等，不也是宽容、温和的么？不是当周作人的《五十自寿》诗被捧上了天又被群起而攻之时，鲁迅还肯定诗中隐含的微词么？这不也是温和吗？我奇怪现在有些同志，总是处处发现周作人的好处，而处处剔出鲁迅的问题，到底是怎么回事？不想学鲁迅、谈鲁迅、肯定鲁迅，倒也罢了，干吗总要拿他开刀？是不是也有点向社会邀宠之嫌？

在理论上，这种把"温和"从文化史中抽象出来作为圭臬、定为规律，也是有问题的。现在，作为一种文化事业、文化工作，作为一种文化的历史总结，出版、阅读、研究周作人，都是必要的、应该的。我们过去对周作人一笔抹杀，不对；不予理睬，也不对。周作人作为鲁迅之弟、作为一种文化现象，应该研究；作为"五四"时期的活跃人物、有过贡献的人物，也应该研究；周作人作为一位出色的作家、有贡献的学者，他的著作也值得研究。当历史已经掀过去许多篇章，当我们可以冷静地来进行文化审视时，周作人的著作，闪现了他的文化锋芒、文化素质与文化力量，我们从广义和狭义两方面都可以从他获得一些或者说很多东西。但是，即使这样，我们也不应该拿了他的"温和""宽容"来一方面否定"五四"、否定过去、否定鲁迅，另一方面又以此为民族文化发展的不二规律，以为唯周作人是通人大师而马首是瞻，号召大家跟他的足迹走。这岂不是否定、歪曲了历史，也弄错了"大方向"?!

其实，在每个民族的历史发展中，在全人类性的文化转折期，哪个是"温和"与"宽容"囊括一切、统帅全盘？哪个不是在开始时期冲锋陷阵、剑拔弩张、硝烟迷茫，然后是逐渐地转向温和、宽容。这是有前提、有条件、有分别、有原则的"温和"与"宽容"。就是周作人，对于封建文化的某些发难（比如对"性"问题的蒙昧与专制野蛮）不也是出语愤激，哪里有温和？

目前，对于鲁迅的冷漠，可能是由于以下几个方面的原因产生的。

第一，中国正在经历一个社会的重新构造运动。社会的结构性变化遍及各领域、各亚文化层，也不断产生亚文化。这一方面是文化的兴盛，另一方面又是文化多元化的的体现。在这个社会变迁中，人们一方面身在"变"中，一方面却又不注意这个"变"，在现代化的两大"指标"（即经济起飞与社会变迁）上，过度重视经济而忽视其他。在这种社会氛围中，"鲁迅算老几？值多少钱？"鲁迅受冷漠，也算"理所当然"。

第二，与此相联系，现在是少林和尚、末代皇帝、江洋大盗、闺房秘事大行其时，只为它能挣钱，给出版者、发行者挣大笔大笔的钱。现在有云"倒卖书籍如同倒卖黄金"。在闪光的"黄金"面前，鲁迅这老头子能不黯然失色乎？

第三，价值观念的变化。中国近年的价值观念的变化，是很广泛深刻的。这本是一个好的现象，是中国历史上从未有过的，也是中国的改革所最需要的。但是，它也有消极的一面，即对文化的轻视，对鲁迅的轻视、冷漠便是其一种表现。

第四，文学观念的变化。近几年文学观念的变化也是广泛深刻的、空前的。这也是好现象。我们过去的文学观念过于狭隘、过于政治化了。政治文学正在向文化文学转化。在这过程中，在关于鲁迅的问题上反映出两个问题：一是把鲁迅完全看成了一个"政治的鲁迅"、一个政治文学的代表，从而在"大否定"中来了一个"小否定"，一股脑儿把"洗澡水连孩子"全倒了，这里包含着对于鲁迅的深深的误解，歪曲了鲁迅，但这同过去对鲁迅的阐释有关，是鲁迅接受史中的一段弯路；二是从文学上轻视鲁迅、否定鲁迅，以为他的理论、小说、散文，尤其他的杂文，都不仅是过时了的，而且是没有一般文学、文化价值的。这当然也是一种不幸的误解。这误解固然也有我们过去阐释上偏颇的原因，但主要的还是人们不读鲁迅、不了解鲁迅的缘故。许多人是没有读多少鲁迅，就在那里起劲地否定的。过去林语堂曾经讥讽普罗文学，说见到青年人手持一本什么"斯基"的著作，如何如何，他躲之唯恐不及；我看我们现在也有少数年轻朋友，手拿什么弗洛伊德、尼采之类，对什么现实主义、什么马克思主义、什么鲁迅之类，嗤之以鼻。我见了也是躲之唯恐不及。其实这些仁兄对鲁迅之类固然读得不多，弗洛伊德、尼采也是知之甚少的，关于鲁迅与尼采、弗洛伊德的关系他也都未必说得清楚。

第五，在中国人新的感性世界形成过程中，国民劣根性在许多人的身上借尸还魂，这些人当然讨厌鲁迅，不过，这一切最终都会过去，这也许是必然要走的一段弯路，在走这一弯路的过程中可能必然要产生消极的、腐败的乃至腐烂的东西。总有一天，人们会在失望、失措之后，回过头来，看到真正的坦途，而在这里正站着一个巨人——鲁迅。可是，关于鲁迅研究和中国文化研究的两极倾向可能还要持续一段时间，但其或长或短，并不是注定的，而是取决于决策者及社会各方面的情况。

今后的鲁迅研究，要把鲁迅纳入世界文化轨道来探讨。在鲁迅生活的年代，世界上许多国家都产生了类似的文化大师，如法国的罗曼·罗兰、美国的德莱塞、印度的泰戈尔等。这是一个世界性的文化现象。因此，要从多种角度研究鲁迅及其作品。例如，从审美心理角度研究鲁迅，不仅要研究鲁迅本人的审美心理，还要研究人们对鲁迅作品的审美心理。

我们辽宁省的鲁迅研究确实有成绩，在不断地创新、不断地前进。今后我们要发扬优良传统，用鲁迅精神研究鲁迅，要进一步拓展、深化、提高，产生更新、更好的成果。

（《鲁迅研究动态》1988年第10期）

鲁迅关于改革的遗音

——鲁迅逝世五十年祭

鲁迅终其一生期望中国的改革、从事中国的改革。他带着未尽的遗愿离开了他心爱的祖国。

他所追求的是中国文化的改革，是中国文化由传统到现代化的转化，以及中国人的旧的国民性的改造和中国现代人的新型文化性格的塑造。在他的小说中有一个典型的形象，就是阿Q；在他的杂文中也游荡着一个阿Q的影像。"哀其不幸，怒其不争。"他带着痛苦、含着眼泪鞭笞阿Q——鞭笞中国国民性中的劣根性、中国人旧的文化—心理结构。这是他用艺术手段、形象化方法，对于中国与中国人的改革的呼号，他希望由此而促进和保证中国社会的真正的改革。

他深知这是极其艰辛的。他说过中国留着厚重的旧传统和厚重的麻木，在中国改革是极其难的，总是要流血，连搬动一张椅子也要流血，有时留了血也不一定能实现。因此，他劝改革者不要性急，要有韧性的战斗精神。他甚至用这样的话来形容："纠缠如毒蛇，执着如怨鬼。"他说只有具有这样的精神才能胜利。他说中国向来总是破坏了又修补、破坏了又修补，在"老例""在已有之"中生存，而不能既破坏旧的又建设新的。他还说，更可怖的是，中国常常在新的躯壳中装着旧的灵魂，特别是旧的借尸还魂，旧的东西以新的面目复活……他说了很多，有千万言之多，概括其意，总贯穿着关于中国如何改革的精神。

中国共产党和中国人民流了很多血，终于创造了一个真正改革和建设新的社会的条件。而且今天正在成功地进行着改革。不过，今天重温鲁迅关于改革的的遗音，还是颇有教益的。

仅就上面极其简略的叙述中，就颇有值得我们思索的地方。举目四看，我们不是既看到新的生活、新的人、新的社会的兴旺之相，尤其是党的十一届三中全会后的几年中，其气象之新是空前的。但不也看到旧的遗痕的留存和活跃么？就是说那婚丧嫁娶的旧的、落后的礼俗的复活，更有许多封建主义的东西在我们的政治生活、经济生活、感情生活、伦理关系和社会心理中的留存，这不正是很有力的证据，说明我们还能够从鲁迅那里学到一些有益的东西么！

第一，我们可以作为历史的经验、历史的遗音来学习，提高对中国社会、中国文化的认识，从而理解到改革的艰难和需要付出巨大的努力。

第二，我们从鲁迅的遗书中可以了解一个今日现实的对照系，用以校正对于今日现实的考察：哪些领域我们大大地或一般地前进了；哪些方面我们还没有前进，是在缓慢地走还是停滞着，抑或有的还在倒退。

第三，我们可以从中得到许多启智益心的教诲，能使我们增强智能、提高思维能力、丰富自己的思想，培养锐利的眼光，而这正是改革的时代和改革的人们所最需要的，对于建设社会主义精神文明也是很有益的。

（《东北经济报》1986年10月11日）

且看谁会"失去存在的价值"
——评对鲁迅的贬损与诋毁

忽有恶风起于青萍之末，一班子人对鲁迅进行贬损、攻击、诋毁。耳边好像响起已消失的历史的噪音。是的，这些攻击，多是旧时相识。现在，这些历史的尘垢，又被一些人翻腾出来加以粉饰，加上自己炮制的污秽，向一位逝去半个世纪的先哲伟人、民族英雄身上泼洒，他们要污损这个伟大的形象。

这其中，也还有点洋货。西方有人说，鲁迅的作品没有艺术价值，杂文根本不是文学作品，太政治化，他晚期创作力衰退，等等。拾了这些外国人的余唾，加以生发添加，向着自己民族的伟大作家涂抹。媚外乎!?趋时乎!?半是历史的回音，半是洋人的牙慧，半是无稽的攻讦，半是无知的谩骂。

怎不令人感到悲愤！

想当初，20世纪20年代，鲁迅初上文坛，便震世骇俗，受到普遍赞扬。雁冰（茅盾）说读了《狂人日记》"犹如久处黑暗的人们骤然看见了绚丽的阳光"。又说："在中国新文坛上，鲁迅君常常是创造'新形式'的先锋。"胡适说："成绩最大的却是一位托名'鲁迅'的。他的短篇小说，从四年前的《狂人日记》到最近的《阿Q正传》，虽然不多，差不多没有不好的。"陈独秀在给周作人的信中说："鲁迅兄作的小说，我实在五体投地的佩服。"请看这些最早的评价！历史重提是因为有人或者不知，或者攻击鲁迅是有人由于政治目的而捧起来的。对于这些同样属于历史的见证的材料，这些人为什么就视而不见呢？那时，这些文化界的名流，总不是对鲁迅有偶像崇拜吧？更不存在共产党和左翼的"吹捧"吧？而且，他们之中有的后来成为鲁迅的对立面，然而他们并未反口相骂。

也有不少外国学人（英、美、法、德均有，更不要说苏联和日本的）对于鲁迅的思想和作品，在经过科学的研究之后，作出了高度的评价和崇高的赞扬，也出版了大批的论著。仅仅由乐黛云主编的《国外鲁迅研究论集》一书，就可窥见一斑。这些论文开辟了鲁迅研究的新领域，提出了对于鲁迅的新估价。他们运用西方流行的新方法，诸如结构主义分析法、心理分析法、语言学分析法、比较分析法、哲学分析法，从世界文化的广泛背景上，进行了比较的观照研究。对鲁迅的思想和作品（包括小说、诗歌、杂文、散文、论文，包括早期与晚期的）都作了研究、分析、评估。他们赞扬鲁迅的《狂人日记》虽然"借用了果戈理一篇小说的题目"，"但鲁迅的《狂人日记》的主题却完全是独创的，其中运用的寓意的技巧和狂人语言的双重意义，更是果戈理作品中完全没有的"（钦纳里）；鲁迅的"每一篇小说"都是"技巧上的大胆创举，是一种力图达到内容与形式完美结合的新的尝试"（帕克特里·哈南）；鲁迅是"故事的建筑师、语言的巧匠"（威廉·莱尔）。他们认为鲁迅早期的论文达到了当时思想的高层，而后期的"讽刺杂文也达到了高峰"（啥雷特·密尔斯）。学者们指出，鲁迅以他"坚实的思想与清新的感觉相结合，开拓出崭新的表现领域"（木山英雄）；他"奠定了一种既不是完全实用主义的，又不是纯粹独立的文学"，这是一个"既不仅仅被当作达到某种社会政治目的的手段，也不是一种独立于作家之外和社会之外自成一体的艺术世界"（李欧梵）。

这是20世纪60至80年代出自外国学者笔下的评价，它们与20世纪20年代初期出自中国文人笔下的评价完全一致而又有新意。难道也要说这些外国学者是被中国人的吹捧弄昏了头、被政治宣传所蛊惑了吗？他们是从世界文学领域的实际出发，肯定了鲁迅在这个领域中是一颗璀璨的明珠。

每个民族的形象总是首先体现于那些本民族的圣哲先贤身上；每个民族的文化，也总是集中体现、结晶于本民族的文化巨人和民族精英身上。因此，我们不能不深思，为何要在鲁迅身上作反面文章，来损害我们民族的形象，损害我们民族优秀文化的形象？如果鲁迅的作品，真如攻之者所诬蔑的，不过是"剽窃之作"、"游戏之作"、"三流之作"、"为了吃饭"之作、"缺乏文学价值"之作，是令人生厌的"鲁货"，那么，被我们几代中华儿女尊崇学习的伟大思想家，被几代作家艺术家由衷称为引路人、导师的伟大作家，若成如此低等劣货，那么中国文学、中国文化、中华民族又成了什么东西呢？贬损鲁迅者云：鲁迅"失去了存在的价值"。果真如此吗？鲁迅的伟大的气节与性格，代表了我们全民族；鲁迅的作品（包括他的学术著作）是我们民族的文化瑰宝，是百科全书式的知识宝库，是一个璀璨的、放射独异色彩的艺术世界；鲁迅的思想，是我们民族的智慧结晶。通观他的伟大一生和思想性格，综览他的几百万字的作品，泛取中外研究论著，历数我国现代当代作家的亲自体验与记述，回顾鲁迅生前死后几十年来对他的种种诬蔑、攻击、诋毁的盛衰命运，我们可以相信，鲁迅是伟大的、不朽的，是抹杀不了、否定不掉的。

　　历史上一批批咒骂者销声匿迹了，失去了它们的存在价值。今天的，依然不会例外。"以过去和现在的铁铸一般的事实来测将来，洞若观火！"

（《辽宁日报》1986年4月1日）

论鲁迅小说中的"狂人"家族

　　大凡一个杰出的作家，在自己创作的人物画廊中，其主角往往形成一个非血统的"家族"。他们虽然并无血缘关系，在作品中也不会是连贯性的人物系列，但在社会性质、思想性格上却是相通的，或有某些相通之处；虽然各具个性，但又有共同点。这种人物家族的产生，反映了作家在创作思想上的一贯性，又是作家成熟的表现，是他们的社会思想、美学理想、创作立意、创作方法的统一的产物。这种情形，在世界文学大师中，很明显地看得到。我们仅以19世纪俄罗斯文学和作家为例：屠格涅夫笔下的罗亭（《罗亭》）、拉甫列茨基（《贵族之家》）、伯尔森涅夫（《前夜》）、基尔沙诺夫（《父与子》）、日涅达诺夫（《处女地》），这是一组人物，一个家族。《罗亭》中的娜达丽亚、《前夜》中的叶琳娜·达霍娃和英沙罗夫，《父与子》中的巴扎洛夫及《处女地》中的索洛明和马舒林娜，这是又一组人物。第一组人物是"多余人家族"，或称"罗亭家族"。又如托尔斯泰，他笔下的彼埃尔、安德莱（《战争与和平》）与列文（《安娜·卡列尼娜》）、涅赫辽多夫（《复活》），可以视为同一家族中的不同成员。《战争与和平》中的娜塔沙、《安娜·卡列尼娜》中的安娜·卡列尼娜，《复活》中的玛斯洛娃，我们可以合理地视为另一个家族中的成员。

从这方面讲，鲁迅可以毫无愧色地列名于世界艺术大师之林。他同这些大师们一样，也创造了一个独具民族特色和个人风格的人物家族。这是鲁迅的特殊贡献。他奉献给中国和国际文学形象画廊的是一个特殊家族，我们可以称其"狂人"家族。这绝不是一个偶然的历史和文学的现象，也不是一个简单的艺术成果。这个"狂人"家族的产生和它所达到的思想与艺术的成就，都表明它是我们民族的文学与文化的珍宝，是世界艺术之林的奇卉佳果。对这个"狂人"家族的研究，不仅是鲁迅研究和中国现代文学研究的一个重要课题，而且对于探讨一般艺术规律，并为当前文艺创作实践提供借鉴，也都是有益的。

一、鲁迅笔下的"狂人"家族

鲁迅是否确实创造了一个"狂人"家族？

这里，我们首先需要对所谓狂人作一个简要说明。这里所说的"狂人"，并非一般的疯子。他们也许可以称"被人视为疯子的人"或"被逼成了疯子"的人，或者"不同一般的人"。在我们民族的习惯上，常常因为一个人的言行不同流俗、稍异习惯或不合时宜、不守礼教条规、不符清规戒律、不听习惯摆布、不走老路旧道、不墨守陈规旧习、不逆来顺受俯首帖耳，甚至只是稍稍越出一点常规，便会被视为疯人或被骂一声"疯了"。小焉者，习见于日常生活；大焉者，辛亥革命时期的革命先觉者们，常被谥为疯子。著名的章太炎，就被诬称"章疯子"。造反者被谥以疯子的恶称或被逼成狂人，这是我国近代革命史上一个特别的社会现象。反动统治者施以卑劣的污蔑与凶残的镇压，反抗者则进行勇敢的斗争与不妥协的抗击，可以说这是双方斗争激烈的一种表现。

这种历史现象应该和可能在文学中得到反映。

因此，鲁迅以一篇狂人的日记，为中国现代文学书写了光辉的第一章。他贡献给中国现代文学最初战斗年月的，是一个狂人形象，一声狂人的哀号和呼吁。这从几方面来看，都不是偶然的。狂人形象，是中国当时的历史条件、社会生活的产物，也是鲁迅的历史观、革命观、文学观、美学观及创作方法的产物，同时也是鲁迅吸收外国文学营养的产物①。因此，这不是一个一般的艺术形象，而可以说是前不见古人、后启迪来者的一个人物。由此，也就产生了鲁迅笔下的一个狂人家族。

所谓家族，它的构成人员总该有一些基本的共同点。那么，鲁迅笔下的狂人家族的成员，都有哪些基本共同点而足供我们据以论定其为一个家族呢？

首先需要分析一下第一个出现的狂人的基本特质。《狂人日记》中的狂人，看出了中国几千年的社会历史，便是吃人的历史，吃人者便是封建礼教制度。他揭开了这个历史的黑暗和历史的真实，否定了"从来如此"的旧规，又提出了改变吃人现状和"救救孩子"的理想。这个狂人的基本的思想感情就是否定现状及历史，揭示它们的黑暗与罪恶，引起人们的注意，促使人们醒悟，号召人们反抗与斗争。因此，这种发狂，就是觉醒。他的发狂过程，就是觉醒的过程，即他的发狂就是为了叫别人觉醒。然而他的觉醒，却又被视为发狂。他的觉醒之声不幸被当作狂人的乱语。发狂与觉醒的颠倒、混合与扭结，构成了一个历史的悲剧。这悲剧不仅使人痛，而且启人思、激人醒。

当然，狂人家族中的人们，并不都是这样的狂人，其"狂"的性质、程度、表现形式也并不都一样。把他们归为一类，主要是因为他们的生活、思想、感情、愿望，特别是命运都有相通之点。这相通的基本点就是：不满现状，要求改变旧的，希望出现新的，期望生活和命运的

---

① 这方面的具体状况，在拙作《鲁迅的〈狂人日记〉与果戈理的同名小说》（《社会科学战线》1982年第1期）中，有比较详细的论述，可供参照。

改变与脱出旧轨道，他们或明确或朦胧，或坚决或软弱，或浩大或微末，或比较成熟或尚未成熟，但其心愿则是相通的。他们都有一颗不安的心灵。这便是鲁迅所创造的某些人物身上的共性。这共性使他们构成一个家族。当然，同为一个家族的成员，有它的"血缘"关系，即共同的"血统"，但又各具特性。正是这种共性与个性的统一，才使他们构成一个家族，而不是"众人一面"。这里，且举出几个主要成员，略述其狂性的相同与差异，以证明鲁迅笔下确有一个"狂人"家族的存在。

能够毫无愧色地进入这个狂人家族的，当然还有《药》中的夏瑜和《长明灯》中的"疯子"。夏瑜是一个敢于反抗、英勇牺牲的革命者。他的"狂性"很明显地表现在他认为"这大清的天下是我们大家的"，并且实行反抗与斗争：他"关在牢里，还要劝牢头造反"。同时也还表现在他被自己的宣传对象红眼睛阿义打了之后，反说阿义"可怜！"于是在阿义等人眼里他不仅说了"这大清的天下是我们大家的"这种话，因而是"疯子"，而且这种被人打了反说打人者可怜的思想，也被他们认为完全是疯子的想头，认为他说的话"不是人话"。真正的觉醒者却被真正的麻木不仁者视为糊涂可笑的"疯子"了。《长明灯》中的"他"要吹灭那象征旧的一切的灯火而被当作疯子关起来了，而他则报以"我放火！"这个要把一切烧掉的勇敢的宣言。他的狂性，自然被鲜明突出地、直接地表现出来了。

《药》和《长明灯》中的人物是狂人家族的成员，这是很容易理解并为人所接受的。然而，此外还有谁呢？

还有阿Q。

阿Q能够同狂人放到一起，归入同一个家族吗？他不是一个落后的、不觉醒的典型吗？把他归入狂人家族，是不是一种拔高？是不是显得很生硬？

的确，阿Q的基本品性，确如上述，这是从未有过异议的普遍一致的见解与结论。但是阿Q还有另一面，不过是隐藏的、潜在的、次要的、朦胧的、非自觉的一面，然而，不管情况如何，总是确实存在的一面。鲁迅把阿Q写成这样，正表现了他的深刻与苦心。阿Q的心并未死，他之不幸与他之不争，都是环境逼成的（这一点，我们在后面还将详细论述）。那么，阿Q的另一面是什么呢？阿Q不是说过"现在的世界真不像样"吗？他骂举人老爷、骂假洋鬼子。以后，迫于生活，他进城去偷盗；再以后，他要造反了。这都表现了他对现实的不满和不平，他还要反抗。高尔基说过，偷窃是旧时代穷苦人对于社会的一种反抗。社会使他们衣食无着、走投无路，为了生存，也是为了破坏现存秩序，所以他们盗窃。这当然是一种卑劣的反抗，在尚未寻找到正确道路时的一种反抗。至于造反，那自然更是一种反抗了。不满、不平、反抗、造反，这都是"狂性"的表现。当然，这也是一种觉醒，不过是一种原始的觉醒，一种不自知其觉醒的、前觉醒状态的觉醒。鲁迅所写的正是这种令人伤痛、同情、激愤的不自知的潜在觉醒意识，或者可以说是潜在觉醒意识的被压抑、遭摧残。

阿Q的性格特征是精神胜利法。这性格不免遭到怯懦卑劣、麻木不仁、不求上进、自我满足等这样的指责。这也是合理和应该的。但是精神胜利法之所以产生，首先就是因为他希望胜利，最起码的，阿Q需要精神上的安慰。生活太凄苦了，生命太无意义了，社会对他是何等的不公平啊，没有幸福、没有帮助、没有同情，连怜悯也没有，大家那么残酷地对待他。为了一点精神上的慰藉，他在幻想中得到胜利。他在幻想中使对方成了"儿子"，在记忆中"看见了"自己"从前比别人阔得多"，在自轻自贱中发现了自己也总算居于第一的位置（"我是第一个能自轻自贱者。"）这里，我们看出一种自卫和自强的心理素质，虽然同时又是卑怯的。因此可以说，阿Q的精神胜利法是对于自尊的维护、对于自卫的坚持、对于自强的追求和对于胜利的渴望。因此，在其中深含着、潜藏着一种反抗的因素、觉醒的因素——当然，是阿Q式的反抗、阿Q式的觉醒。但为什么是"阿Q式"？这是社会条件所决定的。这里，我们就发现阿Q的"狂性"了。他不满现实，心中有不平，并且进行了反抗。但阿Q是在大石底下压了几千年的中国国民的代表，他的性格是这种高压下形成的国民劣根性的典型表现。赵太爷的申斥（"你配姓赵吗！"）、假洋鬼子的哭丧棒、地保的管辖与勒索，以至吴妈的寻死觅活、王胡的令他碰响头，还有生活的逼迫，这都是要使阿Q不能获得人的幸福的因素，甚至连想也不让想。但是，阿Q还是想了，并且行动了。这还不是"狂"么？

阿Q最后是被当作造反者杀害了。这说明他的狂，他的觉醒与反抗是不能见容于当世的。而这正是产生阿Q和阿Q式的反抗的社会原因。

由此，阿Q有资格进入对现存世界不满和想要造反的狂人家族。

当然，我们同时又要申明，他是这个家族里最不争气、最不觉醒、最落后的一员。但是，不管情况如何，他作为一个奴隶，是没有失去那最后一点改变奴隶命运的愿望的。他没有安于奴隶生活，更没有赞颂这种生活，因此他不能归入奴才之列。可以想见也可以相信，当夏瑜等这些狂人家族中的先觉者起来造反时，是可以期望阿Q投入行列的——事实上他不是在思想上已经投入了么？当然，这又是"阿Q式"的。但古往今来，哪一种奴隶造反的行列中，不都是鱼龙混杂、觉悟不等呢？

还有谁呢？难道祥林嫂与闰土也是的么？是的。他们也属于这个狂人家族。祥林嫂之所以惨死，就在于她始终在追求幸福。她的生命史可以分为两大段。第一段，她以顽强的意志和不屈服于命运与生活的性格，抵住了生活中不幸的沉重打击，无论是夫死子亡，还是鲁四老爷家沉重的活计，都没有使她屈服，她始终没有失去生活的乐趣和追求幸福的信心。但是，进入第二段，她绝望了。因为连超现实的上天和地下的世界里，也不容她安身立命。但她并未彻底屈服，她发出了疑问："一个人死了之后，究竟有没有魂灵的？""那么，也就有地狱了？"这种疑问，虽然仍旧是半信半疑，但是，终究已经不是毫无怀疑地相信了，怀疑已经产生了，信仰已经动摇了。对于天上地下的存在的怀疑，便是对于地上现实的怀疑。祥林嫂的疑问，是上问青天、下问地狱，核心是问人问世，这表现了她对天上和地上现存的、旧有的秩序和理论的动摇。而且朦胧中显示了她对另一个世界、另一种秩序的向往。动摇虽然以怀疑的形式出现，反抗虽然以发问和死亡的软弱与绝望的方式来进行，希望虽然只在朦胧中出现和追求，但都不失其为动摇、怀疑、反抗、希望、追求。而这些，都是被视为"狂"的——因为她没有安分守己，没有在旧制度、旧礼教、旧秩序之前俯首帖耳，没有安贫守贱、信神听命。所以，道学家鲁四老爷骂她是"一个谬种"。

那么闰土呢？他在诉说了生活的艰辛之后，不是"只是摇头"、"默默地吸烟"么？他临走不是还挑了"一副香炉和烛台"吗？然而，这里其实也表现了不满情绪和不安心理，而且透露了反抗的消息。他说：这世道"又不太平"，"什么都要钱"，"没有定规"，"种出东西来，挑去卖，总要捐几回钱……"这不是流露了明显的不满吗？对压迫他、剥削他的政治、经济制度和社会状况，透露了不满。他的摇头，是叹息、无可奈何，然而，也流露了"否定"的情绪。当然，也是朦胧的。他带走敬神的物件，是把改善生活和命运的希望，把幸福的追求，寄托在神的身上了。但是首先，他没有放弃改善生活和追求幸福的愿望，这应予肯定；其次，他寄希望于上天，便是绝望于地上了——对"虚幻"的希望，便是对"现实"的绝望；第三，当他这个朦胧的虚幻的追求破灭之后，他将或者绝望而死，或者醒悟过来，转而相信自己的力量。在他身上，也同样存在着不满、追求、反抗的因素。只是埋藏得很深，而且又很微弱，也很不自觉。

即使是《明天》中的单四嫂，虽然夫死子亡，孑然一身，孤苦伶仃，但她也曾经有过对幸福生活的追求与希望："自己纺着棉纱，宝儿坐在身边吃茴香豆，瞪着一双小黑眼睛想了一刻，便说：'妈！爹卖馄饨，我长大了也卖馄饨，卖许多许多钱，——我都给你。'那时候，真是连纺出的棉纱，也仿佛寸寸都有意思，寸寸都活着。"这是多么现实而美好的梦。然而这种平常、微琐的幸福也被生活和命运所剥夺了。她的宝儿死去了，然而她仍然没有绝望。她"叹了一口气，自言自语地说：'宝儿，你该还在这里，你给我梦里见见罢。'于是合上眼，想赶快睡去，会她的宝儿，……"。这是多么微末、虚渺的幻想。然而，她就靠着这微末的虚渺的希望活下去。这难道不也是一种希望与追求么？这难道不也是一种对于生活与命运的反抗么？——虽然这反抗软弱得可怜，可怜得令人心酸！

总之，无论是阿Q还是祥林嫂，也不论是闰土还是单四嫂，他们虽然各有特性，具有不同的社会地位、人生经历，怀着不同的希望，有着不同的命运与性格，进行着不同的追求。但也有一个共性，这就是不满、不平、期望、追求、反抗。他们都有一颗不安宁的灵魂，他们心中都埋藏着改善自己的境遇与命运的火苗，因此他们同属于一个"狂人"家族。

当然，他们是处在思想觉悟的不同的水平线上的。尤其与狂人比，差距自然是很大的。但从他们的心思来讲，是有相通处的；从他们的命运来讲，是有相同处的；从他们所处的阵营来说，是属于同一范畴的。他们的心里都有一颗带壳的希望与反抗的种子。这就是他们成为同一家族的基础。阿Q、闰土、祥林嫂等，是狂人的宣传、发动对象，他们心中有共同的火种等待引发，他们是狂人队伍中的成员或候补成员。有了他们，造反者才能形成队伍、得到补充。在艺术上，他们也是狂人的补充形象。因此狂人家族成员们的狂，即觉醒，是多层次、分阶段的。我们可大体列为如下途径：痛苦——忍受——难耐——前觉醒——觉醒——斗争。狂人家族中的人，其狂（觉醒）的程度分别属于其中的一个段落或居于某两个段落之间。

二、狂人家族的构成

狂人家族中的人们，是在同一个民族的与社会的土壤里生长的。他们出身于同一个"名门望族"，就是咱们具有五千年光荣历史的中华古国。然而当时，这却是一个没落了的望族。它已经被欺压、遭凌辱、历坎坷将近百年。正是由于没落，所以才产生了这样一批人物，这么一个"狂人"家族。他们既是这个没落望族的沉沦的产物和表现，又是这个沉沦家族的痛苦和觉醒的表现。他们既是历史的"果"，又是历史的"因"，既是"古往"的结晶，又是"今来"的过程。但他们却又出身于这个庞大的没落的名门望族的各个不同支房。他们具有不同的家世、不同的经历、不同的命运、不同的心思与性格，因此他们又是各具个性的。

那么，他们分属于哪几个"房族"？各有什么特点？又给他们带来了什么独具特色的个性呢？

第一，以农民为主体的劳动者支房。这是鲁迅"狂人"家族中苦难最深重因而精神麻木也厚重，然而又是他寄托最深切的家族。在这个家族里"生活"着阿Q、闰土、祥林嫂、单四嫂以至爱姑等人。自然，他们大同中有小异，又有着不同的家世、生活与性格。但他们的苦难与不幸的命运是相同的，他们的社会地位是相同的，他们也都在苦痛中挣扎、期望、追求，而这些也同时是一种不同方式的对于现实的不满、控诉与反抗。当然，他们的觉醒是极不明显的，他们的反抗是很不够的，是软弱无力的。但鲁迅正是通过他们潜藏的觉醒根苗、很不够的无力的反抗，明确有力地提出了促其觉醒之重要与必要性的根据，有力地控诉了旧社会、旧制度、旧秩序、旧命运，也有力地提出了他们必须过新的、他们从未过过的生活的要求。对于他们这种不觉醒、在觉醒的前觉醒状态的刻划，正成为促其觉醒、促使大家觉醒的有效的清醒剂；对于他们的无力的反抗的描写与刻画，都成为对现存社会制度及其历史的有力的控诉与反抗。

第二，狂人家族的第二支房应该是封建士的房族。正如它所属的阶级和阶层一样，这是一个更为软弱的群体，而且带着没落者的卑微和沦落。他们已经失去了自己存在的价值，而且已经失去了自己存在的力量。他们不是被旧制度、旧秩序镇压的受害者，而是它们的牺牲者；他们不是带着正当的、合理的希望追求，在不得满足而痛苦挣扎中进行反抗，而是怀着过时的、超越自身能力的奢望，因达不到目的而作垂死的跳跶，进行自我作践的反扑。有的是丧尽斯文、堕落沉沦（孔乙己）；有的是魂魄丧尽、癫狂以死（陈士成）。他们的狂，是真正的发疯或被挤轧得要发疯。的确，这个支房，"人丁不旺"，但不可忽视。鲁迅并非偶然地写到他们，也并非偶然地没有更多地写他们。显然，这个"支房"是作为一个"陪衬"而存在的。他们的存在说明了制度与环境腐朽没落的另一方面，而他们的不能生存则反映了旧制度的死亡。他们的悲剧可以说是过去的挽歌。他们是上流社会堕落的表现，又将要跌入（其实是已经跌入，但他们还穿着长衫和教着蒙童）不幸的下层社会中去。因此，没有这一方面，就不能完整地揭露黑暗，不能完全地揭示人吃人的旧制度的本质。但是，也不可多所着笔。因为，主要的哀伤与不幸不在于他们的命运，必须引起世人疗救的注意和必须唤醒的群众，也不是他们。他们只能在众人的冷笑中死去和遗忘中永远消逝。不过，他们都是用自身的陨灭来控诉了旧制度（主要的是科举制度），他们偷盗和发疯可以算是一种不自觉的、无可奈何的嚎叫与跳跶，从而在客观上成为一种变形的反抗。就像他们不自觉也不自愿地跌进了劳动者群中一样，他们的这种特种形态的反抗，也汇进了追求新生活的反抗的洪流之中。因此，他们也流进了狂人家族，虽然他们本质上又同这个家族生分得很、隔膜得很。但在尖锐、复杂的社会斗争中，他们却是站在斗争的"此方"。

从创作上和艺术上讲，他们在鲁迅创造的人物系列中的狂人家族这一边；在创作立意上，他们是鲁迅"眼里的中国的人生"的一部分。鲁迅毫不怜惜这个阶级的溃灭。但他们又是这个阶级中的受害者，通过作家对他们的同情也不难发现。他们是作家政治观、社会观、美学观的统一产品。他们不是以自己的痛苦不幸，而是以自己的这一切所导致的溃灭，来证明旧的应该死亡，而新的应该产生。在这一点上，在社会地位上和阶级的命运上，他们却又是站在狂人家族的另一边的。他们的"狂"，是真正的癫狂，是被坑害、倾轧、挤兑、冷待而至神经错乱了的。他们是以反面来证明了革命的必然性和必要性的。

第三，狂人家族的第三个支房是一个"庞大"的房族，他们是一批近代知识分子。狂人、夏瑜和《长明灯》中的疯子都是明显的造反者，他们是狂人家族中的佼佼者。

吕纬甫（《在酒楼上》）和魏连殳（《孤独者》）则是两个另一类型的狂人。他们都曾经觉醒过、反叛过、抗争过，即曾经被世俗者们看作狂人。然而，后来他们却改变了。吕纬甫曾"到城隍庙里去拔掉神像的胡子"，曾"连日议论些改革中国的方法"，但是，后来却"敷敷衍衍、模模糊糊"了。他的心境和意志竟然到了这步田地："以后？——我不知道。……连明天也不知道，连后一分……"。魏连殳曾经是一个"新党"，被人们认为是"很有些古怪"（古怪就是"狂"或疯癫）的人，但后来却从根本上改变了。他自己概括说："我已经躬行我先前所憎恶、所反对的一切，拒斥我先前所崇仰、所主张的一切了。"这段话准确而深刻地概括了这类狂人的思想与性格特征。吕纬甫教起"诗云子曰"和《女儿经》来了，而魏连殳充当起军阀师长的顾问来了。他们确实从反抗、改革的路上回过来，走上了苟且、敷衍的旧路。在他们的心里浸透了失望、寂寞、冷漠的情绪。不过，值得注意的是，他们都始终是不安、不满、不幸的。他们之所以甚感寂寞，正因为他们有一颗不甘寂寞的心；他们之所以冷漠，正因为他们灵魂深处仍有着热情；他们之所以迁就、苟且偷安，正因为他们仍未忘怀对过去的改革和将来的一线希望。他们带着一种报复心理。"我已经真的失败，——然而我胜利了。"魏连殳的这个总结，含着深深的痛苦，然而也带着取得了报复"胜利"的讥笑。然而这是可怜的报复。这是先前反抗的余音，也是挽歌。这反倒证明他们是软弱的。为什么软弱？因为周围太冷冽、淡漠，环境太死沉陈旧，其实也还是他们自己屈服于旧制度、旧社会的压力。这种矛盾的生活与性格，正显示其为"狂"。

他们是以其曾经反抗终于屈服然而又不甘心的哀伤、屈辱、痛苦、懊丧、寂寞、痛苦，并以这一切的混合与深沉而向旧制度、旧社会提出了控诉，发出了谴责。他们的身世、经历、社会地位、思想、感情、性格等，都与阿Q、闰土、祥林嫂有很大的区别，然而，他们同样有一颗颤动的灵魂不安的心，同样在遭受环境的压迫、制度的戕害、人世的"杀戮"。虽然他们唱着不同的哀歌，然而却汇向一个总的"交响曲"：要改革这人生！要改革这人性！要改革这社会与制度！

《伤逝》唱的是一首不能爱、失去了爱的哀歌，它由一对青年男女知识分子所唱出。他们是新的一代，早已越过孔乙己、陈士成，而且也超越了吕纬甫与魏连殳。他们生活在近代社会，自己掌握了近代知识，能够用新的方式来热恋、同居，吟唱一曲爱的欢歌。这在他们的前辈看来却会是大逆不道的。然而，他们的反抗和追求仍然失败了。因为涓生被解雇了，停止了经济收入。失败的重要原因是经济，但经济背后又有政治——旧制度与旧道德的冷眼、谴责、切切私议以至惩罚。那经济的手段正是执行制度与道德的"命令"。于是，子君回家了，而涓生则"要写下我的悔恨与悲哀"，他说"我要遗忘"。然而，他们的灵魂是不安静的，心并没有死。子君死在为"威严和冷眼"所包围的"人生的路"上了。她的死，表现了她并未屈服和遗忘。她死前的痛苦透露了追求和反抗之心的炽热。只是缺乏支撑的主观的力量。而宣称"我要遗忘"者，正说明他尚未遗忘，不能遗忘：不能遗忘死者，不能遗忘过去与将来。所以涓生最后说："我要向着新生的路跨进第一步去。"子君和涓生的思想与性格合理地可以使他们进入狂人家族。不同的是，他们虽然哀伤，却更带亮色。时代究竟不同了。

最后，我们还不能不说到狂人家族的另一个也许可以被称为奇特的房族。这是鲁迅的思想与艺术发展的产物。这些人物，在时间上属于远古的历史时期，然而在鲁迅的创作中，在鲁迅的思想发展、艺术探索、人物形象刻画上，却是居后的。这就是《故事新编》中的人物群体。这里出现的是些古人，他们是大禹及他的随从们（《理水》），眉间尺、黑色人（《铸剑》）等。为什么把他们归进狂人家族？因为，在作家的思想发展和创作发展上，他们与狂人家族中的人们，有着不可分的"血缘"关系。如果说鲁迅在《呐喊》和《彷徨》中创造了一个以不能照旧生活下去，不满现状和想反抗、要反抗、起来反抗而不可能、终遭失败的狂人家族，那么，出现在《故事新编》中的一些人物，已经是反抗者、复仇者以积极的态度从事对人世的改造工作了。这是鲁迅思想转变期和后期创作的两篇历史小说，作家思想的跃进性变化，铸进了人物形象。于是造成一种有趣而具有深刻意义的文学现象：作家所处理的题材是远古的史实，他所描绘的人物与他过去的写现实题材的小说中的人物相距千百年，然而，人物形象的思想意义却高出于那些现实人物之上。他们已经是积极的形象，行动上坚决、意志上坚强、思想上具有力量。作家在描绘他们时，也消除了那种抑郁的、沉重的、淡淡的、哀怨的气氛，而赋予了明快的、开朗的，充满热情与信心的色彩。这种人物形象在狂人家族的系列上，"后来居上"地屹然立在前头。在这种狂人身上，已经具有一种改造世界的力量，而不是仅有愿望，哀愁痛苦，在环境的压力下和冷漠的气氛中挣扎、呻吟、反抗及死亡了。他们是真正的胜利者。

可以说，这是鲁迅创造的狂人家族的顶峰和结束。从此，作家将在新的世界观指导下，在新的思想基础上，以新的美学思想与创作方法和艺术风格，来描绘刻画新的人物形象。这些形象不只反映了作家的新的思想与艺术面貌，而且反映了新的时代和新的历史条件。然而他忽然止步、停笔，立在战斗的岗位上了。这是中国文学史、思想史上的无可弥补的巨大损失。

三、狂人家族的诞生及其意义

鲁迅笔下的狂人家族的诞生，不是偶然的。这是中国近代和现代历史以及现代思想文化所产生的一个具有深刻意义的历史现象和文学现象。

首先，狂人家族是中国近代和现代社会的产物。这个家族里的人们，都是在共同的社会土壤里生长的，都出身于华夏望族、中华古国。他们是"余生也晚"，正出生在这个名门望族已经没落的时期。正是由于没落，才产生了一批这样的人物。但他们又是"生逢其时"——古国已经开始觉醒并且进行了一次斗争，虽然失败了，但是正在寻求新的解放。因此，狂人们又都是这个没落古国正在觉醒和谋求新生的表现，或者更准确地说，是它呻吟、号哭、呼叫、挣扎、奋斗的表现，是一个觉醒过程的表现。

鲁迅是立足于五四运动爆发前夕即新民主主义革命前夜的社会现实，为了解决革命的本质问题——为什么要革命和如何革命——而来创作小说的。为了这个目的，他的小说的重要篇章所反映的时代，基本上是以辛亥革命为轴线，连及辛亥革命前和辛亥革命后这样一个历史时期。

当鲁迅提笔到作小说投身战斗的时候，中国社会状况是这样的一幅矛盾充塞的图景：一方面，经过辛亥革命，不仅推翻了封建皇朝的几千年统治，而且搅动了广大人民（主要是农民）的心，连阿Q都被吸引了，鼓动起造反的心思。因此，零零星星的反抗斗争确是到处在发生。但是，另一方面，辛亥革命事先既没有充分去搅翻乡村的生活，发动农民的革命积极性，事后又以失败告终，使人民（同样主要是农民）的生活没有得到改善，他们的命运仍未改变。一面是普遍的不满，期望改革；一面却是厚重的麻木、愚昧、落后。一面存在着零星的反抗斗争；一面却是全体在旧轨道上、旧秩序中苟且偷生。总之，人民是在痛苦中叹息，在死亡线上挣扎，在沉默中积蓄着仇恨，在压迫和思想统制下闪着觉醒的电光。中国像一只待催醒的睡狮，人民的愤怒与仇恨像冰山底下的地火。基于这种历史条件和现实状况，以及前次革命的教训，中国的复兴，迫切需要的是发扬人民的革命积极性，促进他们的觉醒，鼓起他们的英雄主义。不过，长期的封建统治和思想毒害，现实的帝国主义、封建主义的残酷而严密的镇压与思想统制，却使得人民不能很快觉醒，革命的积极性和英雄主义都受到严重的压抑与摧残。这种情况，鲁迅把它描写为像一个绝无窗户的铁屋子，里面的人们都要在昏睡中死去。

作为社会生活的反映的文学艺术，在这个时期，所需要和所产生的，正是鲁迅所说的"革命前的文学"，它的基本性质是"对于种种社会状态，觉得不平，觉得痛苦，就叫苦，鸣不平"（《而已集·革命时代的文学》）。因此，它所能酝酿成熟的、作为历史条件和社会生活的结晶的文学形象，最本质的还是"前英雄主义"的，即主要是对旧制度的痛恨、对旧秩序的揭露和对新生活的期望与希求。总之，是怀疑、不满、呻吟、叹息、呼号、挣扎、反抗与斗争。这种作为历史要求的人格化表现的文学形象，既是成熟了的人民的愿望与要求和尚未十分成熟的反抗与斗争的表现，又是这种人民的愿望、要求、反抗、斗争的推动力。因此，它既是觉醒的表现，又是尚未彻底觉醒的表现。它表现为一种觉醒的过程。如果从文学形象来说，他们将表现为不同性质、不同程度、不同形式的觉醒甚至是向觉醒的过渡。

这样，我们看到，鲁迅的小说创作中之所以出现一个以痛苦、不幸、不满、不平、挣扎、期望、追求、反抗与斗争为特征，也就是可以概括为"狂性"特征的狂人家族，正是适应了历史的要求，完成着历史的使命，既体现了又开辟着中国现代文学的现实主义道路，为这个新生的文学奠定了坚实的基础，铺平了前进的道路。

那么，鲁迅是怎样承受和完成了这个历史的和文学的使命，怎样创造了一个狂人家族的呢？它的意义与价值何在？

鲁迅是带着这样的"精神披挂"走上五四运动的战阵的：对于辛亥革命的痛苦的记忆和历史经验的总结，对于中国历史的深入的研究与探讨，对于中国国民性的研究，对于自己的长期沉默的痛苦的咀嚼与回味，以及对于新的革命运动最迫切课题的思索。这一切归纳起来，最主要的可以集中到一点上：人民从封建桎梏下的解放。他认为辛亥革命的失败就在于没有唤醒民众，中国历史的症结也就在于封建制度的严密而精致的统制和这个制度束缚、压抑、摧残了人民的精神，使他们冷漠、麻木、愚昧。一方面是连窗户也没有的铁屋子，另一方面是在里面昏睡的人民。这是沉重的历史包袱和历史惰性力。这是历史的症结，同时也是现实的课题。因此，当时要发动一次新的革命，就要唤醒民众，以补上历史的缺课，也是解决现实的课题。为了唤醒民众，就要把历史的症结剥开给人看，就要把人民的麻木展示出来。因此，鲁迅就把自己从事文学活动的宗旨确定为：揭出病态社会的病苦，以引起疗救的注意。他说他要写出他"眼里经过的中国的人生"，要画出古国的现代国民的魂灵来，他的创作的内容和主题就是"上流社会的堕落和下层社会的不幸"。从这些出发，他笔下的人物，就总是挣扎在不幸命运和痛苦生活中的生灵，他们连起码的人的要求都得不到最低标准的满足。不过可悲的是，他们的心并没有死，希望的火种仍在他们的心灵的深处隐隐地、细微地燃烧。他们既没有甘心当奴隶、受折磨，更没有欣赏和歌颂奴隶的生活，也没有最后死灭了希望的火花。正因为如此，他们才痛苦、啼泣、哀号、挣扎、奋斗，寻求出路，发问以至发狂。但是，同时，可悲可叹的却又是：他们或者痛苦，却无人关怀；或者哀伤，却无人同情；或者呼号，却无人反应；或者反抗，却无人响应而遭到镇压；或者起而斗争，也无人支持而遭到摧残。这里，一方面固然有反动统治的镇压，另一方面却在于群众的厚重的麻木。而这种麻木，又是长期封建统治造成的恶果。

鲁迅在写了《狂人日记》，创造了狂人这个形象，提出了"人吃人"这个历史的和现实的社会判词之后，仍然继续着这个主题。然而却是通过揭露人的被吃这个社会现象，描绘被吃的人的命运、倾诉他们的不幸来完成这个主题的。客观上，当时，在封建制度的高压下，各阶层人民遭受着深重的苦难，已经到了大家都不能照旧生活下去的地步了。"绝处逢生"，身处绝境而生改变旧生活、旧命运的愿望。这是觉醒的萌芽。然而这幼芽却在大石底下压着，但却没有夭折与死灭。伟大作家鲁迅深切地感受到了这一点，深刻地透视到它的本质，并形成自己的总的创作立意，而把它反映在自己的作品里。因此，鲁迅的创作，着眼于人物的心灵、人物的灵魂，着眼于他们的心理构成。这种社会心理构成，正是当时社会思潮的普遍性的、基础性的反映。同时，鲁迅又研讨和剖析了这种社会心理构成的原因：社会环境和历史惰力。这两方面的有机结合，就是他的创作的特殊角度，又是共同的出发点与归宿。这也就构成了创造狂人家族的共同思想与艺术构思的基础。

鲁迅在论及"对于横逆之来的真正的忍从"的"陀思妥耶夫斯基式的忍从"时说过："在中国，君临的是'礼'，不是神。百分之百的忍从，……在一般的人们，却没有。"他认为，那种"逆来顺受"的陀思妥耶夫斯基式的"真正的忍从"，"忍从的形式，是有的"，但实际上却是以"虚伪"的面貌出之，即表面上忍从，但有腹诽，心里并未真正忍从。鲁迅深刻地指出："压迫者指为被压迫者的不道德之一的这虚伪，对于同类，是恶，而对于压迫者，却是道德的。(《且介亭杂文二集·陀思妥耶夫斯基的事》)"这就是说，被压迫者对于压迫者的压迫并不真正忍从这种虚伪，正是被压迫者反抗压迫的、道德的行为。冯雪峰在论及这个问题时，曾经说过："所谓虚伪，就是并非真正的忍从，并非真正从心里忍从压迫。这仍然是一种反抗的表示。祥林嫂不曾用虚伪去对付压迫者，然而她终于怀疑了，不能忍从到底了。[①]"

鲁迅的狂人家族中的人物，正是反映了中国人民的这种并不真正忍从的灵魂。鲁迅说过："文艺是国民精神所发的火光，同时也是引导国民精神的前途的灯火。(《坟·论睁了眼看》)"狂人家族的成员们的这种"并不真正忍从"的不安的灵魂和觉醒、反抗的潜在力量，正是国民精

① 冯雪峰. 冯雪峰论文集 [M]. 北京：人民文学出版社，1981：227-228.

神所发的火光；而鲁迅的创作出狂人家族，则又成为"引导国民精神的前途的灯火"。当然，这个从狂人、疯子到闰土、单四嫂等各色人等的人物群，其觉醒的程度是很不相同的，性质和水平也很不相同，甚至于大都是处于前觉醒阶段的水平：是不觉醒的末尾，也是觉醒的萌动。他们在觉醒的途程中，而在这个通往觉醒的道路上，在追求改变生活与命运的道路上，他们都从自己可怜可叹的生活基点上起步，一颗寻觅和解脱命运的羁绊与摧残的心，在苦难中震颤，遭遇的是一连串的痛苦和不幸。但那颤抖的心，在与命运的搏斗中，在死亡线上的挣扎中，却发出一丝电波、一线闪光。鲁迅捕捉了这一点生机。但是，由于他的立意是要揭出病苦——特别是要揭出人的不觉醒和环境的落后、冷酷这两个互为因果的"病苦"——以引起疗救的注意，因此，他没有正面去写它们的存在、生长和发展，也没有正面去写这些苦难的人们的反抗、斗争，相反，却写了那一点不够觉醒的觉醒的萌芽，如何遭摧残、受压抑以至破坏、毁灭和死亡。这种描写，首先是以它们的存在为基础的，不过却以它们的现实的毁灭和隐隐的潜在而告终。这就发出了一种呻吟、痛哭、哀号和呼叫，悲凉而深沉，构成悲剧而具有感人心扉的震撼力量。而且，狂人家族的成员们，无论就其出身和社会地位，还是就其觉醒、反抗的性质和程度来说，都是分为几个层次的。比如：狂人、"疯子"、夏瑜为一个层次；祥林嫂、闰土、单四嫂等为又一个层次；而孔乙己、魏连殳、吕纬甫等又为一个层次。这种层次的不同和灵魂的差异，正构成了普遍的社会心理素质，使作品立体地反映了社会生活和时代精神。这，正是鲁迅的深刻与伟大之处。

鲁迅写出这不安的灵魂不满的心，正是为了唤醒众多人的灵魂，拨动他们的心弦。他写出这个狂人家族的各色人等的不同的身世、处境和痛苦，正是为了增强彼此的了解，打破那沉默，冲破那冷漠，使之互生同情之心，知彼此共同的命运和利益，从而联合起来，进行有效的斗争。鲁迅思想的先进与文学上的现实主义精神，正表现在他既不是一味呻吟与哭泣，以老爷或外人的身份与心地来一洒同情之泪，也不是凭空捏造一些虚幻的志士英雄的所谓高大形象。他只写了他眼里经过的中国的人生，写了他所见到的在几千年大石底下压着的沉默的国人的灵魂，他只写了他们的特殊的反抗与斗争、思想与性格。其中，主要写的是他们的觉醒过程。这过程充满了与历史的惰性的斗争及与现实的压迫和冷漠的斗争。因此，鲁迅是从社会底层去寻找他的人物的，是从他们落后一面去塑造人物的。他借此提出了革命的必要性、迫切性和合理性，也回答了革命在当前急需解决的问题。这样，他就使自己的文学创作成为人民的心声、革命的号角。他在第一声狂人的呼号之后，接着便是各种不同的倾诉、叹息、哀鸣、啼泣和呼叫，其中虽然渗透着哀愁、忧怨、寂寞，但却都响着呼号反抗和改革的音响。

这里，我们不妨再以《祝福》为例，具体地来申述一下。前面已经说到，祥林嫂的命运的哀歌，蕴含着觉醒与反抗之声。这是用一种非常特别的方式和情节表现出来的。它并没有正面地和从外表上去表现，相反，从这两方面去看，它倒是显得哀伤、低沉以至绝望的。但是，重要的是，它描写了末路上的祥林嫂产生了并且提出了自己的怀疑。这种怀疑，实质上是一种批判，自然，这是不明确的、无力的、原始的批判，但却不能否认：它具有批判性。马克思在《黑格尔法哲学批判》中一再讲述了宗教批判的性质和意义。他说："……对宗教的批判是其他一切批判的前提。""谬误在天国的申辩一经驳倒，它在人间的存在就陷入了窘境。""宗教里的苦难既是现实苦难的表现，又是对这种苦难的抗议。""因此对宗教的批判就是对苦难世界——宗教是它的灵光圈——的批判的胚胎。""宗教批判摘去了装饰在锁链上的那些虚幻的花朵，但并不是要人依旧带上这些没有任何乐趣任何慰藉的锁链，而是要人扔掉它们，伸手去摘真正的花朵。"①

马克思的这些深刻的论述全部可以用于分析《祝福》中祥林嫂形象的描写。它正是通过怀疑的方式对宗教的虚幻的许诺和恫吓提出了怀疑和批判。这正是对其他一切批判的前提。这怀疑驳斥了"谬误在天国的申辩"，因此也把谬误在人间的存在暴露出来了。祥林嫂所经历的"宗教的苦难"（捐了门槛，宁认千人踏万人踩，仍然逃不脱阳间的苦难），既是她在阳世的深层苦难的表现，又是她对这种苦难的抗议。当然，说到这里，我们必须马上郑重地补充：祥林嫂的这种批判是发自心灵深处的，但却是微弱的、初始的；这种驳斥是饱和着血泪、终结以死亡的，然而却并未驳倒，因此对社会本质的暴露也仍不彻底。她提出了抗议，里面含着深沉的哀痛，但又是软弱无力的：仅止于怀疑。因此只是批判

---

① 马克思，恩格斯. 马克思恩格斯全集（第一卷）[M]. 北京：人民出版社，1972：452-454.

的胚胎。她显示出锁链上的虚幻花朵的死惨惨的苍白色，但尚未摘去这个锁链上的装饰，当然，更没有伸出摘取真正花朵的手。这一切，都是就祥林嫂这个艺术形象的思想实质来讲的。但是就创造、刻画了这个典型形象的作家鲁迅来说，他运用祥林嫂这个形象的怀疑式的软弱的批判，对现实的批判却是非常深刻有力的；他的抗议却是强烈的，他对于"批判的胚胎"的发现和刻画，却是成熟的。他显示了锁链上的虚幻的惨白色花朵，正是为了摘去它，并惊醒人民去伸手摘取真正的花朵。

"为了激起人民的勇气，必须使他们对自己大吃一惊。"[①]鲁迅正是以对祥林嫂的悲惨命运的描绘，她对这种苦难生活的抗议和批判，以及这种抗议和批判的不够深刻的刻画，来使人们大吃一惊，引起疗救的注意，并激起人民斗争的勇气。

狂人家族中其他成员的特征和性质、意义和作用，以及内容和形式均与祥林嫂同。但同中又有异，由斯而构成一个整体、一个家族。在总体的意义上，它展现了中国近代社会和现代社会初期的生活图景，成为历史的深刻、真实的反映。

作者附记：本文全文共五节，这里发表的是前三节。尚有"狂人家族产生的主观素质及其意义"和"狂人家族的文学与美学价值"二节将另行发表。

（《中国现代文学研究丛刊》1984年第4辑）

"狂人家族"产生的主观素质与文学、美学意义

这是拙作《论鲁迅小说中的"狂人"家族》的续篇。在前篇文章

---

① 马克思. 黑格尔法哲学批判 [M]. 北京：人民出版社，1972：4.

中，论述鲁迅的小说创作中，创造了一个"狂人"家族。其中指出：鲁迅的小说创作中的人物，形成了一个以"狂"为标志的形象系列，可称为"狂人"家族。这个家族中的人物各有个性，有着不同的生活经历、社会地位与处境，但他们有个共性：不安、不满、不平、期望、追求、反抗。这共性使他们构成一个家族。同时还论述了这个家族的构成、家族诞生的社会意义与价值，以及鲁迅为什么和如何创造了这个家族。本文则就"狂人家族"产生的主观素质和它的文学、美学意义等问题，作一些论述。

一、狂人家族产生的主观素质及其意义

鲁迅创造了一个狂人家族，不仅有社会的、历史的原因，而且有他的生活的积累、思想的积累、感情的酝酿及创作心理的作用，也就是主观的因素。这些主观因素自然是与历史因素互相结合而发挥作用的，并且是以此为基础而发挥作用的。但是，却具有不可忽视的、独立的作用。尤其是感情酝酿和心理素质，对艺术品的产生更有不可忽视的特殊作用。它既是社会生活在作家思想中酝酿艺术品时的素材，又是促使它发酵的"酵母"，没有它和它所发生的作用，艺术品的产生和艺术价值的高低是会受到影响的。

在这里，我们可以来看一看鲁迅的思想觉醒与文学觉醒的过程。这种过程的特殊情形决定了他的小说创作在宗旨、立意、典型塑造、题材选择上，以及在创作心理、审美选择上的特质。这是鲁迅创造狂人家族的主观方面即思想与艺术的基础。

鲁迅在少年时代即由于家庭在突然打击（祖父入狱）下急遽没落，以及亲见整个周氏家族的崩溃，而饱受人情冷暖、世态炎凉之苦，痛感周围人们和环境气氛的愚昧与冷酷，促使他决定要走异路、逃异地，去寻找别样的人们，无论他们是魔鬼还是畜生。这表现了他的痛恶之深和决绝的态度。这种最早的人生和思想觉醒，就蕴蓄着对于落后事物、没落人物的憎恶和对于腐朽生活、制度的怨恨，以及对于环境冷漠的哀痛之情。这时期，同这种人生遭际的不幸相并而行、相渗透而起作用的是他对于民间艺术的广泛接触。由于他自身的条件与心境，他自然地赞赏无常的鬼而人、理而情的性格和那种"哪怕你皇亲国戚，哪怕你铜墙铁

壁"都一律看待的无私的、反抗的性格;他同情白蛇娘娘的不幸,痛恨法海的作恶,他更欣赏女吊的反抗复仇的形象。同时,无常的活泼、幽默、风趣,目连戏中插演的《武松打虎》中的幽默与机智,也为他所热爱。鲁迅的最早的文学觉醒是在民间艺术的熏陶下发生的。

当他刚刚步入青年时代,人生观刚刚确立时,便求学于南京,在维新运动推动下,接受了政治上的改良主义和世界观上的进化论,并接受了西方进步自然科学和社会科学的影响。这时候,以爱国主义为特征的维新思想和以进化论为特征的世界观、社会观武装了他的头脑,他用这个观点来观察社会与国家兴亡、人民命运,启人民于蒙昧的启蒙主义思想,可说是此时鲁迅思想觉醒的主要标志。在文学方面,他已经更广泛地浏览了中国的野史笔记、古典长篇小说,更通过林纾的翻译,学习了欧美近代进步作家和批判现实主义作家的作品。他的文学观虽然尚未成熟,但是其觉醒的程度,已经突破民间艺术的朴素浑厚境界,而受到中国古典文学的教养和西方近代文学的滋补,因而进入近代化阶段。对于文学的功用,其改造社会人心的作用已经被看重了,并且朦胧地想要以文艺来表现自己的心境了。他当时所写的几首古体诗如《赠诸弟》,特别是《莲蓬人》虽然还只是个人寄情抒怀之作,但是已经写出"文章得失不由天"这种不同于传统观念的新声,并在"莲蓬人"的身上寄托了自己落拓不羁、出污泥而不染的性格风貌。这是他的创作心理与风格的最早出现,为以后的深广发展提供了最早的基础。

到日本留学后,鲁迅已经成为一个激情的爱国者,断发明志,写下了献身诗,其中心思想就是痛祖国之沉沦,哀人民之愚昧,"寄意寒星荃不察",蕴含着他对于他所寄望的人民的爱与对其不觉醒状态的哀痛,并且决心奉献自己的鲜血与生命。这已经可以说是心里萌生描写狂人家族的根苗了。这既是他的思想觉醒的激扬表现,又是他的文学觉醒的突出流露。他的创作心理和创作构思的特质,即瞩目于祖国沦落、人民愚弱,并寻求打破这种状态的路径,已经初步形成了。不过,这时期,他仍然未摆脱维新思想的羁绊,在科学与文艺之间他选择了前者,实际上是在强民于体质还是督民以觉醒两者之间选择了前者。后来弃医从文,从仙台回东京之后,他终于放弃了原来的抉择,使文学觉醒之声盖过了其他,并尝试发动一次文艺启蒙运动。这时,他写了《人之历史》《科学史教篇》《文化偏至论》《摩罗诗力说》这样辉煌而深沉的论文，它们的共同主旨就是探讨人类思想文化发展的轨迹，呼唤人民觉醒，探寻其中的规律。所以，着意于"立意在反抗，指归在动作"的摩罗诗人的介绍，召唤作至诚之声"援吾人出于荒寒"的"精神界之战士"。《域外小说集》的翻译则着重选择被压迫国家和民族的作品，将异国佳果移入华土，借其他民族的反抗之声来惊醒自己沉睡的同胞。

此后是失败和长期的沉默。在这个沉默期，他深研民族文化的发展和中国历史轨迹，总结辛亥革命失败的教训，观察黑暗现实的状况。他的结论是：几千年的文明史是一个充满"吃人"二字的历史，现实的黑暗是历史的重压和前一次革命失败的恶果。唤醒人民、进行思想革命是根本的出路。因此，这个沉默期实际上是一个思索期，他在沉默中研究、思考、探索。在这同时，他收集了故乡先贤的遗文，作了中国古代小说的钩沉工作和唐宋传奇的收集工作，并且研究了人类思想史上的奇葩——佛教经典，以及恢弘阔大的汉石画像。因此，这个沉默期，同时又是一个思想与文学的准备期。

这种长期的酝酿、理论准备和创作准备，都像诸多河流汇向一条大江一样，为他创造狂人家族打下了思想与创作的基础。从他早年在东京唱出"寄意寒星荃不察"的哀歌起，到"五四"前夕他发出"铁屋子里的人们就要昏睡而死"的激愤之词，在长期的思想与艺术的发酵过程中，都是在培养着一个以"觉醒"为主题的狂人家族的形象群。可以说，像鲁迅这样在开手创作之前，就具备了在思想、理论、知识、文学等多方面充分准备的作家在中国绝无仅有，在世界文学史上也是罕见的。鲁迅是大器晚成，他具有雄厚的基础和充足的武装。因此他一旦提笔，便不可收；狂人一出，渐成家族。

鲁迅的长期不幸的、苦痛和寂寞的生活，以及长期对于某种类型文学的喜爱，也投影于他的创作之中，成为构成狂人家族产生的基础因素之一。这里主要的表现和内涵是那种夹着哀伤、病苦、寂寞和激愤的情绪与创作心理，以及那种由于热情的长期压抑与凝聚而造成的严峻、冷彻的美学风格。这风格当然因受性质类同作家的影响而加重和富有艺术色彩。因此，也是在艺术上加强与提高了这种风格。比如中国的屈原与魏晋文章，俄罗斯的果戈理的"泪痕悲色"、安德莱夫的阴冷等。这些文学因素，不仅是狂人家族产生的因素之一，而且也是使他获得成功的艺术因素，因为这风格与它所要表现的内容非常契合，从而达到艺术上形式与内容的高度统一。《阿Q正传》《孔乙己》都是饱含泪痕悲色之作，《药》深藏激愤和冷峻，《在酒楼上》和《孤独者》，透露着撼动人心的寂寞与孤独，那里面渗透着鲁迅的早年生活的哀痛与心境。《伤逝》，据周作人自信地声称，表面上写的是情人失恋的哀伤，实际抒发的却是兄弟失和的苦痛。这些个人生活经历、心理素质、记忆资料，便成为他的艺术创作的个人的、心理的因素，赋予描绘狂人家族诸篇章以独特的、优美的、杰出的色彩与成就。

二、狂人家族的文学与美学价值

鲁迅创造狂人家族，无论在思想意义和社会意义上，还是在文学意义上，其价值都是十分巨大而深厚的。它给中国现代文学的革命现实主义奠定了坚实、深厚的基础，为它的健康发展指引了方向，成为其杰出的榜样。

由于鲁迅是从如何救国救民、如何改造国民性的高度来看待文艺的本性，把它看作改变国家民族命运的最有力的手段，又曾写下《科学史教篇》《文化偏至论》《摩罗诗力说》这样具有广阔、深厚、丰富内容的论著，因此可以说，他在理论上是牢牢地站在现实主义立场上，具有强大的现实主义理论武装的。在文艺与现实的关系这个命题的第一要义上，他的回答十分清楚而坚定：用文学来唤醒人民、改良人生，即改造客观世界。鲁迅充分肯定了文艺的社会意义与认识作用，并且自觉地作为社会的积极一员，以文艺为武器去从事社会改革。他一开始就在理论上把自己的创作放在现实主义基础上，这不仅在政治上是一面革命的旗帜，而且在艺术上是一面胜利的旗帜。

但是，更可贵的不在于他要做什么，而在于他怎么做。他不仅把现实主义同新民主主义革命结合起来，而且把现实主义的积极的人生态度同现实主义的创作方法结合起来。在这方面，鲁迅有三个值得注意研究和认真学习的特点。

第一，鲁迅开始创作时对中国社会已经有了很深刻的了解、观察和研究，既有亲身经历与体验，又有对书本的了解与探研，特别是立足于现实对历史进行了反顾式的剖析，并以古观今。同时，在生活方面具备丰厚的武装。这就使他的创作宗旨、立意深深植根于生活（现实的生活与历史的生活）土壤之中。

第二，他始终坚持从生活素材中提炼自己的主题与故事、人物与典型。他的作品，不以情节取胜与引人，都是些平凡的故事、普通的情节，其中许多是他自己的经历和熟悉的人物的投影。这不仅使他的作品具有细节的真实，而且具有生活的真实。

第三，他不仅提炼而且改造和开掘。同样的细节与人物素材，经他的改造，就成为对社会生活具有深厚反映力的典型，成为具有深刻思想意义的事件，平凡中发掘了不平凡，以思想的光，化"腐朽"为"神奇"。"开掘要深"，是鲁迅在创作上的根本原则。在《孤独者》中对于为祖母送殓事件的描写，在《祥林嫂》中对于祥林嫂儿子被狼叼去的细节的运用，在《孔乙己》中对于"孟夫子"这个原型的改造，在《白光》中对于掘藏情节与人物形象的开掘，以及在《阿Q正传》中对于阿桂生活与性格的开拓、充实与开掘，都是鲁迅现实主义精神的充分体现和创作方法的完美彰显的表现。这说明鲁迅现实主义创作方法，成为他的现实主义精神的贯彻和保证。

鲁迅在狂人家族的创作过程中，不仅坚持了现实主义，而且突破了旧的规范，发展了旧现实主义。

前面说到鲁迅创造狂人家族在描写社会环境和刻画人物典型上的总体立意，这里则要更具体地来探讨一下。鲁迅在论述五四文学运动的初潮时曾经指出：

> 最初，文学革命者的要求是人性的解放，他们以为只要扫荡了旧的成法，剩下来的便是原来的人，好的社会了，……。①

这段总论性的话，也同样适用于鲁迅。把人性的解放与社会的解放结合起来，而以人的解放为根本。这个总的创作意图，正是前面所说的鲁迅文艺思想凝聚在创作上的焦点。在这个焦点的聚光灯的照耀下，一系列人物的命运与性格，就出现在中国现代文学的舞台上了。但需要特别指出的是，鲁迅刻画狂人家族中的每一个成员，都着意地描绘了人物生活于其中的环境（历史条件、周围人们的思想与态度），而且把人物的思想性格同这环境结合起来了：思想性格是周围物质条件在一个觉醒

---

① 鲁迅. 鲁迅全集（第七卷）[M]. 北京：人民文学出版社，1991：82.

过程中的人的身上的主观体现。这是鲁迅特别深刻的地方，是他的过人之处。他没有把人的解放从环境中脱离出来，没有同环境的改造脱离。

鲁迅说过：

> 至于百姓，却就默默的生长，萎黄，枯死了，像压在大石底下的草一样，已经有四千年！[①]

他进一步指出，更可悲可怕的是，这些共同压在大石底下的人，本是同根生、同命运的，但却"人人之间各有一道高墙，将各个分离，使大家的心无从相印"。这原因就在"我们古代的聪明人，即所谓圣贤，将人们分为十等，说是高下各不相同"。这是历史的重负。不幸的是，往昔的名目虽然不用了，但是"那鬼魂却依然存在，并且，变本加厉，连一个人的身体也有了等差，使手对于足也不免视为下等的异类"。这样，不仅"使一个人不会感到别人的肉体上的痛苦了"，"并且使人们不再会感到别人的精神上的痛苦"。

面对这种深含悲哀的现实，鲁迅说到自己的心境和创作的总体立意：

> 我虽然竭力想摸索人们的魂灵，但时时总自憾有些隔膜。在将来，在高墙里面的一切人众，该会自己觉醒，走出，都来开口的罢，而现在还少见，所以我也只得依了自己的觉察，孤寂地姑且将这些写出，作为在我的眼里所经过的中国的人生。[②]

"连自己的手也几乎不懂得自己的足！"鲁迅写过许多慨乎言之、极为沉痛的话，而这句话是其中最深刻、最沉痛、最感人的凝练话语。这话集中表明了鲁迅在别的地方多次说到的意思：统治者、压迫者的高压统治固然令人痛恨愤慨，但尚不足惧，可怕的是人们互相的不相通、不相知、不相爱，存在着一种厚重的隔膜和渗透毛孔的冷漠！这是最可怕而令改革者为之志摧心寒的！所以鲁迅说，"叫人叫不着，自己顶石坟"。这是中国现代史的概括。他甚至沉痛悲愤说：

> 凡有牺牲在祭坛前沥血之后，所留给大家的，实在只有"散

[①]　鲁迅. 鲁迅全集（第七卷）[M]. 北京：人民文学出版社，1991：82.

[②]　同①。

胙"这一件事了。①

鲁迅从一个学生因闹讲义风潮被开除后，其他学生享受果实而把他忘了这件小事中，见出了革命的大事。他在书信中更明确地点明了这个意思："牺牲为群众祈福，祀了神道之后，群众就分了他的肉，散胙。"②这就更进了一层：不仅互相不懂同胞手足之情，而且，互相以冷漠相害，甚至对为自己献身的首先觉醒者，竟"分了他的肉，散胙"。

鲁迅的这些论述，把历史与现实、环境与人物、现实与自身、文学与现实都结合起来了。他揭了历史的老底，也就挖了现实的老坟和疮疤；他揭示了环境的症结，也就透视了性格的根源。而且，他也把自己放进了这个历史与现实的斗争之中。那武器，便是他的小说创作，那表现的手法便是人的受难和彼此的不相通，甚至对于为群众祈福的牺牲者（比如夏瑜）的"分了他的肉，散胙"这个思想贯穿于鲁迅描绘狂人家族的所有小说中。在这些小说中，都有一个出场了而无姓名、是总体性而又具象化了的"人物"，它便是：社会环境。

狂人（《狂人日记》）周围是一群蓄意要"吃"他的人，对于他的真理的声音，不但不听，而且说这是"疯话"。祥林嫂的周围，有从鲁四老爷到他的老婆，庙祝到柳妈的一切人等，用礼教习俗之刀来杀害她的一班人。在夏瑜周围，则活跃着一批愚昧、麻木、不知道怎样来改变自己的命运的人，撺掇着来饮自己的拯救者的鲜血。在单四嫂的周围，是一群毫无心肝、丧失了同情心的人：有在她极度痛苦中调笑她的人，更有趁机调戏的不怀好意的人，连医生、药铺的伙计，也都毫无怜悯之心，他们注意自己的长指甲超过了对宝儿的垂危的生命和单四嫂无告的命运的关心。人与人是多么不相通，这是怎样的社会，怎样的人生！阿Q的环境与周围的人不要细数了（突出的是里面出现了假洋鬼子，这是中国近代社会的特殊产物，从"土洋"结合的反动统治者分化出的怪胎），就是他最后绑赴杀场时那段关于"狼的眼睛"的描写，又是怎样的使人惊心动魄，沉重哀伤于何地！鲁迅后来写小说《示众》和散文诗《复仇》，那沉痛的寄托是很深的，它们是直接地"说"出了他在小说创作中沉痛地表现出来的内涵和他的思想感情。

① 鲁迅. 鲁迅全集（第一卷）[M]. 北京：人民文学出版社，1991：407.

② 鲁迅. 鲁迅全集（第十一卷）[M]. 北京：人民文学出版社，1991：76.

鲁迅这样来描写环境和刻画人物，其现实目的和作用是很明显的。第一，是为了引起疗救的注意。那么，怎么注意和注意什么呢？就是注意这些病态与不幸，改变这现实社会，改变这人性。第二，把病态揭示出来，使人们彼此看见各自的不幸、痛苦挣扎与斗争，以及斗争的失败、希望的落空、痛苦的无告，这样来增强彼此的了解，使那本来情感不通的手足相通起来，联系起来，那目的，自然是由此而结同心，共斗争，共同来改变现实与自身。第三，总结辛亥革命的经验。表现在那不觉醒的人民和人民觉醒的过程，以及人民尚未觉醒时的革命及其失败。这就是他所说的"扫荡了旧的成法"和实现得到"原来的人""好的社会"的目的。这也就是他所说的"遵命文学"的实质。这便是他的狂人家族中一系列各种不同的人物形象产生的深厚而鲜明的根源。鲁迅的现实主义精神，在这里是何等真实、深刻、坚定而高昂地表现出来了！他用对于民族的不觉醒或要觉醒而不可得的描绘，来促进民族的觉醒；他用对社会环境冷酷的描写，对冷酷环境窒息生灵、使人们想要觉醒而不可得的描绘，来促进国人的觉醒，以改革这环境、这人生。他因此而成为人民的代言人、革命的号手。

鲁迅以深刻的作品和它们所创造的狂人家族，深刻地反映了中国近代和现代社会的面貌，反映了它的基本矛盾、阶级关系和人与人之间的复杂的、本质与非本质的对立；提出了革命的本质而急迫的问题；总结了历史的症结、革命失败的教训；反映了国民的劣根性；透过这种刻画，剖析了中国的特殊的社会结构和民族的社会心理状态。这样，就使他的现实主义，在立意、主旨方面，在以积极的人生态度参与变革现实的斗争方面，理所当然地可以和应该加上"革命"二字，而突破了他所继承的中国古典现实主义，也突破了他所师法的欧洲和俄罗斯的批判现实主义。从这里，鲁迅以自己的创作实践显露了他的美学思想和美学理想。他的美，与真、善完美地结合；他所创造的美，同社会功利紧密而完美地结合在一起。

鲁迅探讨国民性，在理论上确是从抽象的人性出发的。但是，在创作实践上，他却写了阿Q、闰土、祥林嫂的具体的人性，也写了孔乙己、陈士成以及魏连殳、吕纬甫的人性，也写了举人老爷、茂才先生、假洋鬼子和鲁四老爷等统治者的人性。他写了这治人者与治于人者的人性的对立。这样，鲁迅便不仅在这些不同的人们的人性中反映了他们的各不相同的生活和环境，即他自己所说的"中国的人生"，而且冲破了自己的理论的藩篱，写出了人性的差异和矛盾，使人性具体化、社会化。这当然是现实主义的胜利，是生活、实践、创作优于和高于理论的地方。当然，我们不能否认，有过这种突破的作家，尤其是那些大师们是不少的。巴尔扎克便是经常被提到的例证。但是，鲁迅的特异之处在于，他在自己的创作中，并不拘泥于自己的理论，更不维护自己的理论，使自己在作品中同另一个自己打架，因而使作品处于思想矛盾之中。

这样，我们便从人物与环境的互相渗透的关系中，看到了中国的悲惨的人生和"大石"底下压了几千年的古国人民的灵魂了。鲁迅不是第一要描绘他眼里经过的中国人生，第二要画出国人的魂灵吗？他这样做了，也就做成功了。他的人物画廊同时也就成为社会风俗画。这两者互为因果、互为表里，一是客观基础，一是主观表现；也可以说一是主观根源，一是客观后果。鲁迅对于中国社会与中国国民性的描绘、刻画、剖析达到了前所未有的深刻程度。他越是剖析得深，他的痛苦也越深。他的痛苦越深，其寄托也越深，他所发出的呼号也就越深沉、痛苦，令人毛骨悚然、灵魂震颤，因此也就越发感动人，促人猛醒，发人深省，产生深刻的社会效果。鲁迅说他的创作同当时革命前驱者的步调一致，其原因就在此。他使用小说这个武器，为唤醒民众、呼号革新贡献力量。

当然，从主观条件来讲，狂人家族是在鲁迅的总的指导思想下产生的。这总的指导思想，包括他的社会观、历史观、美学观、文学观及创作方法。这个主观条件，也是前面所说的客观社会基础见之于人的主观的东西，即主观对于客观的反映。这种主观条件，集中地表现于创作宗旨、创作思想和创作方法。鲁迅在创作上的总体设计就是要通过描绘人民的不觉醒、难觉醒、欲觉醒而不可得，以及环境迫使人不能觉醒、不许人民觉醒，来促进人民觉醒。这是以他对辛亥革命失败教训（未唤醒民众，特别是农民）为历史前提的，也是以他对当时的中国现状还是铁屋子似的禁锢人、制造人肉筵宴的厨房似的残杀人为现实前提的。这种总的创作设计，必然地会产生出狂人家族这种思想性质与性格特征的人物形象系列。这里反映的主要不是鲁迅的审美观而是他的革命文学观，但却又反映了他的美学观的特征。他把自己的注意力放在了那落后、黑暗的一面，正是为了展示出来，引人注意，致力疗救。

鲁迅的现实主义的深刻性不仅表现在他把人性作了具体化的、社会化的描绘，而且在于他以农民为主要对象去着笔。这就抓住了中国民主革命的要求与力量的主要源泉。但是，鲁迅的现实主义精神并不止于此。他更深刻地表现于如何表现这个"源泉"上。鲁迅表现农民的麻木状态，诉说了他们的冤情与痛苦，描写了他们改变现状过新的生活的希望及由此而来的挣扎与反抗，更反映了他们这种挣扎与反抗的无力和不成熟。他不写农民举起刀枪的反抗斗争（这在当时是此起彼伏地发生的，而且鲁迅与其中某些人，如被称为"绿林好汉"的王金发有过来往），他也不写农民物质生活的穷苦和奴役劳动。这方面的见闻，他也并非没有。他也不写农民的一般的颠沛流离的命运和生活惨景。他不写这一切和不这样来写，而是选取了一种特殊的角度：写农民的心灵与愿望，写他们的灵魂。这是从他们的生活中提炼出来的，是他们的生活与思想感情的结晶，这灵魂麻木然而并未死灭，虽然"不争"但却在追求、反抗，然而虽在追求反抗，却又软弱无力，而且是在不觉醒中透露出一种觉醒的萌动。

另一个为鲁迅所着力描写的是知识分子群。这个群体的构成含着三代人。一是以孔乙己、陈士成为代表的末代封建士的阶层；二是以魏连殳、吕纬甫为代表的辛亥革命时期的新旧交替的近代知识分子；三是以子君、涓生为代表的五四运动以后产生的新一代知识分子。但鲁迅却不是全面地来写这三代读书人，而是从他的社会观和创作宗旨出发，选取某一个特殊部分、特殊角度来写的。对第一代，他不写那飞黄腾达爬了上去的幸运者，不写那庸碌终身或改从他业的众多俗子庸夫，更不写那些仍在跌跌撞撞地在科举路上挣扎的人，而是写了这没落、颓败、衰落的一类人。其原因有三点：一是他们在本质上反映了这个阶层的彻底消灭、不配有好的命运的命运；二是他们的命运可以更好地控诉旧社会制度的一个方面——科举制度；三是他们的不幸与没落既反映了他们的命运的不能改变，也说明了他们自身还留存一点正直、善良的沉渣。这些，都是符合鲁迅的创作思想、目的和心理素质的。这是与他创作其他名篇，其他人物（如狂人、阿Q、祥林嫂等）的共同的思想与艺术基础，因此而有"资格"构成狂人家族的一个房族。

对于第二、三代，鲁迅也是选取那曾经反抗、还想反抗但已失败并且颓唐衰变，却又有反抗的意识和"变态"反抗的那一类人物。这也同样符合鲁迅的创作意图、目的和心理素质，固而构成这些人物进入狂人家族的作家创作思想的统一基础也构成人物本身的性格基础。这些，便蕴含了狂人家族的主要特质。

中国近代和现代的社会条件（如前面已经说到的，主现实中包含着历史的因素，因此也联系到远古和近古的中国）产生了狂人家族。鲁迅以他思想家的深邃的历史眼光、革命家的敏锐的眼力和文学家的高超的艺术，以及将这三者的浑然一体的结合，描写刻画了这狂人家族，由此而像一面深刻的历史镜子，反映了中国近代和现代社会的面貌，提出了革命中最迫切的问题，给当时的人就提出了祖国和人民的病症所在，引起了疗救的注意和群众的觉醒，给后人则留下了永在的思想和艺术珍宝。从鲁迅的小说中，尤其是通过他所创造的狂人家族，可以了解中国的历史、社会和人民，它们曾经那样在屈辱中生存与挣扎，在充满现实的污秽与历史的沉渣的环境中，探寻变革的道途并付出了巨大的牺牲。其症结就在那帝国主义的侵略与封建制度。可怕而可恨的是那历史的沉淀，会积存在人民性格的深处，像遗传基因一样一代代留传下来。当然，这是能够改变的，但这途径是必须由人的改变与环境的改变统一起来进行。读着鲁迅的昨日的作品，我们常常不免想起今天的现实，从那昨天的人物身上，痛苦地感受到那遗传基因的作祟，比如阿Q便是。不过，鲁迅的作品，总是排除了那阔人高楼上的同情或旁观者袖手一旁的冷嘲，而是人民群众中一个代言人的呼吁，他伤感而不消沉，他痛苦而不倒蔽，他挣扎而不摇摆，他失败而不绝望：总之，在冷静中深含着炽烈的热情，在鞭笞中流着手足之情的眼泪，在呼号中响着变革前进的声音。这不仅因为鲁迅曾经为了与革命的前驱者保持一致而在作品的后面，如他自己所说"装点些欢容"，这也许只能说是外在的，虽然这外在的也很宝贵，但究竟是浅层的东西。更主要、更根本的是他的内心的热情、思想深处的真知灼见和力量。他深爱人民，因此也深信人民。所以当他自己还不知道路在何处、该怎么走时，他仍然很有信心地说："路是从没有路的地方走出来的。"这话有千钧之力。路是人走出来的，只要走，就会有路。

创作上的成就和美学上的追求，是鲁迅为中国现代文学留下的最宝贵的业绩。鲁迅终生作为一个美的追求者和创造者而战斗。但他却不虚假地去创造美，而是用思想的积极要求同艺术上的"理想主义"结合而去创造美的形象，而是以深沉的历史与现实的眼光、爱国爱人民的激情和革命的理想这种思想之光，去照见现实生活中的一切。虽然所照的是社会的病态、人民的不幸和麻木，然而却透露出真正的革命热情与理想。真正的美就由此而产生。因此这也就成为我们最宝贵的思想艺术与美学遗产，成为值得我们今天倍加珍爱并且身体力行的教益。

　　鲁迅描写狂人家族的小说篇章，在美学范畴中，都属于悲剧类型。这是因为它们都具有悲剧的审美特质。这样说，完全不是因为它们大都是饱含着悲伤哀怨情调。如果止于此，它们可以说都是悲哀的或悲惨的故事，但未必都是悲剧。悲剧的审美特质应该是从本质上反映了人类社会中的矛盾冲突，从人物的不幸、痛苦以至灭亡中，不仅表现了丑暂时战胜了美（这构成了悲哀、痛苦），而且预示了美终将战胜丑，从而在精神上提高人们，使他们在悲痛中含着激愤和仇恨，哀伤而不绝望。鲁迅说过，悲剧是"把人生有价值的东西撕碎给人看"，即包含着这种悲痛的两重性：既表现了人生有价值的东西的价值，又表现了这种有价值的东西被撕碎了；或者说是在被撕碎中表现了被撕碎者的价值，这就产生了悲剧的力量——使人们更加珍爱、惋惜那有价值的东西，同时也更恨憎那撕碎这可爱的东西的丑恶势力。在描写狂人家族的诸篇章中，鲁迅在美的天平上，始终都把砝码放在被侮辱、被损害、被摧残的不幸的人们这一边，狂人、疯子、夏瑜、阿Q、祥林嫂、闰土、单四嫂、爱姑以至魏连殳、吕纬甫、孔乙己、陈士成、子君与涓生等，都排列在"美"这一边。在他们身上，正表现了丑——封建势力、封建统治者——与被他们损害、摧残、杀害的被统治者的矛盾，这是当时中国社会的本质矛盾，而后者总是被丑战胜和撕碎了的，这是当时中国社会的状况。那么，这些被安排在被撕碎但却是美的这一边的人物，他们的价值何在呢？那价值就是他们合理的人生欲望、改变命运的愿望和善良的本质，而其核心则是他们的处于不同觉醒阶梯上的觉醒。从悲剧的角度看，则在于他们的这种觉醒被摧残了。但鲁迅通过对于他们灵魂的刻画，却表现了他们不再是在昏睡中，而是开始不安了、呻吟了、骚动了，有的甚至坐起来、站立着，发出了惊醒众人的呼喊。我们只要稍加思索便可以领会到，狂人家族中的每个成员，包括孔乙己、陈士成、吕纬甫、魏连殳及子君、涓生，都是并不安心于自己的人生价值与愿望被撕碎的，否则他们就不会痛苦，更不会发疯、自杀，做出偷窃、反抗等越轨行动。所以，鲁迅通过狂人家族的描绘表现了这些铁笼子里的人们终将全体觉醒起来，把铁笼子打破、冲毁、砸碎。这样，鲁迅就使自己的作品，坚实丰厚地具有典型悲剧的审美特质。

然而，鲁迅小说的更高的美学价值还在于，他的描写既是有分寸的，又是通过偶然性来表现了必然性、通过个性来表现了共性的。所谓有分寸，就是他笔下的每一个人物，他的社会价值和美学价值都是如实地反映出来的，是符合他们的身世、经历、社会地位、心理构成和思想状况的，是既"独具慧眼"地发现、挖掘并且表现了他们潜在力量、朦胧的觉醒和发展的向上趋向，又表现了他们在这方面的进展还不够而且被摧残。这种历史的真实和艺术的真实的统一，使作品的统一的"真"达到了美的境界，具有引人与感人的力量。而且，每一个人物都具有自身的发展史带来和决定的个性、性格特征和思想特征，因而是典型化的。同时，鲁迅又是美丽地表现了这一切。他的小说，从艺术构思的精巧到典型性格和典型环境的刻画，从故事结构和情节的发展到语言的运用，都取得了高度的艺术成就。

鲁迅一开始并未立意要创造一个狂人家族来反映中国近代社会的面貌，但他却在艺术实践中形成了这样一个狂人家族。这首先决定他对于中国历史有深远的了解、深入的研究和深刻的见解。他给好友许寿裳的信，简略地说明过《狂人日记》是怎样在他的对于中国历史的了解与见解之下产生的。其次，他对于中国当时的现实，即从辛亥革命前后到五四前后的二三十年的社会生活，又有着广泛的观察与了解，而且他自己便是这一段生活的积极参加者，从在日本东京从事文艺运动时开始到五四前夕，虽然有过一段沉默的时期，但他始终未曾脱离过现实和斗争，从未躲进象牙之塔或个人主义的壳中，而总是在忧国爱民，上下求索救国救民之路。再次，他具有广博的中西文化知识，特别是具有深厚的文学与艺术的修养。《古小说钩沉》《唐宋传奇集》的收集整理，以及《中国小说史略》的讲授与写作，仅这两项就表现了他对中国古典文学和小说史的极为丰富的知识和高度的修养。而从他的购书单中，我们也可了解到他对于西方文学（包括英美德法）尤其是对于东欧被压迫民族和国家及俄罗斯文学，有多么深刻的了解。这些不仅给了他以强大的东西方文化知识和文学修养，更重要的是培育了他的现实主义的深厚精神。整个狂人家族就是在这个基础上产生的。《狂人日记》这名目和艺术构思，不是就直接得益于果戈理的同名小说吗？当然，更重要的是得益于俄罗斯批判现实主义的优秀传统。这方面的教益，同样是值得我们记取的。

鲁迅说过，他的小说都是他的那些未曾忘却、难以忘却的过去的梦的产物。而他笔下的人物，虽然是"拼凑起来的角色"，但是差不多每一个人都有一个比较集中运用了的原型，阿Q、祥林嫂、闰土、狂人、孔乙己、陈士成等，都有这样的原型。鲁迅创造人物，是在这些原型的基础上加以改造而成的。还有一点不可忽视，鲁迅小说的不少主题、人物形象，是他早在日本时期就酝酿了并且见之于文章中的。[①]这种情况，也同样反映了鲁迅的现实主义精神和美学原则。他的狂人家族是在他这种现实主义精神的土壤上开出的鲜花。鲁迅的这种精神和原则态度，在今天对于我们仍有着特别值得重视和学习的地方。

鲁迅不仅是我国现代美学理论的创造者之一，特别重要的，他是这个理论的成就最高的实践者。作为一个革命现实主义作家，他称自己的创作是"遵命文学"。他把改良人生、改革社会，即把革命的功利主义作为自己作品的美学基础。他说他厌恶以小说为"消闲品"和"为艺术而艺术"。因此他是把这种追求积极的社会效果和革命意义的功利考虑放在审美标准的根本地位上，而且把这当作一种艺术规律来看待的。他的狂人家族就是在这种美学理想的指导和要求下产生的。可以说，如果不是由于有这种考虑，他就不会写出狂人、阿Q等这种特殊的人物，即狂人家族中的人们的思想性格。正是为了唤醒民众，揭示周围的阴冷和人们灵魂深处的冷漠，他写狂人之发狂和狂人式的斗争，以及不觉醒的觉醒者和觉醒途中的觉醒者。要说鲁迅美学遗产之宝贵，我以为这是最根本的一条。它对我们今天的创作的意义是不言而喻的。

大家都知道，鲁迅说他的小说是凭着读过百来篇外国小说来创作的。这种把范围窄化了的谦虚的说法，自然也反映了一部分他得益于外国文学尤其是俄罗斯古典文学的情况，说明了他的作品的外国艺术渊源。但是，他的更深厚的渊源却是中国的民族传统。唐宋传奇、话本小

---

① 参阅拙作《辛亥时期杰出的"精神界之战士"——鲁迅和辛亥革命》，载《鲁迅研究》第11辑。

说及《红楼梦》《水浒全传》《三国演义》《西游记》对他都有着深刻的影响。但更重要的是，他写的是中国的现代社会、现代中国人（特别是农民等普通人）的命运，即他眼见的人生，他刻画了他们的心理素质（这是历史传统与现实生活所融铸而成的），因此他的作品就具有了深刻丰富的民族性。而这，正是增强文学创作的美的一种强大的、基本的素质。正因为鲁迅的狂人家族是这样产生的，所以即使是像《狂人日记》这样连题名也同外国作品一样，艺术构思也是借取来的作品，同样强烈地具有民族性。鲁迅的实践证明了这应是一个美学规律。这规律也是值得我们今天十分重视的。

　　关于鲁迅创作中的狂人家族，我仅作如上的探讨。是否有当，甚愿听到专家们和师友、同行们的批评指正。这里想要说的是，我感到这个题目是值得我们认真探究的。因为，这是鲁迅思想艺术遗产中的最宝贵的一部分，也是对于我们今天的艺术实践和美学探讨有着现实意义的。

（《鲁迅研究》1985年第9辑）

作家的创作心理与狂人的心态

——《狂人日记》赏析

　　1918年，鲁迅的短篇小说《狂人日记》在中国文坛的出现，不仅是中国现代文学的第一声春雷，也是中国思想界以彻底否定态度反抗封建礼教制度的战士在文坛上的第一声怒吼，而且，还是震撼人心、激励奋起的反抗的号角。一篇篇幅不长的小说能具有如许力量与作用，绝不会是偶然的。我们过去对于这篇杰作，从政治上、道德上、社会性质上及文学艺术的性质与成就上，都作过许多研究和中肯的评论，有些是相当深刻的。对于作品中的主角——狂人——这个形象的社会本质、典型意义和艺术成就，也作了许多中肯而深刻的分析与评论。这些都是我们理解这篇作品的有益材料。

但是，我们向来的研究，却甚少引导读者从作家的创作心理方面去理解作品的产生和作品的思想与艺术成就。这同我们过去忽视对创作主体（作家）的研究，对作家和作品作心理方面的解剖学分析，是分不开的。这限制了我们对作品的欣赏领域和审美情趣。这里，我试从这方面入手，来作一点剖析。

一、鲁迅创作心理的形成与狂人形象的孕育

中国现代文学的第一个不朽的艺术典型是一个狂人的形象，反封建的怒号出自一个狂人之口，这都不是偶然的。无论从作品产生的时代背景、历史条件和社会环境来说，还是从作家自身的种种状况来说，都是如此。对于前者，我们向来的研究、所述甚多；对于后者，却不免语焉不详。这里且侧重从后者来说，但也不能不结合着前者的种种条件来予以阐述。

鲁迅自从1906年弃医从文之后，虽不曾立志当作家，却立意要以文艺为武器救国救民，并为此做了多方面的充分的准备，而这实际上、客观上却已为他成为一位伟大作家做好了准备。在思想上，他用西方先进的自然科学和社会科学知识武装了自己；在文学艺术方面，他也用先进的、近代和现代的西方文学观念和艺术思维与技巧武装了自己。他是以一个学者的和思想启蒙运动战士——用他自己的话来说，是"精神界的战士"——的风貌走上文学战场的；但同时，他又广泛阅读了西方著名的、进步的、民主主义的文学作品，并且翻译了"域外的小说"。这些作品的总体精神就是他所概括的："立意在反抗，指归在动作。"他并且以此为主旨和选择标准，以欧洲等国的"摩罗诗人"为典范写了论文《摩罗诗力说》，提出了一个既具深刻的现实主义基本精神，又充满积极浪漫主义精神的文艺纲领。这是鲁迅早期思想的基础与核心，同时，也构成了鲁迅日后的文学创作心理的基础与核心。只是这时在他的思想中，"指归"之所趋，"动作"之所向，尚是旧民主主义，而在艺术思维中，创作意识尚不充分和明显。但"反抗""动作""战斗"已经是他的萌生建构中的创作心理的核心了。

鲁迅怀着热烈的感情、献身的至情投身于辛亥革命的思想启蒙与发

动工作，然而《新生》杂志没有"出世"就死去了，《域外小说集》一出版便在冷漠中消逝了，而且他又看见了云集东京的留学生中的许多令人失望的现象，更看到那些自命是护新救国的人们的种种肤浅的、卑琐的、狭隘的、狂悖的思想，他于是感到失望与寂寞，曾经慨叹："而先觉之声，乃又不来破中国之萧条也。"并且沉痛地发问："今索诸中国，为精神界之战士者安在？"接着又呼号："有作至诚之声，致吾人于善美刚健者乎？有作温煦之声，援吾人出于荒寒者乎？"（《摩罗诗力说》）此后两年，他离开日本回到祖国，在沉默与痛苦、寂寞与哀伤中，一面注视着辛亥革命的兴衰，并且深思它的意义；一面观察中国封建社会的腐朽沉沦，特别是人民的愚昧与麻木。在提笔创作《狂人日记》之前的七八年经历中，鲁迅一直面对着、经历着、感受着这样的社会现象和革命的兴衰状况。他时常为这些现象与形象所激动——那刺激与记忆，深深刻印在他的心里。在这里有着具体⇌抽象，形象⇌概括，感觉、知觉⇌认识、意识这样一种互相渗透、互相影响的作用与反作用的心理、思维活动。它们的总趋向都是这样一个纠结在一起的矛盾：先觉者起而为群众奋斗、群众冷漠麻木而不响应；先觉者不仅是死于敌人的屠刀下，而且也是死于群众的冷漠与麻木之中。

鲁迅这时虽然还没有准备写小说，没有想成为作家，但是，这种要以文艺来呼唤先觉者出世、提醒他们首先要唤醒昏睡的群众，解除那冷漠与麻木，已经是他的文学意识中的基本构成因素。作为形成中的创作心理，自然也是以此为基因的。

在辛亥革命失败后到五四运动发动前的这一段时间里，鲁迅曾经从在东京时期的大量阅读、钻研外国文学与文化，改变为深入钻研中国的传统文化，他采录、整理、校勘古籍，搜集、研究古小说资料及墓志、碑帖、汉画像，并且深入钻研了佛经。他从这种对民族历史与传统文化的钻研中，进行了深沉的历史反思，他立足于现实而返顾历史，又从反思中回到现实。他得出了一个总体性认识、总体性结论，这就是：

> 吾辈诊同胞病颇得七八，而治之有二难焉：未知下药，一也；
> 牙关紧闭，二也。牙关不开尚能以醋涂其腮，更取铁钳撬而启之，
> 而药方则无以下笔。

（致许寿裳函，一九一八年一月四日）

前曾言中国根柢全在道教，此说近颇广行。以此读史，有多种问题可以迎刃而解。后以偶阅《通鉴》，乃悟中国人尚是食人民族……。

（致许寿裳函，一九一八年八月廿日）

这里已经很清楚地对前述他的思想认识作了概括的表述。值得注意的是，这种表述是相当形象化的，如人之牙关紧闭、人吃人。他的这种理论思维是伴随着形象概括的，是"裹胁"着形象的。这正是文学创作心理的特征。至此，我们看到，鲁迅的创作心理形成过程，是始终围绕着如何解决中国革命这个大课题的，又是循着解决先觉与"庸众"的矛盾这个基本线索去解决这个大课题的。一个觉醒者的奋战呼号的形象和众人昏聩愚昧的群象所构成的矛盾对立的图景，萦回在他的脑际。这是他的心理活动中的主要表象运动。因此，可以说，他的创作心理的形成过程同狂人形象的孕育，是同步进行、互相渗透、互相推进地发展的。

特别值得提出的是，鲁迅在这个时期注意到了中国的一个奇特的社会现象，就是那些首先觉悟、起而大声疾呼改变旧有制度与社会规范的人，往往被扣上"疯子"的恶名。这一方面是以其言行思想之有悖于传统而被视为疯子，另一方面是既被视为疯子则其悖谬可见，因此可以消除他的警醒世人的作用。前者多出于反动统治者和卫道者之口，而广大落后愚昧群众被蒙骗而跟着这样看待；后者则主要是统治者的一种压制手段。鲁迅敬爱的先生、民主主义宣传家、革命家章太炎便遭到了这样的命运。另一现象便是那些革命者英勇就义时，那些他为之奋斗牺牲的群众竟冷漠麻木地跟随着看杀头斩首的热闹，甚至有食烈士带血的红心来治病者。鲁迅的友人和同乡秋瑾、徐锡麟烈士，便遭到了这样的命运。这对鲁迅的刺激也是至深至重的。这种事件的表象记忆，那人物和场景的感觉、知觉印象之深，在当时给了他以至深的刺激，而留下的表象记忆也是刻痕至深的。这些表象，因为同鲁迅的前述理论思维相渗透，同鲁迅救国救民的炽烈情感相渗透，而获得深广化、复杂化的改造和变异，从而成为他的心理结构的重要因素，成为他的创作心理的定势。

二、"狂人"形象的诞生与作家的创作心态

从鲁迅的自述中，我们知道《狂人日记》的创作，是由于受到钱玄同的邀约和催促，这自然是可信的。但是，这只是一个触媒，是一个刺激和引发，决定性的基础是鲁迅早就有了多方面的创作准备，特别是早就孕育了狂人的形象。就在前引1918年8月20日致许寿裳的信中，他就说明，正是认识到中国文化的根柢全在道教、中国尚是食人民族，因而创作了《狂人日记》。这是《狂人日记》产生的直接思想基础；此外，更有深厚的思想认识基础，即前述他对于中国革命艰难的原因在于英雄孤军奋战、群众麻木冷漠，以及奋起的先觉者均被视为狂人、疯子等社会现象的认识。

在这种认识基础上，更有他所崇仰的革命家章太炎被骂为"章疯子"这个直接的生活体验；而且，他还有这样的直接生活经验——他的表弟阮久荪是一个迫害狂病人，曾由山西到北京鲁迅家暂住，鲁迅亲身见闻了这种迫害狂病人的症状和言行。这给他留下了深刻的印象，成为他的表象记忆中的重要的和深刻的信息储存和形象储存。这两个事件和对于它们的记忆，成为《狂人日记》创作的契机。它正是在前述的种种思想认识的基础上，在钱玄同约稿的触发下，成为一种创作的心理契机，而促成《狂人日记》中狂人形象的产生。

这里，表现的是"社会生活—创作心理—人物心理"的历程。鲁迅的那种社会生活经历和他对于这种社会生活的观察、思考，形成了他的创作的总体立意的思想基础；而他关于这种社会生活现象，包括人物、事件、社会日常生活、种种社会人生相等的表象记忆，则成为体现他的创作总体立意的创作心理。这种创作心理中，不仅活跃着他所经历的种种社会人生相中的各色人等和各种生活的印象，而且活跃着"章疯子"和"阮狂人"这样的具体的、生动的人物形象。这样，在他创作时，他的心理活动中，便活跃着各种呼之即出的表象。

鲁迅的炽烈的爱国爱民的热情，他的反对封建礼教的激情，激发和强化了他的表象活动。他头脑中的表象记忆，好像物质分子，在他的这种感情烈火的加温下，更加活跃、更加生动、更加鲜明。这些是创作成功的重要因素。

鲁迅的深厚的、深刻的对于中国现状的观察、了解，对于历史的反思和对于民族现时病症的掌握，等等，这些思想观念的集合，成为他的理论思维的体系，并且成为他用以观照社会生活、指导创作思维与心理活动的总纲。这又在整体上和根本上，统率着他的创作心理中的表象运动。这便是他创作成功的深厚思想基础。它指引着整个《狂人日记》的创作，向着揭露"人吃人"的社会黑暗、封建制度的痼疾发展，向着揭示先觉者压抑围困于群众冷漠与麻木中的矛盾线索发展，最终引出"要改变现实首先要改变吃人制度"的结构。

这一切，决定了《狂人日记》的思想与艺术特色、风格的独特性、人物形象的独特性和社会内涵，奠定了作品成功的坚实基础。

作品奠定了成功的基础，但还不是作品成功的实现。要取得这个预期、预示的成效，还需要创作过程中的种种创造性的活动。这大体上包含在认识和创作心理上的"从社会到心理"的基础上，再实现于作品表现上的"从心理到社会"；如何描写狂人的形象与狂人的心理；如何悬想狂人的心理活动；等等。《狂人日记》的成功，还取决于这些条件和成功。

鲁迅的创作目的是要激越地提出：礼教吃人；要发出掀翻这旧制度重压的呼号。这个揭露和呼号，在当时的人们看来，尤其在反动统治者的心目中，自然是疯子的行为和语言，是疯人说疯话；同时，从作家的创作设计来说，这种一反传统旧痼的呼号，也只有以出自狂人之口的方式提出来，才更直白、更率真、更激越、更尖锐，也就更有力、更具振聋发聩的威力；而且整个以狂人、狂态、狂语出现，其气氛与风格，也更具震悚与惊耸、狂悖与刺人的力量。要完成这个创作意图，就要从描写狂人的心态入手，表面上是写狂人、狂态、狂语，内在含义上却是揭露社会制度的罪恶与黑暗，因此，是从心理到社会，即从人物的心理活动（即感觉、知觉、表象、想象、思考、推理、判断等）到社会的含义与本质。鲁迅正是这样提笔行文的。

《狂人日记》开篇第一章就是：

今天晚上，很好的月光。

我不见他，已是三十多年；今天见了，精神分外爽快。才知道以前三十多年，全是发昏；然而须十分小心。不然，那赵家的狗，何以看我两眼呢?

我怕得有理。

狂态毕露。心态是怪诞的、惊惧的,对外界事物的反应(如对月亮、狗)是反常态的,恐惧感渗透他的毛骨,迫害狂的心性与形象出来了。第三小节便立即从这种狂人心态,进入心态底蕴的揭示:怕谁、怕什么? ——怕贵翁、路人、小孩;怕他们要吃掉自己! 他们为什么要如此:"只有廿年以前,把古久先生的陈年流水簿子,踹了一脚,古久先生很不高兴。"就因此而"同我作冤对"。但为什么后出世的小孩子也作了对头冤家呢?"这是他们娘老子教的!"

狂人心态的社会内涵和社会本质,隐隐中透露出来了。作品在完成着从心理到社会的设计与艺术意图。以后便是继续下去的关于吃人的思考、反应与"疯人的剖析"。吃人的人的普遍性:"他们会吃人,就未必不会吃我",翻阅历史并豁然理悟:"满本都写着两个字是'吃人'!"——从现实到历史,从乡下到城里,从成人到孩子,都是吃人吃人! 继续下去,是亲人的互吃:"合伙吃我的人,便是我的哥哥!"自己也是:"吃人的人的兄弟!"更可怕的发现是:"我未必无意之中,不吃了我妹子的几片肉!"这可见吃人现象的可怕的深度!

在这中间,还不断夹着关于"吃人有理"的辩解和对这种歪理的批驳;关于吃人现象的黑暗可怕的揭露,关于跨过这一点的重要的呼号。狂人还不住地发出责问:"从来如此,就对么?"他还发出呼吁:

去了这心思,放心做事走路吃饭睡觉,何等舒服。这只是一条门槛,一个关头。他们可是父子兄弟夫妇朋友师生仇敌和各不相识的人,都结成一伙,互相劝勉,互相牵掣,死也不肯过这一步。

狂人还想出了先从大哥起头,"劝转吃人的人"。他预言"将来是容不得吃人的人"。他最后呼吁:

没有吃过人的孩子,或者还有? 救救孩子……

分明蕴含着社会的意义,反映着社会的本质;历史、狼子村、家庭、大哥、母亲、妹子、自身,都是社会的环境和社会的人,他们之间的吃人与互吃,显然不是一般的吃人的肉,而是含着社会意义的"吃人"。

在描写这些狂人的心态时，鲁迅的创作心态是清醒的、思考着的，在他的创作立意的指导下，一步步按照表现主题、刻画人物的需要，展开狂人的心理活动。这里，作家表现了他的悬想、虚拟狂人心理的高强的心理能力。悬想这既得力于他前面所述的创作思想准备和思想观点的体系，也得益于他的医学知识，得益于他对于疯子表弟的生活感受。

《狂人日记》的成功和它的力量，还在于它整体上使用了象征的手法。象征是一种高层次的、包容量广大的隐喻。鲁迅正是借助象征的手法，来完成他的透过狂人的心理活动的描述来体现社会本质的创作意图。像"踹了古久先生的陈年流水簿子"、历史满篇都写着"吃人二字"、"狮子似的凶心，兔子的怯弱，狐狸的狡猾"、将来容不得吃人的人活及最后的"救救孩子"的呼号，都是既具有暗示性而又明白易懂的象征。这种发自狂人之语的象征性的揭露比直接的、现实性的指斥，含义更丰富，也更有力。

三、从两种心态看狂人的实质

关于狂人的形象分析，向来有两种意见：一种认为狂人是真战士、假狂人，一种认为狂人是假战士、真狂人。前者认为，狂人是一位反封建的战士，狂，只是他的伪装而已，如果真的发狂了，那么，那些关于人吃人、关于劝转吃人恶习、关于历史的仁义道德之字迹下掩藏着吃人二字的揭露，以及最后"救救孩子"的呼号，怎么写得出来、做得到呢？所以狂也者，伪装的战斗手段而已。后一种意见则相反，认为狂人确实是狂人，这从他的奇怪的想象、狂悖的心态中完全表露出来，只是这个狂人疯言狂语可以做到别样的理解和解释，含着反对封建礼教制度的意义而已；至于狂人，不过是一个平凡普通的疯子而已。对于这样两种意见，许多论著发表了各种不同的见解，均持之有故，言之成理。这里，我们不妨从前面对于作家的创作心态和狂人的心态的分析来着手分析，看一看狂人形象的实质是什么。

前面已经说到鲁迅是怎样长期酝酿形成的创作心理，同时伴行着孕育狂人的形象，以后在创作时又有表弟发狂了的实际生活体验与触发，由此，可以看到他是一直在分析、研究、思考中国的出路和打开前进道路的关键所在这个问题的，得出的结论则是解决群众落后和先进战士又不去返顾他们这个矛盾，而当新的革命风暴——五四运动来临前夕，为迎接它，鲁迅便首先提出这个革命的问题，一方面揭露封建制度的吃人实质，一方面又把环境的守旧逼得先觉者发狂这一事实揭出：这两个主题和内容都是为唤起新的革命运动注意的。所以，鲁迅的创作立意正是要写一个因为反对封建制度而被周围的人们压制、反对、讥笑、嘲骂而至发狂的先进战士。只有写这样一个真战士、真狂人，才能符合他的创作意图、完成他的创作任务。作品中写到"廿年以前，把古久先生的陈年流水簿子，踹了一脚"，"翻开历史一查，……才从字缝里看出字来，满本都写着'吃人'！"，以及"本来如此，便对么?"，"救救孩子!"，等等，不都是明明白白的、清醒的、含着深意的警策语么? 这是一个普通平庸的狂人所说不出来的，也不是普通狂人的胡言乱语所可以偶然巧合地"创造"出这种语言的。特别是，作品中还写到："他们岂但不肯改，而且早已布置，预备了一个疯子的名目罩上我。"——这不是最明显不过地说出了反对、压制先觉者起来行动的惯用手法么? 而这也正是鲁迅的观察所得和对于革命经验的总结。

那么，何以解释一个狂人能说出如此思想很高、见解深邃的话来呢? 这里也有一个精神病学的原因：大凡一个人精神错乱，都是为某个事件、某个他最关注的事因刺激而引起，因此他发疯后，在他的思想中，他的胡言乱语中，也大都是有关这个主题的（因此对这种病人进行心理治疗时，也是从这里入手，解除他们的忧思情结）。《狂人日记》中的狂人的忧思情结正是认为封建礼教"吃人"，人人互"吃"，所以被迫害致狂之后，思之所及，言之所至，都是这个问题。这正反证了他的致狂原因，说明他是一位反封建战士，被迫害致狂了。

鲁迅曾说，习医时得到的病理知识对帮助他创作《狂人日记》很大。在这里，他确实是不仅依据生活中所见的具体狂人，而且也依据医学原理。这也证明他是在写一个狂人。

从作品中狂人的心态来看，也可以见到他的社会实质是什么。他是一个狂人，这在他的心态狂悖诡奇中充分表现出来了，鲁迅也是有意按照这种狂人心理来叙写的。这说明他是真狂，不是假装。但他的狂法，他之所思与所想，又不像是果戈理《狂人日记》中的小人物尔布里希钦那样，集思积虑的只是一些卑微的私欲，什么得到将军女儿，当上西班牙国王等；而是一些济世的社会性问题，如一部历史都暗藏"吃人"的内容，世上人都是"吃人"和被"吃"及如何挽救这世道人心等。更何况他又不是一个一般的疯子，而是一个先为战士、后被迫害以致发狂的战士，是战士狂人或狂人战士。

《狂人日记》创作上的成功，告诉我们一个道理：只有当作家长期以来形成的创作心理和进行创作时的心理活动，同他的创作的立意、创作所要处理的题材、所要刻画的人物等均是契合无间时，创作才能获得成功。而作品中的人物的心理活动，也只有同作家对于这个人物形象的心理有透彻的了解和娴熟的把握时，即创作主体的心理悬拟和对人物心理活动的悬拟，同创造出来的人物形象的心理体现是契合无间的，才能获得成功。

（《名作欣赏》1986年第4期）

鲁迅的创作心理与开放性现实主义

每一个作家总要拥有三个世界：他所面对的客观世界，他心中由创作心理构成的内心世界和他所创造的第三个世界——作品。如果从接受美学的领域来观察，还有第四个世界，即读者组成的接受世界（欣赏世界）。这四个世界是互相渗透、互相影响、互相交换着信息和能量的，是一个极为复杂的大系统。我们目前对它的整体和部分都还不能说已经达到了充分科学的认识，面前还有不少"黑箱"。我们近几年的巨大进步是，承认并严肃地对待这样一个问题：我们远未穷尽艺术的真理，还要探索，而且开始对前述三个世界及"第四世界"比较认真地探索了。这种探索不仅属于当代文学、文艺理论、美学理论，而且属于文学史。文学史要重写。这中间就包括对于历史名著和已逝大师的理解、阐释和评价。对鲁迅亦如此。我们近年来已经开始描摹一个新的鲁迅的形象，反映了我们对这位伟大作家的新的理解与阐释。这再不是拔高，而是还原他本来面目。或者说是我们再次挖掘了他的思想与作品的潜能，他丰富的艺术世界的新的天地。

鲁迅的创作心理是一个广阔、丰富、多样、深厚、邃密的内心世界，由于它的存在，鲁迅才得以创造一个同样的艺术世界。作家的创作心理可分为三个阶段，即形成期，酝酿、运动期和创作实践期。它们是互相渗透、影响的，又是一个运动的过程。这里主要还是指它的第一期：鲁迅创作心理的形成、因素、结构和特质。

鲁迅创作心理建构于一个非常高的文化层次上。它是一个多种学科、多维知识的结晶体，涵盖社会科学与自然科学、中西文化，及于文学、艺术、文学史学、文艺学、比较文学、比较文化、哲学、美学、历史学、考古学、教育学、文化学、文化人类学、翻译学等极为广阔的领域。而且，这一切是浑然一体、融会贯通、存于一心的。鲁迅可以当之无愧地列入世界文化巨人之列，他在思想丰富与深邃、多才多艺和睿智敏锐方面是光彩照人、彪炳史册的，为人类文化和人类自身增辉的。鲁迅是真正的、博大精深的学者。他的特点是思维领域极其宽广，又以艺术思维为核心，文学创作心理像磁石居中吸引诸种知识于其周围。因此，他是高度学者化的作家。这一点正是鲁迅远远高出他人之处。创作心理作为一个作家的心理复合体，建筑在这样广阔丰富的文化基础之上，为高度文化所充实和装备，对于世界与社会生活的观察、理解、剖析、判断便能够深沉透辟，而创作时厚积薄发，乃蔚为奇文了。

在鲁迅的艺术思维和创作心理中，贯穿着中西文化结合、融会的鲜明线索。鲁迅从小深受传统文化的熏陶，这主要是由屈原《离骚》、魏晋文章、唐代"三李"（李白、李贺、李商隐）、宋元话本、明清小说，以及包括民间戏曲、花纸、小说绣像、民间故事、神话传说等在内的以中国民间艺术为代表所组成的一个文学艺术的和文化的优秀传统，它以哲理思想、审美文化为主体，以总体上的现实主义和充满浪漫主义性格为特征。鲁迅从这个传统中，主要汲取了忧患意识、爱国热忱、献身精神、坚韧品格。然而鲁迅的可贵而高明之处在于，从青年时代接受进化论和学习西方自然科学与社会科学知识时起，他就以西方文化为参照系，以传统文化为校正系，不断丰富、调整、建构自己的艺术思维和创作心理，终于成为一位中西文化结合的大师，一位中国文学以至东方觉醒的伟大先驱。鲁迅最早通过林纾的翻译作品而步入西方艺术世界，首先是英、法等欧洲小说，以后，受民族危亡形势推动、刺激而产生的爱国救民热情影响，而倾向于东欧被压迫民族和俄罗斯批判现实主义文学，其中尤以果戈理和裴多菲为最突出。果戈理的"以不可见之泪痕悲色，振其邦人"的现实主义精神和创作心理与方法，几乎成为鲁迅创作的圭臬。在总体上，鲁迅从西方文学这个深林大泉中主要吸取了反抗意识、斗争精神和悲剧审美意识与心理。他在总结自己的小说创作时曾说，他得力于读了百十篇外国小说。这话反映了他汲取西方艺术文化的状况，反映了西方艺术营养在他的创作心理中的作用。

人是鲁迅创作心理的核心。鲁迅对于文艺的作用和作用力的认识和评价，主要是它能深刻剖析和改造人的灵魂，而"改造国民性"又是鲁迅终身追求的目的。早在20世纪初鲁迅在东京从事文艺运动时，就写了以对人的探索为核心的系列论文。他写的《人的历史》概述了人从动物到人的发展史；继而写的《科学史教篇》，论证如何"至人性于全"；又写《文化偏至论》，提出"立人"为首要任务的救国救民道路，提出使沙聚之邦成为"人国"的目标。此后，写《狂人日记》，写《阿Q正传》等小说，写杂文，也都围绕着一个核心思想：如何清除中国人文化—心理结构中的积垢，重建和再造中国现代人的灵魂。他始终追求着一个目的：解剖中国国民性，探寻改革之途和改革的力量。这就导致了他的创作视角，不是正面去描绘生活的场景和历史的事件过程，以生动丰富地呈现客观世界的面貌为艺术手段，而是以深入剖析人的心灵，描写他们如何因为压在"大石"底下而扭曲了的灵魂，如何意欲反抗、追求新的生活、解放自身而又遭到压抑不得伸展，从刻画人的灵魂状况、人的心态来揭示社会生活的本质。我们说鲁迅的作品反映了中国近代和现代革命的轨迹，主要是从这个角度来肯定的。《阿Q正传》对于辛亥革命的反映便是典型的例证。其他如《狂人日记》《药》《祝福》以至《故乡》，无不如此。这给鲁迅在创作上带来了注重和长于描写人物心理的艺术特色。

作家的创作心理总是在童年和少年时植下根苗。这给以后的建构以最初的心理定势。鲁迅的寂寞童年和步入少年即遭家庭崩毁的不幸及尔后在忧患中成长，给他的心灵留下了深深的创伤，在这由小康之家坠入困顿的路途中，使他"看见了世人的真面"。他的记忆之新，牵惹着种种忧戚与哀伤，早早地便种下了忧患意识和悲剧审美心理的素质。以后，不幸的婚姻、爱情的波折、家庭的破裂，也都给予他以重创。他的小说创作和散文诗《野草》的创作，都与这种生活的波涛及给他的心理影响有着重要的关系。"苦闷的象征"，是鲁迅前期创作心理和创作的重要特征。其中包含着性的苦闷在内。灵与肉的矛盾在鲁迅的创作心理中，在前期是占有一席不可忽视的地位的，《补天》和《野草》的创作，绝非偶然。

这里我们粗陋地描述了鲁迅创作心理的一个轮廓。它决定了鲁迅的艺术世界的面貌，也决定了他的创作精神与创作方法的特征。我想把它称为开放性的新现实主义。鲁迅的现实主义是一个开放系统。以文艺为改良人生的武器，用文艺来改革人的灵魂，并以此救国救民。鲁迅的这一创作立意和创作心理的核心，奠定了他的创作的最坚实深厚的现实主义精神。这是他终生未变的精神。然而，鲁迅自幼具有敏感的心性，耽于幻想，具备浪漫主义的素质，中国民间艺术和诗歌传统中的浪漫主义素质也养育了他，而以后在日本接受西方文学的滋养，又以"摩罗诗人"即以"立意在反抗，指归在动作"为特征的积极浪漫主义诗人为他所最崇仰。《摩罗诗力说》提出了中国现代文学发动时最早一个浪漫主义的文学纲领。在以后的创作中，诗歌是最突出的充满浪漫主义精神的。鲁迅小说创作中所渗透的那种炽热到发冷程度的激情、他的充分运用想象的力量、他的典型的带着既具象而含着更广的内涵、更深的蕴藉以至象征意义的意象性与类型性特点（如《狂人日记》中的狂人、阿Q等），以及它对于人物刻画的更侧重于内心体验的真实，无不表现了浪漫主义精神和浪漫主义的创作方法。鲁迅的小说，由于前述他的创作心理的特征和创作立意使然，也"提供的主要是心灵的图画，而不是像现实主义作品那样的生活的图画"（陈涌语）。至于《野草》那象征性的立意、夸张的手法、奇幻诡谲的想象，以及表现的浪漫主义精神与方法，更是相当突出的。

在鲁迅的创作中，还运用了其他多种多样的手法，如象征主义、意识流、心理分析、性意识描写等。他博采众家之长，为我所用：摩罗诗人的热情，陀思妥耶夫斯基的"夸张的真实，热到发冷的热情"，托尔斯泰的不单破坏而且扫除、并"远远地包着人类的希望"，迦尔洵的"酸辛谐笑"，安德烈夫的"阴冷"，阿尔志跋绥夫的"深刻"与"激情"，等等，他都赞赏、吸收并运用于自己的创作。这在总体上是一个色彩斑斓、闪着"泪痕悲色"的"悲剧美"的艺术世界。

鲁迅终生跟踪世界艺术潮流的走向，汲取新的思潮、新的艺术思想与诗情。对于20世纪初发动于西方的种种艺术流派，他都研究、介绍、择优而用，在以后的岁月中，从尼采、波特莱尔到厨川白村，从托洛斯基到普列汉诺夫，从卢那察尔斯基、高尔基到列宁，他都先后介绍、钻研和从中汲取思想的、美学的与艺术的滋养，入于深林大泉，博采众取，兼容并蓄，而成就自己的博大精深、丰厚沉重。当然，他不拘一格，却又万流归一，都融会于他的最基本的现实主义核心。鲁迅决不拘泥，更不封闭。他把最深刻的现实主义精神贯注于整个创作中，同时，只要有利于表现主题，有利于他的美学追求，能与他所处理的体裁与题材契合，不管什么流派，什么艺术手段，他都拿来为己所用。他的小说、散文、散文诗、历史小说与杂文，各有其风格，多样而统一。这就构成了他的开放性、与旧现实主义具有根本区别的新现实主义，而他的革命家的品格和思想，又更使他的开放性新现实主义具有了革命性。

鲁迅的这一切，都是同他的创作心理分不开的。他的居于高文化层次和学者品性、他的众多学科的知识结构与装备、他的中西文化的融会等，都给了他对于四方之来"神"具有得其精神而又能驾驭的能力，又给他的想象增添翅膀，给他的高远的飞翔以导航器，给他的创作以得心应手的妙处。

仅仅是这样一种既概略又粗疏的描述，对于今天的作家和创作，不也是具有启发意义的么？我们应该怎样来形成和建构自己的创作心理，又如何来运用众多创作方法与风格以提高自己的创作水准？鲁迅给予了我们一种启示、一种引导和一种楷模。现实主义从来不是封闭的、凝固的框架，而是一个开放的、流变的体系，它内部既有多种流派，又与其他流派交换着能量与信息、思想的与艺术的滋养。鲁迅曾经这样做了。我们现在不是要回到他那里去，而是从他的实践和成就中得到启发和教益，在新的时代、新的社会、新的生活的基地上，来发展本身就是开放性体系的现实主义。

（《辽宁日报》1986年10月19日）

鲁迅的艺术世界二题

——鲁迅艺术世界悲剧美的最初基础

一、朦胧的觉醒与早年的忧郁

一个封建的官宦与书香世家，少不了笼罩于家庭关系上的温情脉脉的面纱，父子情深、兄弟怡怡、族人与亲人爱心如梦。这，给了幼年鲁迅以温馨的甜美，滋润了他的心，使它蕴含着爱、善良、与人亲近的情愫，成为他日后的悲天悯人的人道主义最初的种子。而家族中长辈们接受世道的演变，适应环境的需要而采取的开明态度或某种开明的因素，又给了鲁迅以最早的朦胧的觉醒。然而，不幸的是，家庭的中落和家事的纷扰，又输入他的心田以最早的郁悒。这一切都融会在一起，进入他的思想的、感情的记忆库，成为酝酿形成他的艺术思维与艺术世界的最早的信息。

鲁迅当时的家庭成员有这样一些人：曾祖母戴氏、继祖母蒋氏（亲祖母孙氏早已去世）、祖父、父亲、母亲、大姑母周德、小姑母周康、两个弟弟（作人与建人）。当他处于从幼年到少年时，彼时曾祖母未逝，只有祖父为官居留京城，其他成员都一同居住在新台门。小康之家，其乐融融。尤其与祖母、母亲、姑母和两个弟弟，其情真挚，朝夕相处，眷眷拳拳，脉脉温情。直到他长大成人，以青年英俊之态求学南京时，还缠绻难忘地倾诉衷情。在其诗后的跋语中更写道："嗟乎！登楼陨涕，英雄未必忘家；执手销魂，兄弟竟居异地！深秋明月，照游子而更明；寒夜怨笳，遇羁人而增怨。此情此景，盖未有不悄然以悲者矣。"①

　　这追忆与倾诉，既反映了当年家人欢聚、情意绵绵的动人情景，又显露了鲁迅善于将这些感受以优美的形式表现出来的才能。这也反映了当年少时，这家庭生活的温馨情怀和他的自我感受都已经进入他的生活积淀和艺术思维之中，成为他日后的艺术世界的内省基因。

　　鲁迅的家族中有一件曾经震凡骇俗的"家族轶事"，主角是鲁迅的曾祖母戴氏和她的儿子周介孚。周介孚热衷科举功名，不仅自己立志以此振兴家业，而且幻想儿孙均走此道，要把儿子伯宜（鲁迅的父亲）和伯升及长孙树人都培养成翰林，实现自己的台门字悬"祖孙父子兄弟叔侄翰林"牌匾的愿望。然而他的母亲戴氏的意见却正与儿子相反，她反对儿子走科举的道路。这也许是家族曾是靠经商发迹的事实给了她以现实的教育。她认为，"做官如不能赚钱便要赔钱"，这完全是商贾观念。因此，当儿子考中进士，报子捧着京报远道而来，提锣狂敲，高声贺喜，全家也雀跃欢腾之时，这位戴老太太却躲在后堂大哭。人问其故，她答道："拆家（音即拆家败业）者，拆家者。"这种与世俗风情大相径庭的表现，在家族中自然会广为传播，作为亲曾孙的鲁迅，应该是知道的，而且也会在他的心灵中刻下印痕的。当然，更重要的是，戴氏竟不幸而言中，后来为官作宦的周介孚果真身陷牢狱，险些丧命。虽然后来得免一死，但家庭因此破产。鲁迅父子两代均身受其害，这可说是三世均遭其殃了。这一血泪事实，对于鲁迅思想的影响至深至远。

　　这些，促成了鲁迅的最早的朦胧的觉醒。

　　在祖父入狱、家庭发生变故之前，鲁迅的家庭虽有笼罩脉脉温情的一面，但是，令人愁怨伤怀的云翳，却也弥漫于家园之中。这给了鲁迅以最早的郁悒。

　　在家中居于最高层的自然要数鲁迅的曾祖母戴氏了。因为曾祖父排行第九，所以人称她为九太太。在名分上，她是这一家中的长者、尊者。然而她并不自恃地位煊赫、威势逼人。她是个老好人，整年地端坐在房门口的一把硬椅子上。她老了，什么也不管，耳朵又聋，就这样通年地坐着，打发着她的不多的、冷寂的剩余岁月。据说，幼年鲁迅有时候和老人逗乐取笑，故意装作跌倒，老人便喃喃自语："啊呀，阿宝，

———————————

① 鲁迅. 鲁迅全集（第八卷）[M]. 北京：人民文学出版社，1991：536.

衣裳弄脏了呀。"她大概没有给鲁迅留下什么值得一提的影响。然而我们在《风波》中的九斤老太身上，似乎看到这位老人的影子。

其次就是蒋氏了。她是周介孚的继室，然而在她之后，周介孚先婆章氏，生了伯升，又纳妾潘氏，因此夫妇不睦。周介孚好骂人，夫妻口角，曾责蒋氏以"长毛嫂嫂"及秽语相加，周作人、周冠五均记有此事，鲁迅该亦知此事，且以年长敏感而为家庭长辈的不睦为忧。蒋氏无儿，在封建家庭中这是一大近乎耻辱的过错，而生女周康，又不幸得产褥热早逝，这给她的刺激很深，哀怨凄怆。曾有基督教女教士来传道，劝她募道以求灵魂的安息，她回答道："我这一世还顾不周全，哪有工夫去管来世呢。"可见抑郁孤伶、感慨之深了。

两个姑母中，大姑母周德也许是因为失去亲娘，又加父亲挑剔，以致出嫁晚，当了填房，又有前房孩子。在母家侍候后娘，在婆家又当后娘，生活是苦楚的。小姑母周康，为人和善，与侄儿们关系友好，常给他们讲故事唱歌，她出嫁时孩子们恋恋不舍，有的甚至闹着要跟她一起去。她出嫁后，夫妇感情是好的，可是婆婆小姑不好伺候，遭遇许多折磨，亦常回家诉说。她不幸早逝后，鲁迅还曾写祭文。因为传说小姑妈在病中谵语，说有红蝙蝠来接她，所以祭文中责问这红色的不祥之物，究竟是神的使者还是魔鬼，如何竟让好人早夭。鲁迅长大成人后，还在自己的日记中，记着这个姑母的忌日："光绪二十年甲午八月初十日。"可见，他与这位年长自己13岁的姑妈的真挚深厚的感情。而她的不幸，也自然是家庭中和少年鲁迅心上的一片乌云了。

在一个由望族而降为小康的书香官宦之家，在脉脉温情之中，就这样混合着如哀怨、伤感、惆怅，以至龃龉与不幸，成为飘洒于家园中的凄风苦雨，弥漫于生活中的愁云怨雾。这些，给少年鲁迅的心灵中灌输了最初的郁悒：一颗生活的、感情的、心理的悲剧的种子。

二、最初的人生觉醒与艺术觉醒

每个人都有他的人生觉醒期和艺术觉醒期。作家不同于一般人的地方，是他的觉醒度更高，但更在于他在觉醒之后，继续滋补以人生内涵与艺术内涵的营养，并且不仅形成了自己的审美心理结构，而且形成了自己的艺术思维。那最初引动觉醒的刺激，其性质和力度，影响和决定其觉醒性质与觉醒度。同时，这两种觉醒又是有时相伴而行，并互相渗透、互相影响的。

鲁迅的人生觉醒的最初发动，显然来自家庭变故的发生；而家族的没落，加强了这个发动，并且充实了这个发动；而家庭大祸来临之后，又促使少年鲁迅更敏锐地去感受整个家族的没落。祖父之遇难，家庭之破产，父亲之遭际与患病，以及自己与兄弟的避难①，更有家族的人们的变态，母亲的苦楚与凄怆，这一切，都是那样突然来到，又来得那么猛烈，给这个家庭的震荡与轰击又是那么强烈，其连锁反应又是那么多方面、那么深沉。这些，汇合而成一种冲击力，使少年鲁迅猛醒，睁开眼来看取人生、看取世界，并形成了自己独特的视角、独特的眼光、独特的色彩。他感受到人生的变幻，人情的冷暖，世态的炎凉，他感受到亲人离伤的苦凄，家庭衰败的哀痛，并且由此而涉及对家族没落命运与社会、民族的沦落的感受。鲁迅的最早的人生觉醒便带着悲剧的色彩，这是他人生经历的最初刻痕与纪录，进入他的记忆与信息库的便是与此等世事有关的素材与影像、感受与反应。这便成为他的创作心理与艺术思维的滥觞。

鲁迅的艺术觉醒，是为民间艺术所启蒙和促成的。民间艺人的表演及这种表演的内容与形态，民间艺术品的影响和民间故事的触动，特别是图画作品的引动，组成了一股强劲的冲击波，将他浮上艺术觉醒的沙洲，去眺望艺术的海洋。在这途程中，民间戏曲和化装游行表演的生机勃勃、生动活泼、幽默机智，给了他以最早的民族文化积淀与审美心理的"营养液"的灌输。民间故事里渗透着的外素的美的意蕴，对合理生活的愿望与热爱，对善的颂扬与对恶的谴责，则给了他以正义感，以及与平民百姓的情的交流与心的相通。民间画纸，包括《山海经》中的为奇异事物写照的图画（以及文字），更启动了他的艺术想象力，他的幻想、联想、冥想的习惯与能力。这本是一片显着生命活力与生活的欢乐

---

① 周作人在他回想录中，把这件事真称为"风暴"。而周建人在他的《鲁迅故家的败落》中，更生动具体地描述了风暴来临时的情景："大约在十月，忽然黄门外传来一阵异乎寻常的喧闹声，……我听出这喊声是：'捉拿犯官周福清……'这好像是万里晴空，忽然听得一声霹雳，使全家万分震惊。""这两个差役坐了有小半天的工夫。总是这个姿势，也总是这么叫喊。除了他们的声音以外，台门里似乎是死一样静寂。""这一天晚上，……在饭桌上，只剩下女人和孩子了。"

的美的绿洲，一个充满幻想异彩的美的园地。然而，家庭不幸和它所造成的人生觉醒的定势与"人生眼光"的特殊色彩，终究使这片绿洲错落着枯枝落叶萎草冷泉，使这块园地上空笼罩着乌云、卷起了风沙。这样，便使鲁迅最初形成的艺术思维与创作心理（这时都在未成型和不自觉状态中），充填以悲痛与惆怅、哀伤与怨愤了。这成为他日后艺术世界的基石。

鲁迅便在这样的人生觉醒和艺术觉醒的基础上，开始了他的人生旅程和艺术征途。不过，这一切都还只是自发地、自然地向他的心田流注，灌溉着那日后将发展为伟大的艺术世界的一片沃土上。这早年的生活，留下了自己的印痕，并在鲁迅的艺术世界中反映出来。

童年和少年时代，对一个人的一生，似乎只是浑浑噩噩的一段，不起什么作用。其实，这童稚时代，在思想性格上打下烙印，往往对日后成长发生不可磨灭的影响。对于文学家、艺术家尤其如此。

鲁迅童年时代的经历，对他所产生的影响是明显而又深刻的。他对自然科学的热爱，他所受到的民间艺术的熏陶（其中包括文学、美术、戏曲等），他同农民子弟的接触和友谊，他的家庭和家族的败落，所有这些，从政治上、思想上、经济上决定了他今后的发展方向与道路；在性格和爱好上，决定了他具体的努力方向。对他的远大发展来说，这个时期是一个起点，播下了酿造未来思想、事业之果的一粒酵母。鲁迅作为一个具有鲜明特点的伟大作家，在他的思想和作品中，都明显而深刻地反映出他早年生活的痕迹。

小说集《呐喊》与《彷徨》的题材，以及反映出的生活画面，所刻画的人物，包含有他同年和少年时期的生活的独特内容。他的艺术创造的源泉，流淌着他早年生活的露珠与泪珠。《故乡》《社戏》《风波》《祝福》《阿Q正传》等小说中所描绘的水乡风光，以及当时的半封建半殖民地的凋敝的农村景象，都被生动而又深刻地浮雕式地刻画出来了。那艺术的功力极深，而其生活基础当然包含有作者同年和少年时期的亲身经历。

他所描写的题材，他的作品的社会历史背景，都明显地表现了绍兴的特色和他早年生活的遗痕。《白光》是他在橘子屋读书时和以后对兰门里生活的观察的记录（当然，经过了艺术加工）。《故乡》中有一段是他与闰水少年时代深切友谊的写照。《社戏》生动地再现了他在安桥头外婆家与农民子弟一同游乐的愉快生活的一页。《药》《明天》《祝福》里反映了20世纪初绍兴城乡的风貌与生活中的悲剧。

他的散文集《朝花夕拾》更是他的早年生活"旧事重提"①

在鲁迅的"小说世界"中，活跃着一批绍兴城东昌坊口新台门周家的"台门货"，以及曾经作为房客在新台门周宅里住过的"破脚货"。出入台门周家的孟夫子是"孔乙己"的影子。闰土几乎可以说就是改换了名字的运水。阿Q身上有阿桂的"事迹"，也有"五十"的材料。陈士成明显地是改换了名字的运水。阿Q身上有阿桂的"事迹"，也有"五十"的材料。陈士成明显地是鲁迅的叔祖、家塾里的先生明爷爷。单妈妈的材料经过改造成了《祝福》中祥林嫂的主要矛盾。

在鲁迅的杂文中，也同样活灵活现地出现了破落户子弟的形象，那刻划与判断真可说是入木三分。"因为我自己是这样的出身，明白底细，所以别的破落户子的装腔作势，和暴发户子弟的自鸣风雅，给我一解剖，他们便弄得一败涂地，我好象一个'战士'了。"②鲁迅晚年所写的《我的第一个师父》《门外文谈》《女吊》是他的杂文作品中的名篇。这里面也包含着他早年生活的遗痕。这就明白地告诉了人们，早年生活经历对鲁迅后来写作的影响之深了。

早年生活的遗痕，有的成为他酝酿新的世界观的酵母，有的成为他创作的素材，有的成为他向旧社会射击的子弹，最主要的是形成了他的艺术思维与艺术世界的悲剧色彩的最初基础。

[《锦州师院学报（哲学社会科学版）》1989年第2期]

---

① 《朝花夕拾》中的各篇回忆文章在报刊上发表时，总题为《旧事重提》，后来结集出版才改为《朝花夕拾》。书中所写事实，基本上是生活的真实记录，但有些则在原型上作了加工。

② 《鲁迅信集》下卷第865页。

鲁迅的创作心态与《野草》的艺术素质

作家的创作心理的形成和结构，是社会的，又是个人的，是社会的内涵通过个性心理来表现，个性心理又赋予它以特殊的色彩，也是个性心理凭社会生活而构成，又对社会生活的素材加以酿制、加工、改造、重新组合，而成为特殊的创作心理。这便是人的心理、意识的社会历史文化背景和基础。它表现、凝结于作品中，就是作品的"静的属性"。它们是作家创作心理的社会历史文化内涵的个性心理化的外射。因此，作家创作心理的追溯，应该是从社会学到心理学的，是社会—心理学或心理—社会学。过去的研究，常常只偏执于一方，或者只作社会学的探究（庸俗社会学是其恶性发展），或者只从个性心理学去揣摩，将两者隔绝或两者只取其一，自不免偏颇而有所失，竟至谬误。

这里，打算以鲁迅的《野草》创作为例，来进行心理—社会学或社会—心理学的探索。

鲁迅的《野草》写于1924—1926年间，计有散文诗23篇。这薄薄的一本散文诗集，是五四新文化运动后出现的诗歌、散文和散文诗中的佼佼者，它具有深邃的思想、超群的技艺，是一颗晶莹的艺术瑰宝，是中国新文艺园地里的一朵凄艳的奇葩异卉，居于鲁迅作品中艺术成就最高的层次。它的成功，是作家的创作心理、创作动机与目的，同创作对象特别契合、达到水乳交融程度的产物。从它的成功可以得到证明：一部作品成功与否，是决定于作家的创作心理与创作目的及素材的高度统一的，这就是情、志、意的高度统一。

首先，我们从写作时间即作品产生的时间来作具体的分析。《野草》从第一篇《秋夜》到最后一篇《一觉》，写作时间为1924年9月15日到1926年4月10日，跨越1924年至1926年三个年头。但是，作于1924年的（9月和12月）只有第1到第6篇计6篇文章，约占全书23篇的四分之一，而1926年则只有4月8日和10日写的2篇（第22、23两篇），约占全书的十分之一。大多数文章则写于1925年，即第7到第21篇计15篇，占全书的百分之六十五还多。而在1925年所写的15篇中，有12篇写于这年的1月到7月，其中7篇写于这年的3月到7月。这种写作时间的排列和分析，反映出一种不是偶然发生的现象。

我们从这个时间的排列中可以看出，《野草》主要的作品是写于1925年，而不是1924和1926年。这就是说，不是写于他的前期思想最苦闷、矛盾、忧伤和斗争最激烈的时期（1924年），也不是写于他的思想苦闷、彷徨期已经基本度过，积极思想已向主导地位转化，面临跃进前夕的时期（1926年），而是主要写于消极与积极思想进行最后交锋，也可以说是积极思想处于主动进击、消极思想处于被动退守，即以阶级论和社会革命论为特征的历史唯物主义的思想体系，向以进化论为特征的历史唯心主义思想体系发起进击，前者昂然冲刺，后者退守、消匿的时期，即1925年。这说明《野草》之作，不是一般的思想矛盾斗争的产物，也不是一般地反映了鲁迅的思想矛盾，而是反映了他的思想上矛盾斗争的收获，是这种斗争的"过去进行式"，而不是"现在进行式"[①]。这是一个趋向光明、大势已定、结局乐观的斗争结果即将出现时期的思想斗争的反映。但作为艺术作品，作为心态的动态反映，它却又以现实的、进行的、跃进的方式写出，而表现为"现在过去进行式"。

第二，1925年的3月到7月所写7篇，占了这一年散文诗作品的几近一半。而这个时间正与《两地书》中鲁迅与许广平通讯的起讫时间叠合。这自然不会是一个偶然的巧合，而是能够说明一些问题的。这一点我们且留待后叙。

第三，1925年所写的5篇（第19至23篇），除了《腊叶》是"为爱我者的想要保存我而作的"（《二心集·〈野草〉英文译本序》）之外，其余4篇（《这样的战士》《聪明人和傻子和奴才》《淡淡的血痕中》《一觉》），鲁迅自己均有对于产生背景、写作旨意的明确说明，或其自身已表现得很明白。总之，一是不关联他自己的主观世界的矛盾斗争，二是对于客观现实的揭露批判和对于战斗者的精神品性的描述与期望。这几

---

① 李希凡. 一个伟大寻求者的心声 [M]. 上海：上海文艺出版社，1982: 46. 此处单指《墓碣文》一文而说。本书借取其有益见解并扩大而言之，指《野草》中多数自省式文章。

篇作品,可以说不是索解不易之作,也不是体现"野草精神"主要内涵的篇章。

因此,我们对于《野草》的难点之确定,或对于它的索解求释,应以1925年所作为主。这是主要的。

从23篇的题旨和内容分,可以分作三大类:一类是对于客观现实的描绘、刻画、揭露、批判、讥讽、抨击,这反映了他在面对这一切和描写这一切时的主观世界、心象意绪,不过是从客观见主观。另一类是直接抒写作者自己的主观世界的,抒写他的情绪、意志、心象、矛盾、苦闷、斗争;同时,当然也反映了客观世界、社会矛盾,不过,是主观见之于客观。关于这后一类,我们可以列举出这些篇:《影的告别》《求乞者》《希望》《过客》《死火》《墓碣文》《颓败线的颤动》《死后》。最能反映"野草精神"和其艺术特色,也是索解最难、争议较多的,正是这几篇作品。第三类则是对往事、生活、亲情的描述、记叙,"显示着作者在肃杀冷酷的现实中对美的强烈的憧憬和向往",是"追求美好理想的温暖心声",这就是《雪》《风筝》和《好的故事》。它们是抒情的精品,而不是战斗的篇章。

还有值得我们注意的是:1924年9月8日,鲁迅自集《离骚》句"望崦嵫而忽迫,恐鹈鴂之先鸣",请教育部同事乔大壮书写,悬挂于写作室兼卧室的"老虎尾巴"壁上,以自励。这表明了他的积极的、奋发的、向前的精神,也透露了他对于自己身上与心头的"鬼气"与"毒气"不仅有所觉,也有所憎与恶,且要摆脱它们,故悬此联以明心。一周后,他作《秋夜》,并注明为"《野草——》",说明这是有计划的创作,至少已经酝酿数篇了。故此,9天之后的同月24日,一天而连作两篇:《影的告别》和《求乞者》。值得注意和特别提出的是,正是这一天,他写了那封给学生李秉中的信,信中强烈地表示他憎恶自己灵魂中的"毒气"和"鬼气",而且想要"除去它",但又表示"而不能"。这都表明消极的东西和积极的东西同时存在,但后者在上升、在进攻、在占领、在夺取,前者则在败退、萎缩、消逝。

这正是《野草》产生的基本情绪与思想的基础,也是作家的创作心态的特征。

尤其重要的是,写《野草》诸篇的同时,鲁迅写出了一篇接一篇的思想深刻、斗志昂扬、战斗性极强的杂文,显现出一个冲锋陷阵的主将的奋发昂扬的战斗风貌。正是在1924年的9月和10月，在写作从《秋夜》到《我的失恋》时，他写了杂文4篇，其中包括《论雷峰塔的倒掉》和《说胡须》这样的杂文上品。尤其是在产生《野草》的主要年份的1925年，他的杂文也写得很多，《华盖集》和《坟》中的杂文，包括许多千古名篇都写于这个时期。特别是《野草》中的作品产生最集中的1925年3月至7月，也正是杂文产生的集中期。《华盖集》和《坟》中的杂文的名篇，也有许多在此时期写出。自然，这并非偶合。这表明鲁迅一方面在从事尖锐、激烈、频繁、英勇的战斗，一方面又写了《野草》诗篇。前者正是后者的背景、主流、反衬。这是一首交响乐的整体，一幅油画的全貌，一首战斗抒情诗的全体。

那么，鲁迅为什么要写《野草》呢？《野草》是怎样出世的呢？让我们从《野草》写作的间歇性谈起。从写《秋夜》起，《野草》诸篇章的写作，总是和同时产生的杂文交错开来的。在《秋夜》之后，接着是《影的告别》和《求乞者》问世，此间，一篇杂文未写，此后，即有杂文五篇①。10月3日作《野草》中之《我的失恋》，直到12月20日才有《复仇（一）》《复仇（二）》之作。处在这个《野草》写作空隙期的10月28日到11月11日，则写作杂文多篇②（此外还有翻译）。1925年1月1日作《希望》，直到18日才写《雪》。而这当间，则有1月15日的《忽然想到（一）》和17日的《忽然想到（二）》。作《雪》之后第3天写《咬文嚼字之余（一）》，1月24日作《风筝》、28日作《好的故事》。整个2月，则无《野草》出生，其间却接连写出杂文6篇，都是重要的，且大多数是长篇作品，更为突出的是3月到12月的间歇表现：3月2日，他写了著名的《野草》代表作《过客》，然后，直到4月22日，没有再写散文诗，但是，从3月5日到4月22日，却连续写了杂文9篇③。4月25日一天之内，写了2篇《野草》中的作品：《死火》与《狗的驳诘》。以后到6月15日，迄未写散文诗，而在此期间，杂文连篇，计有

① 它们是《再论雷峰塔的倒掉》《咬嚼未始"乏味"》《看镜有感》《青年必读书》《忽然想到》等。

② 其中有《论辩的魂灵》，《通讯》（一）（二），《夏之虫》，《忽然想到》（五）（六）和《春末闲谈》等重要杂文。

③ 这时所写的杂文有《流言和谎话》《女校长的男女的梦》《替KS君》《并非闲话》《寡妇主义》《这个与那个》（一）（二）（三）等重要杂文作品。

16篇之多①。7月12日作《死后》，到12月14日写《这样的战士》，中间停笔5月之久，未写散文诗，然而从8月到12月，却写了杂文13篇，这正是他为女师大事件，与章士钊、陈西滢战斗激烈，他的杂文写得奋发昂扬、淋漓酣畅之时。12月14日作《这样的战士》，同月18日到22日写杂文3篇，而停写散文诗；同月26日作《聪明人和傻子和奴才》和《落叶》，即未再写散文诗，而12月28日到31日又作杂文3篇。间歇性也是很为明显的。

1926年的情况亦复如是。1月至4月，战斗方酣，连写杂文多篇，而散文诗的写作则完全停止了。在这3个月中，他共计写了杂文14篇之多，其中多数是同章士钊、陈西滢战斗，并且连接对封建军阀政权展开了斗争。然后，4月8日至10日，分别写了《淡淡的血痕》与《一觉》2篇，结束了散文诗的写作，而《野草》成。

从这个时间表中可以明显地看到散文诗《野草》写作的间歇性——它的写作同战斗杂文的写作是交错进行的。这种间歇性说明了什么？首先，我们可以具体地来分析鲁迅当时的思想状态。

写散文诗与写战斗性极强的杂文的，是同一个鲁迅。他又是在同一个时期写这两类作品的。这里绝不会是两个鲁迅，也不是同一个鲁迅的两个时期。因此，我们绝不能夸大《野草》中的消极面，而只能作我们在前面所说的解释：这是积极思想、积极情绪对消极思想、情绪的主动出击，是前者撞击后者所迸出的火花，是作者在战斗中感觉到、认识了自己的不足、缺陷、"毒气""鬼气"而要"除去它"、摆脱它的一种表现，一个实际步骤。

果戈理曾经为了除去自己身上的缺点，而把它们有意写进小说人物的身上，好像对自己的一次清洗和"分解"。至于作家把自己的感情、心愿、痛苦与欢乐写进自己的作品中，就更是普遍的、常规的现象。而鲁迅把自己压抑在胸中的这些急欲排除的思想、感情和心理上的消极东西，通过创作散文诗来抒泄，正是这种做法。不同的是，他怀着更自觉的思想、更急迫的心情。这里，在他的创作心理上，就有两个值得注意的特点：一是他不得不写，急欲一吐为快，就像蚕已到吐丝时、蜜蜂已

① 这时期的重要杂文很多，如《杂论管闲事·作学问·灰色等》《学界的三魂》《古书与白话》《不是信》《我还不能"带住"》《华盖集后记》《中山先生逝世后一周年》《无花的蔷薇之二》《死地》《可惨与可笑》《纪念刘和珍君》等名篇均为此时期所作。

到酿蜜时，丝毫没有勉强处、丝毫没有做作处，一切自然流泻、顺势而行；二是他创作的心理活动内涵同他所要叙写的内容、所要描绘的对象，是契合无间的。这是创作心理的最佳状态，就像运动员的最佳竞技状态一样。它是创作成功的最好主观条件，是熟透的佳果、是心物的密合、情与思的融会，发而为文，至情深意，动人心魄。

但是，我们又不能不注意到，同一个作家在同一个时期，写这样两种截然不同的作品时，又不是同步行进的，而是分别地、交错地进行的，是彼此在对方的间歇期出现的，即此起彼伏、交替互辅。有如一位战士，在奋战一段之后停下来，整理一下自己的思想，休整一下，轻装一下，喘息一下，然后起而再战。

因此可以说，《野草》之作，是鲁迅在战斗间歇的喘息、抚摸、倾诉、宣泄。他这样做了之后，便感受到"毒气""鬼气"的消逸，创伤的平复，心理的补偿，情绪的平衡，内心的充实。

正是这种创作心态，使作家处于迷离恍惚、梦魂缭绕、浮想联翩、幻想驰骋的状态，而且在这些心理活动中，活跃着表象的翻腾、闪现、分析与综合，贯注着诚挚、热烈而酸楚凄清的感情汁液。前者充满活跃的创造想象，给艺术以最佳创作素材；后者给艺术以动人的力量。在这种创作心态中，出现了影与身的告别、狗与人的驳诘，用"无所为"和"沉默"的求乞，以对立而至干枯却既不拥抱也不互相杀戮来进行的复仇，写着"于浩歌狂热之际中寒""抉心自食，欲知本味"等奇怪话语的墓碣文和死尸的起座而口唇不动的说话，以及奇怪的梦，梦见卖身以育儿女的老妇人的不幸和她那伟大如石像，然而却又已颓败的身躯全面颤动的情景，梦见失掉的好地狱，等等，显得诡谲奇幻、怪诞不经、变异无端、出人意料。这正是上述创作心态的产物，是它的优雅动人的表现。想象、超常态、跃动、闪烁、变幻不居，成为作品艺术色彩和动人力量的流泉。

鲁迅说：《野草》中"二十多篇小品"，"大抵仅仅是随时的小感想"，"有了小感触，就写些短文，夸大点说，就是散文诗，以后印成一本，谓之《野草》"。（《南腔北调集·〈自选集〉自序》）鲁迅称之随时而起的"小感触""小感想"，正表明这是在战斗间歇时之所想、所感、所作。一以其写个人的思绪，一时的情愫，而为"小"；一以其写自己观人情世态之一角，且以诗的抽象与简告出之，而为"小"；一以其写自己的观点、情感、心绪的一面、一角，且为消极的，要"除去"的一面，故称为"小"。

而我们却不能以其诸种"小"而小觑了它。它是鲁迅思想的自我肉搏，是他的情感、心态的自我激荡与平衡的求得，是一个战士思想上的轻装，一位思想家的自我锤炼与内省的外射。因此，鲁迅称这是"生命的泥委弃于地"而长出的野草。

> 我以这一丛野草，在明与暗，生与死，过去与未来之际，献于友与仇，人与兽，爱者与不爱者之前作证。（《野草·题辞》）

> 这简短的话语，道出了作品产生与问世的背景与意义。它是他的过往的生活、生命存活、奋斗、自省的证明。

> 野草，根本不深，花叶不美，然而吸取露，吸取水，吸取陈死人的血和肉，各各夺取它的生存。（《野草·题辞》）

野草，吸取历史的露、时代的水，吸取陈死人——他自己的生命的过程和他的战友及青年的血和肉，"夺取它的生存"。这是野草的生命之源，也是它的艺术之泉。

我们在这里绝不可忽视他自己的思想与生活、他的私情、他的内心与自省在浇灌野草的艺术之花中的重要作用。如果只看到时代的、社会的、"外部的"原因，而看不到个人的、私生活的、内心的东西，那就像只看到雨和露和阳光，而没有看到根须所吸取的内在的血和肉。鲁迅在开始写《野草》的第一篇《秋夜》时，不仅经历了新文化战线的分裂和分裂后的寂寞与斗争，在时代与社会的大风浪中搏击，而且经历了家庭破裂、兄弟失和的痛苦、愤怒与忧伤，以及破裂之后的颠簸与流离，在家庭的与内心的大波涛中跌宕。他于1923年7月19日收到周作人决裂信。8月2日迁砖塔胡同61号暂居，10月1日肺病复发，半个多月之内，连续跑医院，直至11月"始废粥进饭"，但还没有痊愈。此间，除坚持工作与写作之外，还要为购置、修缮阜成门内西三条胡同的住屋操劳奔忙。次年3月又多病，经常看病。日记上记着，"甚惫，似疲劳"，"身热不快"，连他那离不开的烟卷，也断了，甚至"欲作文，亦不就"。这中间，仍不能间断为西三条胡同的房屋的修缮操劳。真是有点身心交疲。他的心是痛楚的：家庭、兄弟、不幸的婚姻，都在他的心中引起伤痛。生理的病引发心理的痛苦，心理的痛苦又加重生理的病。5

月25日总算搬进了经营很久的新居，在西三条安下了自己的家。6月11日回八道湾取书，竟被周作人夫妇无理抢白一顿，周作人甚至"拿起一尺高的狮形铜香炉向鲁迅头上打去"（许广平：《鲁迅回忆录·所谓兄弟》）。这次事件，对鲁迅的刺激极深。在9月21日，写《俟堂专文杂集》题记时，还愤愤然写道："迁徙以后，忽遭寇劫，孑身逭遁，止携大同十一年者一枚出，余悉委盗窟中。""聊集燹余，以为永念哉！"他称彼为"寇"、为"盗窟"，称此事为"燹"，愤然之情、哀痛之心溢于言表。

1925年3月起，鲁迅与许广平通讯，迅速进入爱恋状态。这爱给他幸福，也给他痛苦；给他欢欣，也给他哀伤。心的激荡，如波涛汹涌，如暴风狂雨，如梦如醉。不敢不能爱其所爱，又不忍舍弃拒绝飞来的爱。那是"天外飘来"的真挚无私并且是奉献的爱，能够并且已经温暖了他的心，然而他又觉得这是"非分非法"的情。他为得到雨露、汁液、温情、爱心而感到欣慰、鼓舞、幸福，但同时又感到哀痛忧伤、矛盾惶遽、莫可名状。当战斗时，或能忘怀，必须抛却，但当间歇时，当喘息时，当夜深人静寂寥冷清、沉静下来时，这一切又似梦非梦地出现了。而当它们出现，又和不幸的婚姻、破裂的家庭、与自己一同作一世牺牲的"爱情的影子"（朱安）以至那爱我我爱的伊人，便都搅和在一起，翻滚而且跃动。同时，自身的处境、社会的攻讦、正在进行的工作、战斗中的困苦、自己的局限和"毒气""鬼气"的骚扰，以及由此而遭至的创伤，……也都搅和在一起，翻滚而且跃动。这是难忍的心的重压，情的激浪，必欲一吐，不吐不快，不吐难耐。于是那自省、自我斗争、挣扎和搏斗，光明与黑暗，方生与未死，友与仇，人与兽，爱与不爱，都搅和着，浑沌、迷离、恍惚，梦魇似地出现了。他在这时，在其间，感受到苦、甜、涩、美，沁入心扉。于是他提起了笔，写《野草》中那些自省的、释愤抒情的篇章。这既是他的内心矛盾、郁闷、哀愁、痛苦的宣泄、倾吐，也是一种感情上的补偿、一次心理上的平衡，还是审美活动的体验与体现。既是思想斗争的火花迸射，也是劳人的暂息、愁人的兴叹、恋人的情歌、痛苦者的呻吟、战斗者的歌哭、寂寞者的求友声。

《野草》中，有16篇是用"我"来直接叙述与抒情的，而有7篇是以"我梦见"开头的①。以写梦的构思形式，其意在把现实化为梦，比作梦，把奇异的联想、诡谲的幻想纳入梦境。写梦，足以更离奇，更曲折委婉，更一唱三叹，也更迷离、恍惚、朦胧，并由此而进入一种梦似的审美境界：夜朦胧，月朦胧，梦朦胧。写梦境，增离奇，发奇想，把现实化为荒谬，化为梦中的真实，可以把现实的丑恶，在梦中幻化、强化、夸张、怪诞化。奇梦、怪梦、噩梦、荒唐梦，梦无稽、梦自由，梦无束无拘，这样加强本质地反映真实。死的火，狗会与人论驳，地狱里鬼魂的欢呼，我与我的死尸对话，无词的语言，老妇人衰蔽身躯的全面颤动……，现实与梦境、真实与象征交叉、错综、融会、浑合，真真假假，亦真亦梦。真作假时假亦真，假作真时真亦假。如醒如梦，沉浸于一种虚幻而实在、抽象而具体、怪诞而真实的梦境中，如醉，如痴，如迷，如狂，然而又是清醒的、真实的、深沉的。这是作者一种心态的外射，一种创作心理与创作心境的真实的反映。这里有一腔哀思，一片思絮，一缕诗情，一个提供审美机制的整体，它营造出一种《野草》所特有的美境和审美价值。

　　1925年7月末，鲁迅结束了同许广平在北京时期的通讯，意味着那欲爱而不能爱又不忍舍弃的矛盾状况结束，两心相印、两情相通，正式确定了关系，鲁迅便停止了这种对梦境的描写，结束了这种迷离恍惚、曲折摇曳的艺术倾诉。这表明，他的思想、情绪、心理，也已经迈出了那恍兮惚兮的梦境，那真实与梦境的交错状况，出离于那种抑郁哀痛矛盾惶遽的境地了。在7月12日写《死后》之后，他暂停了散文诗的写作，投入了投掷匕首投枪的战斗杂文写作。从8月到年底，连连射出子弹、掷出匕首，杀敌于战阵，而不再吟哦于书斋。12月14日到第二年（1926年）的4月10日又写散文诗5篇，其中《腊叶》一篇，以挚情表达了对于许广平爱的感谢，此外四篇都是对于现实的真实的、直接的、活生生的反映，有歌颂、批判、揭露、欣慰和欢快②。它的思想、感情、意念、构思，都已经脱出"梦境"，越过《野草》其他篇。正如李

① 李希凡：《一个伟大寻求者的心声·"更多的是更无情面地解剖我自己"——论"野草"精神之二》："在《野草》的二十三篇作品中，有十六篇是用第一人称'我'的形式来叙写的，而《死火》《狗的驳诘》《失掉的好地狱》《墓碣文》《颓败线的颤动》《立论》《死后》七篇，都以'我梦见'作为开头……。"

② 这4篇是：《这样的战士》、《聪明人和傻子和奴才》、《淡淡的血痕中》和《一觉》。

希凡所指出的："特别是后面的几篇作品，如《这样的战士》《聪明人和傻子和奴才》《淡淡的血痕中》等，充满了反抗、战斗、批判和歌颂，可以说，这时的'野草精神'，已开始显出新的发展趋势；愁绪已逝，斗志正浓，极少有消极的思想感情了！"①

《野草》正如鲁迅所说，将"生命的泥委弃于地"，这"地"便是现实生活和斗争。但《野草》不同于鲁迅其他作品的是：它更偏重于主观世界的描绘和自我省察、内心情感奥秘的抒发。为此，他调动了擅长此道的浪漫主义和象征主义；或者也可以说，浪漫主义和象征主义的精神、手法、技巧、特色，以其艺术的魅力和诱惑打动了鲁迅，成为他产生《野草》散文诗的艺术渊源。那么，现实的泥，扎下了鲁迅委弃于地的生命的泥，而又得到浪漫主义与象征主义的水和露、肥料和乳汁浇灌喂养，乃生长了《野草》这朵瑰丽多彩的奇花异葩。

鲁迅的《野草》正是在现实主义的灵魂与躯体上，贯穿着浪漫主义理想，自我省察与自我抒写披上了象征主义的凄艳的羽翼。他用象征的、写意的、暗示的、联想的、悬想的、想象的手法、事物、故事、情节、形象来表达、抒写他的心和梦、他的矛盾和斗争、他的抑郁和痛苦；他着意地袒露、表现、抒写他的心象、意象。这里，有确定的，有不确定的；有明确的，有模糊的；有可捉摸的，有不可捉摸的。有的本为确定、明确、可捉摸的，而他却有意为之，使得难以确定、明确、捉摸；有的又相反，本不可捉摸、不明确、不确定，然而他却抒写得明确、确定、可捉摸。这正反映了作家自己主观上、心理上的不明确、不确定、模糊和不可捉摸。情绪、想象、意象、心志，飘忽游戈，似此似彼，非此非彼，此时为此，彼时为彼，忽此忽彼，忽忧忽乐，忽冷忽热就这样，跳跃、变动、幻化。这些，正是矛盾心境的一种表现、复杂心绪的一种外射变化情感的一种定势。它被作家有意地、欢欣地、夸张地、美丽地记录在作品中，便更增添了一层美。如果说得十分确定、准确、肯定、稳定、界线分明、形象清晰，倒反不准确、不符合实际了。而此种心境、意象和对它的艺术地反映，又更给欣赏者以丰富的联想的素材与启发，广阔的驰骋想象的天地，似懂非懂的领会，从而得到更多的审美的愉悦。

---

① 李希凡. 一个伟大寻求者的心声 [M]. 上海：上海文艺出版社，1982：51.

显然，作者为此是感到欢欣的。他不仅用心态意绪的外射而得到摆脱的轻松、抒发的愉快，而且运用浪漫主义和象征主义手法来抒写，给人以更多的美感享受，因而也更愉悦，所以他说："但我坦然，欣然。我将大笑，我将歌唱。（《野草·题辞》）"

在形象的描摹、心象的抒写上，他采用了迷离恍惚、诡谲奇异、怪诞不经、凄冷艳丽的手法。在语言上，他运用反复、重叠、对仗、对称，显得统一而又变格，通过故意拗口、单字独插、独字结尾，以打破统一与顺畅、对仗与对称，并以其音韵、节奏感，甚至格律，以"休止"与"停顿"，以短促和诘屈聱牙来收朗读时的心理效应和力度感。

在所有这些方面，他受到了尼采、屠格涅夫、波特莱尔的很大影响，汲取了他们的艺术营养，然而又抛弃了他们的思想，而以自己的生命的思想和思想的生命灌输于其中。

《野草》也同时源于中国传统审美心理与美学思想。老子曰："道之为物，惟恍惟惚，惚兮恍兮，其中有象，恍兮惚兮，其中有物。"老庄之所说"神鉴"，"象外之意"，"玄远之旨"，"得意忘言"及"寄言出意"，庄子的驰骋玄幻、迷离朦胧、奇诡怪谲，屈原的抽写哀怨，郁为奇文，奇草异花，天马行空，都是鲁迅审美心理中的深层积淀。在《野草》创作中，它们作为中国传统美学思维与性格的内蕴，在鲁迅的创作心理中发挥作用，与尼采、波特莱尔等的营养，中外融会共为所用。

以上这些，构成了鲁迅创作《野草》时的创作心理。他的生活中的不幸与痛苦、心灵中的不安与震颤，是这个心理的内涵，而浪漫主义、象征主义及尼采、波特莱尔、老庄的影响则是这种心理内涵的艺术羽翼，但同时又深入其心理内涵，而成为他重意象、凭象征、写性情、逐奇幻的创作心态。毫无疑问，《野草》是伟大现实主义作家鲁迅的现实主义作品。在基本精神上，在揭露现实、与之抗争上，它是现实主义的；在创作意识与创作方法上，他是现实主义的。但是，他又将浪漫主义、象征主义的技巧加以运用，使现实的泥土生花。现实主义不是褊狭的、凝固的。作为一种创作精神与态度，它与其他艺术流派大相径庭，但是作为一种创作方法，它并不排斥其他艺术流派的吸入，相反却能借以生光。这对我们颇富启发意义。

鲁迅说："我的那一本《野草》，技术并不算坏，但心情太颓唐了，因为那是我碰了许多钉子之后写出来的。"（致萧军信，1934年10月9

日）他是颇欣赏这《野草》的技巧与艺术成就的。但他以为心情太颓唐。然而这颓唐是战士的颓唐，是在战斗间歇的间歇性的颓唐，是为了要除去颓唐的颓唐，是在斗争上自省的颓唐。因此是积极的、向上的、奋战的，是一位伟大战士臻于坚毅品性途中的自我搏斗的记录。这当然是他碰了钉子之后写出的。而他正是在战斗中碰钉子，受创伤，然后自省的；自省之后，宣泄、倾诉、喘息；之后，便又去战斗了。

他说这"大半是废弛的地狱边沿的惨白色小花"。"但这地狱也必须失掉"。而以后，他走出地狱，地狱随后也"失掉"了："在变化的时代，已不许这样的文章，甚而至于这样的感想存在。"（以上引文均见《野草》英译本序）时代变了，而且他的生活与思想也变了，那时的感想和文章，不仅不许有了，而且他自己也"不再作这样的东西了"。心态和情绪都已变化，战斗的形势与内容也已改变。自然，《野草》已不复生长了。

因此，《野草》是鲁迅全部作品中的异品，是一抹"越轨"的笔触，是一曲只此一次不复再奏的幽美动听的乐曲，是一个"意外的"、仅有的艺术硕果。

然而，在《野草》之前，也有《野草》式的丽花，如《热风》中的《为"俄国歌剧团"》；在《野草》之后，也有《野草》式的美卉，如《准风月谈》中的《夜颂》等。然而它们又不完全同于《野草》中的篇章，其时代与心态均不同。但它们的偶现，反映了鲁迅的同一艺术思维与艺术世界由于客观的和主观的条件不同，分别采取不同的形式抒发与外射。然而，我们能够感受到它们之间相通的血脉和一致的精神。

（北京鲁迅博物馆鲁迅研究室. 鲁迅研究资料 ［M］. 北京：中国文联出版公司出版，1989.）

悲剧的美与美的悲剧

鲁迅的作品具有悲剧的美。无论是小说、散文、散文诗，还是杂文，都具有这种动人心魄、感人情怀、令人称赏不置的悲剧的美。这是他特有的艺术思维、创作心理所创造的一个艺术世界。

鲁迅很早就培育了悲剧意识。家庭的中落，家族的破败，亲人的不幸死亡，都是生活中的悲剧①，是他亲历并深深体味过的生活的悲剧。民间戏曲中的悲剧，特别是像女吊这样的悲剧人物，以及《二十四孝图》等中的残酷酿成的悲剧，都灌输他以悲剧意识，并使他更清醒地去深入体味自己生活中亲历亲见的悲剧，从而进一步加深了他的悲剧意识。他的人生觉醒和艺术觉醒，都是在悲剧气氛和悲剧意识中发生和行进的。这为他的创作心理种下最初的因子。

中国近代社会处于悲剧时代，人民和民族在其中经历着一出沉沦屈辱的悲剧。鲁迅在青年时代正感受了这个悲剧的洗礼。他的民族意识的萌生和发展，爱国主义思想的增长，加深了他的痛苦感受，也加深了他的悲剧意识。

正值风华正茂的青春时期，都无可奈何地接受不幸的婚姻，又给他的悲剧心理，从个人切身体验中加浓、加深、加色、加香。而个性解放、恋爱自由的思想和爱的意识觉醒，又更深化了他的悲剧心理。"灵台无计逃神矢，风雨如磐黯故园"是他的第一首哀歌，第一曲民族与自身的悲剧融合为一的咏叹调。

他的文艺运动的失败和深深地跌入寂寞零落的苦境，尤其是尔后发

---

① 鲁迅生活中所体验的家族悲剧不限于祖父的下狱、父亲的久病与早死，而且还经历了祖母的不幸、姑母的夭亡、庶祖母的沦落、表姐妹的悲剧命运，以及同辈族长辈与同辈（如子京与凤桐等）的悲剧。

生的他所寄予希望的辛亥革命的失败，以及这个失败所造成的民族、社会、人民的仍然沦落、腐朽、不幸和为这个失败而付出牺牲的志士英雄们的悲剧，也都更在他的意识和心理中撒播悲剧的种子。这种子在时代的风雨和他个人生活的凄风苦雨中生根、发芽、开花、促成了他的悲剧性的创作心理。这种心理，尔后又再次由于五四运动后的文化统一战线的分裂、战友们的风流云散、自己的孤军作战，以及家庭破裂、兄弟失和、爱情波折等，而被加深加浓了。

鲁迅曾经是浪漫主义的热情的信奉者，曾经以高昂的志气、澎湃的热情、无限的希望和美丽的理想，提出了浪漫主义的文艺纲领。不过即使在此时，悲剧的色彩也已经抹在其上。那"而先觉之声，乃不来破中国之萧条也。然则吾人，其亦沉思而已夫，其亦惟沉思而已夫！"的慨叹和发问，已经透露了此中消息。接着便是挫折、失败、失望、寂寞、无聊、痛苦和长期的沉默。这使他的悲剧意识深深地扎根了。而那尚不明确、尚未自我发现的创作心理，已经被悲剧意识所包围。

然而，鲁迅的悲剧心理自有其特殊性。他描写过那"火的冰"和"火的冰的人"。他原是一团火，是"火的人"，然而，遇着说不出的冷，火便结了冰了。于是便成了"火的冰"，成了"火的冰的人"！他是这样的："中间有些绿白，像珊瑚的心，浑身通红，像珊瑚的肉，外层带些黑是珊瑚礁了。"[1]当鲁迅在五四运动前处于沉默中时，他正是这种"火的冰"下"火的冰的人"。而当五四运动来潮时，他投身运动，重新提笔来创作时，他便像"火的冰"和"火的冰的人"，在周围的冷变热了时，融化了，发热了。这使他又成了火，又燃烧起来。然而又因为曾是火的冰，曾是火的冰的人，这火便带着特殊的光和特殊的热、特殊的色彩和特殊的力量。更何况，周围仍然冷冽，荒原仍然寂寞，多数人仍然沉默，于是这融化的"冰的火"和"冰的火的人"，便发出特殊的光和热。这色彩和力量都是悲剧性的。

焦黑，通红，绿白。这是他的艺术的色彩层次，他的美学构成和审美特质。焦黑，是曾经被"冷漠"烧灼，显得沉静、冷峻、肃然、木然，但浑身却又通红、热烈、激昂、奋勇。而那心，是绿白色的。绿色是生命的象征，白色是纯净而高洁。于是他的创作心理，他的艺术思维

---

① 以上引文均见《集外集拾遗补编·自言自语（二）·火的冰》。

和艺术世界，便是热烈、沉静而深刻，具有现实感而又具历史感；把今天同昨天、明日连接，具象而抽象，一而十，简练而丰厚，畅晓而深沉，悲而不伤，衰而不颓，激愤执着，却又冷静坚韧。

鲁迅对于果戈理艺术特征的概括，正适用于概括他自己的艺术思维与艺术世界，这就是："以泪痕悲色，振其邦人。"

泪痕悲色，是艺术的取材、手法、境界；振其邦人，是他的目的。唯其具有泪与悲，才更能动人、引人、震惊人、催醒人，才更具有振其邦人的力量。悲哀，标志着他的天才的特色。死亡——他在小说中一直不肯放弃的主题，一再写到的不正常的死亡，不幸的、痛苦的、挣扎的、模糊而明确、昏睡又清醒的死亡，以及被冷漠包围的寂寞的死亡，是那个应该死亡和面对死亡而又做垂死挣扎的时代的象征。这都是为了体现那个泪痕与悲色。

每一个伟大的作家都有一个只属于他自己的世界。它是个艺术世界，但又融合了外部经验世界、在现实中某个地域中指划出来的世界，以及作家的自我警觉的自省世界、他的心理活动世界。这里融会着外部经验世界的内化过程与成果及其内部自省世界的外射过程与成果，以及作家运用联想、想象、象征、语言等手段，运用情节、人物、典型等中介，完成的心念与达到的目的。这是一个非常复杂的颇带神秘性，然而却可寻求轨迹的过程。在鲁迅的艺术思维与艺术世界中，完美地体现了这一过程，或者说，在这一过程中，完美地实现了他的创作目的，创造了一个悲剧美的艺术世界。

鲁迅的创作目的极为明确，他是从政治到艺术，而不是从艺术到政治。他是遵革命之命，要写出他眼里经过的中国的人生，刻画被压在大石底下几千年的草在曲折地求生存、生长似的国民的灵魂，要写出这厚重的环境压力和社会氛围，以及被挤压成的国民的厚重的麻木、愚昧与冷漠的灵魂。但这不是他的创作概念，不是他从此出发的概念。这却是他的得之于时代与历史的民族集体无意识的思想与文化积淀，它是饱和着、深蕴着他的经历、知识和感性的体验的，具有感性的、形象的内涵与外形，这些形成了他创作的心念与意象。而且，这一切又是同他的个人的无意识，他的心理状态，他的由于亲身体验生活中的种种色色而来的心象联系着的。

创作的外部条件即时代历史、社会生活，个人的生活经历，创作的内部条件即潜意识（个人的或集体的无意识）、想象、心念，这两者在鲁迅这里不仅是齐备的，而且是交融的。"即使文学艺术作品可能具有某些因素确同传记资料一致，这些因素也都经过重新整理而化入作品之中，已失去原来特殊的个人意义，仅仅成为具体的人生素材，成为作品中不可分割的组成部分。"①

　　鲁迅的艺术思维与艺术世界的构成，恰好是内部和外部的、经验的和先省的，集体、民族、时代的和个人的，都是悲剧性的，悲剧性的客观现实和悲剧性的艺术意识相契合，创作心理处于和谐状态。他的传记资料表明他个人的经历和心态，经过整理，经过加工，经过"酶化"，化入了他的作品，然而都已失去它们原来的形态（部分的或全部的）和原来的意义，仅仅成为具体的人生素材，而成为作品中独具自身价值的组成部分。它们已经是"非鲁迅的"，而是社会的、时代的、历史的，是"鲁迅的艺术"的了。例如："狂人"（《狂人日记》）显然不是他自己，然而有他的表弟患迫害狂的事实的触动与依据；那母亲哭她被自己"吃了"的女儿的哭声之真挚而奇怪的描写，是对于他的母亲哭他那早夭的四弟的事实的回声，也许还是他的母亲爱他而用那包办的不幸的婚姻害（"吃"）他的痛苦感情的升华与外射。而且，那狂人的思想、见解、论辩，他的感觉——变态的真实的幻觉，不也都含着他自己对于历史、民族生活的体验与感受么？单四嫂（《明天》）的对于虚空、对于静、对于渺茫的希望的感受、心态，不也是他自己的体验与感受么？阿Q（《阿Q正传》）、陈士成（《白光》）、祥林嫂（《祝福》）、闰土（《故乡》），都有生活原型，那是他的记忆的回声与记录。然而阿Q在赴刑场时，对于跟定了他要看杀头的麻木群众的眼睛，像追逼着要吃人的狼的眼睛一样，令人毛骨悚然，正是他自己对于中国迷漫着冷漠、人们彼此间隔着高墙的体验、感受的写照。……我们还可以分析出更多的这种契合：生活与心态的契合，灵感与目的的契合。

　　正是因为这种民族的、时代的、集体无意识的积淀和生活本身的悲剧，同他个人的创作心理（产生于个人的经历、见闻与感受）的悲剧性两相结合，所以鲁迅没有写他并非完全无知的农民起义、民变、起事，

---

① 韦勒克，沃伦. 文学理论·文学和传记 [M]. 北京：生活·读书·新知三联书店，1984：72.

群众的跪香和志士的暗杀，那些积极的、火爆的、热烈的、震惊的、悲壮的人物与故事，而是写了落后的、愚昧的、麻木的、哀痛的、郁闷的人物与故事：不正常的死亡、丧葬、不幸的婚姻、无望的追求、无力的反抗……

《阿Q正传》和以后的小说创作，如《孤独者》《在酒楼上》《伤逝》，尤其具有悲剧的美。这是新文化运动统一战线分裂，他"荷戟独彷徨"的状况的真实反映，也是1923年家庭破裂、不幸的爱情及后来与许广平的爱情的痛苦这种种事件构成的心态和进入创作心理所造成的结果、所结出的艺术之花。

正是这种创作，以及创作这种悲剧的艺术与创造这种悲剧的美，才使得他不仅"社会"生活的"内化"与创作心态的"外化"契合无间，而且使他的痛苦、忧伤、哀怨的心理得以宣泄、摆脱、平衡。如是而又得到艺术创造上的和谐。

《野草》尤其是这种带着悲剧美的艺术和这样创造出来的艺术美。[1]

他的杂文也具有同样性质的悲剧美。这有两方面的源泉：一是在那悲剧的时代，革命的目的、人民改变不幸生活与命运的愿望、创造第三样时代的崇高的、必不可少的必争前途，与实现这一切的条件的差距遥远（群众依旧麻木，连青年也都"平安"……）的矛盾，含着历史的悲剧的内蕴。在鲁迅的杂文中，始终贯穿着这种悲剧色彩。不要说像《记念刘和珍君》《无花的蔷薇》等这一类杂文，就是那些《坟》中的写来雍容典雅的杂文，也蕴含着这样的历史的悲剧意识。连那些战斗性极强的杂文，也都含着那种宁可失望于希望而不失望于绝望、"时日曷丧，于与汝偕亡"的悲剧意蕴。二是在鲁迅个人的思想上，由于前期思想的局限，也同样产生崇高目的必须达到和主观条件的欠缺与未必可以达到的矛盾，甚至还有怀疑，目的达到是否就美好的矛盾。而且，他当时的心境中的矛盾也是复杂的。这又构成了内在的、个人的悲剧意识，而外射为他的杂文的悲剧色彩。

鲁迅的作品的悲剧美首先来自他的艺术创造（包括小说、诗歌、散文、散文诗和杂文）的立意和他从生活中升华出来的心念、意象。但同时，也还由于他这一切都有意识到的历史的内容，即意识到的民族的集

---

① 参阅拙作《鲁迅的创作心态与<野草>的艺术素质》，载《鲁迅研究资料》第21辑。

体无意识的文化与审美积淀。这使他的作品都具有思辨的美。"写忧而造艺",是鲁迅悲剧艺术的美的主要源泉。悲中有美,美从悲中来,这是人们审美活动的重要规律。鲁迅的悲剧意识和悲剧艺术的美,不仅与时代的悲剧性、他自身经历的悲剧性和谐一致,而且同千百年来人类同自然斗争与社会斗争中蕴含的悲剧意识和悲剧的审美心理相契合。这也是他的作品的艺术生命力的不竭源泉。《阿Q正传》《祝福》《孤独者》《在酒楼上》《伤逝》这些泪痕悲色写出的泪痕悲色,谁读了能不兴泪痕悲色之叹,而又从中得到审美的流泪的愉悦?就是《记念刘和珍君》那样的杂文,《复仇》《颓败线的颤动》那样的散文诗,何尝不起同样的心理效应?

"蚌病成珠"是鲁迅前期作品的悲剧美的重要因素。鲁迅慨叹过自己灵魂中的"毒气"和"鬼气"的存在,后来又总结了自己只信进化论的偏颇。这些他思想上的"病",带来他情感上、心理上的"病",而他的个人生活中的种种不幸也带来他同样的"病",甚至,他当时身体欠佳,生理上的病也带来情绪上、心理上的病态。这病,发而为文,则为怨、为愤、为哀、为痛,构成了悲剧的美。而且,这些都是真情而非假意,是生活中难忍痛苦的自然叹息,而不是无病呻吟。真即美。更为重要的是,他的一己之病,反映了时代的、社会的、历史的、民族的不幸,通向历史与大众,这悲非一己之悲;而且,即使如此,"病"重,仍然英勇战斗,战斗仍然更增悲壮之美、慷慨悲歌之美。

这样,鲁迅既创造了悲剧的美,又以这悲剧的美折射、反映了中国近代和现代社会的悲剧,写出了美的悲剧。

对于这不朽的悲剧的美和美的悲剧,我们可能看到它的形式的美、具象的美,比如:他的小说的结构、人物、典型、语言的美;他的散文诗的语言和意象的美;他的杂文的尖锐、泼辣、讽刺、幽默的美。但这只是浅层次的。作为当时的时代、民族生活、阶级和社会斗争在作品中的反映,它深含着意识到的历史内容。它是作品的社会价值、认识价值之所在。能够进入这个审美领域时,对于鲁迅的作品,就会更得其意,更知其美,更爱读它。

但鲁迅的作品,还具有更深的审美层次,或者说,在更深的审美层次中,也具有丰富的审美素质。这是他的作品的艺术生命的所在。深刻的意识到的历史内容,通过作家的心灵和创作心理的"酶化"、加工、改造、制作，不仅富有历史的内涵，而且富有作家从中体会、感受和提炼出来的人生哲理，带有长久性的、普泛性的人类心灵之光。这种艺术之光、审美意蕴蕴含着时代的、阶级的汁液与内涵，又浸透了作家本人的心理特质、人生体验，并且，还具有某些象征的价值。这是审美的最深层次，我们称之"象征意蕴"。人们的领悟，往往停留在这个深层次的面前，有的甚至停留在更前一个层次，这是一种曲高和寡的"悲剧"。

有人正确地提出，我们向来对于《呐喊》《彷徨》在内容分析上的偏离角，带来了审美上的偏离角。美在何处？特别在内容与形式的统一，主观意图与客观效果的一致，审美信息储存与审美欣赏破译的叠合。而对鲁迅的小说，侧重从社会政治革命的角度去分析、理解、欣赏，就使人们不能完全得到这个一致。而且，是从客观向主体（作品）的投射，也是由主体（欣赏者、分析评论者）向客体（作品）的投射；所缺乏的都是从作品出发，深入作家的创作心理，客观地、如实地进行分析。

这种审美上的偏离角，不仅存在于对于小说的评价，而且同样存在于对鲁迅的其他作品的解读中。

这种审美偏离角的产生，便使得人们不能完全地、真正地进入鲁迅的艺术思维与艺术世界，从而造成了广大读者与鲁迅及其作品之间的隔膜。这隔膜对于鲁迅是一种损伤，对人民是一种损失。①

（《锦州师院学报》1990年第2期）

---

① 然而这种审美偏离角的产生，并非历史的错误，也不是历史的误会，更不是对于艺术的无知，对鲁迅的曲解，事实上这带着某种必然性，这是审美发展的历史必由之路。当时是中国新民主主义革命胜利进行的阶段，此后又是对于革命历史进行总结的时期，鲁迅的作品，以其深刻的历史内涵和对于历史规律的反映，自然地成为形象的政治—文学教材。而且，在那个时期，社会审美心理也偏重于政治与革命。这样，偏离角的产生，就不仅是不可避免的，而且具有历史必然性和合理性。而且，这也的确有助于鲁迅及其思想与作品的普及。

鲁迅：中国现代精神文明的建筑大师

今年①是鲁迅诞辰一百一十周年。作为文化大师，鲁迅思想涉及宇宙、社会、人生各领域，融哲学、科学、文学、艺术、美学、社会学、文化学等诸学科于一炉。对于鲁迅的世界，我们是不能以一个"国民性改造"或"精神文明建设"来规范和概括的。但却不妨从这一视角来窥其内涵，侧重从这一领域来探讨他的文明观。

一、"人立而后凡事举"

鲁迅在早期，就注意到了人类文明的双相结构：物质文明与精神文明在资本主义生产方式下的畸形发展——一者上升，一者沉沦。他说，自从19世纪后叶以来，"诸凡事物，无不质化"，所以，"灵明日以亏蚀，旨趣流于平庸，人惟客观物质世界是趋，而主观之内面精神，乃舍置不之一省"（《坟·文化偏至论》）。他指出这是"十九世纪文明一面之通弊"。也就是说，资本主义物质文明的发展，产生了一个通弊：只见外在物质，不见内在精神；物质文明之发展，同精神文明之衰弊，相悖而行。这样，就使社会进步停止，"一切诈为罪恶，蔑弗乘之而萌"，于是而"性灵之光愈益就于黯淡"（同上）。物质的黄金财富的闪光，遮蔽了人类精神性灵的光芒。这结果是什么呢？鲁迅指出了两条：一是"社会憔悴，进步以停"，由于精神文明的衰蔽，社会物质生产的发展也停滞了，整个社会都憔悴了；二是人类自身发展的褊狭，性灵之光黯然失色，整个人类也都憔悴了。

鲁迅在20世纪之初，就见及于此，是非常深刻的；但更深刻的地

---

① 本文作于1991年，"今年"指当时。

方还在于，他据此而指出，中国当时最迫切的并不是当时留东学界比较盛行的想靠坚船利炮、黄金黑铁、立宪国会这些东西，他说，这些均不足以兴国振邦。他提出："其首在立人"，"人立而后凡事举"（同上）。这也就是要建立新的精神文明，用它来改塑人，重建人；人立了，一切事情才能发展。鲁迅既抓住了人这个根本，又抓住了人必须以一种新的文化、新的精神装备这个根本。

二、"取今复古，别立新宗"

建设现代文明，使中华民族以"新的民族"的姿态重新出现于世界民族之林，其途径是什么呢？鲁迅指出，必须既求古源又求新泉。这无论新旧之"流泉"就是文化。要用文化为甘泉与乳汁来重新养育老朽的民族文化—心理结构。所以，鲁迅既批判"安弱守雌，笃于旧习"，一切"咸出于己而无取乎人"这种保守顽固的态度，又批判那种"言非西方之理弗道，事非合西方之术弗行"的完全否定自己、一切靠西方的洋奴思想。他提出来要"洞达世界之大势"，"外之既不后于世界之思潮，内之仍弗失固有之血脉，取今复古，别立新宗"。（以上引文均见《坟·文化偏至论》）"取今"，是站在中华民族固有血脉之基础上，按实际需要，去取世界上其他民族的先进的、科学的、健康的、有用的文化；"复古"，是在不落后于世界潮流，足以立足于世界现代文化格局之中，去择取民族固有血脉中之优秀部分。这样，需要古今中外交融，而以民族文化的优良传统为基础与核心，即"别立新宗"——创立新的中国现代文化，塑造新的中国人。

三、发展"社会批评"和"文明批评"

中国自鸦片战争之后，历经挫折的改革进入了文化层面。许多有识之士开始醒悟，要改造旧中国，先要改革人的灵魂，清除人们精神上的污垢，建设新的精神文明。鲁迅不断指出，要建设新的现代化精神文明，先要破那旧的封建主义精神文明。旧的精神文明，已经使中国积贫积弱面临亡国灭种之灾了，它还有什么用呢？为了彻底摧毁封建文明，鲁迅提出要发展"社会批评"和"文明批评"。这二者是互为"表里"、紧密结合的。鲁迅曾说，劳动者身上的缺点、弱点，国民性中的消极因素，都是剥削者、压迫者统治的结果，是他们的"治绩"。因此，对旧社会的批判、揭露，抨击它的种种不良的、恶劣的、反动的现象，轰击剥削者、压迫者，而诉说劳动人民的不幸与痛苦，也就是反对反动统治者的"治"，即反对他们对人民所施行的毒害、压榨、剥削和愚化，这也就是解除和挣脱人民群众的精神枷锁。这样，社会的批评也就成为既是物质的批判，又是精神的批判，同时也是一种带有积极作用的精神建设。

至于文明批评，自然就是对于封建的、落后的、反动的精神文明的批判。这种批判具有两重作用：一是揭露、剖析、抨击、直面作为精神枷锁、精神统治而存在的旧精神文明；二是由于追溯和揭示这种旧精神文明的根底和渊源，势必触及它的基础和后盾，这也就是向反动统治、剥削者世界的物质存在开火进击了。所以，这两种批评是彼此渗透、互相结合的。鲁迅的杂文创作，体现了这两种批评。他的这种批评，于个别中见一般，由当时当地的现象而及于历史和其他范畴，其广度深度达到了文化层，已经成为一种文化批判。这些杂文，既有现实性、战斗性、批判性，又有一般性、理论性和文化品性。这是鲁迅的高明处，也是他对于中国现代精神文明建设的伟大贡献。

四、中国封建精神文明是"软刀子"

第一，鲁迅认为中国的旧有精神文明，由于历史久远，时间太长，有着很深厚的积淀与沉渣。在中国，接受新鲜事物、扶植新生事物是非常困难的。常常会是搬动一张椅子或开一孔窗户，都要流血，而且流了血还未必能办成。这是何等的老化啊！他还说，这种精神文明，总是自称甚好，世上只有自己好，别人什么都不行。就是自己头上有个脓肿块吧，也是"艳若桃李"，比别人头上干干净净的还要好；而且，又总是于旧有的事物委曲求全，而于外来的或新生的事物，则求全责备。这种"文明"，是极不文明的；要是坚持这种"文明"，势必要"文明"不下去了。

第二，由于久经锤炼，这种精神文明，又是非常细密、非常精致的。因此，它的欺骗性也就大，既紧紧地束缚人的精神，又不容易被识破，并且骗得人们深信不疑，以至迷信它。鲁迅称之"软刀子"，说是"软刀子杀人不觉死"。他说："中国人倘被别人用钢刀来割，是觉得痛的，还有法子想，倘是软刀子，那可真是'割头不觉死啊'，一定要完。(《集外集拾遗·老调子已经唱完》)"

第三，这种老而朽的精神文明，却能长久地维持下去，继续毒害人们，是因为它有一种"续命汤"，这就是"破坏了又修补、破坏了又修补"。"我们一面破坏、一面修缮着，辛辛苦苦地再过下去。所以我们的生活，便成了一面受破坏，一面修补，一面受破坏，一面修补的生活了。""中国的文明就是这样破坏了又修补、破坏了又修补的疲乏伤残可怜的东西。"(《华盖集续编·记谈话》)

第四，它还有一种本领，这就是使外来的、新生的事物，变得符合自己的"体统"、自己的需要，新事物变得回到老路上去，一切改革在"革新"的形态中复旧。"谁说中国人不善于改变呢？每一新的事物进来，起初虽然排斥，但看到有些可靠，就自然会改变。不过并非将自己变得符合新事物，乃是将新事物变得合于自己而已。(《华盖集·补白(二)》)"

鲁迅在进行这种破坏旧的、封建主义精神文明，建设中国现代精神文明的工作中，还着力批判了这种旧精神文明几方面的重要表现形态。这主要有以下八方面。

其一，等级观念。"天有十日，人有十等"，"如此连环，各得其所，有敢非议者，其罪名曰不安分"(《坟·灯下漫笔》)。

其二，精神胜利法。

其三，冷漠的精神和看客的态度。"各人自扫门前雪，莫管他人瓦上霜"，"永远是戏剧的看客"(《坟·娜拉走后怎样》)。

其四，保守与僵化。

其五，马马虎虎，模模糊糊，无可无不可。"此亦一是非，彼亦一是非。"

其六，死爱面子，但"爱面子"有时又同"不要脸"混起来了。

其七，做戏的"虚无党"。每天都像在演戏，一切都充斥着虚伪与做作；一面"敷衍，偷生，献媚，弄权，自私"，一面又"能够假借大义，窃取美名"(《华盖集·十四年的读经》)。

其八，在人际关系中，彼此不仅心不能相通，连自己的手都不懂得自己的足，而且，互相"爬，挤，撞，推，踢"。

这是"八大件"，此外还有不少。这些精神上的污垢，是阻碍中国进步的大敌，是反动统治者制御人民的精巧的精神手段。要清除这些精神垃圾，只有靠新的文化的输入、新的革命的科学的实践活动的冲刷，靠新的文化—心理结构的建设。

（《精神文明建设》1991年第12期）

鲁迅：20世纪中国的民族寓言与民族文本

鲁迅的文学作品，已经成为中国20世纪文学经典，并且已经成为世界文学经典。他的小说《阿Q正传》被收入具有世界影响力的英语企鹅经典文库。鲁迅作品的经典意义，从最根本上说，在于它是20世纪中国的民族文本，反映了20世纪中国的精神世界、时代气质和文化—心理结构。

一、从鲁迅看中国

对于一个民族来说，每个时代都会产生全民族性的诉求。这些诉求有如幽灵，好似神祇，游荡于社会生活中，飘浮于民族上空，启示人们去感受忧伤、悲哀、痛苦，启迪并激发人们思索、寻觅、探求，酝酿奋起、跃动、抗争。而每当这个时候，总是会应时代之召唤、民族之养育、人民之催生，产生一批民族精英，他们是民族的感应神经，是民族的思考人和代言人。其中，尤以作家、艺术家为斥候、为灵魂。他们的作品，便成为表达民族精神、民族命运和民族愿望的民族文本。正如一位美国学者所说，这种文学"可供人们解读一国之文化，这些作品本身，也融入整个民族的DNA"。

鲁迅的文学作品就是一种表达民族精神、民族命运和民族愿望的民族文本。我且先从读者接受方面来加以证实，以为直接论证的准备。

在中国的鲁迅接受史中，一代代读者从鲁迅作品中期盼也确实获得的是对民族命运的关怀、对人民自由解放的追求、对敌人的恨和对人民的爱。其中，包含对于中国历史的深刻感知、对于中国文化的深刻体认和对于中国国民性的切肤感受。与这一切紧密联系的，还有培育了中华民族在救亡图存中最需要的爱憎分明、坚贞不屈、锲而不舍的精神品格。几代中国人，在鲁迅作品和鲁迅精神及鲁迅品格的哺育下成长；鲁迅的深刻影响，对他们的成长和成就所发生的重要作用的众多事实，成为鲁迅作品是20世纪中国民族文本的最有力而切实的证明。

国外对鲁迅的接受也是如此。国外的读者和研究者，读鲁迅，就是读中国；研究鲁迅，就是了解中国、认识中国、研究中国。在这方面，表现最为突出的是日本，他们很早就提出了鲁迅文本的社会改革意义，以及为此而具有的社会批判的品性。从1921年第一个向日本推介鲁迅的清水安三赞扬鲁迅痛苦地"诅咒了真正黑暗的人生"，"一股脑地将中国的旧习惯和风俗加以咒骂"。后来，山上正义又指出："（鲁迅）以阿Q这个农民形象为中心，描写了中国农村、农民、传统、土豪和劣绅。特别是描写了他们和辛亥革命的关系，一言以蔽之，它深刻地描写了这次革命的实质到底是什么。"这些评论，把鲁迅文本同现实的中国、中国社会和它的"国民革命"的实质联系起来，指出了鲁迅文本深刻的民族性和革命意义。更具深刻意义的是，第一本《鲁迅传》的作者小田岳夫，把鲁迅与孙中山相提并论，指出鲁迅是"可以和孙文匹敌的重要人物"。鲁迅着意于"人民从心灵的迟钝中解脱出来"，鲁迅是"绝望的，愤怒的，不屈的和忧郁的"，他的痛苦"远胜于孙文"。小田岳夫进一步深化到鲁迅文本作为民族文本的思想文化和心灵改革的层面。

韩国的鲁迅研究和鲁迅接受，是东亚的鲁迅接受中，日本之外的另一个大支系。韩国引领20世纪70—80年代变革运动的知识精英，都是怀着虔敬之情的"鲁迅接受者"，是在鲁迅的中国民族文本的教养和鼓舞下，引导本国改革运动的进展的。韩国著名鲁迅研究家朴宰雨指出：韩国"20世纪的鲁迅接受"可以这样地来概括："战后竹内好等日本知识界不少从鲁迅那里发现现代的出路……韩国知识界呢，也很早就接受鲁迅，从鲁迅的文学与思想里发现觉醒封建意识的资源、反封建斗争的精神武器，进而发现和帝国主义压迫者法西斯斗争的锐利的思想武器。（参见《韩国鲁迅研究论文集·序一》）"他们从鲁迅作品中体察民族灾难和反抗精神，鼓舞斗争勇气。

欧美世界对鲁迅的接受，其核心解读和基本文化诠释，也是鲁迅对旧中国的社会批判以至扩及对中国传统社会的揭示与批判，以及人民的苦难与奋战。1925年，第一个将《阿Q正传》译为俄文的瓦西里耶夫（中文名王希礼），在译序中说：鲁迅"把自己的讽刺不仅刺向1911年的革命，而主要是指向中国的旧文化和中国的社会"。法国作家罗曼·罗兰在读到敬隐渔的《阿Q正传》译本之后，特意请了一位攻读文学硕士学位的中国留法学生阎宗临，为他解释鲁迅的作品，并以此了解鲁迅和中国。罗曼·罗兰也是从读鲁迅中了解中国，并且把中国的革命和法国大革命联系起来思考和评论。

以上，仅仅简略举几个例证，即足以窥见在跨文化传播中，在异域的中国文学接受中，鲁迅和他的作品，是一个受到重视和被给予高度评价的艺术世界和文化境域，其原因就在于他的作品是中国的民族文本；他的作品的社会与文化蕴含，满足了民族文本的主要需求。

二、鲁迅作品的"民族母题"

中国在经历了自从鸦片战争后累累受挫、丧权辱国以来，特别是在经受着马克思所说的，先被鸦片麻醉然后才把他们从世代相传的愚昧状态中唤醒过来这样一个过程之后，开始并日益深化地进入"民族的自我认识时期"。黑格尔曾说，"自我认识是民族精神的最高成就"。中华民族此时正开始进入这个民族精神最高成就的历史时期。整个民族，自觉或不自觉地在思考本民族最缺乏的是什么，落后和挨打的原因是什么，应该怎样来改变这种可怜可悲的命运？即使那些处于愚昧麻木状态中的广大"庸众"，在蒙昧无知中，也在心底深处，期盼改变现状。但是，唯有先觉者、具有热切爱国之心和民族精神觉醒的人，获得最丰厚，也应答最强烈。鲁迅属于这种觉醒的民族儿女群，并走在前列。

从"第一个睁开眼睛看世界"的林则徐，到王韬、容闳，再到严复、梁启超，一个个先觉者在比较文化的启动下，进入民族觉醒并催动整个民族的觉醒。鲁迅就是在这个过程中，先在南京求学，受到革新浪潮的洗礼，并接触到一般西方文化特别是以进化论为代表的西方新思想。更重要的是到日本留学以后，就近观察、体验到"脱亚入欧"后大胆充分吸收西方文化之后的日本文化，并通过"日本桥"接触、体察到西方文化、西方思想新潮。于是进入民族思考人的角色，思考民族的命运与前途并苦苦探寻其出路。正在此时，发生了"幻灯片事件"，促使他改变人生道路，弃医从文。鲁迅思考和选择的出发点和归宿，都是国家民族的命运和前途这样的"民族母题"。从这一点出发，他选择了以文学来唤醒国人、改变他们的精神，而以此救国救民的道路。从创作心理学方面来看，鲁迅创作意识的形成及其构造，即以"文艺：醒民——救国"为基石和特征的。他后来的文学文本的性质，在此时就已奠基。这是鲁迅的特异之处，也是优异之处和高于其他作家之处。

此后不久，他便退学赴东京寓居，自学，办杂志，翻译和写作，开始从事文艺运动。随后，从1907到1908年，他先后发表了我称之"东京四论"的《人之历史》《科学史教篇》《文化偏至论》《摩罗诗力说》这四篇论文。这便奠定了他的作品的民族文本的思想理论基础。此"四论"，从人与人的历史，到科学，到文化，到人的精神，介绍西方文化源流与当代思潮，抉其大蠹与新潮，属目西方，隐击故国。

《人之历史》介绍、标举进化论，论证进化之必然，促醒国人，秉此新论，刷新心迹，追寻民族进化之途。在《科学史教篇》中，鲁迅在给科学之伟力以崇高评价之后，随即从另一方面也是更重要地指出了"美上之感情"和"明敏之思想"的极为重要性，决不可忽视。否则，人的精神渐失，人性入于褊狭。这样，"举世惟知识之崇，人生必归于枯寂"。这时候，"所谓科学，亦同趣于无"了。这就是说，科学技术知识固然重要，但决不可偏废、忽视、丢弃人文知识和精神文明。

《文化偏至论》全面地论述文化问题并涉及其发展规律之探讨与究诘，特别是对于人的精神的瞩目。他认为，中国处此危境，根本在于振拔人之思想与精神，"黄金黑铁"不足以救中国。接着，他便远察西方之新思潮，近体中国之实际，分析世界思潮与本民族需求之间的关系，并及于去取之方略。他甚至提出了建立"人国"的伟大而深刻的理想：就是要使"沙聚之邦""转为人国"。

"东京四论"的最后一篇《摩罗诗力说》，则进一步从科学进到文化，又从一般文化进到文学的深层面。通篇在历述西欧、俄罗斯诸民族杰出诗人之思想、艺术与事迹之后，总结他们的品性、言行、思维，认为他们是"精神界之战士"。他以期盼之心，诚挚地发问："今索诸中国，为精神界之战士者安在？有作至诚之声，致吾人于善美刚健者乎？有作温煦之声，援吾人出于荒寒者乎？"又深深地感叹："而先觉之声，乃又不来破中国之萧条也。然则吾人，其亦沉思而已夫，其亦沉思而已夫！"这是发自心底的民族之声与民族浩叹！发人深省，故称其民族文本。

"东京四论"，构成了一组完整的中华民族20世纪初叶的理论思想民族文本。

每个民族、国家的改革，均必历经三个依次递进的阶段和层次，即"器物层改革"到"制度层改革"，再到"文化层改革"。当然，这样三个阶段（三个层次），是大体递进而又叠进交叉的。中国在20世纪初，以洋务运动为代表，器物层改革已经取得客观的成绩和达到相当的水平，制度层的改革也已显露端倪甚至摆到日程上，故先有戊戌变法之发生，而继其失败之后，又有了章太炎更有孙中山的革命论出现和革命运动的兴起。至于文化层的改革，其实也已经随着这两个层次改革的进展，而提到日程上，呈现为民族母题的内蕴了。不过，当时的改革运动和革命运动的领导者们，目力所及，着力之处，以至在思想境界上，均注重发展实业、富国强兵、坚船利炮、警察法政、立宪国会等议题，而于文化，于国民文化心理性格，却未顾及，或涉及之而未放到重心位置，甚至尚未达到这一觉醒层次。而鲁迅则否。他在注意并认可器物层改革和制度层改革的同时，更注重文化层的改革，也就是更注意民族文化的弃旧布新、革故鼎新，即他所提倡的"取今复古，别立新宗"。他认为这才是"本"，而其他则为"末"。他的这种文化觉醒，正是中华民族自身的文化觉醒的"个体性反映"，也就是"人格化反映"，是这种民族觉醒在民族思考人身上的突破和表露。这一方面表现了鲁迅作为民族思考人的优异秉性，另一方面也再次证明他的论文的民族文本的禀性。他的系列论文，反映了整个民族的文化觉醒；他的系列论文的"如入无人之境，应者寥寥"，则又反映了全民族文化觉醒程度之不足和迟滞。这些表明了鲁迅在思想境界上的前卫与前瞻。因为，文化层的改革，在中国的实际社会发展中，要到五四运动时期，才作为民族革新的任务，提到日程上来做"历史实践的运作"。

当然，鲁迅在此时期，创获和"提供"的民族文本，还是文学、文化理论形态的文本。这既取决于他个人的主观状态，又受制于当时的时代条件和民族的历史境遇。

这时的中国社会还没有酝酿成熟文学创作的客观条件和文化境遇。尤其是从传统民族文学表达到近代、再向现代的转换，还要等待历史条件的出现。民族现代文学之花，还要等待能够培育和生长民族文学、民族文化之花的土壤出现。这一历史的与时代的条件，要经过辛亥革命的胜利和失败带来的、民族从短暂欢欣到新的忧伤之后，经过从1915年开始出现的新文化思潮与实际运动兴起之后，才能出现。

鲁迅等到了这一天的出现。

经历过辛亥革命的胜利和失败，经历过五四新文化运动初期的酝酿和发动，鲁迅在短时期沉默之后，以小说《狂人日记》的问世为标志，走上了文化征战的疆场。

《狂人日记》是一个民族寓言。"狂人"，是这个民族寓言中的典型形象，一个寄寓着民族症候和"时代气候"的文化符号。他以寓言的体式，揭示了那种以愚民政策施行精神虐杀的"吃人"的历史本质，又以"狂人"的形象，带有寓意和象征性地表现了"狂人"以觉醒之声呼号和呼唤人们警觉。以舍己救人的志士心拯救同胞，却被以对待疯子的心态与手段加以管制和扼杀。这样一些寓意——寓言的方式和艺术形态，高度浓缩地表现了中国当时的社会现实和民族心理状态。这一民族寓言，从本质上反映了中国的现实，而实实在在地成为深刻的民族文本。并且，在国外研究者的论著中，也有认为这是"亚洲民族寓言"的。

继《狂人日记》之后问世的《阿Q正传》，则以细节写实式的叙事，寓言式地表现了另一种意域更广泛也更深刻的民族寓言和民族文本的本质。它创造了一个社会内涵更具体实在、生活细节也更具体实在、人物形象也更写实和具体的"写实文本—寓言文本"，是两种文本的结合与汇融。而且，创造了阿Q这个既写实又含寓言意蕴的不朽社会典型与艺术典型。《阿Q正传》作为民族寓言——民族文本的思想特征和艺术特征，使它既具有社会生活的写实性，又有在写实部分的象征性和寓言性。

《阿Q正传》作为民族寓言，有着真正意义上的宏大叙事性。这不仅表现在他在作品中把辛亥革命本身，把这一民族民主革命前后的中国社会，纳入他的叙事境域之中，而且，作品还以寓言的形式，涵盖了中国的社会结构、阶级阶层关系及伦理关系，涵盖了中国的历史与文化状态和性质，还涵盖了中国的传统话语权的分置与阶级分野，涵盖了中国的意义世界与人生情境。它以寓言的形式，构筑了一个"中国：历史——社会——文化图景"。《阿Q正传》之为一个民族寓言—民族文本，从总体上说，就是它把中国历史、社会、文化，中国的道德伦理和意义世界，中国的人生，中国有关革命的话语和实践，统统纳入了他的小说文本的象征系统和意义系统。它的隐喻、象征、变形、反讽等，都具有涵盖广泛和深邃的力量。

三、勾勒"中国大众的灵魂"

20世纪30年代的上海，是中国现代化和现代性的"样板""模式""范型"。全国唯上海"马首是瞻"。然而，另一面的上海屹然而立——古旧、保守、落后、愚昧、倒退。几乎所有中国传统文化的物质方面和精神方面的恶疾、症结、痼瘤，在这里都有一般的和特别的表现以致恶性发展。而且，它还有"习得"、接受西方文化的外来的菌群、病毒和其他毒素，特别是舶来品中本非坏货而在中国语境中坏掉的变态与变种。于是乎，上海文化呈现出中西合璧、古今杂陈、泥沙俱下、鱼龙混杂、良莠不齐。传统文化的精华与糟粕、西方文化及其优秀传统部分、现代化成分和腐朽部分，特殊的殖民地文化及对抗殖民文化的抵制反抗的文化，诸多文化成分混合汇融的杂种文化，以至日本文化、印度文化，当然，同时还有强势发展、影响深远，表现了时代精神进步倾向、民族骨气和精神的革命文化，以及它与进步文化的联手合流……不一而足，文化大混杂。然而，总其文化景观，则是以根深蒂固的传统文化为深层次根基，以现代文化为引领，以革命文化和进步文化为骨干，总体倾向是前进、发展、进步、现代化。

正是此时期，鲁迅选择定居上海，并在此从事文化创造、文化运动和文化斗争。鲁迅在对复杂而混乱的上海社会的现代性有了深刻观察和感受之后，在对20世纪30年代西方现代主义文学有着及时接触和接受、体察和感应的基础上，以及在对现代性上海社会现实的反映和批判中，合理地酝酿、成就了后现代的文学因素及其创作表现，即一种对现

鲁迅：20世纪中国的民族寓言与民族文本

代性予以批判的积极的后现代文本。这是20世纪30年代中国所能产生的最先进的现代民族文本。鲁迅的这一民族文本，取用了两种文学文本形式：小说和杂文。这就是他的小说集《故事新编》和后期杂文中从《三闲集》到《且介亭杂文末编》9本杂文集，其中，尤为突出的是《花边文学》《准风月谈》《伪自由书》《且介亭杂文》。

《故事新编》以充分的后现代意识和不易觉察的后现代笔触的表现方式，显示了后现代文学的犀利的批判精神和对上海社会——也是中国社会的现代部分的"现代性弊病—伪现代—封建性、现代性混杂的异化现代性—中国传统文化基础上的附着现代性"的深刻的揭露和批判。《故事新编》用后现代的意识和艺术手法，揭示、体现、解剖了上海作为中国的现代化和现代性样板，所存在和显现的传统的掺杂与沉渣，对现代化与现代性的误读、曲解、扭曲和改塑等，体现为20世纪30年代现代化进程中的中国的民族文本的意义和价值。

不过，鲁迅在20世纪30年代对于中国式现代化和现代性的批判所构成的中国的民族文本，其主要文学形态，还是他所独创的杂文。鲁迅说，他的后期杂文，"内容还和先前一样，批评些社会的现象"，即贯彻他的"社会批评"与"文明批评"两个相结合的文学、文化宗旨，也是两面旗帜。他多次在他的杂文集的序或跋中，论及自己的杂文的性质。他说他"论时事不留情面，砭锢弊常取类型"，又说："我的杂文，所写的常是一鼻，一嘴，一毛，但合起来，已几乎是或一形象的全体。"他说："'中国大众的灵魂'，现在是反映在我的杂文里了。"用这些来概括他的杂文的总体和实质，是很准确、很贴切的；而实际上，这也就体现了鲁迅杂文的民族文本的性质。

20世纪30年代，现代化和革命化是中国社会的两个宏大景观，也是两大民族母题。而同时，面对侵略，面对反动统治，面对后者的不抵抗，救亡图存的爱国群众运动和共产党领导的革命烈火，风起云涌，渐益燎原。这样，现代化、革命化和反抗侵略、反抗反动统治，就成为紧密连接、互相渗透的三位一体的社会症结和民族母题。

鲁迅的后期杂文，特别是从《二心集》到《且介亭杂文》及其二集和末编的杂文，总体上，就是围绕着这"三位一体的社会症结和民族母题"，议论、剖析、揭露、批判、抗击和呼号的。由此而构成他的新的民族文本。正如他自己所形容的：这批杂文"是匕首，是投枪"，是

"东方的微光，林中的响箭，冬末的萌芽"，它们"对于有害的事物，立刻给以反响或抗争，是感应的神经，是攻守的手足"；虽不是"史诗，其中有着时代的眉目"。杂文像"小小的显微镜的工作"："也照秽水，也看脓汁，有时研究淋菌，有时解剖苍蝇。从高超的学者看来，是渺小，污秽"，但是"和人生有关"。这些杂文"和现在贴切，而且生动，泼剌，有益，而且也能移人情"。这些对杂义性质的论定，客观上也是对鲁迅杂文品性的论断，恰当地表达了鲁迅杂文的民族文本性质。

对于上海的文化现代性怪胎——西崽文化和流氓文化，鲁迅也作了简洁、透辟而辛辣的揭露和批判。"依徒华洋之间，往来主奴之界，这就是现在洋场上的'西崽相'。"他们出则西装革履，操洋泾浜英语，入则长袍马褂，之乎者也，拉胡琴、唱京剧。他们是古今洋中文化的杂交与混合。这种文化，失去了中华文化传统的幽深与高超，于西洋文化又只得其皮毛与劣质。这是现代性获得中的异化。

流氓文化是另一种形态的变异文化，较之前者，他有更多的中国因素。鲁迅指出，"殖民政策是一定保护，养育流氓的。……这流氓，是殖民地上的洋大人的宠儿，——不，宠犬，其地位虽在主人之下，但总在别的被统治者之上的。"

鲁迅的后期杂文，尤其20世纪30年代之后直到逝世前的杂文，以一种由他独创，又由于他而达到文学高峰的特殊文体，其形象、深刻地反映了中国的社会现实和民族心理，包括正反两个方面，构成了当时中国的民族文本。

正是这些杂文的高瞻远瞩和深含文化意蕴，使得它们至今依然保留着现实的意义。这是鲁迅作品作为名族文化沉淀，作为珍贵文学遗产的深刻体现。

（《光明日报·光明论坛》2013 年 9 月 30 日）

鲁迅的世界与世界的鲁迅

——《鲁迅颂》序

鲁迅的世界是一个宏阔深邃的文化世界，由此他也就走向世界，成为世界的鲁迅。鲁迅研究，已经成为一个世界性文化沟通和一个世界性文化现象。鲁迅不仅是中国的一个伟大的文化存在，而且，他的伟大身影已经进入世界文化格局之中。从东亚文化圈到整个亚洲，从苏联、东欧诸国到欧洲大陆，从北美洲到拉丁美洲，都不仅有众多的鲁迅崇奉者，而且拥有高文化层次的鲁迅研究专家，出版了为数甚多的鲁迅研究论著。他们在世界文化语境的大背景下，把鲁迅纳入世界文化系统之中来研究，也把鲁迅看作中国现代文化以至东方文化的杰出代表来对待，从而作为西方文化的参照系来研究。而且，又从这两个坐标的交叉点上，来揭示鲁迅思想与作品的内涵与特质，描绘他的意义世界与艺术世界。

中外、东西两路鲁迅研究之"流"的汇合，产生了20世纪80—90年代新的鲁迅形象，这不是旧形象的变形与改塑，而是它的新发展与新发现。这是当代世界文化界对于鲁迅的接受与诠释。

在中国现代作家中，只有鲁迅具有这种丰富、深厚的内涵，足供新的发掘者不断"探宝"与"取经"。

与研究系列同时和并行的，是对于鲁迅的赞美与歌颂。这与研究的诉诸理论与逻辑、赋形于论文与专著不同，是诉诸感性与情感、赋形于诗歌与词赋的。它们用不同的形式奔向同一个对象与目标：鲁迅和他的世界。

鲁迅和他的世界立足于民族文化故土，着眼于解放民族和解救人民，深入于国民性的文化—心理结构层，利用小说、散文、散文诗，特别是杂文这个他所创造并奉献于中国现代文学和世界文学的艺术形态，揭示、剖析、抨击，由个别而至一般，由本民族而至全世界，由时代眉目而至历史面貌，由社会-共时系统而至文化-历时系统，并且，又于其中贯入博大、深邃、独特的思想，丰富、深沉、激越的感情，生动、繁富、变幻的形象，构成一个思想与艺术的恢弘世界。

现在，呈现在读者面前的是后一种鲁迅世界揭示与描绘类型。它是几十年来，中国和外国一代文学、文化名人和鲁迅崇奉者，作为鲁迅的朋友、战友、伙伴、学生和亲人，用诗歌形式所作的对于鲁迅的赞颂。这是一个丰富的情感之湖，它蕴含着对于鲁迅的诚挚、深沉的感情和崇敬，描述着鲁迅世界的真情、真意与真理，倾诉着对于鲁迅的挚爱与至情、赞颂与思念。这情感之湖的内涵，足以蒸发和结晶理性的珠玑。它们是奉献给鲁迅的，又是传播于人间的。它不仅勾起人们对于鲁迅的追思之情，而且启迪人们对于鲁迅的认识与理解，鼓起人们情感的风帆，去追踪鲁迅伟大的思想和人格风范。

特别令人感动的是，虽然汉语是吴天才教授所掌握的数种语言的一种并可称为他的母语，但他究竟是身在南洋，置身国外，他的遥远的奉献，代表了海外华人文学界及海外华人对于鲁迅的认识、理解和崇敬，也反映了世界文化系统对于鲁迅的敬爱。

诗歌作品《鲁迅颂》，在时间上，从20世纪30年代跨越到80年代，历经半个多世纪；在地域上，从中国大陆横穿中国香港，到马来西亚和新加坡，覆盖海内外；选材范围及于专书、诗集、报纸杂志，体裁则无分新旧。少数鲁迅逝世前的赞颂诗作，也收录其中。这是相当全备的一本鲁迅纪念诗词集。唯一的赞颂对象是鲁迅，而赞颂的人们却具有各自的情感、思想、视角和方式。它激起的将不只是情感之波，而且必然会勾起思理之潮，从而不仅加深人们对于鲁迅的敬爱之情，而且加深对于鲁迅的认识与理解。

这本诗集的出版，是吴天才教授的一个特有的奉献，他勤于搜寻并心香一瓣把这些分时分散的诗篇，汇集齐备，这既表现了他对于鲁迅的真诚的热情，又为广大读者提供了一份珍贵读物。同时，对于鲁迅研究者，这也是一本完备而有用的宝贵材料。从这几方面，我们都应当对吴天才教授的努力与收获表示深切的谢意。

在众多的纪念鲁迅、研究鲁迅的著述中，《鲁迅颂》是第一本完备的具有纪念与研究双重意义的诗集。而且，它又在纪念鲁迅诞生一百一十周年之际出版，这使它具有双重的价值与意义。

（《辽宁日报》，1991年9月24日。这是作者为马来亚大学吴天才教授《鲁迅颂》写的序。发表时略有删节）

鲁迅世界中的世界文化与世界文化中的鲁迅

——《鲁迅与世界文化比较研究史》序

　　鲁迅是中国的，也是世界的。在鲁迅的思想与艺术思维、艺术世界中、文化文本中，有着广泛、丰富、深刻的世界文化因素。鲁迅和他的作品，已经走向世界，为东西方许多国家和民族所接受，成为世界文学—世界文化宝库中的一员。鲁迅文本的这一世界性，自然会引起、激发和启迪研究者追索其世界文化渊源，并进行比较研究和比较文学—比较文化研究的热情、兴趣和灵感。鲁迅学在几十年的发展过程中，在这方面取得了大批的研究成果。"鲁迅与世界文化比较研究"，已经成为鲁迅学的一个重要学术板块，它的发展也已经成为鲁迅学史的一个重要分支。当一个研究实体已经具有了自身的"历史事实（史料）"时，就会有汇集、整理史实，赋以史的形态和理论形态的论著出现，使之系统化、规范化、稳定化，为人们提供学术资源。我们已经有了多部（篇）鲁迅学史的专著和系统论文，也有了鲁迅杂文研究、《阿Q正传》研究这样的分类研究史的专著。这都是鲁迅学发展的一种成果、一种深化。但是，具有重要性质的比较研究史，一直暂付阙如。现在，《鲁迅与世界文化比较研究史》的出版，弥补了这一空白。

　　当然，这部书的撰写与出版，其意义不只是填补了鲁迅学史和鲁迅学的一项空白，它的意义是多方面的。首先，它为人们提供了一部详细的、按时间顺序排列的、系统的、关于鲁迅与世界文化的学术资料。它本身就是一个阅读文本。如果我们按序读来，就既可以了解到鲁迅研究界是如何一步一步广泛深入地解读、诠释"鲁迅与世界文化"这一主题的，并且从中读到许多富有启发意义和学术价值的见解与论述。如果我们"横向"地研读、综合地思索，就会了解到鲁迅知识结构、艺术世界和鲁迅文本中，具有多么丰富深邃的世界文学—世界文化因素，以及鲁迅在世界文学与文化中，具有什么样的地位。这对于认识、了解和解读鲁迅，都是很有必要、很有用处的。读史增智、温故知新，此之谓也。由此也可见本书对于普及鲁迅、宣传鲁迅的作用。其次，它对于研究者、教师、研究生等从事教学和研究工作的人们，也具有同样的作用。它提供了全面系统的学术资源，免去了许多收集之难、搜检之苦；既有资料索引之功用，又可收了解重点论著、重要论点之效应。我在此次浏览全书、重点阅读的过程中，就获益不浅。当然，更为重要和具有意义的是，书中所介绍的比较文学—比较文化研究的许多成果，开启了许多鲁迅思想与艺术世界的奥秘，解读和诠释了鲁迅文本中的"意义世界"，"破译"了许多鲁迅作品中的原型、意象、象征：这都是比较文学与比较文化研究的巨大功效。

当我阅读这部史书时，禁不住时常想起法国新史学派（年鉴学派）的一些重要观点。比如"长时段"历史观的论点。的确，大浪淘沙，在长时段的历史浪涛的涮洗中，真金长存沙尽去，那些真正的学术成果留下来了，至今为人们所珍爱；而有许多文字，包括那些曾经煊赫一时、产生过轰动效应的作品，则被人们遗忘了，或者不被重视了。本书"执行"了这种"历史选择"的任务，给我们挑选了许多有价值的成果，表现了可贵的史识与学术见地。新史学派认为：当重新介绍历史价值时，"历史"便在当代社会又重新获得一次实际的存在。本书作者，也使许多比较研究的"历史价值"重新获得了一次实际的存在。这是研究者和读者都应该感谢本书作者的。

比较研究和比较文学—比较文化研究，一直是一般学术研究中有效的深入方法和研究思路，鲁迅研究尤其如此。"鲁迅与世界文化"这一主题的比较研究，使得我们对于鲁迅和鲁迅文本的认识、理解和解读，都更深入、更全面、更能把握它的艺术气质，也能更好地了解鲁迅的创作规律。我们从这部比较研究史中，可以了解到许多这方面的论证、观点、见解，以至系统的研究。这些研究成果本身和由于它的启发而细读鲁迅，都可以使我们直接和间接地得到教益和启迪。鲁迅与俄苏文学—

文化，鲁迅与东欧被压迫民族文学，鲁迅与日本文学—文化，这些"常规"研究领域，在这部史书中，都提供了系统的资料和重点的论著与论点介绍。而对"鲁迅与尼采""鲁迅与波特莱尔"等人们关注的比较研究，则提供了既有系统又有重点的介绍。其他许多比较偏僻的研究对象，如鲁迅与乔伊斯、卡夫卡、布莱希特等，还有鲁迅与其他一些国家文学，等等，在本书中，也都能得到系统的了解。这对于我们重读、细读、深读鲁迅，理解和诠释鲁迅，都是很有益处的。

历史的叙述，就是一种重构。它是作者用自己的史识，把史料重新组合一番，显出它的"意义"来。这部比较研究史，也是如此。它把几十年来"鲁迅与世界文化比较研究"的发展史，分为四个时期：滥觞期（1919—1949），停滞期（1949—1976），发展期（1976—1989），深化期（1989—1998）。这是符合实际的。而这种排比组合重构，就显示出多重意义来。第一，每个"时期"的周期，呈逐步缩短趋势。一、二两期，都长达二十多年到三十年；而第三期，只有十几年；第四期，目前尚不到十年。但是，时间短，成绩却大。这历史的轨迹，不仅反映了鲁迅学的发展呈上升深化趋势，而且反映了中国文化与精神发展的大趋势。这是令人深思的。经过汇集、排比、重组，"彼分我合"、"彼合我分"，许多"意义"就凸显出来：不仅突出了，而且产生新的意义——整体大于部分之和。比如，我们试把影响研究方面的材料加以排比，可以见到：爱罗先珂《世界的大灾》、迦尔洵《红花》——鲁迅《长明灯》；显克微支《炭画》、易卜生《培尔金特》、塞万提斯《堂吉诃德》、乔伊斯《尤利西斯》、萨特《恶心》、加谬《局外人》——鲁迅《阿Q正传》；裴多菲《绞吏之绳》、尼采《查拉图斯特拉如是说》、但丁《神曲》、波特莱尔《恶之花》——鲁迅《野草》。

以上，只是简略的排比，但从影响研究，以及平行研究方面看来，鲁迅确实施行他自己提出来的"拿来主义"，向世界文坛摘取了良苑美花，为我所用或化而用之；或者，他以自己的超常艺术气质和超前艺术思维，与世界文学发展大潮接轨，不愧为"中国现代作家第一人"。此外，还有关于鲁迅"意识流"创作手法的运用同世界现代文学潮流的呼应与一致，也更证明了鲁迅这一特点。

从比较研究和比较文学—比较文化研究的视觉看来，"鲁迅与世界文化"这一研究领域包含两个方面，它们是：鲁迅世界中的世界文学—

世界文化；世界文学与文化中的鲁迅。它们可以大略分为四方面内容：鲁迅翻译研究；鲁迅与世界文学比较研究；鲁迅与世界文化比较研究；鲁迅比较文学论著与理论研究。如果加以较为详细一点的分列，大体可列出18个研究项目：（1）鲁迅翻译实践；（2）鲁迅翻译理论；（3）鲁迅与世界文学—世界文化总体关系；（4）鲁迅与外国文艺思潮流派；（5）鲁迅与世界文化名人；（6）鲁迅与国别文学关系；（7）鲁迅比较文学论著；（8）鲁迅比较文学理论；（9）鲁迅作品的影响研究；（10）鲁迅作品的平行研究；（11）鲁迅作品的主题学研究；（12）鲁迅作品的一种或数种文学理论研究（阐发研究）；（13）数种文学史的研究（鲁迅：与外国文学史、与国别文学史、与外国文艺思潮流派史等）；（14）鲁迅对外国文学—文化的接受；（15）世界文学—文化对鲁迅的接受；（16）体裁比较研究［鲁迅杂文：与英国 Essay，与日本散文，与尼采、波特莱尔文体（《查拉图斯特拉如是说》《恶之花》等）］；（17）鲁迅："世界性'时代、时期、代和运动'"；（18）鲁迅：各种艺术的互相阐发。

　　《鲁迅与世界文化比较研究史》一书，对这样一个广泛丰富的研究领域，可以说展开了全方位的扫描以至"搜索"，给读者提供了一幅全景式学术画图，使人们可以从中观览"鲁迅世界中的世界文化与世界文化中的鲁迅"的状况，和这一课题的总体研究状况：它的业绩，成果，历史发展、起伏跌宕之行迹，缺点、问题及今后的努力方向。我们从本书介绍的状况中可以看到，在18个研究项目中，有的项目成绩突出，但仍有缺陷，如多项研究中的偏于俄苏、日本，失之于欧美等；有的项目虽有涉及，但研究很不够，如第（10）（12）（16）等；有的项目甚至谈不上有值得一提的研究，如（13）（17）（18）等。这些研究领域，如果把研究工作开展起来，是大有可为的，是会收获重要成果的，并将更深入地解读、诠释鲁迅文本。如第（12）项，已经有少量的研究触及，但是很不够；而这一研究，可以"开发"的东西是很多很多的。又如第（11）项研究，即主题学研究，就有许多文章可作。鲁迅文本中，"复仇"主题很是突出，从《铸剑》的创作，到《女吊》的问世，从多次关于"复仇"论说，到"遗嘱"的叮咛、"报复"和表示"不宽恕"，等等，都表现了与中国文学传统中"复仇"主题的继承关系。如果拿西方文学中的"复仇"主题与之作比较研究，不又是一个意义广泛而又深刻的研究课题吗？再如第（17）项，按乌尔利希·韦斯坦因在《比较文学与文学理论》一书中的论述，"时期、时代、代和运动"是作为文学史一支的比较文学的重要内涵。它要"把那些在不停展开与不断流动的事件（韦勒克称之为'无方向的流'）中产生的、看起来混乱的现象编成系列"。如果按此要求，对鲁迅生活的那个时期的中国和外国的"时期、时代、代和运动"进行研究、"编成系列"，加以描述，并与鲁迅的接受与"内化"，结合起来研究，那是一个非常广阔而丰富的研究天地。还有第（18）项课题，在已有的论著中，多有涉及鲁迅与美术的研究，但是，如何发掘、揭示鲁迅从外国艺术作品中获取艺术理论与实践的营养，来创获、阐发文学理论和用之于文学创作，这样有意义的研究，确实是罕见的。历史常常是一面镜子，它照见整体的状况，使人们得知孰密孰疏、何处应补应增。《鲁迅与世界文化比较研究史》也使我们得以"照见"这一领域里的状况，知有所增补。这是本书作者的又一个贡献。

"鲁迅学20世纪版"行将终篇，正在迎接和创获它的21世纪版。比较研究和比较文学——比较文化研究，将会有一个大的发展，将成为鲁迅学研究领域和研究方法的重要的"方面军"。在这个时候，《鲁迅与世界文化比较研究史》问世，是其时也：它梳理和总结了20世纪的鲁迅比较研究，同时也迎接和导引着新世纪的这一具有重大意义的研究。

在总体上，本书资料丰富、收集较全备，并且进行了梳理排比，使之系统化，还做了由表及里的工作；对历史的分期，是经过思索的，有依据的；对各个时期重要论著作了重点介绍，对不同主题的比较研究，也做了同样的工作；而且，对不少论著提出评议，肯定成绩，指出不足。

这些都是应该予以肯定和赞赏的。当然，作为读者同时应该向他们致谢。

在粗略浏览和重点阅读全书之后，写下一些感想，权为序。

鲁迅的艺术思维与艺术世界里的中西文化

　　在鲁迅的艺术思维和他所创造的艺术世界里，凝聚着中西文化的结晶。正是这个结晶，铸成了鲁迅思想和艺术的不朽的璀璨光辉。鲁迅的艺术思维是以深邃精湛的中西文化素养构成的，他所创造的艺术世界，也是一个凝聚和映照着多种学科、多维知识的结晶体，他的思维领域、创造范围和卓有建树的领域，及于文学、艺术、文学史学、文艺学、比较文学、比较文化、哲学、美学、历史学、教育学、文化学、文化人类学、翻译学及自然科学等非常广阔多样的方面。这些方面又不是支离破碎、枝枝节节地，或者是彼此分隔地存在的，而是浑然一体、融合无间地构成了他的完整的艺术思维，并反映于他的艺术世界之中。鲁迅属于恩格斯称赞的欧洲文艺复兴时期产生的那一类巨人之中，但又不同于他们。历史发展了，时代也不同，而他们的历史使命也不相同。如果说前者还是由于自然科学和社会科学尚未更彻底地分解、各个学科的发育尚未成熟到体系之间界线分明，因此在某个文化巨人（比如达·芬奇）身上，闪耀着多学科的知识与智慧的光芒，那么，对于20世纪初诞生的文化巨人鲁迅来说，情况就大不相同了。他是自己掌握了两种成熟发展的科学和各立门户的学科之后，加上自己的理解、消化、重新组合，而又从解决时代与民族的任务与命运出发，构建了自己的思想、理论和从事他的艺术创造的。他把这一切融会于他的艺术思维之中，又凝铸在他的艺术创造之中。欧洲文艺复兴时期的巨人们，是要冲破黑暗中世纪的文化网罗与氛围，廓清它的余烟剩毒，发展一个新的文化体系。而鲁迅，生长于19世纪与20世纪之交的东方文化古国，成长于古国酝酿新生、世界资本主义文化已显衰蔽零落、酝酿新的蜕变的时期，他的任务是双重的：既要批判、清算民族文化的积垢，又要整理、吸取民族文化的积淀；既要吸收、借取西方先进文化的营养与力量，又要规避、抵制西方文化没落的逆流与污染。而他的中心任务则是在使中国传统文化现代化的过程中，创建中国的现代文化。

鲁迅虽然承担了这样巨大的民族的、文化的任务，他的活动与建树的范围又是如此之多样与广泛，但是，他的思维的内核和建树的最重要部分，仍然是文学创作、文学理论和他在创作中所创造的一个广袤、丰厚、深邃、奇妙的艺术世界。从这个核心部分来透视鲁迅作为东方文化古国的现代文化先驱的思想内涵，特别是透视他同中西文化的纵横关系，是最恰当的，是便利的，也是很有益的。

我们今天来探讨这个问题，固然是因为这符合鲁迅的中西文化融会贯通的思想实际，而我们过去在这方面恰好又研究得很不充分，但意义远不止于此。更深刻和重要的意义还在于，现在正是中西文化第二次大撞击、大融会的时代，而我们又正面临着中国文化现代化和建设彻底现代化的中国文化的历史任务。这个时候，来研究、探讨鲁迅在中西文化相结合方面所作出的贡献和所取得的经验，是很有现实意义的。

一

如果我们从世界文化格局的角度来看鲁迅，那么便可以毫不夸张地说，他是中国的，同时也是东方的觉醒的伟大先驱之一，是中国和东方的文化现代化的先驱之一。

20世纪是东方觉醒的世纪，同时也是西方资本主义文化进入衰蔽期的时期。在20世纪初，这种两个文化体系的蜕变现象便明显地发生了，两种文化之间的交流与渗透，是这种蜕变产生的原因，而且又推进了这种蜕变。自从资产阶级和资本主义制度在生长发育过程中打破了各民族之间的隔阂和狭隘性，创造了一个世界市场从而产生了世界文化，形成了一个世界文化格局之后，便发生了东西方文化在新的规模和深度上的交流、交叉和互相渗透。在几百年的时期内，特别是在19世纪内，这种文化交流的主要形态是西方文化以侵略姿态的楔入和东方文化的分解与部分地回返影响的产生。一个是受害者同时又是受益者，表现为民族传统文化的被冲击、被污染、被剥夺、被压抑、被摧残，同时，却又在解体崩毁过程中萌生新的文化，接受西方文化汁液而向现代化进展；另一个则是入侵者同时又是收受者，表现为西方近现代文化的输出和对东方文化的吸取（往往是由传教士的介绍以至侵略者的掠夺来实现）。正是在这个漫长而充满斗争的过程中，发生了包括中国在内且以中国为主体的东方的觉醒。这种觉醒主要是民族意识在危难中复兴，表现为文化的自觉。所谓文化的自觉，就是意识到自身的闭塞、落后、垂危，进行历史的反思并感觉到向西方文化学习的迫切性与必要性。而西方文化的衰蔽，促进了西方人的文化自省和提出重建自身文化的要求。这种文化自省，表现为感觉和认识到自己的文化的腐朽、沉沦、没落的一面和内在的危机，作文化重建的发动，则在于否定既有文化的一些阴暗部分并寻找新的文化生产力、新的内容与表现形式。这就产生了现代主义。并且，在这个过程中，竟意外地发现了东方文化——主要是中国古老文化的补罅救弊的功效。

鲁迅诞生于这种中西文化发生大撞击，彼此注意对方、发现对方的时期。这个时期突出的现象是：两种文化、两种价值观既疏又亲、既恨又爱、既欣赏赏玩又抵御歧视、既吸收又拒斥、既渗透又净化。鲁迅正是在这个文化漩涡中，形成了自己的人生观、世界观和价值观体系，形成了自己的艺术思维。

鲁迅在少年时代就接受了中国传统文化的深厚的教育。但其特点是，他更多也更喜爱地承受的是中国传统文化中的民主性精华的濡染。青年时代一开始，正当思想最开放、活跃，具有强大吸收力和人生观、世界观、价值观体系正式形成的时候，他接触到以进化论和社会革命论为代表的西方文化体系，接触到西方现实主义和浪漫主义的优秀文学，他立即如饥似渴地吸取、消化，融进自己的"思想血肉"之中，并形成了自己的艺术思维的初步基础。尔后，他在日本长期学习与生活，既切近地考察了日本的文化现代化的现实与进程，又通过这个"透视镜"并借这个"跳板"，把视角转到西方，更进一步地、大量地吸取了西方的文化思想。并且，作为一个具有睿智和极度敏感心性和深沉思考习惯的启蒙思想家，他于此时形成了自己的思想体系的雏形，写出了足称当时思想界、文化界最先进的文献《科学史教篇》《文化偏至论》《摩罗诗力说》这样的系列论文，并且提出了自己的发展民族文化的纲领。事实上，作为启蒙思想家，鲁迅这时的思想已经相当广袤深邃；作为文艺思想家，他的见解相当成熟。他在这个思想基础上所发动的文艺运动，已经堪称中国现代文学与文化运动的最初的、有意识的发动。只是由于历史条件尚未完全具备，他不得不在失望与寂寞的痛苦中等待。

我们可以看到，这时的鲁迅，便已经是站在甚高的文化层次上了。他不是立足于民族文化的单体文化层上，而是站在中西文化的多元文化层上，展开了自己的才思与诗艺，进行对民族文化的探索与追求。他在进行了内省民族文化之弊、近观日本维新之绩、远察欧美文化之实这样一个全面、系统、周密、深刻的观察、理解、研究之后，提出了自己的主张。在他的思想与论著中，既有着中国传统文化的深厚血脉，又有着西方进步文化的丰富营养，而两者又不是分立地、外在地、割裂地存在着的，而是内在地、有机地、融合地结为一体的。作为启蒙运动的思想家，鲁迅具有两个突出的特点：一是他的炽烈的爱国热情，二是他的自觉的文学意识。他的启蒙运动以爱国主义为出发点、以民族文化复兴为依归，而他的"突破口"和手段则是文艺。这决定了他作为思想家的突出特点——他的思维以艺术思维为核心；这也决定了他的艺术思维的特点——它建筑在广阔深厚的文化基础上，而不是单一的艺术思维。这就使他的艺术思维不仅不同一般，而且具有很高的文化素质，在创作上可收厚积薄发之效。

从20世纪初在东京从事文艺运动时开始，直到逝世之前，鲁迅终其一生都紧紧抓住一个根本问题进行他的探索、追寻、批判与建设，这就是国民性的改造问题。这个问题在实质上就是探索清除中国民族文化—心理结构上的积垢，重建和再造中国人的灵魂，塑造现代中国人的文化—心理结构，培养现代中国人的新型文化性格。为了这个目的，又要批判和改造中国的传统文化，建造中国的新文化，使中国文化实现现代化，完成中国文化从传统到现代的转化。这两方面的任务——中国人的新的魂灵（新的国民性）和中国的新文化，是合二为一的一个整体，是同一问题、同一任务的两方面，而人则是根本。鲁迅在青年时代就写出了"文章得失不由天"的诗句，隐然含着对人的自立自强力量的希冀与信心。在东京时期写的系列论文中，他首写《人之历史》，探讨和论述了人从动物界脱离出来的历史轨迹；继写《科学史教篇》，论证如何"至人性于全"，即人性的全面发展和由此而使改革及于社会；在《文化偏至论》中，他更进一步提出："是故将生存两间，角逐列国事务，其首在立人，人立而后凡是举……。"他指出："人即发扬踔厉矣，则邦国亦以兴起。"他把人放了首要的位置，并确立了人立邦兴的因果联系的公式。此后，他写反抗的狂人、写落后的阿Q、写受难的闰土与祥林嫂，在杂文创作中提出"文明批评"，使它成为自己杂文创作的贯穿线，直到最后所写的几篇名文中的《女吊》与《死》中，仍在提倡反抗与复仇，都是贯穿了这样一个以人为根本，亦即以改造旧有的、建设新兴的中国人的文化—心理结构的基本思想路线。这是他的文化思维的核心。

在鲁迅的文化思维中，还始终贯穿着中西文化结合的鲜明线索。在《文化偏至论》中，他就强调提出要近知中国之情，远察欧美之实，要"稽求既往"，"相度方来"。他提出了一个相当完整的中国文化由传统向现代化转变和建设中国新文化的纲领。他是这样表述的：

> 中国在今，内密既发，四邻竞集而迫拶，情状自不能无所变迁。夫安弱守雌，笃于旧习，固无以争存于天下。第所以匡救之者，缪而失正，则虽日易故常，哭泣叫号之不已，于忧患又何补矣？此所为明哲之士，必洞达世界之大势，权衡校量，去其偏颇，得其神明，施之国中，翕合无间。外之既不后于世界之思潮，内之仍弗失固有之血脉，取今复古，别立新宗，人生意义，致之深邃，则国人之自觉至，个性张，沙聚之邦，由是转为人国。人国既建，乃始雄厉无前，屹然独见于天下，更何有于肤浅凡庸之事物哉？

从这段文字中我们可以看到，鲁迅是立足于中国落后的现实和沉重的历史文化负担，有感于当时"轻才小慧"之辈的浅见拙识，从世界大势、世界文化思潮的总体格局这样一个宏观的、阔大的视野的角度，来构建他的建造民族新文化的纲领。他提出要"取今"，这"今"即是世界总体大势和世界文化思潮；又提出要"复古"，但不是保存国粹、抱残守缺，而是保持民族文化"固有之血脉"。在方法论上，他提出了"权衡校量，去其偏颇，得其神明，施之国中"的正确方针。所谓"权衡"，就是在中西文化之间权衡其优劣利弊得失，然后去两者之偏颇，取得其"神明"，再用之于中国民族文化之再造。这就是他要"别立"之新宗与别立新宗之途径。特别值得注意的则是，他的思考的核心和立意的根本仍在"国人之自觉"，要使他们的"个性张"，使他们的"人生意义，致之深邃"；从而建立一个"人国"，使祖国雄厉无前地"屹然独见于天下"。这样一个相当完整的文化现代化纲领，反映了鲁迅远远高出于当时的思想界的平均水平线，他既没有以黄金黑铁为救国之根本，也没有以坚船利炮为救亡的要事，更没有以商贾立宪为图存的坦途，更不是"皇皇欲进西欧之物而代之"，而且，他更跳出了"体用"的流行框架（"中学为体，西学为用"，还是"西学为体，中学为用"?），而以人的文化—心理结构即国民性的改造与重建为根本，以文化的现代化构建为鹄的，以中西文化的融会为基本途径，来设计他的根本纲领。

鲁迅的这一思想，贯彻始终。在五四运动的高潮过后，反改革和提倡国粹的逆流涌起，中国的社会革命正处于新思潮兴起前夕的1925年时，鲁迅写了后来收入论文集《坟》中的一系列思想艺术都达到高峰的文章，其中有一篇《看镜有感》，堪称代表作。它集中论述了吸收外来文化以发展新文化的重要意义，放言颂扬汉唐两代"多少闳放"，毫不畏缩地、大胆地吸收外来的文化。他说："汉唐虽然也有边患，但魄力究竟雄大，人民具有不至于为异族奴隶的自信心，或者竟毫未想到，凡取用外来事物的时候，就如将彼俘来一样，自由驱使，绝不介怀。"他批评那些拒绝接受外来文化者，总是到了"衰敝陵夷之际"，所以"神经可就衰弱过敏了"，于是，"每遇外国东西，便觉仿佛彼来俘我一样，推拒，惶恐，退缩，逃避，抖成一团"。两年以后的1927年，当中国的再一次大的震荡来临前夕，他又在香港作了两次讲演：《老调子已经唱完》和《无声的中国》，深刻而激动地指出，中国会被老调子唱完，"保存旧文化，是要中国人永远做侍奉主子的材料，苦下去，苦下去"（《集外集拾遗·老调子已经唱完》）。无声的中国，要成为有声的中国，必须发出新的声音、真的声音。这实质上也就是提出要建设中国的新的、现代化的文化，中国人要有新的文化—心理结构，这样的心灵中才能唱出新的调子，发出真的声音。1934年，鲁迅又发表了著名的杂文《拿来主义》（《且介亭杂文》），尖锐地提出了伸手去拿来"于今天""于我们"有用的东西的战略思想。

这几篇代表性的文字，既代表了鲁迅各个时期的文化战略思想，又反映了他的战略思想的一贯性和不断地向前发展的状况。

鲁迅文化思维的第三个特点是他把西方的异质观念和异质文化—心理结构，大胆地引进自己的思维结构，引进中国文化，使它与传统文化融会结合，成为中国现代文化的建构因素，使中国传统文化向现代化发展。他既不像那些顽固守旧派那样，对异质文化顽固拒斥，也不像全盘西化派那样"言非同西方之理弗道，事非合西方之术弗行"(《坟·文化偏至论》)。在南京求学时期，他一接触到进化论，便立即吸收为自己的思维结构中新的决定性的基本观念，并用来观察国家民族的命运和文化发展的前途。从此之后，他一生之中，都在不断地、注目地、大胆地吸取西方的和其他外来文化的营养，并不拘泥于单一流派、一种模式，而是兼容并蓄、不离其宗。

综上所述，可见鲁迅的艺术思维丰富、深邃、庞大的结构，它不拘泥于文学艺术的范畴，不受艺术王国的种种条框隔离，而形成一个广阔的天地。

二

鲁迅的艺术思维，由中外文化的几个方面的因素组成。这几个方面，融会在一起，以鲁迅的爱国主义和艺术抱负（以文艺救国救民）为核心，加以消化、吸收、内化，而成为他自己的思维特质、心理定势。

鲁迅对于民族传统文化采取了二分法态度。事实上，对于儒文化，他是接触甚多、了解很深的。正如他自己所说："孔孟的书我读得最早，最熟。(《坟·写在〈坟〉后面》)"这有两种情况：一是他在少年时代所读的孔孟的图书和儒文化的典籍，再有便是从他的书香之家、台门望族所受到的儒文化的教养和熏染；二是他在以后的学习和研究过程中，对于儒文化典籍的掌握和泛览。前者，是在少年时代所受到的教育，或是从家族和长辈的耳濡目染中所受的影响，一般地说是记忆较深的、刻痕也较深的。不过，鲁迅在少年时代也已经对儒文化——主要是礼教制度，产生了朦胧然而强烈的反感，比如对于《二十四孝图》的不满便是很明显的表现。后者，则是在年长且已经具有选择能力的时期的阅读和研究了。这是有批判、有鉴别地吸收的。

但是，鲁迅主要接受、喜爱而受到甚深影响的，是民族文化的另一个支脉。这是由屈原《离骚》、魏晋文章、唐代"三李"（李白、李贺、李商隐）、宋元话本、明清小说，以及民间艺术（从小说、戏曲、花纸到民间故事、传说）所组成的一个文学的、文化的传统。它以根本精神上的现实主义和充满着浪漫主义性格为特征，在鲁迅那里，更偏重于审美文化和审美理想。鲁迅从这个传统中，主要吸收了（个体的）和提取了（民族的）忧患意识、爱国爱民的热忱、献身的精神、傲岸坚韧的品格，以及颇富浪漫主义的审美心理与艺术风格。鲁迅收集整理校订《古小说钩沉》《小说旧闻钞》《唐宋传奇集》《嵇康集》《会稽郡故书杂集》等古籍、小说资料；研究中国小说发展的历史、中国文学发展的历史；深入地研究汉唐文化，特别是唐代文化。在古代文学、文化研究的延长线上，他对碑帖石刻、汉画像及文学史、中国画史等也做了独特的研究。这些杰出的学术成就和深入的研究，都是他对中国传统文化的吸收、掌握、继承、发扬的表现和"物化形态"。这种中国文化传统，成为他的艺术思维的民族血脉和文化基础。

佛教文化——中国的佛教文化，对于鲁迅的影响是很深的，这也是构成鲁迅艺术思维的一个重要的文化因素。佛教文化传入中土及它的"民族化"，它同中国民族文化、世俗文化的结合，产生了变异了的、不完全相同于出产地——印度——佛教文化的特殊的中国佛教文化。鲁迅对于佛教文化的研究也是很深刻而独到的。他不是为了信仰，而是为了研究思想史、文化史，为了寻求社会、人生问题的解答和研究人类思想文化史上最主要的解答体系之一而研究佛学的。他在基本精神上否定了它，认为佛教同孔教一样，已经死亡了[1]；但他承认和赞赏它的伟大，认为他自己所遇到和思索的人生大问题，在佛学中都已经涉及了，当然，也有了回答（但他不同意这些解答）。他从佛学中获得对社会、人生的理解，对人世苦难的深切感受，对解救人的苦难的迫切感与献身精神。这种"菩萨心肠"同他的自我牺牲精神相结合，"普渡众生"同他的人道主义精神结合，化而成为救国拯民的崇高思想品性。

对于佛学宣讲模式中所体现出来的审美文化，那种用美好的艺术形式传达睿智与思想的艺术风格与技巧，鲁迅非常赞赏。"尝闻天竺寓言之富，如大林深泉，他国艺文，往往蒙其影响，即翻为华言之佛经中，亦随在可见"，"尊者造论，虽以正法为心，启故事于树叶，而言必及法，反多拘牵；今则已无阿伽陀药……内外所见，盖不惟佛说正义而已矣。"（《集外集·〈痴华鬘〉题记》）这个简要的题记，概略地表达了他对佛教文学与佛教文化的赞赏。

---

[1] 许寿裳《亡友鲁迅印象记》："但是后来鲁迅说：'佛都和孔教一样，都已经死亡，永不会复活了？所以他对于佛经只当做人类思想发达的史料看，借以研究其人生观罢了。'"

佛教文化在汉、唐两代，特别是唐代，与中国本土文化的深入的、血肉相溶的结合，促使了中国本土文化的发展变化和提高。鲁迅通过对佛教文化的研究，实际上是既接受了外来文化（属于东方文化体系的印度文化）的影响，又接受了民族文化的影响，但根本上是接受了已经本土化了的外来文化和民族文化的融合体的影响。这种影响，是他的艺术思维的建构因素的重要方面。在鲁迅的杂文、论文中，明显地运用了佛教文化，或者借用它的思想与智慧，或者以其思想方面的缺陷为解剖对象而阐明正面的思想，或者运用佛教文化的审美素质、艺术技巧，包括语言的简洁恢宏在内。

　　鲁迅对于传统文化的消极面的批判，是猛烈的、深刻的、持久的。他一生坚持不懈地从事这件伟大的民族工程。这是他重建中国民族精神的伟大理想的另一面。批判和建设相结合，构成了一个伟大理想的完整系统。他的批判的出发点，也同样是他的深沉炽烈的爱国主义和国民性研究。他批判的锋芒所向，集中于中国人的国民性（即民族性），亦即文化—心理结构的消极面。他的批判最早以抨击道教文化为突破口和中心。他在《狂人日记》发表后不久，谈到这篇惊世之作的产生时曾说："《狂人日记》实为拙作，……前曾言中国根柢全在道教，……以此读史，有多种问题可以迎刃而解。后以偶阅《通鉴》，乃悟中国人尚是食人民族，因成此篇。（致许寿裳信，1918年8月20日）"他把《狂人日记》的产生和它的深沉的历史反思与现实批判，都同他对道教的认识，同他把道教文化作为"中国根柢"这种思想认识结合起来了。以后，他又说过："人往往憎和尚，憎尼姑，……而不憎道士。懂得此理者，懂得中国大半。（《而已集·小杂感》）"这里不仅指出了道教文化在中国社会的弥漫，而且抨击了民族心理中，对于道士的宽容和接近，正是喜爱道教文化的劣根性的表现。

　　作为"中国的根柢"和足以"懂得中国大半"的道教文化的精髓是什么？用鲁迅的概括来表述，就是"吃人"。道教作为宗教，它的理想不在天上而在人间。它的总目标和最高理想是"长生久视"。它在现世希图长生不老。它讲求享受、纵欲、自利、夺取、占有、养生，连男女之事也讲求"采战之术""采补""夺舍"。在现世实在延续不下去了，生命要终止了，他们就想把地上的一切搬到天上去，子女玉帛，一齐飞升，把地上的生活照样的建设在天上，继续享受下去。"那么，道教就发展了人的惰性，煽起了人的兽性，使其更不称其为人。因而，它在旧中国的'国民性痼疾'的形成中起了特别有害的作用，成为'中国的根柢'。"①佛教、伊斯兰教、基督教，都讲献身、苦练、修行、禁欲、爱人、给予，他们有救世的理想，不仅限于自我的解脱，或把一切的解脱与众生的普渡结合起来，他们有戒律、有操守；但是，道教却不要这一切，讲纵欲、自我享乐、损人利己，他们是自私的。而这两项，正是鲁迅批判中国国民劣根性的主要内涵。

在中国，儒、道、佛常合流而成一家。特别在封建统治者和士大夫那里，会按自己的利益取其所需，合而为一，为"我"所用，特别是儒道两家，更是如此。宋代以后，尤其如此。"宋明理学家，在'形而上'的方面，是儒学的'和尚化'；在'形而下'的方面，则是儒学的'道士化'。"（白盾《"中国根柢"何以"全在道教"?》）因此，鲁迅在五四运动期间及以后，更鲜明和突出地批判以孔孟之道为代表的儒家文化。他的批判的锋芒，主要又在儒家文化的灭人欲、泯个性，在它的愚民政策。"天有十日，人有十等"，是主要的封建的礼的绳索与镣铐。

> 我们且看古人的良法美意罢——
>
> "天有十日，人有十等。下所以事上，上所以共神也。故王臣公，公臣大夫，大夫臣士，士臣皂，皂臣舆，舆臣隶，隶臣僚，僚臣仆，仆臣台。"（《左传》昭公七年）但是台没有臣，不是太苦了么？无须担心的，有比他更卑的妻，更弱的子在。而且其子也很有希望，他日长大，升而为"台"，便又有更卑更弱的妻子，供他驱使了。如此连环，各得其所，有敢非议者，其罪名曰不安分！"（《坟·灯下漫笔》）

这种儒家学说的精髓就是压抑人性的发展，使之愚昧、落后、听命从令，供给子女玉帛。这同道教的纵欲享乐，是一个"理想"的两方面，起互补互生作用。

这种对于民族传统文化的二分法态度，正是鲁迅的艺术思维的民族血脉的两个方面，它们有机地结合在一起，也是同一事物的两个方面。

---

① 白盾."中国根柢"何以"全在道教"?：论鲁迅对道教、道家思想的批判 [J]. 社会科学辑刊，1983（05）：136-142.

如果说对于优秀文化是一种继承师传关系，那么，对于这种儒道结合的消极面，则是一种对抗性继承，用反其道而行之的方法来清除民族文化和国民精神上的积垢，而开辟重建的道路。鲁迅的一切艺术创造，都是以此为出发点和归宿，而且是站在这个高度来实现的。这不能不使他所创造的艺术世界属于很高的文化层次，具有很深厚丰富的文化内涵，因而具有持久的生命力。

鲁迅艺术思维中最具特质的，也是最为优异的，是他对于西方先进文化的接受和这种异质文化的内化，它同他的艺术思维中的"民族血脉"融合，而生新质。他对于西方文化的接受，主要是对西方近代文化、资产阶级进步文化的接受。这首先是对西方文化中的新的以进化论为代表的世界观的接受。它与中国的天命论、保守停滞、拘守古人先法的世界观是对抗的。这种新的世界观被鲁迅用来同自己的爱国主义和民族民主革命思想相结合、同他的改造国民性思想结合，独创性地形成了他的人性进化论思想和民族复兴思想，而成为他的思想基础，也是他的艺术思维的基础。这种进化论思想，鲁迅在青年时代人生观、世界观刚开始正式形成的时期就接受了，并且牢固地树立于思维结构中，居于核心地位。以后，坚持终生，未曾改变。虽然在1927年以后，鲁迅纠正了自己只相信进化论的偏颇，但却未抛弃它。与此同时，他接触到西方近代社会科学的诸种进步思想，如人道主义、民主主义、个性解放、自由平等博爱等，这些，也同样和他的爱国主义和国民性改造思想相结合，而成为他的思维结构的重要因素，也是他的艺术思维的重要因素。

相当广博和比较深邃的自然科学知识，是鲁迅的艺术思维建构的重要的和独具特色的文化因素。这是西方近代进步文化的组成部分，也是中国文化现代化的重要部分。鲁迅涉及的面是比较广的，医学、地质学、矿物学、生物学、植物学、人类学，他都有较系统的知识。但重要的不在于他在这方面有多么深厚的素养，而在于他将自然科学对于宇宙、世界、人类的了解和对于规律的认识，自然科学的求实的、严肃的、逻辑的态度，纳入自己的知识结构，成为思维结构的要素。在方法论上，自然科学也给了鲁迅以智慧与力量。

民主与科学，这两个中国文化现代化的理论与实际的基石，在鲁迅从青年时代以启蒙思想家的英姿出现在中国思想界和文化界时，便已经牢固而鲜明地在他的思维结构中树立起来了。这也成为他的艺术思维的两根文化支柱和基石。这是鲁迅从西方文化中所汲取的最重要的珍宝。

鲁迅最早通过林纾的翻译小说，走进一个新的艺术天地。这主要是英国、法国等欧洲小说世界和艺术天地的映现。这开拓了他的艺术视野和审美天地，并迅速进入他的艺术思维的建构过程中。以后，他迅速地、不断地拓展这片天地，走进一个崭新的不同于中国小说、文学的艺术世界。他最为激赏的是那些被他称为"摩罗诗人"的爱国、民主诗人。他们包括英国的雪莱、拜伦、莎士比亚，俄罗斯的普希金、莱蒙托夫，波兰的密茨凯维兹，匈牙利的裴多斐。"摩罗诗人"的爱国精神、浪漫情怀，他们的"立意在反抗，指归在动作"的思想总纲，是他提炼出的主要内涵。这些，又同样都是同他的复兴民族、爱国主义和国民性改造的思想总倾向相联系的。他想要借这些英魂来唤醒国人，来致国人的"人性于全"，使之卓然而立，使沙聚之邦成为人国。

但鲁迅很快向俄国文学和东欧被压迫民族文学及其总体思想文化倾斜。这自然仍是与他自己的思想总倾向相结合的。他激赏他们的文学中的对于苦难的哀吟呼号，对于暴君酷政的控诉，对于奴役压迫的反抗。他对于这个西方文学①的深林大泉的汲取，主要的是这种反抗意识、斗争精神和悲剧审美意识与心理。他说过，西方文学使他明白了人类分为压迫者与被压迫者两类，他们的爱憎是对立的。对这种认识，他提得很高，认为不亚于普罗米修斯的窃火给人间。这意思是，这种认识好像火炬，照亮了人们的眼睛和使人能够看清历史和现实的本质与发展前途，从而能够战取光明。这种认识，成为鲁迅对待中国的历史和现实，对待中国文化的一个基本态度。因此也就成为他的艺术思维中中西文化结合的一种形式和表现。

正是从这一点出发，鲁迅艺术思维中的西方文化，很早就向俄罗斯和东欧被压迫民族的文学倾斜，他更为热烈地赞颂它们，从它们汲取思想与艺术的力量。"因为所求的作品是叫喊和反抗，势必至于倾向了东欧，因此所看的俄国、波兰以及巴尔干诸小国作家的东西就特别多。"（《南腔北调集·我怎么做起小说来》）他还说过："但我自己，却与其看薄凯契珂、雨果的书，宁可看契诃夫、高尔基的书，因为它更新，和我

---

① 俄罗斯常被欧洲国家称东方；它亦颇有东方特点。但其基本体系仍属西方；亦被东方国家视为西方。此处用此意。

们的世界更接近。"(《且介亭杂文二集·叶紫作〈丰收〉序》)这可以看作一种比喻，以薄迦丘与雨果代表了西欧文学，拿它同俄国文学比，他认为前者不如后者那般，更新、更同我们的世界接近。仅据初步统计，在他论述到的众多的外国作家中，最多的是俄罗斯批判现实主义作家，以后便是苏联革命作家。他写道：

> 那时就知道了俄国文学是我们的导师和朋友。因为从那里面，看见了被压迫者的善良的灵魂，的酸辛，的挣扎；还和四十年代的作品一同烧起希望，和六十年代的作品一同感到悲哀。(《南腔北调集.祝中俄文字之交》)

> 俄国的文学，从尼古拉斯二世以来，就是"为人生"的，无论它的主意是在探究，或在解决，或者堕入神秘，沦于颓唐，而其主流还是一个：为人生。(《南腔北调集·〈竖琴〉前记》)

> 后来我看到一些外国的小说，尤其是俄国、波兰和巴尔干诸小国的，才明白了世界上也有这许多和我们的劳苦大众同一命运的人，而有些作家正在为此而呼号，而战斗。而历来所见的农村之类的景况，也更加分明地再现于我的眼前。偶然得到一个可写文章的机会，我便将所谓上流社会的堕落和下层社会的不幸，陆续用短篇小说的形式发表出来了。原意其实只不过想将这示给读者，提出一些问题而已，并不是为了当时的文学家之所谓艺术。(《集外集拾遗·英译本〈短篇小说选集〉自序》)

鲁迅在这里概括地说明了外国文学，特别是俄罗斯和东欧文学，首先是打开了他的眼界，以阶级分析的眼光来看社会、人生和历史，这使他从进化论的思想向前迈进了一步，也弥补了他在一般进化论方面认识的不足。进化论和社会分化论的结合产生了进化是在斗争中发展的，斗争是在两部分人——压迫者与被压迫者、上层社会与下层社会——之间进行的结论。其次，与此相联系的是，鲁迅由此建立了他的近代与现代的文学观念和创作意识。他的总体立意就是"为人生"，其前途就是揭示社会的对立，即"上层社会的堕落和下层社会的不幸"，以引起人们的觉醒和反抗、斗争意识的生长。为此，他就要写"被压迫者的善良的灵魂，的酸辛，的挣扎"，写他们的叫喊、呻吟、穷困、酸辛与挣扎，也写悲哀与希望。

这构成了鲁迅艺术思维的基本内涵。他的创作的动机、目的与冲动，他的艺术的构思，他的人物典型（人物性格特征的设计），他的诗情，以及艺术技巧的借取、运用与发挥，都是以此为圭臬和核心来展开和构筑的。可以说，鲁迅是从外国文学，主要是俄罗斯和东欧文学借取他的艺思与艺术世界，并将它们融会，与自己周围的世界、民族生活，以及自己的创作心理相结合，创造了一个"青出于蓝"而又"有别于蓝"以至"胜于蓝"的自己独放异彩的艺术世界。

　　在鲁迅的艺术思维中，闪耀着俄罗斯文学大师的艺术色彩和艺术世界里的各种"宝石"的光亮。他称颂普希金的对"社会之伪善"，"悉指摘不为讳饰"，使"灼然现于人前"，也赞美普氏的"诗材至简，而文特富丽"。（《坟·摩罗诗力说》）他赞扬莱蒙托夫"妙思善感，惆怅无间"，更褒奖他的"奋战力拒，不稍退转"，不像普希金的"终服帝力，入于平和"。（同上）他对果戈理最为推崇，概括言之，则是"以不可见之泪痕悲色，振其邦人"。（同上）这几乎成了鲁迅的基本创作意识和创作手法。对于陀思妥耶夫斯基的"残酷到了冷静"，他是"尊敬，佩服的"，但不免又"恨他"，然而对于陀氏的"夸张的真实，热到发冷的热情，快要破裂的忍从"，他说只要"受了和他相类的重压"，是也会"爱他起来的罢"。（《且介亭杂文二集·陀思妥耶夫斯基的事》）这表现了他对陀氏的矛盾的心理。但那"夸张的真实"，那"热到发冷的热情"，却确乎成为鲁迅的艺术世界的特色之一。他很欣赏被称为"轨道破坏者"的托尔斯泰，"不单是破坏，而且是扫除"，且"大呼猛进"，特别是从他的艺术世界里，"远远地包着人类的希望"。（《坟·再论雷峰塔的倒掉》）对于迦尔洵的"酸辛的谐笑"，安德列夫的"阴冷"，阿尔志跋绥夫的"深刻"与"愤激"，他也都是赞赏并且受到影响的。总体来看，这是一个色彩斑斓、闪着"泪痕悲色"之光的"悲剧美"的艺术世界。这正是鲁迅的艺术思维的基本特色。

　　对于西方文化，鲁迅是兼容并蓄的，虽然有所偏重。他深受尼采的影响。在《文化偏至论》中，他把尼采看作反对西方文化没落腐朽潮流的"新神思宗"。但他是站在自己民族文化血脉的基础上，透过东方文化和中国文化的厚重、沉沦落后的氛围，又隔着西方文化的被他称为重物质而轻精神的时代氛围来观察和了解尼采的。他整体误会地，然而又是重点和部分准确地采撷了尼采的否定西方文化、高喊"上帝死了"，

"一切要重来"的批判精神和他的符合个性解放要求的重个人、重天才、呼唤超人的思想，同时，对于尼采的那种精辟的、深沉的、傲然的、富于表现力的表达方式和语言，也是欣赏的。他的《狂人日记》和一些杂文的写作，都受到尼采的直接的影响。①鲁迅的艺术性最高的作品《野草》，闪耀着多种西方文化的光辉。德国的尼采、法国的波特莱尔和俄国的屠格涅夫，都在这本诗集中留下了自己"艺术的倩影"；日本的厨川白村的《苦闷的象征》，从思想和艺术都深深投影于《野草》的创作。而这些大师们，除了屠格涅夫之外，都是不属于现实主义的。

在从东京时期介绍摩罗诗派开始，到在上海最后十年时期的介绍苏联马克思主义文艺思潮止，几十年间，鲁迅始终将目光注视着域外文坛及文化思想界，大胆地、有辨别地介绍外国文化，实行"拿来主义"，以丰富自己的艺术思维，并建设中国现代文学与文化。他不仅不断地用这些外国文学与文化新潮来开阔自己的眼界，拓展自己的思维领域，丰富、发展、提高自己的艺术思维；而且，在中国文艺思潮的浪涛中，尽他的"领港"和"舵工"的职务。（见李何林《近二十年中国文艺思潮论》）这是他的艺术思维与艺术创造常新不衰、始终向前的源泉。

在鲁迅的艺术思维中，始终有着两个有机的系统：以西方文化为参照系，以中国传统文化和文化的现代化为校正系。他以西方文化为参照，衬出中国传统文化和现实文化的缺陷、落后，从而予以批判、扫除，去伸手拿来，以建设新文化；而又不断地根据中国的传统与现实文化，去校正西方文化的不能归化的异质部分和自身产生的弊害、异端、世纪末的悲哀与资本主义文化的其他种种污秽。这也成为他的艺术思维不断建构、发展和常新的保证。

① "《狂人日记》……等，……颇激动了一部分青年读者的心。然而这激动，却是向来怠慢了介绍欧洲大陆文学的缘故。1834年顷，俄国的果戈理（N.Gogol）就已经写了《狂人日记》；1983年顷，尼采（Fr.Nietzsche）也早借了苏鲁支（Zarathustra）的嘴说过'你们已经走了虫豸到人的路，在你们里面还有许多份是虫豸。你们做过猴子，到了现在，人还尤其是猴子，无论比哪一个猴子。'"（《且介亭杂文二集·〈中国新闻大学系小说二集〉序》）

三

在这种建构于高文化层次上和具有广博、深厚、丰富内涵的艺术思维基础上，鲁迅创造了一个同样品格的艺术世界。由于他的这种艺术思维指导和决定性作用，他的文学观念和创作意识，他创作的出发点与归宿，都是塑造现代中国的民族灵魂，培育中国人的新型文化性格。因此，他的艺术世界，便成为这种"文化系统工程"的重要组成部分，成为重建中国文化和国民性的艺术的与思想的熔炉。

鲁迅的作品所创造出的艺术世界，反映了中国近代和现代历史，反映了中国民主主义革命历史，但它是通过一种特殊的形态、从特殊的视觉来反映的。它不是从直接呈现、描写历史的事件、社会生活的场景，而是通过刻画人的魂灵来达到他的目的。当然，这魂灵是社会生活的产物。人的灵魂是社会物质生活、物质力量，在人的身上的凝聚、在人的灵魂——主观世界的反映。这样，他就给自己的艺术世界规定了一个特殊的任务和特殊的色彩。

鲁迅最伟大的贡献是他创造了阿Q这个典型的形象。正是通过阿Q的灵魂，鲁迅塑造了当时中国国民劣根性的典型，中国人病态的文化——心理结构的"范式"。"鲁迅通过塑造阿Q……是把他对'中国固有的精神文明'所造成的'国民性的劣根性'：具象化地揭示出来了。"［张琢《论阿Q的文化心理结构》，载《中国文化研究集刊》（第二集）］鲁迅自己说过，他写阿Q，是"要画出这样沉默的国人的魂灵来"，要"写出一个现代的我们国人的魂灵来"。他认为，这种魂灵的造成，是由于长期相袭的"古训所筑成的高墙"，不仅使百姓们四千年来"默默的生长，萎黄，枯死了，像压在大石底下的草一样"，而且，使这些萎黄枯死的草，"不会感到别人的肉体上的痛苦"，"并且……不再会感到别人的精神上的痛苦"。所以，他就决定从"病态社会的不幸的人们中取材"，"揭出病苦，引起疗救的注意"。他称这是他"孤寂地……写出"的"我的眼里所经过的中国的人生。"（以上引文见《集外集·俄文译本〈阿Q正传〉序及著者自叙传略》《南腔北调集·我怎么做起小说来》）鲁迅在这里极为扼要又极为重要地阐明了几点：第一，他的创作的主要任务是写出"现代中国人的魂灵来"；第二，他是把这个"魂灵"同历史联系起来的，而他所注目的历史主要是文化—心理的积淀；第三，他又是把这种"魂灵"同客观的现实联系起来的，中国的历史和现实的人生，像"大石"一样压着中国人民的精神；第四，他写出这个"魂灵"的目的，即他创作的动机就是要与"古训"相抗衡，使肉体上与精神上都被分隔而互不相通的人们，借此像照一照镜子一样，彼此看见各自的与共同的痛苦，从而觉醒起来、相通起来，进而一同来掀翻那大石、毁灭那"古训"，创造新的中国的人生；第五，为了创造新的中国的人生，首先是要创造新的中国人的魂灵，即中国人的文化—心理结构。

鲁迅的这一基本思想，源于他对人的重视，源于他的使人发扬蹈厉、不断觉醒的强烈愿望和建立"人国"的理想。鲁迅抓住了"人"这个根本。这同他接受西方的人本主义、人道主义和民主主义思想是分不开的，同他的接受进化论的思想是分不开的。他从西方近代文化中吸收了这两方面的思想营养，又将它们融会而酿制了属于他自己的新的思想即人性进化论。他越出了中国传统文化的人之初性本善还是性本恶的规范，而是把人看作从至卑之低等动物到人类、到各个民族与时代的人这样一个不断进化的过程。人们常以"抽象地看人性"责备鲁迅，以为是他的局限性的表现。同马克思主义的阶级论相比，鲁迅早期与前期思想，是带有某种程度的片面性的，但从一开始，他眼中、笔下的"人"，就从来不是具有抽象的、静止的、自生自灭、自存自在的"性"的。他将"人"按民族、地域、国家来分，他认为人性可以用科学、文艺来使之致于全。他将人分为上等人与下等人、圣人与百姓、君子与"小人"，并认为后者之"性"是被前者之"性""治"成的；人性是被客观的、现实的、历史的、物质的与精神的"大石"压缩得萎黄了；但把"大石"掀掉，他们就能得到解放，得到人性的复苏与复归。这种人性的变迁、进化的思想，正是他从西方近代人道主义、民主主义思想中汲取来的力量和智慧。

民族性或国民性问题，本是一个近代史上出现的历史的、社会学和人类文化学的命题。它是不断发展的。历史上并非没有这方面的思想与论述，但以国民性与民族性的理论形态和科学命题出现则是近代资产阶级思想文化的产物。我国自从资产阶级民主革命的思想与运动发生之后，也就出现了对于这个问题的探讨。资产阶级改良派和资产阶级革命派都曾经提出过这个问题。他们是在西方社会思想的启发下，才这么做的。鲁迅正是在这个历史的与现实的环境影响下，走上了探讨国民性改造的道路。这可以说是西方文化的折射在他思想上的投影。

当然，鲁迅改造国民性的思想，特别是以揭出中国国民文化—心理结构的痼疾，以"哀其不幸，怒其不争"的心情与动机，来大声疾呼，成为他的创作的主要形态与方式，成为他的艺术世界的主要内涵，其社会的根源则是反映了中国人民在"大石"底下的哀吟和呼号，以及改变这种状况、获得自由与解放的强烈的愿望。鲁迅的艺术创造，正是他作为"民族思考人"和民族代言人的表现。

在鲁迅的艺术世界里扮演主角的是阿Q。阿Q的主要性格特征是"精神胜利法"。精神胜利——这是鲁迅对于中国国民劣根性的总概括，是中国"固有精神文明"的总称，是中国传统文化—心理结构消极面的根本特征。鲁迅把他对于中国传统文化中的弱点、缺点、疾患的主要特征与表现，都纳入这个心理范式之中了。值得特别提出的是，这种提炼与概括，固然是他对于中国文化的历史与现实进行深入研究、深沉思考之后做出的；但同时，也是他以西方近代进步文化为参照系，在中西文化对照勘比中提出来的。没有前者固然就没有阿Q和精神胜利，没有后者，同样也不会有它们的产生。这正是鲁迅之为中国现代文化巨人的表现。早在1903年他写《斯巴达之魂》时，就请出了斯巴达人的勇毅英魂来激励国人——他用激昂慷慨、顿挫抑扬的感人之笔，颂扬了他们。在前言中，他特别指出："兵气萧森，鬼雄昼啸。迨逋累皆之役，大仇斯复，迄今读史，犹懍懍有生气也。我今掇其逸事，贻我青年。呜呼！世有不甘自下于巾帼之男子乎？必有掷笔而起者矣。"（《集外集·斯巴达之魂》）这说明此文之作，正是以中华魂中之羸弱为背景，而掇出"斯巴达之魂"来激国人掷笔而起的。及至《摩罗诗力说》之作，更以"别求新声于异邦"的旨意，提出"立意在反抗，指归在动作"的总精神，来囊括摩罗诗人的品性，其目的同样是以祖国同胞身上的沉沦愚弱为背景，用这西方精神来激励之。特别是文中有这样一段描写：

故所谓古文明国者，悲凉之语耳，嘲讽之辞耳！中落之胄，故家荒矣，则喋喋语人，谓厥祖在时，其为智慧武怒者何似，尝有闳宇崇楼，珠玉犬马，尊显胜于凡人。……今试履中国之大衢，当有见军人蹀躞而过市者，张口作军歌，痛斥印度波阑之奴性；有漫为国歌者亦然。盖中国今日，亦颇思历举前有之耿光，特未能言，则姑曰左邻已奴，右邻且死，择亡国而较量之，冀自显其佳胜。

　　这种已经沉沦零落，还要自夸以前老祖宗时如何富有、威武，甚至以亡国者作比，自显优胜的情态，不已然是一幅阿Q相了么？鲁迅正是以摩罗英姿和这种阿Q心态相"校雠"，亦即中西文化—心理结构相比较为背景而写出了《文化偏至论》《摩罗诗力说》等论文的。这也正表明他的艺术思维的文化基础便是这种比较文化观。阿Q的影像可以说此时就已经隐然存在，正在酝酿之中了；精神胜利的精髓之一——"老子以前比你阔得多"，也已经被提炼出来了。

　　此后，经过长久的酝酿，阿Q的典型形象终于成熟了。它融进了鲁迅所亲身经历的包括辛亥革命在内的中国近代历史内涵，融进了鲁迅长期观察中国社会、中国的人生和中国人的品性的感受，同时，也融进了鲁迅长期以来对西方文化的研究、对西方文化—心理结构的研究，以及他所作的中西文化比较研究的结果。阿Q的心态和他的精神胜利中，重要的一个心理素质便是麻木和冷漠：他自己对周围人事的麻木和冷漠，以至对他自己的麻木与冷漠，和周围人们对他的麻木与冷漠。阿Q麻木与冷漠到了自己头上挨了秀才的竹杠的敲打，还没过一会便觉得"一件事也已经收束"，"一无挂碍似的"，当他因为向吴妈求爱，而引起吴妈上吊等轩然大波时，他竟然也以看客的身份去卖呆看热闹，而不知与自己正紧密相关。甚至到了被判斩首要画押时也没有意识到生死攸关问题严重，在绑赴刑场时，他也模模糊糊地被推着、簇拥着走向死亡。这种冷静而夸张的描写，令人凄楚难忍，而阿Q却是坦然、木然、昏昏然！至于阿Q的周围的人们，以至整个世界，对于他也是麻木的、冷漠的。他一生之中没有人给过他爱。不仅举人、秀才、假洋鬼子，而且吴妈、王胡、小D以至看土谷祠的老头对他都是如此。这个世界对他是冷漠相向。《阿Q正传》最后写到阿Q被绑赴刑场的路上，后面簇拥跟随的看客的眼睛，像狼在追蹑猎物时盯射的眼神一样，那段描写真是撕裂人心、令人如跌入冰窟。这是人们冷漠心态的极深刻的描绘。这种描绘无疑是来自现实生活的，也是鲁迅挖掘中国人灵魂的结果。但同时，也是同他从西方"借来"的"摩罗精神"比较而生的发现。在《摩罗诗力说》中他就作了中西文化心态的对比：一个要"撄人心"，一个"理想在不撄"。他说："老子书五千语，要在不撄人心；以不撄人心故，则必先自致槁木之心，立无为之治。"他认为，这种思想 "较以西方思理，犹水火然"。因此，他歌颂拜伦的为希腊独立而战死沙场。中国人心之冷漠与麻木有如"槁木"，与"西方思理"中之热烈与挚爱精神正相对立。后来，在五四时期，鲁迅又说过："中国书虽有劝人入世的话，也多是僵尸的乐观；外国书即使是颓唐和厌世的，但却是活人的颓唐和厌世。"(《华盖集·青年必读书》)这里比较衬对的仍是"死"与"活"，麻木冷漠与敏感挚爱心态的差异。

此外，中庸、忍从、怠惰、无特操、瞒和骗（自欺欺人）等心理状态，也都是阿Q相的重要内涵，而其性质也都可以归入"精神胜利法"这个大系统之中。因为对这一切阿Q之所以能安之若素，就在于他有一个"精神胜利"法宝，他在这一切中度日，在这一切中安然自得、甚至"得胜"，他总是失败，但他又永远胜利。阿Q的可怜，可怜的阿Q，悲哀正在于此：他的自觉升华到自发的程度，在精神上、在白日梦中、在昏昏然中，失败—"胜利"地度过他的苦难的岁月。这一切，都是同鲁迅在写作《摩罗诗力说》时就提炼出来，以后不断赞颂、论证的"西方精神"中的积极、热情、炽烈、真诚、反抗、复仇和有操守等相对立的。正是在这种中西文化—心理结构的对比中，他更深刻地感受到自己民族弱点的沉重压力和弊害，痛感改造它的必要性和迫切性。这里，实质上是以小农思想为主要特征的落后的传统意识与西方科学的近代意识的对立和将两者进行比较的结果。我们可以说阿Q的诞生，是与鲁迅接受西方近代文化影响分不开的。这朵不朽的艺术之花，植根于中国民族的现实土壤之中，同时又受到西方文化雨露的浇灌。

但是，鲁迅的深刻和独到远不止于此。他如果只是停留在这个层次上，那么，他就还只是一般地对于国民性的落后和落后的国民的抨击、鞭策和哀叹，同批判现实主义作家还基本上属于同一范畴。比如说，同果戈理类似。然而鲁迅并非如此。他是站在中西文化比较研究的高文化层上，对于世界的文化态势有深刻的观察和独到的见解，对于中国的历史与文化传统，有深刻而独到的反思，而他又是立足于中国的民族要求复苏的现实基础上，探究着中国向何处去，因而又是面向着未来的。因此，他不仅看到了并且痛心于中国国民性的愚弱落后，而且看清了这种落后的原因不是种性、民族性使然，不是与生俱来，而是历史的产物，是长期遭受压迫、奴役和统治者的"治心术"所造成的。主体的衰敝，是客观物质事实的反映。因此，他不仅写了国民的落后、画出了"现代中国人的魂灵"，而且，刻画了这种"魂灵"之所造成的原因。他刻画国民灵魂的劣根性，一是"揭出病苦"以使隔膜打开，达到相通，以收促人猛醒之效，以引起疗救的注意。二是揭出客观的（包括物质和精神的）罪恶、客观的原因，也就是指出疗救的主攻方向。鲁迅从不开药方。但他指出了痼疾之所在和痼疾之所由。借此就可以促人醒悟，并懂得要打破铁屋子。这样，他就揭示了历史的本质。由于他是这样对历史进行反思的，因此他的潜在的结论就是：并非国民不想改变奴隶的地位，而是他稍有改变、略有所思，就遭到禁压。阿Q就是如此。为此他不得不借助精神胜利，以它为精神的避风港。他不是真正陶醉于精神胜利之中。他是在精神胜利中，暂得心理的平衡、感情的舒泄——生活对他太苛酷了，人们对他太冷漠了，他只能如此。但他之所以会如此，就正表现了他不想如此、不愿意也不甘心失败，他要自卫、自强，事实上他又做不到，就只好在精神上、冥想中去得到它。可悲的不在于他的心完全死了，这样，他就没有痛苦、没有要求、没有希望，可悲的是他尚未心如槁木，他要活、要爱、要发展，他有希望、有追求（虽然很低级），这是人性的合理要求。鲁迅正是从这一点尚未泯灭的人性的火种中，来发掘、刻画阿Q的——也就是中国人的悲哀与苦痛、追求与希望。只要彼此相通起来，彼此知道别人肉体上和精神上的痛苦，"则国人之自觉至，个性张"，"沙聚之邦，由是转为人国"。而"人国既建"，即客观的现实、物质力量变化了，人民的主观精神及灵魂也就起了变化，"乃始雄厉无前，屹然独见于天下"。

　　只是，鲁迅的创作用意在揭出病苦，以引起疗救的注意，所以他没有从正面去写，而是从反面去写：写这种未泯的火种为何仍受摧残，恐将熄灭；这大石下的小草仍被压制，恐会枯萎；这铁屋子里的人们仍在昏睡，恐要闷死。这样，就强化了那被压迫者的悲哀，也强化了那"客观世界"（物质的与精神的）的罪恶之深重，并且强化了那垂死的危机感。由此，就更有警醒作用和激励力量。

　　正是因此，在鲁迅的小说所创造的艺术世界里，就出现了"狂人家族"。他们都是压在大石下的小草，都用微末的希望来支撑自己活下去，但又都连这微末的希望也受到摧折，得不到实现。但他们仍在追求着。单四嫂子希望宝儿活下去、长大成人，失败了；希望梦中一见爱子，然而渺茫。祥林嫂的希望寄托在阴间，希望靠捐了门槛能解脱地狱的苦难。闰土希望菩萨赐福，把希望寄托在天上。他们的希望都很微末渺茫，也都难实现，且遭摧残。但，希望未泯心未死，这是希望之所在：

> 希望是本无所谓有，无所谓无的。这正如地上的路；其实地上本没有路，走的人多了，也便成了路。（《呐喊·故乡》）

问题就在于要唤醒国人，都起来走，走的人多了，便有了路。于是，"扫荡这些食人者，掀掉这筵席，毁坏这厨房"，"而创造这中国历史上未曾有过的第三样时代。"（《坟·灯下漫笔》）

这包括阿Q在内的"狂人家族"的存在，和这种特殊的"狂人心态"的刻画，如阿Q的最后革命，祥林嫂的最后怀疑死后魂灵的存在，闰土的怨天灾与捐税、摇头与乞神等，虽然都是微末、模糊、软弱、实堪哀怜的，但是，终究仍是不满、希望与反抗。精神胜利法，也是一种精神上对于胜利的希求、一种对事实上不得胜利的不满、一种变态的腹诽与反抗。而这正是火种之所在。这些，正是鲁迅的深刻之处。这是他对中国历史、中国传统文化、中国人的心灵的挖掘之所得，同时也是向西方文化汲取精神营养与精神力量之所得。后者，表现在两个方面。一个是历史的汲取，这便是他对于从斯巴达之魂到摩罗诗人、从古希腊罗马到现代西方人的文化—心理结构中，所提炼出来的热情、积极、挚爱、行动、反抗、复仇等品性与心态。以人照己、以己比人。他既反思民族主体，又以他山之石，明己、改己之错。另一个是历史的反思。鲁迅认为，欧洲文化到19世纪后期已显出深深的弊端，这就是过于重视和发展物质文明。这时期，"诸凡事物，无不质化"，"人惟客观之物质世界是趋，而主观之内面精神，乃舍置不之一省。重其外，放其内，取其质，遗其神，林林众生，物欲之蔽，社会憔悴，进步以停，于是一切诈伪罪恶，蔑弗乘之而萌，使性灵之光，愈益就于黯淡：十九世纪文明一面之通弊，盖如此矣。"（《坟·文化偏至论》）他认为，与此相对抗，即"文化偏至"规律起作用，便产生了19世纪末、20世纪初的"新神思宗"。他们的主旨是：重内在精神、重个人，"内部之生活，其将愈深且强"，"精神生活之光耀将愈兴起"。鲁迅称这是"二十世纪之新精神"。他认为，中国文化的现代化，就是要去掉我们民族文化中的消极的积垢，汲取西方文化之新汁，但又要避免19世纪后期的物欲之蔽、精神憔悴之弊，而注意"主观内面"之修养，精神、个人之伸张，这就是他的"掊物质而张灵明，任个人而排众数"的纲领性主张。在这里，他的着眼点是人的文化—心理结构的内涵和发扬。这是他在通过中西文化比较，各去其弊取其利，而后提出来的。这也是他的艺术思维与艺术世界的文化基础，也可以说是他的创作心态的核心。

　　鲁迅的艺术世界的组成部分，还有一个杂文所创造的艺术世界。这是一个形象思维与逻辑思维结合而以逻辑思维为经的艺术世界，一个以形象性概括、类型性典型为特征的艺术世界。在这个"世界"里，也活跃着一个阿Q的影像，也有一个阿Q的影像贯穿始终。不同于《阿Q正传》的是，也是随时出场、即兴表演的，是片断的活动、不连贯的活动；同时，它常常是由对其言行的概括和形象性描述来表现的。最早的见之于《摩罗诗力说》之中，我们在前面提到了。这是阿Q的最早出现。以后，鲁迅在杂文中，遇事遇人而发地，还描述、概括了种种阿Q相：麻木、冷漠、中庸、愚昧、落后、怠惰、瞒和骗、讲面子、马马虎虎、随随便便、"做戏的虚无党"、对死的模模糊糊，等等。其神态逼真、概括准确、揭露无情、批判深刻。在这里，他也是借助于中西文化的比较的。在他的杂文中，常常同这些中国国民劣根性对比着，列举了西方人的，有时还有日本人的优点来加以比照品评。他很称赞长谷川如是闲得借外国人的优点来抨击日本人的缺点，他也不赞成内山完造的只讲中国人的优点，但同时，他也警惕并揭露了鹤见佑辅的对中国文化的不怀好意的赞扬——这里含着侵略者的赏玩与享受。鲁迅后期的杂文也仍然继续着这件工作，毫不留情地鞭笞自己的同胞的灵魂。不同于前期的是，这时期他运用马克思主义观点，把人群分得清晰了，抓住了阶级分析这个基本线索。但是，无可否认，他仍然毫未放松对于中国人一般的、共同的、具有民族性的文化—心理、文化性格的批评与鞭挞。不过，这时期他同时也写了许多杂文，或在许多杂文中常常赞颂中国人民，主要是赞颂劳动人民和知识分子的优秀品德、民族性的优秀传统，以及文化—心理结构中的优良积淀。这可以说是"反阿Q相"因素和形象。

21世纪的鲁迅研究预想

21世纪即将来临。这将是人类的第三个千年的第一个百年。在这未来的100年中，整个世纪将发生比20世纪更广泛、巨大、深刻的变化。鲁迅研究无疑也会随着这种变化而变化，会反应这种变化于自身的结构之中，又对这种变化作出自己的反应，并投射其影响于这种变化之中。这里我们依据鲁迅研究发展的轨迹，根据现在已经出现的学术—文化现象，提出一些对21世纪鲁迅研究发展趋势的预想。

一、21世纪：鲁迅研究发展前景

"过去——现在——未来"，三者联系贯通。社会的"未来"是由"过去"和"现在"这个"前因"导致的"后果"。对未来的预测，建立在对"过去（历史）/现在（现实）"两相结构的了解、分析和判断之上。这是社会未来发展理论中的"连续性原理"。基于此，可以看到，中国从五四运动到现在的历史，和已成既成事实的"现实"表明，中国传统文化中，在不断地增加现代性，萌生、发展和建设着中国现代文化。在这一历史任务的现实和文化发展的轨迹中，鲁迅具有重要的地位和作用。他一生的主要工作，他的丰功伟绩，他的文本的主要内涵及其意义，归结起来，就是不断创获中国文化的现代性，创造、发展、建设中国现代文化。而这一切，又都是为了推动、促进和帮助中国人民的觉醒、中国国民性的改造，以及以此为动力、契机去推动中国现代化的进程，使中国成为繁荣富强的国家，使中国人民获得自由解放。鲁迅的这一伟大历史功绩，以及它的现实意义和文化价值，比他在某一个革命阶段，为了配合具体历史任务的实现，去创作"遵命文学"所起的作用、获得的意义和创造的价值，都重要得多、有意义得多。当然，我们决不应该轻忽了鲁迅在这方面的伟大贡献、意义与价值。它是鲁迅本身的意义与价值，是中国现代文学与现代文化的意义与价值之所在，也是事实证明了的历史结论和公正评价，自然不应该也不可能被否定。不过，从长时段历史观来看，每一个具体的革命阶段，总是根据具体的一个阶段的历史课题、民族要求、人民愿望，提出具体的、一个历史时期的任务；其"终极目标"就是"打倒当前之敌"。而这种"具体革命任务"，总是反映和抓住历史主题"浮出水面"的那一部分。革命的领导者，往往能够及时把握住这种"历史主题"，也是当前的革命任务，提出口号，并组织群众去完成它。这是社会发展、历史前进的规律。在文学—文化领域里，好些浅薄的作家、文人，往往只能看到那"浮出水面"的部分，甚至只是捞了一点"水面上的泡沫"，去"配合任务"，自然难免概念化、口号化；于当前任务，既帮助不大，又会遗憾地失去未来。而像鲁迅这样的伟大作家，却能在"听将令"创作"遵命文学"时，既看到并把握住历史主题"浮出水面"的那一部分，又能越过表象，透视历史长河的深流，把握深邃的民族的、历史的、文化的内涵，并艺术地贯注于作品之中。这就不仅仅"配合了当前的任务"，而且具有历史深度、文化意韵，从而具有永久价值。进而言之，从前述"功绩""意义"和"价值"中，不仅还能升华、提炼和结晶出一般价值、文化内涵和哲理意义，而且，它更具有广泛性、稳定性和永久性。鲁迅立足现实、观照久远、着眼国民性改造和民族文化复兴的作品，既针对"当前的时代课题"，又具有"探究历史根源、解决根本的久远问题"的丰富深厚的文化含量。因此就具有悠久深刻的意义与价值。他的文本，从他所处时代的"现在"，通向了"历史"，又指向了"未来"；既回顾了"民族固有之血脉"（"历史"），又展现了"当代世界之潮流"（"现实"），同样沟通了"过去——现在——未来"。

这样，在第一层面的意义上，在"鲁迅文本/中国现实"的意义上和范畴中，鲁迅文本是我们展示和预测中国社会—文化的导向文本，是中国现代文化文本的核心和基础。因此，鲁迅研究对鲁迅文本的解读、诠释、接受，就是对中国文化现代化进程中的一种文化选择和表现形态。

而在第二层面的意义上，在"鲁迅文本/中国未来：21世纪"的意义上的范畴中，鲁迅文本也是中国社会文化发展可能性的预测和展现。

鲁迅对中国社会—文化的弱点、缺点和病症的揭示、剖析和批判，深层意蕴和潜存文化意识，就是对于未来中国社会—文化的暗示、启迪、规划和展现。本此，鲁迅研究的自在文化底蕴和潜在文化意蕴，对鲁迅文本的解读、诠释、接受，也就是在现今对未来中国社会—文化所进行的一种发展与建设工作。20世纪80—90年代，鲁迅研究已经逐渐地实现了从传统的、定型的、定于一尊的那种政治的、革命的、斗争的、意识形态化的，鲁迅解读、诠释、接受体系和理论框架，向新的体系与框架的转化，即向新的既接受、继承以前的优秀研究成果和科学结论部分，又实现向同时重视艺术的、审美的、文化的"体系"与"框架"的转换。21世纪的鲁迅研究将循着这种研究的"现实"和路向，继续向前发展，一步步走向"未来"，表现为一种学术文化上的连续性，呈现出"鲁迅研究：过去→现在→未来：21世纪"的发展形态。

海德格尔说："在艺术作品中，一个存在者的真理已经自行置入作品中。'置'（Set）此处是指：把某物带到一种状态。"又说："艺术的本质就是：存在者的真理自行置入作品。"①这就是说，艺术中不仅有真理，而且这是"在者"的真理，这真理又是被存在者"自行置入作品"之中的；而所谓"置入"，就是把某物带到一种"状态"中。因此在艺术品中，"存在者""真理""艺术"三者是融会一体、不可分的，而既然是艺术品，所以它就首先是以"艺术品"这一本质与形态存在的，"存在者"与"真理"，都依据它而存在，都被存在者——作者"置入"亦即带到"艺术的状态中"。所以，我们在解读、诠释、接受某一文学作品或研究一个文学文本时，就要把它作为一部艺术品来对待，进入它的艺术状态、艺术世界和艺术境界，并且要解析"存在者"——作者是"如何"把"真理""置入"和"带到艺术状态"中的。这才触及它的文学的内在本质与独特形态，才能真正"说明问题"。这才是真正的"研究"。在长时期中，鲁迅研究更多地把主要注意力放在政治意义与价值的评判上，放在社会历史意义的揭示上，这当然是需要的，并且有它的充分的历史原因和历史权利。然而，另一方面，即其本人和技术属性，他以自己独特的把真理"置入"艺术状态的这一面，也不可忽视，甚至更重要。而过去的研究，正是忽视了、轻慢了艺术的分析和艺术的感

---

① 海德格尔. 人，诗意地安居：海德格尔语要 [M]. 上海：上海远东出版社，1995：99.

受，忽视甚至放弃了审美的剖析。甚至对艺术审美的分析研究予以抵制和批判。这对鲁迅和鲁迅研究、鲁迅接受，都是重大的损失。在20世纪80年代以后的鲁迅研究中，这种情况有了明显而巨大的改变，有不少新的成果。可以预计，在21世纪，这种情况还会进一步发展，取得更大的成绩。这将会引起鲁迅研究的研究范围、理论框架和整体范式的改变。

海德格尔还说："作品存在意味着缔建一个世界。""作品作为作品缔建一个世界。作品使世界的敞开始终保持其敞开。"并说："大地独立而不待，自然而不刻意，健行而不知疲惫。……作品对大地的展示必须在这个词严格的意义上来思考。作品把大地本身移入世界的敞开并把大地保持在那里。作品让大地成为大地。"①这里，海德格尔实际上说了"作品"本身的"世界"和"客观世界"这样两个世界，以及它们之间的关系。首先是作品自身建立了一个世界，而这个世界又使客观世界得以敞开并保持敞开。也就是说，作品缔建的世界，还把客观世界敞开了，使它展示了自身的内涵与意义。这也可以说是，作品以它的视界，去开辟了客观存在的意义的世界，使得世界"去蔽"了、敞开了。这等于说，人们在阅读中，用作品视界，去敞开了客观世界的一角，对客观世界具有了新的认识。据此可知，文学研究既要研究作品缔建的世界，又要研究作品的视界所开辟的、"由于作品的存在而得以敞开的客观世界"。鲁迅研究自然也是如此。然而，过去的研究，却对鲁迅世界本身研究不够透彻、不够切实、不够个体化；而且，对它所开辟的世界，它对客观世界的"去蔽"，即如何使之"得以敞开并保持敞开"，更研究的不够，甚至不去研究。21世纪，对这两方面，都会加强研究；尤其是后一方面，更会有巨大的质的变化。那时的"客观世界"，也不大同于现在的世界，因此其"去蔽"的状况，其"敞开后的内涵"，也与现在的大不相同。这样，鲁迅研究的内涵也就发生很大的变化，需要大大地发展前进，开辟新的领域，进行新的研究，构建新的理论构造。这里，我们可以预计到两个方面的研究状态的发展：一方面是我们从变化了的新世界的新社会现实出发，以新的研究意识、研究视野和研究方法，去

① 海德格尔. 人，诗意地安居：海德格尔语要 [M]. 上海：上海远东出版社，1995：101–102.

257　21世纪的鲁迅研究预想

开掘"鲁迅作品所缔建的世界",特别是它的艺术世界,他以艺术的方式缔建的世界。另一方面,则是鲁迅的作品所"开辟的客观世界",使客观世界"去蔽"了、"敞开"了,从而推动、帮助和启迪我们去认识、理解世界。鲁迅研究向这样两个方面的伸展,将开辟两相结合的巨大研究领域。

作家的作品一经问世,就属于客观世界了。它的意义世界,就受到客观世界的"控制"、"规范"和"决定"。海德格尔说:"作为过去的作品,他们只在传统和保存的范围内与我们相对。因此,它们仅仅是这样的对象。与我们相对的,只是这些作品先前自足的存在的结果,而不是原样了。""作品属于何处?作品之为作品仅仅属于它所敞开的领域。因为作品的作品之在,就在而且只在这敞开中到场。"[①]作品之作为"传统"和"自足的存在",是一个"意义世界",而当它来到"敞开的领域",作为"存在者"而"到场",它就具有了新的更多的意义。鲁迅文本作为传统和自足的存在,具有它确定的意义;而当它处在21世纪的新现实、新语境中,即在另一个敞开的领域中,作为现实的"存在者"而"到场"时,它又将获得新的意义、新的解读与诠释。这便给鲁迅研究开辟了新的广阔的领域,会获得许多新的研究灵感、新的研究成果。"阅读或诠释实际上在写作另一个本文。"[②]鲁迅研究据此将写作另一个本文。

而且,总结前述的种种方面,也促成和构成鲁迅研究的另一个本文。这将会是鲁迅研究的"21世纪文本"。它继承了鲁迅研究的"20世纪文本",而又发展变化了,成为一个全新的文本。

可以预计,在21世纪中,中国现代化目标的实现,中国文化现代性的不断增长和现代文化的建设,中国社会构造的全面变化,以及这一切的总和,对鲁迅研究产生的影响和效应,将会是:一方面,提高对中国现代文化大师鲁迅对当代中国的意义、对中国文化现代化发展的意义和重大作用的认识,鲁迅将会在这一社会文化现代化的进程中,在理论上和现实上均受到重视;另一方面,由于这一原因,鲁迅研究自然也会受到重视、得到发展。而且,这种发展也是在上述诸种社会、经济、思

---

① 海德格尔. 人,诗意地安居:海德格尔语要 [M]. 上海:上海远东出版社,1995:100-101.

② 泰特罗. 本文人类学 [M]. 北京:北京大学出版社,1996:4.

想、文化、学术的综合发展条件下的发展，因此其整个学术文化框架都是重建过的，水平也大大提高。还有一个重要因素，能够和必然推动鲁迅研究的发展，并提高它的学术文化水平，这就是鲁迅研究队伍的质的变化。文化进化论主要代表人物、人类学家 M. 米德关于文化进化的三个阶梯的论述，几乎可以恰当地适用于鲁迅研究的预测。她指出，在文化进化的三个阶梯中的前谕文化时期，资历深厚的老一辈，天经地义是为人师表者；而在同谕文化时期，老一辈和后一辈各有所长、各有千秋，可以互补互学；到后谕文化时期，随着整个社会、文化的发展，随着后辈学人接受新知识、新学问、新理论过程的加速和成绩的获得，他们将走到前辈的前面去。鲁迅研究的发展，正是大体上循着这一"三阶段递进"的模式前进。那些与鲁迅同时代的、他的学生和朋友的老一辈文人、学者、作家、艺术家，自然是鲁迅研究的开创者，是后辈学者的师长。这从 20 世纪初直到 80 年代的长时期中，一直如此。到 80 年代，老一辈学者和以中年学者为主体、并有部分青年学者在内的研究群体，开始突破和超越原有的研究规范和樊篱，在向老一辈学者学习甚至是接受他们的授业、接过他们的学术薪火的同时，又有新突破、新发展，把鲁迅研究推进到一个新阶段，表现了同谕文化阶段老、中（以及少数的"青"）几代人的各有所长、各有千秋、共同发展和创获了鲁迅研究成就的情状。20 世纪 90 年代以来，更年轻一代的学人，学习掌握了新的学术与文化发展阶段的新知识、新学问、新理论，尤其是在这文化迅速发展的时期，汲取中外文化理论的趋势空前强化。他们表现出与前几辈学人不同的知识结构和研究意识、指导理论与方法，从而在继薪承业的同时，在不少方面，走到前辈的前面去了。这种状况，到 21 世纪，进到后谕文化阶段，就会更为改观。文化的加速发展，也导致鲁迅研究队伍的再次更深层次的更新，使鲁迅研究得到更新更大的发展。在科学形态上，既获得全新的学术与文化创造，又使之成为一种更为成熟的学科。鲁迅研究将在新的基础上，继续发展建设，从而既促进又伴随中国现代文化的足迹前进。

在这个新现实、新世纪、新世界中，中国的变化更为引人注目和不同凡响。它既不同于世界其他地区，又不同于古老的中国和"中国的古老"。从文化视角观察，最大的不同，就是新的从未有过的文化语境出现了。一切古老的、已有的民族文化文本，都将会在新的语境中产生新的"展开"与"意义"。受众也要在新的语境中，以新的解读与诠释框架，来重新解读、诠释既有的体系，并产生新的框架。

在21世纪里，中国文化的现代性，将会取到很大的增长。其增长速度与程度，都不是从"五四"以来到现在的中国文化所创获的现代性所可比拟的。中国文化的从传统向现代转换，在21世纪的前半季或者更短的时期内，将会随着经济、社会的转型，而加快其速度。完全新质的文化，和在不同时期里、在不同程度上由传统向现代转换了的文化，将构成新型的现代中国文化。中国文化在21世纪，将完成由传统向现代的转换。这种文化的转换和新质文化的产生与发展，将会给鲁迅研究带来新的发展与提高。鲁迅文化文本的解读、诠释体系，将在这急遽转换进程中和转换的最末阶段，实现转换；并且，会在它自身的这种转换过程中，为民族文化的转换服务。鲁迅研究这一学科的转换，将成为中国学术与文化从传统规范向现代规范转换的重大标志之一；而完成了自身的理论构造的鲁迅研究——鲁迅学，将成为中国现代文化的理论构造的重要表现和重要组成部分。

作为21世纪新学术规范的现代学科之一的鲁迅研究——鲁迅学，是20世纪鲁迅研究的延续与接替，它将承继所有以前的研究成果，又将发扬光大；同时，又在原有的基础上，开拓、发展、深化、提高，绽开新的学术文化之花，创造新的学术文化成果。

为了稍微详尽一些阐述鲁迅研究在21世纪的发展状况，除作上述发展趋向的概略预测之外，下面再就几个主要方面，作概要性的探讨。

二、21世纪鲁迅研究概要

（一）新的研究观念、研究视角、研究方法与研究规范

在21世纪中，由于文化的现代化进展，更由于经济、社会的现代化，科学研究的观念将发生巨大而深刻的变化。首先是一种大科学的研究。科学是由四大科学部类组成的联合体，更是一种有机的结合体。四大科学部类是自然科学、技术科学、社会科学和人文科学。其次，我们现在一方面是狭隘地理解科学，持一种狭义的科学观念，即科学即自然科学（或者加上技术科学）。同时，还是"文理分家"的观念，即自然

科学、技术科学同社会科学、人文科学分家。其三，重理轻文，即重视科技而轻视人文。这种总体科学观念上的问题，在许多方面抑制了我们的科学发展，特别是影响了社会科学和人文科学的发展。在21世纪，"四大科学部类组成的科学联合体"的大科学观念，将会为大部分人，特别是决策者和领导、管理阶层所接受，这将会大大推进科学研究，特别是社会与人文科学将受益匪浅。其中，自然包括属于人文科学的"三级（第三层次）学科"的鲁迅研究——鲁迅学。

从另一方面看，也可以说鲁迅研究者将以大科学观念为思想与文化背景，来指导、从事鲁迅研究。这将使他们的观念更新颖、眼界更开阔、"期待视野"更广袤、"接受屏幕"更现代，他们的研究工作也就大不同于过去了。大科学观念，还将使研究者对鲁迅文本进行多元化、多视角、多领域的开掘，发现更多的内涵、更多的"含义"，并创造更丰富的"意义"。

中国在21世纪将成为一个现代化大国。由于中国的古老和辽阔，它的变化和影响，将是十分巨大深刻和广泛的。传统的、前现代的、半农业社会的中国，演变为一个现代的、工业的国家。现代的社会现实，现代的经济、社会、思想、教育、文化、心理，都会带来对鲁迅的需要，以及对其新的解读与诠释。

研究方法的更新，也是必然要出现的。认识论决定方法论。新的认识将会产生新的方法，在一般方法论即总体科学方法论层次，将会有新的变化，而在学科方法论即具体方法论层次，也会发生变化。多元的、辩证的、多学科的研究方法，将会得到普遍的推广和良好的运用。

由于上述一系列研究规范的变化，社会科学的传统的研究规范将逐渐演变为现代规范。我们现在的社会科学研究规范，是一种"中国传统研究规范"、"苏联研究规范影响"、"新时期形成的规范（其中包含接受西方研究规范影响的部分因素）"的三者"混合型研究规范"。在21世纪中，这个研究规范将经过溶解、化合、扬弃、创造，逐渐形成一个"单一型中国现代学术规范"，其中含有对中国传统学术规范的继承、发展和改塑，也有对西方学术规范积极因素的汲取、利用与改造，而以中国现代社会、经济、文化为依据，并以现代文化为背景。这一新的学术规范，将会是新的鲁迅研究学术规范形成的"模式背景"。鲁迅研究会在这一背景下，根据自身研究对象的特点，形成自己具有相对独立性的学术规范。

（二）新的国际、国内学术与文化发展与鲁迅研究的发展

在新的国际环境、国际社会和文化语境中，国际和国内的学术与文化发展，均将出现新的面貌。人类新的认知体系，将导致人类对三大认知对象认识的变化和深化，也产生对对象内涵的新开拓、新阅读与新诠释。对鲁迅亦是如此。鲁迅将被纳入新的国际—国内文化语境中，放到人类新的认知体系中，再认识、再解读、再诠释。

这种解读与诠释，当然仍旧不能离开鲁迅文本产生时的中国社会生活、中国人民革命、中国现代文化建设等的发展、抗击、斗争、挫折、思索、寻觅等实际状况，不能脱离中华民族生活的实际。但是，具有同样意义的是，也不能再局限于这些，不能再停留在这一切的"对应性"（生活→反映→创造→作品）的反映模式上。而是，要在这种"局限性、现实性、民族性"阅读的基础上，把鲁迅和鲁迅本文，纳入当代生活现实和文化语境中，并且将其纳入世界性生活现实和文化语境之中。这样，我们将会获得一种更广阔、更泛化、更深刻、处于广大意义网络系统中的视野和观念，从而获得新的开发、新的领悟、新的启示和新的"意义"创获。

（三）新的鲁迅价值观与鲁迅形象

在上述所有一切21世纪的历史、社会、文化现象之中，对"鲁迅的价值"的认识和评价，将会在一种新的观念中产生。也就是说，"鲁迅价值"不再只是以前所作出的种种判断了，而是既继承了以前的种种价值判断，又突破、超越它们，既涵盖了他们，又补充、增加、新添全新的内涵。这是鲁迅文本自身"含义"之所有，又是新时代的阅读之所加。泰特罗在他的讲演录《本文人类学》中，谈到"自然行迹"（course）和"人文话语"（discourse）的关系时说："阅读留下的痕迹既是一种自然行迹，又是一种人文话语。"他进一步指出："我们必须同时期待着能发现潜藏在自己头脑中的前提观念，如果我们想揭示出隐藏在研究材料之中那些不可见或者无声的观念并因而理解我们的研究对象的话。"这就是说，我们如果想要揭示出研究对象中的"不可见或者无声的观念"，以及理解研究对象，我们仅仅在研究对象本身上下功夫寻

觅、开发、挖掘，还是不够的，还只是做了应该做的事情的一半，还有
另外一半是：对我们自己——研究者自身，进行发掘和研究，也就是要
发现、发掘潜藏在自己头脑中的前提观念，即要首先和同时研究"研究
者"。这样，才能研究透研究对象。泰特罗还说了一句话，更明确也更
正确地论证了这种"离开"研究对象又结合研究对象的"研究观念"与
"研究路数"。他说，之所以要采取这种研究方式，是因为"观察者所具
有的先在知识结构决定着观察的内容"。①你在观察对象身上看到了什
么，实际上不仅仅决定于被观察的对象，同时还决定于观察者先在的知
识结构。对鲁迅的解读与诠释也是如此。"鲁迅文本"——鲁迅所有的
创作、著作，以至翻译、书信和日记等的文本，及其综合的总体，作为
一个统一整体的"研究对象"，它的意义的形成、价值判断和形象成
型，同样不仅仅决定于自身的"含义"与"意象"，还取决于当时的阅
读——接受者（"接受世界"）变化，它在阅读公众先在知识结构中的反
映和刻痕，必然会要投射于鲁迅阅读和诠释之中，从而形成对鲁迅的新
的价值判断、新的诠释体系、新的"鲁迅形象"。这将会是怎样的情
形？我们现在还难以具体描述，但可以推断，它们会比已有的价值判
断、诠释体系和鲁迅形象，要更开阔、宏大、丰富，而不是局限于一个
短时段的，最多是中时段历史时期的具体革命任务、革命目的的，相对
狭小范围之中的了。它们将会同现代化的、开放的，以及思想、学术、
文化空间开阔的中国和世界相结合，同这样一个广阔、繁复、多元的
"中国—世界"的意义网络相结合而生发其意义体系。

（四）重读/细读鲁迅：新的诠释/接受

　　20世纪80年代初，作为对60—70年代对鲁迅的扭曲和有意的、恶
意的误读的反拨，曾经产生了一次对鲁迅的重读。在重读之中，又有细
读在内；同时，与之相伴随的，是对鲁迅的新的解读、诠释与接受。经
过80年代后期和90年代初期对鲁迅的冷漠与"价值判断"降低之后，
又产生一次对鲁迅的重读。有的学者甚至以愧疚之心，写到自己一度离
开鲁迅，如今又"回归鲁迅"。继90年代对鲁迅的重读之后，在下一世
纪，将会再发生对于鲁迅的重读。不过，这次重读的性质不同于世纪末

---

① 泰特罗. 本文人类学 [M]. 北京：北京大学出版社，1996：4-9.

的90年代。虽然，90年代那种有感于鲁迅当年鞭笞、批判过的许多现象，又在社会上复活，甚至恶性发展，因而感到鲁迅的批判，今天仍保持着尖锐的现实意义，所以产生重读鲁迅的愿望与兴趣。这种"重读动机与动力"，仍然会存在，特别是在下世纪的一段时期，会是如此。但是，主要的重读动机与动力、兴趣与目的，一定会转变：会从"消极的""被动的"，转向"积极的""主动的"。就是说，是在新的时代与社会背景下，在新的语境中，对鲁迅的价值重估和更高认识理解的情况下的重读；是在新的先在知识结构的引导和开发下的重读。总之，它不是一般的重读，而是在更高的基础上的更高水平、更广泛的"期待视野"的重读。这种重读，会有更新颖、更广阔、更深邃、更丰富的内涵和素质，更高、性质更丰富、更现代的审美境界。这会是对鲁迅的具有空前高度的阅读。

因为是这样一种性质的重读，所以在这种重读中，就包含着、要求着一种"细读"。这是一种重读的形态，又是重读的一种深入。这种细读，是对过去的解读与诠释的一种继承，而不是抛弃，更不是否定，是对过去的一种汲取、接受，然后再加以补充、延伸、拓展、提高，在新的时代、新的环境和新的语境中，赋予鲁迅文本以新的"意义"。这种细读，包括对鲁迅文本的总体细读，对鲁迅的各类文本的分别细读，对鲁迅重要文本，如对《狂人日记》《阿Q正传》《风波》《独孤者》等短篇小说，《野草》《故事新编》等整篇作品，对《中国小说史略》等学术著作的细读，以及对鲁迅的书信与日记的细读，等等。

这种细读，不仅仅是一种阅读的深入与精细，表现为一种阅读态度，而且更表现为一种不同的阅读观念、阅读方式。这种细读，阅读者有着不同于过去的"三前"，不同的"先在知识结构"，他们要求也能够从文本"含义"中发现不同于先前的"意义"，他们在阅读中追求不同的文化目的，发掘不同的文化意识与文化潜意识；他们还会立足于文本"含义"和"时代文化现实"的交叉坐标上，去重构文本的意义世界。这将是一个新的中国现代文化的意义世界的重要组成部分，而且会在这个正在建构中的中国现代文化发展中，起到重要的作用。这种细读，也会运用许多经过现代诠释以至"现代化处理"的，中国传统美学理论、文学批评理论原则和学术话语，同时运用从外域特别是西方汲取、"拿来"的美学理论、文学批评理论原则和学术话语，以新的理论、观念、原则、方法，去发掘鲁迅文本的"意义"。这是一种新方式、新挖掘、深层次的细读。

在这样的重读和细读的基础上，自然便会有新的解读、新的诠释。这种新的解读、诠释，也不是只在已有的解读与诠释基础上的"沿着原线"的延伸，而是以原有的解读与诠释为基础，又突破、拓展，扬弃它的某些部分，并改塑它、更新它，具有一种全新的素质。它是在新的社会背景和文化语境中产生的。

21世纪的中国，将完成整个国家的现代化进程，而在这一"完成"的过程中，中国的经济、社会、政治、文化都将发生整体性、体系性的巨大深刻的变化。"传统的一切"和"一切的传统"，都将向现代化转换，或者改变自己的性质面貌和在社会、文化中所处的位置，在人们生活中所处的位置，特别是在国民素质——人的文化心理结构中的位置。随着这一切的变化，作为受众的所有阅读者的"先在的知识结构"、"期待视野"和"接受屏幕"，都将发生根本性的变化。在这种大变化面前，对鲁迅文本的理解、诠释与接受，也必然会发生变化。随之，鲁迅研究也便发生同样的变化。它将具有新的素质：它的内涵、结构、理论构造以至学术话语，都将会是新的。它将具有不同于过去的学术品格：政治的性质和特征，将会减弱，而文化的特征将会成为主要的。鲁迅文本的艺术、文学、审美、文化的内涵的揭示、剖析、诠释，将成为主要的方面，而且内容更宽广、更丰厚、更深邃。由于这些原因，它的意义也将发生变化。一方面，它自身的意义系统的变化，将更适应于变化了的现代社会文化的现实，被人们（广大受众）的"先在知识结构"对它的"含义"进行"读者的工作"之后，产生了新的现代的意义。另一方面，则是它在整个社会文化的意义网络中，所具有的意义的变化。它的重要性和地位将更增加、更崇高；它在中国现代文化文本的理论构造中的意义，也将更重要、更崇高；它更是作为一种重要的文化因子，而进入中国现代文化之中，发挥它的作用。这样，鲁迅研究也就具有了既保留过去的功能而又有新内涵的功能。它不仅在政治文化、思想建设、文化方面，而且在重塑中国人的文化—心理结构、培养新的国民性方面，发挥它的巨大功能。

在这个"完成现代化进程"的进程中，中国现代民族文化文本，将产生和完成（但不是结束）。这个民族现代文化文本，是鲁迅文本和鲁迅研究的整体文化背景，是它们的意义世界产生和诠释的总体意义网络。同时，鲁迅文本和鲁迅研究，又以这个"民族现代文化文本"为"背景"，并通过这个"背景"的"参与"，而形成它自身的诠释体系和新的理论构造。它将演变、发展为一种新的学科群中的一门具有新质的学科——发展了的鲁迅学。

三、多元构造的鲁迅研究

当我们综述了21世纪中国和世界的社会、思想、文化等方面可能发展的变化及它们的大体状况，概述了国内—国际各种状态和文化语境中鲁迅研究可能发生的变化和各方面的大体状况之后，就可以从鲁迅研究之构造的各个具体方面，更具体和深入地预测和描述它的发展路径和状况了。

鲁迅研究在21世纪，将发展成为一个多元构造的新学科。它产生的时代条件、社会背景和文化语境，在国内方面的，已如上述，即其处于"现代中国"—"现代中国文化文本"之中，是它们之中的重要组成部分。而鲁迅研究，将会是在这种大文化视野观照下的"鲁迅"，和以它为视角来诠释的鲁迅文本。同时，也是在国际文化语境和世界意识观照下的"鲁迅"，和以其为视角来诠释的鲁迅文本。国内—国际/民族—世界，两者是互相沟通、渗透、融会的。作为"背景"是如此，而鲁迅作为"民族文化文本之重要组成部分"，又以"参与的积极力量"之英姿，"打出世界去"，并"参与世界的事业"。同时，作为这种"参与"的回应与反馈，和作为"参与的力量"而被认识和解读的对象，鲁迅文本又是世界范围的阅读文本，是被纳入世界认知与解读体系的一个重要对象（现代中国与东方文化的重要代表）来被解读、诠释与接受。这种"世界的解读、诠释与接受"，又势必会反作用、反应、反馈于鲁迅研究之中。

这样，这些国内国际条件，就既作为背景，又作为动力促成了鲁迅研究的重新构造运动，并成就了它的多元构造。这种经过重新构造运动之后的鲁迅研究的理论构造，可以从以下诸方面来加以分别的描述。

（一）鲁迅研究领域的拓展：外部研究

文学文本以至一切文本，都处在一种"四相结构"之中，这就是：客观存在（世界Ⅰ）——作家自身的世界（世界Ⅱ）——作品/文本（作家创造的第二自然，世界Ⅲ）——接受者/读者世界（世界Ⅳ）。我们从各种不同的角度，为了不同的目的，可以把"四个世界"的关系网络，标示为不同的状况，其大体情况如下图所示：

```
      世界                          作家       世界       世界
  读者    作家    世界→作家→作品→读者    作品    作家    读者
      作品                     世界 读者  读者 作品  作品 作家
   （图1）        （图2）         （图3）  （图4）  （图5）
```

在以上五个示意图中，可以看到，"作家"这一"世界"——这一"项目"，都不仅同其他三个"世界"相连，而且置身于其中，受到它们的影响、制约，并作出自己的反映与反应。如果以"作家"为中心项，可以看到它在不同的图示中处于不同的位置上，具有不同的功能。但不管是何种位置、何种功能，它作为中心项，其他三面都是它的"外部世界"，它们之间的关系都是："内部（自我）世界/外部（客观）世界"。鲁迅研究领域的拓展，首先是表现在这种与外部世界的关系上，也就是表现在外部研究方面。

这种外部关系又有两个方面。一个方面是，鲁迅一生和所有他的文本，同他生长、写作于其中的中国社会与时代的各方面的关系。这种关系是复杂、多变、多元、多方面的，它涉及中国近代和现代的历史、时代、经济、政治、社会、生活的诸多方面，涉及那个时代的许多鲁迅同时代人中的许许多多的政治、经济、社会、文化、教育等多方面的学者、名人，涉及许许多多的作家、艺术家，以及文学艺术流派与社团，等等。这种外部关系，还远涉及国外，包括他在那儿度过重要的青年时代的近邻日本，也有间接接触的俄罗斯、苏联（1922-12-30—1991-12-25，包括俄罗斯等15个加盟共和国）和东欧各国，以及欧美各国。这种"外部关系"，过去的鲁迅研究中，不是未曾涉及，而是研究并不少、成果也不少，特别是新时期以来，更是开拓与提高，取得了许多新成果。但是，在这些方面，可以拓展、深入研究的内容还很多，而且，过去还有不少不大涉及的领域未曾研究；有些研究过的问题，有了新材料、新观念、新观点、新见解；有些被一些人怀着不同意图而加以歪曲、扩大、诬陷的问题（包括并无恶意只为了市场需要而不当地"大作文章"加以渲染的问题），要加以纠正，弄清本相；有些问题，涉及一些人，特别是名人，现在有了不少新的情况、新的材料、新的观点和新的说法，需要进一步集中材料、分清真伪，加以排比研究，更要还历史本来面目，不能如过去那样只颂扬鲁迅，而全盘否定或"一棍子打死对方"，也不应如现在有些论者所为，又来一个大翻案，或者各打五十大板。比如对于章士钊、梁实秋、胡适、顾颉刚、林语堂、徐志摩、梅兰芳等，以至近时提出来的邵洵美、章克标等人本身的状况及他们同鲁迅之间的纠葛，等等。这里研究的重点不仅仅限于辨明谁是谁非，或是谁的理更多、谁又亏了理，更重要的是，"还历史以本来面目"，在掌握细密周详资料基础上，在正确的历史观和方法论的指导下，"重现—重构历史"，然后，再把问题放到一定的历史范畴中加以考察。既弄清事实、弄清大环境，又弄清有助于具体地分析具体问题的具体环境；既弄清在这种弄清了的背景下的活动、行事、纷争的人们的思想行动的实质，又弄清鲁迅在这样一些条件下，和面对这种人和事时的思想行动的实质。所有这些，如若细细列举出来，内容是很多的，可以研究、值得研究的问题也是很多的。研究所得，其意义也不仅关系认识评价、解读和诠释鲁迅；而且，关乎历史、学术、文化，这是认识一个时代、一个历史时期所需要的。

与此相联系的，"外部研究"的另一个内涵，就是鲁迅和"中国的外部"，即国外的关系。这方面的研究，近年来已经有了不少成果，突破了过去几乎基本上局限于鲁迅与苏联和俄罗斯文学的关系这种研究的狭隘格局。但是，这方面的外部研究，仍然是不够的，比之鲁迅在创作、学术论著、翻译和藏书等方面所涉及的与外国文化的关系，是不全面的，也是不系统的。这种研究不够广阔，未能覆盖鲁迅已经涉及的方面，不仅有国别的不够，而且还有学术文化方面的欠缺。实际上，鲁迅文本涉及的有哲学、科学、文学、艺术、思潮流派，众多的作家、艺术家、思想家、科学家等。此外，还有鲁迅所涉及的主题学方面的课题，在这方面有待开发的研究领域和课题仍然很多。

外部研究的另一个重要方面，就是与未来世界中的"当代社会现实与文化语境"这个当代的现实的外部关系。前述那部分外部关系研究，如果可以说是"历史的——历时性的"，那么，这部分研究就是"现实的、当代的——共时性的"。而两者是有关联的、先后衔接的，互相补充、彼此结合的。

以上所述属于"社会—历史"大视野外部研究的轮廓式描述，如果按韦勒克和沃伦在其所著的《文学理论》一书中所提出的"外部研究"与"内部研究"的划分和论述来讨论鲁迅研究的外部研究，那么，我们还可以进一步列出以下一些研究的方面。

按韦勒克和沃伦的意见，作为从外在因素来研究文学的"外部研究"，包括研究文学的背景、文学的环境和文学创作的外因。他们赞同德国思想史派的观念，即对文学文本的产生采用"综合了所有因素的解释方法"。他们将"综合的因素"分解为五方面：（1）文学和传记；（2）文学和心理学；（3）文学和社会；（4）文学和思想；（5）文学和其他艺术。①当然，这五个方面，又能继续分列为若干方面，其范围都相当广泛，其因子都是很繁复的。

在文学和传记方面，我们可探索一位作家的文学文本，同他的生平与个性方面的关系，这是一种平行的、隐在的、曲折的关系。传记资料是作品的一种隐在的根源，可以从这个"根基"和"渊源"上来解释和诠释作品。在这两个方面可以做的工作和挖掘的材料，是很丰富的。这是一个富饶的社会、历史、文化矿藏。这里不仅有作家的生平所关涉的社会、历史、家族、个人经历的极为丰富的材料，对这些材料可以进行的研究也很多；而且，文学文本的反映，决不等同于作家生活的摹本，"即使文学艺术作品可能具有某些因素确实同传记资料一致，这些资料也都经过重新整理而化入作品之中，已失去原来特殊的个人意义，仅仅成为具体的人生素材，成为作品中不可分割的组成部分"。②在这方面，已有的鲁迅研究论著，首先是鲁迅传记作品和传记性的论文；其次是对其文学作品的考订、分析、诠释的论著；更多的、更富有成效的是鲁迅文学文本的"事实""事件""人物"等，"同传记资料的一致"的研究，把"具体的人生素材"收集考订清楚，与作品的表现一同进行考察

---

① 韦勒克，沃沦. 文学理论 [M]. 北京：生活·读书·新知三联书店，1984：65–67.

② 同①，第72页。

研究。但是，在"生活（生平资料）→文学文本"这个飞跃中，作家如何"重新整理"，并且进行重构，将"生活资料"（素材）化入作品，又如何在其中灌注自己的东西，发挥想象的、虚构的作用，进行改塑、创造的工作，而创造成为文学文本，则显得尤为重要。对于这一点，已有的研究却诠释得不够。已有的研究，在鲁迅"生平、生活、传记资料"的收集、考订、汇总和研究方面，成果很多、成绩突出。20世纪80年代以来，对"生活资料→文学文本"飞跃过程中作家的"重新整理"、重构和创造工作，也进行了一定的研究。但是总体上，这方面的研究还是很不够的，可以和应该做的研究工作仍然很多，可挖掘的材料、可开辟的领域也都很多。在21世纪，应该进一步开展这种研究。

《文学理论》中指出，与其说文学文本中体现的是作家的实际生活，不如说它所体现的是"作家的'梦'"，或者说是"隐藏着作家真实面目的'面具'或'反自我'"。鲁迅的文学文本中，体现了他的萌生于实际生活的，又脱离和超越了实际生活的"梦"。他自己就说过，他的小说反映了他的许多未曾忘记的梦。他的作品中，那种"面具"和"反自我"的因素也是存在的。这里，可供研究的东西还很多，可以深入地挖掘、研究。

《文学理论》中还指出：一部戏剧、小说或者诗歌，"其决定因素不是别的，而是文学的传统和惯例"。[①]这里指出了文学文本和文学传统的关系。可以说，如果没有文学传统和惯例就没有文学文本。因为，没有一个作家，是没有读过文学作品，即没有接受过文学传统和惯例的影响，而能写出文学作品的。在这个意义上，的确是没有文学传统和惯例，就没有文学文本。鲁迅的文学文本，同中外文学传统和惯例的这种关系，是很明显、很突出的，很具有研究价值。过去，在这方面已经取得不小的研究成绩。但可继续研究者，仍然很多，可以开辟的新领域、新路径也很多。

韦勒克和沃伦还论及作家的个性、气质问题，认为："在作品背后有一个人"，即一个特殊的人——一个有个性的作家，也是一个"经验的主体"（实际生活中的人）。他们还指出：作家有"弥尔顿式"的，或

---

① 韦勒克，沃伦. 文学理论 [M]. 北京：生活·读书·新知三联书店，1984：72-73.

者"济慈式"的气质类型。①鲁迅是一个具有突出独特性生活经验，并形成了独特"经验主体"，具有非常和非凡独特气质的作家，我们完全可以称"鲁迅式气质"。他因此也就具有非常独特的创造心理结构。这些都源于他的独特的生活经历和他的独特的感受和反映。因此，作为外部研究的一部分，"鲁迅：独特生活经历→独特感受与反映→独特气质与创作心理→独特文学文本"，这样一个研究领域与研究系列，可以研究的课题很多，研究的垦荒者在这里大有可为。这里的每一项，又都是一个"子领域"，可以作单独的研究。21世纪，涉及这些子领域的理论学说会有新的发展，这将促进鲁迅研究的进展。

鲁迅的心理世界，也是一个丰富繁杂的心理海洋。这个心理世界，他投射、反射、折射于他的各类文本之中。这个心理世界自然源于他的全部生活，但是，又是经过他的思想、情感、心理汁液的"酶化"和加工的，是从"内部世界"到"外部世界"的。然后，这个"内部世界"又投身于他的"外部世界"和他所创作的"第二自然"——文学文本之中。《文学理论》在"文学与心理学"论题下，广泛而细致地论述了"文学文本"和"作家的心理"之间的关系。书中把"文学与心理学"概括为四个主要方面：（1）从心理学角度，把作家作为一种"类型"和"个体"来研究；（2）从创作过程来研究，即从创作过程中作家的一般心理和创作心理的表现来研究；（3）从作品中所表现的心理类型和法则来研究；（4）从文献文本对读者的影响来研究（读者心理研究——影响研究）。这四个方面，作为鲁迅研究的外部研究的内涵，都是极为丰富的。鲁迅作为一个伟大的现代作家，其心理类型和个性心理中可供研究的内涵，也同样是极丰富的。从创作心理角度来研究鲁迅，我们已经有了一些成果，但这项研究可以说还是刚刚开始，而鲁迅文本的这方面可以研究的东西，又是很多很多的。鲁迅的作品，心理描写具有一种特殊的形态和特殊的成就，可以研究者也是很多的。读者心理研究、影响研究，如果从心理学角度和接受学角度来要求我们的研究，那是极为薄弱的。垦荒性的研究，也同样在期待着我们。总之，在"文学与心理学"这一范畴中，自20世纪80年代以来，已经有了不少研究成果，开辟了新的研究领域。21新世纪，沿着这个路径，肯定会出现更多更好的研

① 韦勒克，沃沦. 文学理论 [M]. 北京：生活·读书·新知三联书店，1984：73.

究成果。

在《文学理论》的论述中，还引述了艾略特的重要观点：诗人（作家）和他的文本，"摘要记述"了，也是保留了"其民族历史的完整层次"，他"在迈向未来时，继续在精神上与自己的童年及民族的童年保持着联系"。①这里还涉及荣格所提出的，个人无意识中所蕴涵的集体无意识——民族记忆的论题。在这方面，鲁迅和他的创作文本，也是具有丰富内涵的。鲁迅的童年，他在童年对《山海经》的喜爱，他对民间文艺，特别是社戏——对目莲戏及迎神赛会的特别钟爱，他对活无常和女吊两个鬼神形象的钟爱，都表现了他"保留了民族历史的层次"和"精神上与自己童年和民族的童年保持着联系"及其具体状况。在这方面，我们不仅有许多可挖掘的矿藏，而且，是具有鲜明突出特点和个性的，较之其他中国作家更具特色，内涵也更为丰富。文化人类学和文学人类学的发展，原型理论批评的开展，都将"支援"这方面鲁迅研究的进展。

《文学理论》中还引述了鲁苏（L.Rusu）关于艺术家三种类型的分法："交感型"、"心神混乱型"和"心神平衡型"。在此之外和之上，韦勒克和沃伦还指出，存在着一种"综合的、最伟大的艺术家的类型"，他们能够"战胜心魔，使内心紧张状态达到平衡"②。他们认为，但丁、莎士比亚、歌德、巴尔扎克、狄更斯、托尔斯泰和陀思妥耶夫斯基，便是这种伟大的艺术家。鲁迅，也可以说是这种类型的伟大的艺术家。鲁迅的生活——物质的、日常的、精神的和心理的生活，以及由此造成的他的"心魔""内心紧张"，和他如何通过创作活动并在作品中来达到平衡，同时又在文学文本中如何蕴涵了"心魔"与"内心紧张"，而且使二者在作品中达到了平衡。这些，都是很好的研究探索课题。对于诸如《狂人日记》《孔乙己》《孤独者》《在酒楼上》，以及《野草》《故事新编》等文学文本的深层解读与诠释，都可以在这种命题与范畴中进一步拓展和深化。

在"文学和社会"的论述中，《文学理论》把两者的关系归纳为三个方面：作家的社会学（作家生活于其中的社会，作为社会一员的作家

① 韦勒克，沃沦. 文学理论 [M]. 北京：生活·读书·新知三联书店，1984：79.

② 同①，第81页。

的社会生活、社会地位等），作品本身的社会内容，以及文学对社会的影响（文学的社会功能或效应等）。这里面，包含了从以邦纳（L.G.V. de Bonald）"文学是社会表现"的命题为起点，到泰纳著名的种族、环境和时代文学的三决定因素说，直到马克思主义的文学与社会的学说，这样一系列的历史的、发展的、广泛丰富的"文学/社会"理论学说。它把审美实践——文学文本，作为另一类型的社会实践，同其他社会实践联系在一起，进行广泛、多元、丰富、深入的研究。①应该说，鲁迅研究中，对鲁迅文学文本进行"文学/社会"命题和范畴研究的成果，是非常丰富的，对这种研究，可以说是"驾轻就熟"的。但这种研究，过去更多的是"局限"于马克思主义的社会/历史批评理论的范围，而且，还远不是全面、周到、准确的，还存在庸俗社会学的狭隘政治性诠释等问题。而对其他学说的"借用"，特别是这种广泛、多元的社会、审美、艺术理论的运用，更是远远不够，有许多未曾涉及的领域。我们在这方面，同样是有许多垦荒式的研究可做。

作为融文学家与思想家于一体的鲁迅，在"文学/思想"的论题中的研究是有广泛领域和丰富内涵的。按照《文学理论》的论述，这一论题被纳入这样一个框架："文学可以看作思想史和哲学史的一种纪录，因为文学史与人类的理智史是平行的，并反映了理智史。"②我们如果按照"'思想史'方法"的思路来探寻、研究鲁迅的文学文本的意义，把它作为中国现代史和哲学史一种特殊的、文学文本的记录，看作与中国现代理智史平行的"文学文本的理智史"来研究，那么，我们的思路和视域，都将十分宽广，所能探寻的主题和能创获的文学、哲学、思想的意义，也将非常丰富。然而，我们在一个很长的历史时期中，基本上是将其纳入"政治—革命史"的范畴和学术框架中来研究的，这不免使鲁迅的文学文本的思想意义狭小了、受到局限了，使他的思想与中国现代思想—文化史的意义网络的广泛联系和紧密关系受到"阻隔"，许多部分也被"遮蔽"了。而且，也未能更好地发掘和显示鲁迅文学文本的思想的独特性与创造性。在新时期的鲁迅研究中，这种状况有所改变，但是，仍然有循着既有思路去开拓因而受到局限的不足，而在新思路引导

---

① 韦勒克，沃沦. 文学理论 ［M］. 北京：生活・读书・新知三联书店，1984：92-94.

② 同①，第106页。

下的研究则还很不够。改变这种状况，广阔丰富深邃的研究领域，便显示在我们面前，对鲁迅文本的解读与诠释，也会因之大大发展一步、提高一步。

《文学理论》一书在"文学与思想"的论题中还有两个命题，对于鲁迅研究是富有启发性的。文学同哲学的功能不同，表达思想的方式也根本不同。书中采用温格尔（R.Unger）的论点，指出："文学不是把哲学知识转换一下形式塞进意象和诗行中，而是要表达一种对生活的一般态度。"①另一个命题则是温格尔提出的，对作家—文字"非系统地回答"哲学问题的分类。他一共分为五类：命运问题；宗教问题；自然问题；人的问题；社会、家庭、国家问题。就第一个命题而言，鲁迅作为伟大思想家，其思想是一座宝库，可供发掘者甚丰，而且，他的思想所表达的正是中国现实主义作家对中国现实生活的认识和态度，他的"思想进入文学的方式"，又是非常富有特色的，具有极高的独创性。这方面，过去的研究更多地是在政治思想上的探索，而缺乏更广泛的、更多涉及"鲁迅对生活的态度"方面的研究。在第二个命题方面，温格尔所提出的五个问题中，鲁迅的作品都有所涉及，并且突出地、个性化地、创造性地提出和回答了其中的几个问题：命运问题，在鲁迅的作品中是非常突出的；人的问题，在鲁迅作品中，具体化为"中国的国民性问题""中国人民的自由解放问题"；社会、家庭、国家问题，是鲁迅的小说、杂文所探讨、寻觅解决的主要问题。因此，在鲁迅文本中，在这方面也有一个非常广泛的研究领域。

在外部研究的"文学和其他艺术"这个论题中，《文学理论》也提出了一系列有意义的命题，对鲁迅研究富有启发意义，可以拓展和深化我们的研究思路、题旨和方法。首先是文学和其他艺术形式之间，属于平行研究的"来源、影响、灵感和合作问题"；还有研究文学与其他艺术取得共同效果的问题，以及文学文本转化为其他艺术形式的问题（如文学文本改编为戏剧和影视作品）；研究作家艺术家共同的创造目的与指导理论；等等。更重要的是，研究"各种艺术与文学的共同的、短暂的、局部的社会土壤，从而指出它对各种艺术与文学所产生的共同影

---

① 韦勒克，沃沦. 文学理论 [M]. 北京：生活·读书·新知三联书店，1984：114.

响"。①上述各项，都可以帮助鲁迅研究开拓广阔的视野。拿鲁迅的文学文本同各类艺术品种一起，做来源、影响、灵感和合作等问题的研究；做艺术形态彼此转换的研究。这里包含有从这个视角对鲁迅文学文本的社会、审美、文化价值和特征的研究，研究鲁迅和他的同时代（包括国外文学思潮流派）的共同创作目的与指导理论的研究，以及鲁迅文学文本同各种艺术形态的共同社会土壤和影响的研究；这里又包含从鲁迅文学文本到其他艺术形式和其他艺术形式到鲁迅文学文本的双相研究。（即社会土壤→鲁迅文学文本→文学→其他艺术形式→社会影响；社会土壤→各种艺术形式→文学→鲁迅文学文本→社会影响，如此等等。）

　　"民族灵魂"在文学上的集中表现，是鲁迅文学文本的最大特点和杰出之处。"中华民族的灵魂反映在鲁迅的小说和杂文中"，是一个广阔而又深入的历史、社会、文化领域的课题。"民族灵魂总是以某种方式集中在某种艺术上。"②中国现代民族灵魂正是集中在现代文学中的鲁迅文学文本之中。在这方面，我们仍然有许许多多的研究课题。我们的"民族灵魂"及其集中表现——鲁迅文学文本，两者均有继续研究的广阔天地。

　　以上，我们从外部研究这一领域，大体上列举了一些研究类别、领域和课题。虽然是大而化之的列举，也已可见领域之开阔、视野之宽广、主题之众多了。这给21世纪的鲁迅研究展示了广阔的领域。虽然上面所述都是就研究广度来说的，其实，同时也就是一种深入：既有在广泛方面表现出来的广泛性的深入，又有在每一个新研究领域的拓展中，所表现出来的局部深入的"深入性的广泛"。

　　（二）鲁迅研究的深入：内部研究

　　"文学研究的合情合理的出发点是解释和分析作品本身。"③这是研究的出发点，也是基点。一切外部研究，也都要以作品本身的研究，即文本分析为依据和具体表现。离开了这种内部研究，外部研究便失去了依托，是"非文学"的研究。所以，韦勒克和沃伦指出："文学研究的

---

① 韦勒克，沃伦. 文学理论 [M]. 北京：生活·读书·新知三联书店，1984：120.
② 同①，第136页。
③ 同①，第142页。

当务之急是集中精力去分析研究实际的作品。"①《文学理论》中关于内部研究，分别用这样几章来讨论：文学作品的存在方式；谐音、节奏和格律；文体和文体学；意象、隐喻、象征、神话；叙述性小说的性质和模式；文学的类型；文学的评价；文学史。对于这些研究类别的研究，可以运用多种理论，其中包括法国的"原文诠释"派、德国的形式分析法、俄国的形式主义派，以及波兰、捷克的追随者的形式主义分析法等。鲁迅研究史上，重要的问题之一，就是对鲁迅文本的本体研究不够。长期以来，社会/历史批评的理论，使得研究工作更多地是注意狭义的外部研究，甚至是只注意外在的价值评定和意义诠释，而对鲁迅文本和鲁迅文本本体，却忽略了。新时期以来，这种状况有所转变，但还是不够的。21世纪，这种状况会得到根本性的转变。根据这里对内部研究——文本研究的粗略类举，我们就可以预计到这种研究将会有多么大的发展。几乎每一"项目"、每一种理论，都可以开辟出一片广阔深细的研究新天地，一片创获鲁迅意义世界的广阔绿洲。

在"文学作品的存在方式"这一问题上，关于"作品存在方式"和"本体论的地位"这两个论题，在研究鲁迅文学文本时，尤其是研究鲁迅杂文和《故事新编》时，是有许多问题可以从理论到实践加以论证的。特别是杂文文本，作为最富有中国特征和鲁迅个人独创性的，以及最富有时代特征的文学文本，如何从理论上确认、论证他的文学性、艺术性和审美特质，仍然是一个很重要的课题。这不仅是面对西方研究者和读者的课题，而且也是面对广大本国受众的课题。同时，还是回答那些反对、攻击、嘲骂、否定鲁迅和鲁迅杂文的人们的一项有意义的研究工作。

对鲁迅文学文本进行真正的语言学上的——特别是现代语言学上的研究，到目前为止，几乎可以说还是一片空白。一般地说，多数就语言问题论述鲁迅作品的，还只是限于一般艺术分析中的讨论语言的精炼、表现力、引用古语词汇和民间语言等，还有讨论鲁迅文学文本的语言特色问题的，解析它们的表意、象征、意象等。而真正的语言学研究，作为文学的内部研究之一的"语言—文学"研究，应当是确实在"'语言'—'文学'"的两相构成中来对待和研究。"每一件文学作品都只是

---

① 韦勒克，沃沦. 文学理论 [M]. 北京：生活·读书·新知三联书店，1984：145-146.

一种特定语言文字语汇的选择。正如一件雕塑是一块削去了某些部分的大理石一样。"①贝特森指出："我相信，真正的诗歌史是语言的变化史，诗歌正是从这种不断变化的语言中产生的。而语言的变化是社会文化的各种倾向产生的压力造成的。"②语言在这里不仅是建筑文学大厦的材料，而且，它是不断变化的。鲁迅如何运用他的语言，构筑了他的"文学大厦"？中国现代语言和鲁迅对这个语言的使用，又是如何随着世界与中国的社会—文化的变化而变化的？特别是，这种双重双相的"语言—文学"的变化，如何影响了鲁迅文学文本的解读与诠释？这应是一个相当广泛的研究领域。索绪尔关于"语言"和"言语"的区分，即"言语"并无独立自主的意义，只有在语言系统和纵横交错的关系网络中才能获得意义；海德格尔的"语言是存在的家园"，"人显示自己为说话的存在者"，"人这个存在者正是以说话的方式揭示世界也揭示自己"等语言学的命题；罗兰·巴特关于"文学既是对语言的沉思，也与语言纠结"。如此等等的论述，都启发我们从语言角度深入解读和诠释鲁迅文学文本的广泛领域。在这里可供研究的课题也是很多很多的。21世纪的鲁迅研究者，在这方面将大有可为。

文体研究是文学研究的一个主要部分。它可以界定一件文学文本的特性。这种研究，可以有两种方法：一是对文本的语言作系统的分析，从研究工作的审美角度出发，把它的特征解释为全部的意义，文本由此就成为一个具有个性的语言系统；二是研究文本作为"这一个"系统，区别于另一个系统的个性特征的总和。③

文本研究还导向对作品内容的研究。德国学者建立的"系统文本分析法"——"母题与文学"，研究"语言特征"和"内部成分"之间的平行关系。文体的风格研究，也是很重要的。如此等等。我们已经有了少数研究鲁迅文体的论著，算是开了一个头。但研究的广度和深度，以及所涉及的主题，都还是很不够的。同"鲁迅文体"这个丰富的研究对象比起来，是差得很远很远的。虽然鲁迅本人并不同意称他"文体家"，表明他不是"为文体而文体"的"文体的制造者"，但是，他又确实是从内容到形式、从内在到外在，为了体现内容和自己的内在构造，

---

① 韦勒克，沃沦. 文学理论［M］. 北京：生活·读书·新知三联书店，1984：186.

② 同①，第186页。

③ 同①，第193页。

而创造了各种出色的文体，从而为我们提供了丰富的研究源泉。

意象、隐喻、象征和神话，这一系列的母题和命题，关涉众多的文学理论和批评学派，从不同的题旨出发，或运用不同的理论与方法，可以产生众多的研究领域和主题，可以开辟许多非常有意义的研究路径，创获许多有意义的研究成果。在新时期的鲁迅研究中，已经有不少学者从这些角度来解读和诠释鲁迅文本，并取得了可喜的新鲜成果。今后，我们还可以循着这个研究路径继续研究下去，题目是多样化的，理论支援也是多方面的。我们能够在这方面取得许多有意义、有价值的成果。

意象，作为过去在感觉和知觉上的经验，在心中的重现或回忆，是文学研究和艺术心理学研究的重要方面，也是有重要审美意义的题目，"它的功用在于它是感觉的'遗孀'和'重现'"。[1]庞德对意象的界定是："它不是一种图像式的重现"，而是"在瞬间呈现的理智与感情的复杂经验"，是"各种根本不同的观念的联合"。[2]它在作品中，或者作为一种"描述"而存在，或者作为一种"隐喻"而存在，或者作为作品——一部文学文本全文的重要"意义网结"或"网结群"，而"代表"、"象征"、体现全篇的精华和精神所在。鲁迅研究，可以从他的文学文本出发，发现、发掘并解读他的"意象"、"隐喻"、"象征"以至"意象群"，又可以从这些里面去追索它们暗藏、蕴涵着的哪些鲁迅过去的感觉和知觉上的经验。这些"过去的经验"，又是如何形成的，是哪些生活经验、生活事件和它们在心灵上的感受留下来的刻痕；鲁迅又是如何在创造中，将这些"经验—心理刻痕"化为作品中的"意象"，使它们成为感觉的"遗孀"和"重现"，在作品中以"感觉的重现和回忆"形态出现，成为作品的"精神"、"精华"与"意义网结"而存在。这一系列的研究，关涉悠长的时间、众多的事件及它们在鲁迅心灵上的感受，在心理上的"凝结"和"意象"的形成，在作品中的体现，以及对这些"意义网结"的分析与解读；也关涉众多的学科理论和文学艺术理论。这当然是一个非常广泛的研究领域，具有众多的研究课题。鲁迅的小说作品《野草》，以及散文、杂文等，拥有大量的这种"意象"、"意象群"、"隐喻"和"象征"等，过去对其有所分析解说，但不够。

① 韦德克，沃伦. 文学理论［M］. 北京：生活·读书·新知，三联书店，1984：200.

② 同①，第202页。

在这方面，"理论之凿"是可以开出许多"意义富矿"的。我们期待着21世纪在这个领域里的丰收。

关于"象征"，还可以做一点申说。过去的鲁迅研究中，对《野草》中运用象征手法，鲁迅对象征主义的赞同和自觉运用，是先有争议，后又有许多论述，取得好的成果的。然而，事实上，鲁迅并不只是在《野草》中，而且在小说、杂文中，以至在古体诗中，都大量而巧妙地使用了象征手法，营造了象征、隐喻的"意义网结"。柯勒律治关于象征的论述，对于我们解读与诠释鲁迅文学文本的"象征"等很有启示作用，也为我们开辟了研究路径。他说：象征的特征是，"在个性中半透明式地反映着特殊种类的特性……最后，通过短暂，并在短暂中半透明式地反映着永恒"①。叶芝在评论雪莱时，所使用的"'核心象征'说"，对鲁迅研究更为适用。叶芝说："人们在他的诗中发现，除了无数没有明确象征意味的意象之外，还有许多肯定就是象征的意象，以后随着时间的流逝，他有意地从越来越多的象征意义上使用意象。"②叶芝举了"塔"和"洞穴"来说明雪莱的象征性意象。鲁迅文学文本中，有一大批"核心象征"——象征性意象，可以进行研究。如在《野草》和许多杂文中所使用的"虚空""无物之阵""无物之物""无血之戮""没药调和的酒""地狱边缘的小花""地火""孤独的雪"等。

文学是神话的继续和"移位"，神话故事中的诸神，在小说中成为各种"人物"。他们不断重复着神的"诞生，遇难，奋斗，得救或遭殃，胜利、成功或失败"的命运。"原型"即原始意象中，潜存着民族的记忆、凝聚着祖先留下的无数典型和神话人物。其中包含着众多的神话故事和神话人物。在许多世界著名作家的作品中，蕴涵了作为"神话的位移"和"神的故事"演化出来的人的故事；也有许多以山川风物花草树木或民族传说、民间故事的人物为寄寓体的原型意象。如前面所说叶芝诗中的"塔"和"洞穴"，还有莎士比亚戏剧中的"森林"等。鲁迅的小说、散文、散文诗、杂文及古体诗中，同样蕴涵了众多的中国传统的，还有外国的神话故事，也有大量的原型意象。比如白蛇娘娘、普罗米修斯、活无常、女吊等。

---

① 韦德克，沃伦. 文学理论［M］. 北京：生活・读书・新知三联书店，1984：204.

② 同①，第204页。

（三）诸种文学理论开掘下的新解读与诠释

在已有的研究领域中，我们跋涉了几十年，成绩是很可观的；但是，远没有也不可能达到"解读穷尽"，倒是应该说是"解读欠缺"。因为，我们的解读，基本上还是社会—历史批评和实证主义批评的解读。用20世纪以来先后出现的、不断更替的文学理论批评流派的观点、原则、方法，来解读鲁迅文学文本的论著，在新时期以来，逐渐了多起来。因此在这方面，随着21世纪对20世纪西方文论输入的加强和研究的深入与提高，我们在鲁迅研究领域中，也会有新的创获。20世纪被认为是理论的世纪，文学理论不断地、一个接一个地嬗递发展，"各领风骚若干年"，但每一种文论的"退后"或"新替代"，却并不都是"退化"、"退场"和被取消，它们各自仍然留下了自己的理论痕迹，并且与新理论相渗透、相融合或相对抗地依旧存在，作为理论资源和批评原则，它们仍然被应用或"借重"。我们在鲁迅研究中，可以"借用""利用"这些理论来开掘鲁迅文本的意义网络，可以凭此得到新的解读与诠释。诸如心理分析，俄国形式主义、结构主义、存在主义，英美新批评、解构主义、接受美学，以及托多洛夫的对话批评和巴赫金、罗兰·巴尔特、德里达等人的理论学说，等等，都可以是用来开掘鲁迅文学文本的"他山之石"。21世纪的鲁迅研究，预计将会在这方面发展出运用单独某种理论批评的研究论著，也会有综合地运用这些理论中某些原理的研究论著。这将会给鲁迅研究带来丰硕的成果，使鲁迅文本得到进一步深入的解读与诠释，创获更多、更新的意义。

并不是每一位作家的文本，都可以"容受"得了这些文学理论的分析的。而"鲁迅文学—文化文本"却具备这样的"承受力"，有那么多的"矿藏"，可供我们运用众多的批评理论去分析、研究，作多种多样的解读与诠释。应该说，我们同国际学术界隔绝了几十年，原来就缺课，后来又封闭，对于西方和俄罗斯的这些各种理论的介绍，是很不够的，更不要说正宗的输入和实际的运用了。这种情况，近二十年①来才逐渐有了改变，在21世纪，这种落后的状况肯定会有根本性的变化，中国将走向世界，并且如鲁迅所说，"打出世界去"。21世纪，整个中

---

① 本文发表于1999年，"近二十年"是就当时而言的。

国的社会状况、文化语境和学术文化状况等客观条件，也会促使鲁迅研究在这方面获得长足的进步和巨大的发展。

（四）新的解读领域和旧领域的新解读

随着上述客观和主观条件的多方面的多重的变化之发生，鲁迅研究中将会出现许多21世纪的新解读文本和解读领域。这些新领域本是鲁迅文本原来就有的，但我们过去未能或未完全能作为一种文本去解读。首先和主要的，应该就是鲁迅的书信文本了。鲁迅写了大量的书信，其中的社会、生活、思想、文化、心理等方面的含量，是极为丰富的。它虽然不是鲁迅的创作，但作为他随时随手写出的书信，作为他的生活、思想、心理的随机的反映，揭示了他的社会活动、生活内容、心理状况，尤其是透露了他的内心声音，他的直接的、日常的喜怒哀乐。而且，在这些书信里，也反映了当时的社会生活、环境状况、时代背景，它们不仅是鲁迅文学创作文本的最好的注释和解读与诠释依据，而且也是研究鲁迅思想与心理的最好的最忠实具体的资源。《两地书》固然是如此，所有其他书信也是如此。可以预计，在21世纪里，当人们从"直接文本"的研究中，感到不足或感到"足够"时，都会把眼光转向这部分重要文本。但是，主要的还不是"研究资源"足够还是不够而引起开辟新领域的要求；主要的还在于，人们具有了新的研究意识，打破了原有的研究框架，以及掌握了种种新的理论之后，会"眼光明亮""思想开豁""思路开放"，从而"发现"和更重视书信文本作为一种研究对象的特殊资源之可贵、可资运用和可作解读与诠释全部鲁迅文本之参证的巨大价值。

《鲁迅日记》是与他的书信具有某种亲缘关系的文本。它所提供的研究资源也是多方面的。例如，鲁迅生活的变迁，家庭、婚恋问题，与周作人的关系，与各种同时代人的交往，等等，都能从中得到重要的信息和研究资源。其中，鲁迅的购书账，也是一种珍贵的研究资源，可以做不少专题研究。鲁迅日记文体，作为鲁迅式文学文本的对象之一，也可供深入研究。预计，在21世纪中，随着鲁迅研究的扩展和深入，这一研究也会得到长足的发展，取得可观的成果。鲁迅创作活动本身，他的生活和所从事的各项事业，与所有这些"活动"，是一个用行动、行为、实践所"撰写""表现"出来的特殊文本，也是很值得研究的。在

21世纪，人们将不再只是把这一切当作一种单纯的传记资料来研究——虽然这方面的研究仍将得到发展，取得新的成果；但更为重要的是，把这一切作为"独立自主"的鲁迅文本来研究。研究它们如何从内在到外在、从精神到行动地表现了鲁迅各方面的思想、观念，他的社会见解和态度，他的心理活动及整个心理世界。这是实际行动的世界，但又是一个内在的、心理的、精神的世界。它既"谱写"了鲁迅的世界，又反映了当时的历史条件、时代背景、社会状态、文化语境等现实世界，并且反映了主观和客观两个世界之间的关系。

人的活动，即日常生活中的一切活动，尤其是他的创作、工作和事业方面的活动，包含着重要的内容：社会意义、文化含义、心理特征、人格本质、人生态度、人际关系，人与大众、时代、政治、统治阶级、精英人物，等等，都包含在内。这是一个广阔、丰富、深邃、多元多样、个性化、私人化的符号世界与意义世界，是用实际行动"谱写"的特殊文本。同时，"活动"还具有在"主体"和"客体"之间的重要的中介作用：一方面是客体（作为主体作用的对象）对主体的刺激、影响和作用，以及主体对这一切的反映、反应和反馈；另一方面，则是主体（作为客体反作用的对象）对客体的作用、影响和对客体影响的吸收与内化。阿·尼·列昂捷夫在他的《活动 意识 个性》一书中指出："但什么是人的生活？这是彼此交织着的活动的总和，更确切地说，就是彼此交替的活动的系统。在活动中发生着客体向它的主观形态，向映象的转变；同时，在活动中也实现着活动向它的客观结果，向它的产品的转变。从这方面来看，活动就表现为在其中实现'主体——客体'这两极之间的相互转变的过程。"[①]鲁迅研究将在这方面，从两个途径深入解读与诠释鲁迅文本。一方面是鲁迅如何对"客观世界"进行活动和发生作用，这是对他的其他文化文本的相应的配合与另一形态的表现；另一方面，是"客观世界"如何回应他，并被他的心灵所内化，成为他的文本写作的新资源与新依据。这一切，在中国从"五四"时期到20世纪30年代，从文学革命到革命文学的抗击、斗争、发展的过程中，在中国现代文化艰苦斗争的发展过程中，在中国现代人民革命的浴血斗争和反抗日本帝国主义侵略的斗争中，都作为一种"鲁迅式"特殊化文

---

① 阿·尼列昂捷夫. 活动 意识 个性 [M]. 上海：上海译文出版社，1980：51.

本，映照着这些民族的、阶级的、时代的、社会的、文化的斗争事实和进程。而在这方面，我们除了可以做传记学的、社会学的和社会—历史批评方面的研究之外，还可以从上述内部研究和20世纪西方文学—美学诸多流派的理论角度和层面上，进行内在的、精神的、心理的、个性化的研究。相信，21世纪，在这方面会突破原有领域，进入这一新领域，进行新的理论和学术规范的研究。

"鲁迅回忆录"的研究，将会开辟一个新的研究领域和研究课题群。

在大量的回忆录中，留下了许许多多的关于鲁迅的记事：鲁迅的工作、事业与日常活动；鲁迅活动的身影和品格；鲁迅在各个方面、各种场合所表现的思想言行，特别是鲁迅的心理活动；鲁迅对于自己作品的解释；等等。这是研究鲁迅的宝贵的"第一性资料"和"第二手材料"。作为"第一性资料"，它是鲁迅自身的言谈举止、音容笑貌、喜怒哀乐的纪实，反映了鲁迅的全面状况；作为"第二手材料"，所记鲁迅的一切，又都是"鲁迅在他人眼中的映象"，不免既有他自己的身影，又有"他者"的主观的映象、主体的意识、主观的观照和评断。这种双重的性质，使它具有双重的价值。可以预想到的是，对于这种"鲁迅回忆录文本"，人们将不再只是利用和"看到"他的传记资料的价值，而是要当作一种特殊的"鲁迅文本"来看待，即看到在"回忆录——他人的映照中"，所反映出的鲁迅用自己的日常生活、人际交往、举止言谈，以及有关自身创作的揭示、解释，一切他的"文本"的背景材料，等等，所谱写出的他自己的一切：一个完整的、内在与外在的、精神与心理的鲁迅。这是一个"'他者眼中映照的鲁迅'所重构的鲁迅和他的世界"。从这里可以了解同"鲁迅创作文本"相一致又相区别的"补充系统"，可以用来更好地解读与诠释鲁迅文本和鲁迅世界。

还有两种我们传统的研究体系中所有，但未曾"切中要害"或称"未把握要领"的文本，将会受到重视和进行新范式的研究，这就是对鲁迅学术文本和翻译文本的研究。

鲁迅的学术文本，是鲁迅整体文本中的一个特殊文本。鲁迅不仅是一位伟大的作家，而且是一位承上启下、富有独创性和开风气之先的现代学者，是中国现代学术宗师之一。"学者鲁迅"，还是一个未曾很好研究的课题。对于他的虽然不算很多但具有重大划时代意义的学术论著，已有的研究还只限于对内容进行解析、评价，以及对其历史地位的论定。这是很不够的。21世纪的鲁迅研究，将会从几个方面去开辟"学者鲁迅"和"鲁迅学术文本"的新研究领域。首先，在鲁迅的生平和性格中，在他的心灵世界中，"作家/学者"与"创作/研究"处于一种矛盾状态中，鲁迅在去取之间颇有难处，内心矛盾惶遽。当作家，站在风沙中，同人民群众一起战斗，求生存、图救亡、争解放；当学者，则退回平静的书斋，钻进研究室，过平稳、安定、享受的生活。从心理状态说，创作需要热情，研究必须冷静。这正是鲁迅自己所总结的，个人主义和人道主义之间的去取选择与互相消长。鲁迅选择了前者，牺牲了后者。他有不少学术研究和著述的计划，都放弃了。这种两者矛盾和鲁迅作出的最终选择，是值得我们认真研究的一个方面。其次，鲁迅的学术文本的特殊意义，除了从古典文学研究的角度解读之外，还应该有从思想、性格、心理、话语等方面的研究。《中国小说史略》等学术著作的讲授和撰写，《会稽郡故书杂集》《唐宋传奇集》《古小说钩沉》《小说旧闻抄》等的收集整理，《嵇康集》等古籍的整理与校阅，等等，都是除了其自身内涵的研究之外，还有一种"行动—著述活动本身"探求的价值。这是鲁迅同当时的文学界、艺术界、文化界、学术界及社会各界的一种学术对话，也是文化对话。它具有超越学术层次的价值和意义，可供深入的解读和诠释。鲁迅的学术论著，同他的散文、杂文、书信中的对传统文化的观点、见解、理论汇集起来，才是一个完整的"学者鲁迅"和"鲁迅学术文本"。它们将共同纳入"中国现代文化建设/中国传统文化向现代转换"的整体框架中来进行研究，也会是一个庞大的领域。以上几个方面，预计都会在21世纪引起研究者的注意，在这方面进行广阔视野中的广阔深入的研究。

鲁迅的翻译文本，有些研究者对其评价欠佳，有的外国论者甚至认为"译文极差""不堪卒读"。有的论者则认为，至少同现在的译文比，同一部作品，还是"现在的译文可读"。鲁迅的译笔、话语都已过时。在20世纪30年代，梁实秋早就嘲笑过鲁迅的硬译。这些都是单单以译文译笔、翻译技巧来论高下的。然而，即使仅仅就此而言，是否可以如此定论，现在已有些译界行家发表了不同看法，这且不论。问题在于，对鲁迅的各种译文，应该有符合时代的、"语言—社会发展史"的、文学的、比较文学的、公允科学的评价，并且要对照原文的语言和文学—审美特质，来判定鲁迅的译文在总体上和精神实质上，体现得如何，也要将译文纳入鲁迅其他文本的统一风格和文学审美特质的框架中来置评。这里不仅有"译"的评估，也还有"述"的内涵，一种"翻译—创作"的内涵，可为研究的对象。而且，更为重要、更有意义和价值的，还在于鲁迅为什么从世界文学宝库中，从世界文学大师的作品之海中，选取了这样一些作品介绍给中国文坛和中国广大读者？他在每部译作的译介、作者介绍、序、跋、题记中，又有许多诠释，这些文字所表明和透露的内涵是丰富的，也是重要的研究材料。鲁迅所选择的这些作品本身，以及这些作品的作用，更是一个浩繁的研究对象。作品既为鲁迅所翻译，它们就理应纳入鲁迅研究的范畴之中。鲁迅从在日本同周作人一起编译《域外小说集》起，到最后译《死魂灵》止，翻译活动贯穿终身。这一"翻译生涯"，又是非常重要的研究内容。他的所有译作，在当时的思想文化界和广大社会受众中，在中国现代文学与现代文化发展进程中的作用等，又是一个浩繁的研究领域。比如从接受学角度，研究《毁灭》在革命队伍和青年学生中的作用，以及对萧军《八月的乡村》创作的影响，就是一个很有意义的研究课题。

总之，"鲁迅的翻译生涯"—"鲁迅的译文"—"翻译家鲁迅"这三位一体的鲁迅翻译文本，是一个广阔丰富的研究领域。在21世纪中，由于研究视野的开阔、研究领域的拓展、研究队伍的扩大和提高，这方面的研究，将会有很大的进展，取得很大的成绩。这对解读和诠释鲁迅，理解作为文化大师的鲁迅，都具有很重要的作用。

（五）大综合的研究

鲁迅研究中的综合研究，在21世纪将会有很大的发展，这是一个必然的趋势。随着社会、文化、科技在21世纪的发展，随着科学的四大部类（自然科学、技术科学、社会科学、人文科学）的共同发展与互相渗透融会，随着学术文化的巨大发展，一般地，所有学术文化的综合研究都将大大加强和发展。这是鲁迅研究中的综合研究发展的强大背景。中国的更进一步开放和更加走向世界，也会推动整个学术文化的综合研究，因此也会带动鲁迅研究的综合研究的发展。鲁迅研究自身的发展，也会"自身发展式"地增长、加强、提高和发展综合研究。

这种新世纪的综合研究，将会是一种"巨型综合研究"。首先是整个鲁迅研究被纳入巨型研究体系之中。社会、政治、经济、思想、文化、教育、科技、文学、艺术、美学等的研究，汇集成一个巨大的研究潮流和体系。它将灌注各种研究理论、理想、方法等于鲁迅研究之中，成为一种思想理论文化资源。其次，对鲁迅的研究，也将会是大综合的"巨型研究"，即融百科全书式文化大师鲁迅所关涉的各类科学和学科于一炉，来进行综合的、整体的、体系性和网络性的研究。博学多能综合型人才的出现，也会具有这种力量来从事巨型综合研究。第三，鲁迅的各种文本，包括前面提到的数种"解读新领域"的文本在内，也将会被作为一个整体来进行大综合研究。同时，分体的综合研究，也会随之加强，并从以上背景中获得综合性思想文化学术资源与支援，而得到发展。比如，小说、散文、散文诗、杂文等分类的"分体综合研究"，便是如此。第四，专题性、主题性综合研究的发展，比如从传记资料研究到创作心理形成及其"创作时的功能发挥"研究，到作品这一"第三世界（世界Ⅲ）"的产生、传播、接受的研究等，成为一个纵横交错的大综合研究。最后，还有众多理论——哲学的、文学的、艺术的、美学的、心理学的、文化学与文化人类学的等方面的理论、原则、方法的大综合，"聚焦"于鲁迅文本的理论性大综合研究。这些综合研究的发展和它的综合研究成果，将开掘鲁迅文本的宝库，形成更新、更丰富与深透的鲁迅解读、诠释、接受体系。

（六）比较研究与比较文学-比较文化研究的发展

比较研究在未来将会得到更大更好的发展。在21世纪，对于中国的文化大师、现代文化名人、"五四"时期思想文化领空的灿烂群星，以及文坛健将、著名作家艺术家等，其中包括鲁迅本人和他的重要论敌对手在内，都会得到更宽泛、更深入、更细致的研究。由于文化学术眼界的开阔和对历史的进一步反思，由于对过去自觉或不自觉设置的某些障碍和"框框"的突破，研究的对象将会增多，研究的方面和题目将会增加，研究的问题也会深入。这就间接和直接地支援和推动了鲁迅研究，并加强了他们与鲁迅之间的比较研究的条件——思想学术资源等。比如，鲁迅和魏晋文人的比较，鲁迅和章太炎、蔡元培的比较，鲁迅和李大钊、陈独秀、胡适、钱玄同、刘半农等的比较，鲁迅和郭沫若、茅盾的比较，等等。这样一类的比较研究，在以后都会得到比现在广泛深入得多的比较研究。鲁迅和他的论敌的比较研究，情形也是如此。鲁迅与周作人的比较研究，经过以前对周作人的"否定一切"，到近些年的从"否定的否定"到"肯定一切"甚至"捧周贬鲁"，在21世纪新一轮"盖棺论定"之后，再与鲁迅展开深层面、多角度、新主题、新论点的比较研究，将会获得更新的成果，历史的、文化的评判将更全面、更确切。

对鲁迅进行比较文学研究，在新时期的成绩是比较显著的。但这种研究显然还可以进一步推进。不仅有新的影响研究和"平行研究"的发展，而且在已有的研究范围里，也还可以深入一步。此外，还可以进行主题学的、阐释学的、文学史的及多种文学理论的比较研究。这一系列的比较研究，领域是非常广阔的。当然，还可以进一步发展比较研究的规模。同时，还可以发展到比较文化研究的层面。鲁迅与他同时代的东西方诸文化大师、文学大家的比较文学和比较文化的研究，也是一个重要方面。鲁迅同欧洲启蒙思想家、欧美现代派作家等的比较研究，便是可以涉及的范畴。未来的时代里，对欧美这些人物的著作和文学作品的翻译和研究都会得到加强，因此，对他们与鲁迅的比较研究也会得到加强和发展。

所有以上诸种比较研究和比较文学与比较文化研究，都同时是中国现代文化建设发展的"历史推动力"和"现实学术文化资源"。这可以说是从"聚焦"于鲁迅的比较研究成果，向中国现代文化研究与建设的"学术文化辐射"。其文化意义与学术价值，会是21世纪文化成就的一部分。

（七）鲁迅创作心理研究的发展

创作心理研究，在我国还是一个新兴学科。然而鲁迅研究中，运用这一新兴学科的理论原则，来分析研究鲁迅作品的论著已经有了一些。在21世纪里，创作心理研究肯定会有长足的进展，而鲁迅文本正是这一学科理论的最好实证材料，就像在苏联的创作心理研究中托尔斯泰是最佳范本一样，从创作心理的层面上来研究鲁迅的作品，是对它们的一种深层次的研究。这种研究，将外部研究和内部研究结合起来，并且扩展到研究鲁迅创作心理的形成历史背景和个人心理根源、鲁迅创作心理的特征和在创作实践中的发挥，以及对作品的性质、审美特质形成的作用，等等。这是最能把握鲁迅创作特质和"鲁迅精神结构"的研究途径。

研究鲁迅创作心理的形成及其特征，是解读鲁迅文本的深层的、根本的、个人的原由追溯，最能解读和诠释他何以写这些与何以这样写，以及这么做的内在意义。鲁迅文本中的意象、象征、隐喻和原型等，也都能在对他的创作心理的分析研究中，求得确切的解读和诠释依据。

创作心理中，包含着一个作家的"生活学"和"构思学"，即他的生活积累，生活中的各种事件、人物、遭际的刺激和他的主观反应，以及这一切内化在心理之后留下的积淀、形成的心理汁液。而当他酝酿创作和投入创作活动之后，这些"生活自身"和"生活的积淀"，又如何作为他的内宇宙，他的"世界Ⅱ"，推动、帮助和"规划"他的构思：如何决定对叙事范型的选择、情节的安排、人物性格和命运的设计等。这些，都是自然而然地形成的、水到渠成地出现的，不是随意的、完全随机的，而是由创作心理来决定的。

作家的记忆性质、记忆内容，他的直觉和灵感思维的激发机制和激起状态，等等，也是决定创作的重大因素。鲁迅的记忆性质、记忆内容和记忆方式，都是很有特点的。其研究内容很丰富。比如，他的情绪记忆、情景记忆、形象记忆在他的散文记叙中多有表述，可供研究；同时，又可以凭此研究他的小说的创作机制。

在所有上述的各个方面，鲁迅都是独特的、带有典型意义的。这是他的"精神结构"的特色所在，也正是鲁迅之为鲁迅的心理内层结构的原因。因此研究这些，对于鲁迅研究的发展，对于新的鲁迅文本诠释体系的形成，都具有决定性的意义。在今后艺术心理学—创作心理研究发展的基础上，在鲁迅研究发展的进程中，在这两个学科发展的交叉基础上，鲁迅创作心理研究和鲁迅研究都会取得进展。这种进展是从内在向外在、从精神到作品的研究发展，比之生活—历史批评的外在研究会更贴近鲁迅，更具有触摸、剖析他的特色的优势。因此，便会使鲁迅研究的发展深入一步，对鲁迅文本的解读与诠释会更清楚、更具体、更深入，更符合鲁迅"这一个"作家-文化大师的特点。

（八）"文化大师鲁迅"的研究及其形象塑造

21世纪，将是中国实现现代化的世纪，中国文化将完成从传统向现代的转化，并建设和发展中国现代文化。在这个经济、社会、文化的发展进程中，鲁迅文化文本，始终是思想与文化的动力，是体察方向、获取智慧、寻求指导、鼓舞心灵的力量源泉。而这一切，又都是在对鲁迅的新的解读、诠释、接受的基础上进行的。同时，在这个过程中，又势必推动、深化对鲁迅的研究，形成在新的文化语境中对鲁迅的新认识、新理解，并塑造新现象。这两个过程，即"从鲁迅文本吸取智慧和灵感"和"推动鲁迅研究拓展深化发展"，是互相渗透、彼此推进的统一过程。在这一过程中，鲁迅作为文化大师的形象，将会更为突出、更为全面，在历时性直接接受的基础上，经过演变，达到新世纪的包容量很大、文化含量很高的鲁迅的文化大师形象的塑造。鲁迅这一形象的塑造，将更明确地体现出鲁迅文化文本是中国现代文化文本的主要的、核心内涵的一部分。鲁迅研究则成为中国现代文化文本理论构造的主要的、核心的内涵。

文化大师形象的解读与诠释，并不是对于历来的垂直接受和形象塑造的否定，而是它的自然的延续、合理的发展、切合时代需要和反映历史特征的提高。在中国实现现代化的进程中，在推进中国文化从传统向现代转换，并建设中国现代文化的进程中，鲁迅的更为重要、更为受公众接受和"合理的成见"要求的，正是文化大师的形象和内涵、力量和智慧。在这一接受框架和诠释体系中，鲁迅研究的各个"分支"、各种类别和各样主题的研究，都会得到发展、延伸、充实。深化自身的研究，既从"总体"认识、理解、诠释中和总体框架中获得解读与诠释的理论支援与资源，又会输送本体部分的成果给"总体"；"总体"与"分体"互相推动，向前发展，从而使对鲁迅文化的解读与诠释更精到、更深化，"文化大师鲁迅"的形象也更丰满、更崇高、更富启迪意义。

（九）鲁迅学学科之发展、建设与成熟

鲁迅研究，经过几十年的发展，大量成果以各种论著形式出现。对鲁迅的解读与诠释不断发展深化，彼此渗透、阐发、补充、充实，共同的、统一的、形上的思想、观点、论据、见解，逐渐升华、结晶、"酶化"，在"运动中发展"的进程中，构造成一门相对独立的学科——鲁迅学。一门学科形成的三个阶段（三个层面）——资料层面、理论层面和结构层面，它在发展的过程中，都经历了。在21世纪中，它将会在最终完成结构层面，形成一个完整的学科之后，得到继续发展——三个层面都会进一步发展，但重要的是理论层面和结构层面的发展。再经过下世纪的一个时期的发展和鲁迅学学者们的努力，这一学科将会臻于成熟。它的发展和成熟，将会既伴随又补充和充实一些相关学科的发展和成熟，如中国现代文学、中国现代文化、中国现代文学理论等。当然，所谓成熟，不是臻于完善、停滞不前了，而是说，在它已有的理论架构、学科形态和学术话语的范畴中，它已经成熟了，完成并实现了它自身价值。以后，在新的时代、新的现实、新的语境中，在新的理论总体意义网络中，它又会演进、发展、蜕变，在继承原有的、稳定部分的基础上，又会有新的发展、新的提高、新的变化，出现新的理论架构、学术形态和学术话语。但这不是形成一门新的学科，而是原有学科的一种再生式的新发展。这就像那些传统学科如历史学、教育学、艺术心理学，以及自然科学的数、理、化等，一个时代又一个时代地发展变迁一样。

可以预料，鲁迅学在21世纪，除了以完成形态来实现它自身的成熟之外，还会经历再一次的蜕变：创建一个21世纪鲁迅学。这情形，就像现在的鲁迅学的"存在形态"一样，以接近成熟的形态存在和发展，既继承了以前几十年的成果和学科的架构、形态、话语，又在20世纪80—90年代，随着社会、时代、文化、学术、理论的变化而发展演变，具有了新的理论架构、学科形态和学术话语；在其中，隐含了诸多对于鲁迅文本的全新的解读、诠释与接受。据此，可以推知，也可以说是，应该自觉地去承担和完成一个历史任务，即在21世纪初，我们要在结构层面上，最后"组建"成完满形态的鲁迅学，以总结20世纪鲁迅研究的成果。由于鲁迅学不仅仅是鲁迅研究的理论结晶，而且是中国现代文化文本理论构造的重要的和核心的内涵，所以，"鲁迅学20世纪版"的完成，也就是完成中国现代文化建设的一个重要部分，并且会推动它的建设与发展。

"鲁迅学20世纪版"，即20世纪鲁迅研究的总结和理论结晶，是这样一种"完成式形态"：既继承、总结20世纪初到80年代鲁迅研究的成果，即以鲁迅文化文本作"与中国新民主主义革命理论——毛泽东思想相对应"式的，更侧重思想、政治和意识形态的解读与诠释框架和理论构造；又总结、发展20世纪80年代到20世纪末的新的解读、诠释架构和理论的构造，即更侧重全面的、阐释鲁迅文本的独特内涵的解读与诠释，重在文化大师形象内涵的揭示阐发，重在鲁迅独特创造的揭示，运用多种文学、美学理论解读和诠释的鲁迅研究体系。在将两者融会的基础上，在结构层次上完成"鲁迅学20世纪版"。

目前，我们则正在完成"20世纪末鲁迅学学科建设"的工作。在此基础上，我们将会继续前进，在前述诸种社会、历史、时代、文化条件的、国内与国际的变化的基础上，发展、建设鲁迅学，使之最后完成，臻于成熟。然后，又在21世纪的条件下，实现它的学科性的新的演变、新的发展、新的建设，完成它在学术文化发展的历史长河中，一个历史时期的发展建设任务。同时，为中国文化从传统向现代转化，为创获中国文化的现代性，为发展建设中国现代文化，作出应有的贡献。

（本文在《鲁迅研究月刊》1999年第11、12期连载，并被收入冯光廉、刘增人、谭桂林主编的《多维视野中的鲁迅》（山东教育出版社2002年1月版，作为该书的"结语"。）

附录：授课、演讲与报告纲要文本

附录1　关于鲁迅与阿Q正传

（为辽宁人民艺术剧院上演话剧《阿Q正传》向演员作辅导演讲）

（1981年）

一、目前鲁迅研究的现状和今年纪念鲁迅一百周年诞辰的意义与打算

（1）研究工作的新进展、新阶段。

（2）存在对鲁迅的误读与歪曲。

（3）纪念鲁迅、研究鲁迅、宣传鲁迅、学习鲁迅。

二、对鲁迅的几点基本认识

不懂得鲁迅，就不懂得中国，就不懂得中国革命和中国文化。

（1）从东方的、世界的开阔视野和历史的全面来看鲁迅。

（2）鲁迅是中国的，也是世界的文化巨人。

鲁迅是中国封建社会末代知识分子，又是共产主义思想文化的先驱。鲁迅是东西方文化结合的产物，是外来共产主义思想文化与中国固有的优秀文化相结合的产物，是中国几千年文化史上的一座伟大的里程碑。

三、关于《阿Q正传》——阿Q的诞生及其意义

鲁迅为什么要写《阿Q正传》?

（一）鲁迅当时的思想：激进的民主主义革命思想

指导思想是进化论："生命的路是进步的"，"什么都阻止不得"，"无论什么黑暗来防范思潮，什么悲惨来袭击社会，什么罪恶来亵渎人道，人类的渴仰完全的潜力，总是踏了这些铁蒺藜向前进。"(《随感集六十六·生命的路》)。

改造国民性。

中国人的劣根性是什么?

什么是理想的国民性?

提出：必须先改造了自己，再改造社会。

（二）写小说的目的

（1）遵命文学——遵"革命"之命。

（2）取材自病态社会的不幸的人们，以引起疗救的注意。

（3）对人民的愚昧、落后、麻林、不觉醒，"哀其不幸，怒其不争"。

（三）阿Q在他心中诞生

"阿Q的形象在我心目中似乎确已有了好几年……。"

"我虽然已经试做，但终于自己还不能很有把握，我是否真能够写出一个现代的我们国人的魂灵来。"

"是想暴露国民的弱点的。"

"至于百姓，却就默默的生长、萎黄、枯死了，像压在大石底下的草一样，已经有四千年!"

"要画出这样沉默的国民灵魂来，在中国实在算一件难事。"

"孤寂地姑且将这些写出，作为在我的眼里所经过的人生。"

由上自述可见：

（1）他要画出国人的灵魂来。

（2）不是一般的魂灵，而是暴露国民的弱点，是揭露、批判、鞭笞，写落后的典型，意在引起疗救的注意。

（3）这个国民是百姓，是普通人民，而且是被压在大石底下已有四千年的沉默的国民。——深刻的历史眼光。

（4）这就是他眼里所经过的中国的人生。——社会生活的开阔视野。

因此，他选择了农民。因为，他们是国民的主体，是大多数。但又不是一般的农民，而是落后的农民。但还不是一般落后的农民，而是既无立锥之地，而又在城镇里混过，感染上些无业游民的恶习，同时也与上层打过交道的农民。只有这样才能暴露国民的弱点。

（四）阿Q诞生的意义

1. 当时的现实意义

（1）对于辛亥革命的不彻底的批判：乡村生活没有变动；阶级关系与阶级阵线没有变动；民主革命并没有彻底进行。

原因：没有发动农民。

连阿Q这样的在革命中首先起来的勇敢汉子也没有发动。而且，杀掉了。

（2）对于历史教训的批判；对于现实行动的提醒。

革命，要发动农民，要改变他们的命运。

要发动思想革命，改造国民性。

（3）至今仍保留着的现实的教育意义、世界意义。

2. 精神胜利法

（1）人民的精神上的创伤——几千年的阶级压迫：历史根源。

民族的劣根性的表现——长时期的民族压迫：民族根源。

小生产者的自卑性——软弱与幻想：阶级根源。

（2）在精神胜利中逃遁；在精神胜利中偷生；然而，也在精神胜利中反抗——歪曲的反抗。但是，这"胜利"的精神，却毒化着他的精神，麻痹了他的斗志，窒息了他的生机，阻碍了他的前进，妨碍了他的改革。

要革命、要前进，首先要革掉这精神胜利法！

（3）从哲理和心理上分析：无论在什么样的失败的境地中，都由精神上的转变，而转败为胜。一贯的失败者，却是永久的胜利者。这"胜利"又导致他的更惨的失败，甚至有万劫不复的趋势。——这是一个可怕的悲剧，又是一个悲苦的人生哲学。

精神胜利是对自尊的维护和对自卑的补偿——坚持自尊，就涉及人我两方。

马克思："人首先是把自己反映在另一个人身上。别人不尊重你这个自尊，就要维护。力的维护，事实上的维护与精神上的维护。"

由自尊而自卑，自轻自贱。

精神胜利法是奴性和反抗性的混合物。

自尊——自卑——自卑的补偿——曲折的反抗。

这奴性令人心酸，这自卑令人同情，这补偿令人痛苦，这反抗令人啼笑皆非，怒其不争。然而透露了希望的消息：心没有死。

需要的是从精神胜利到胜利精神：敢于斗争，敢于胜利。

鲁迅当时结论：改造国民性。

马克思主义的结论：在革命斗争中培养人，在改造客观世界中改造主观世界。

（4）阿Q的革命性与阿Q式的革命：阿Q的革命性不可否认；阿Q的革命性带有破坏性；阿Q的革命性需要改革。

四、今天上演《阿Q正传》的意义

（1）纪念鲁迅诞辰一百周年。

（2）把鲁迅的名著和不朽的艺术典型，介绍给青年和群众——国内普及。

（3）把高级的精神食粮供给人民——改变群众的美学价值观和审美趣味。

（4）阿Q没有死，很人性——照一照镜子。

"据我的意思，中国倘不革命，阿Q便不做，既然革命，就会做的。我的阿Q命运，也只能如此，人格也恐怕并不是两个。民国元年已经过去了，无可追踪了，但此时再有改革，我相信还会有阿Q似的革命党出现。我也很愿意如人们所说，我只写出了现在的或一时期，但我还恐怕我所看见的并非现代的前身，而是其后，或者竟是二三十年之

后。"——《阿Q正传的成因》

阿Q式的革命性。

阿Q的精神胜利法——总是自己好。

阿Q式的冷漠。

五、对于演出者的一点建议

（1）通读鲁迅的小说，尤其是《呐喊》。

（2）读一部鲁迅的杂文选。

（3）读点近代史论著。

（4）掌握阿Q的特点：农民式的质朴、愚蠢、游手之徒的狡猾。但又不是流氓，切不可有流氓气；不是闰土，比他多一点狡猾。不是小董，而是小D，长大和阿Q相同。

（5）阿Q是历史的产物、环境的产物。因为：假洋鬼子不准革命；革命先行者不发动他们革命；中国人中看客多！

附录2　关于鲁迅的理解与抒情

（2002年4月11日，鲁美座谈会）

一、接受美学

"作品"缔造一个世界（海德格尔）；但作家自身只完成了一半，像一部交响乐，只是乐谱，要乐队演奏才能实现（英伽尔登）；"读者的工作"（罗兰·巴特尔）；接受的前知识结构（前知、前释、前设）；"期待视野"、"接受屏幕"；一千个读者有一千个哈姆雷特。

每个时代有一个时代的对于鲁迅的理解与接受，形成一个特殊的鲁迅形象。

二、鲁迅——走向世界；鲁迅研究——世界性文化现象

从走向中华民族灵魂深处到走向世界。

探察鲁迅研究的历史和现状。

（一）世界性的鲁迅情结与鲁迅的研究

竹内好、竹内实、大江健三郎、米列那、顾彬、普实克、罗曼·罗兰，日本、德国、美国。

（二）中国对于鲁迅的民族性接受与公众接受

1. 十年一个周期

（1）20世纪20—30年代末：初步的但却是正确的认识评价鲁迅

周作人为代表）。

20世纪30—40年代末：作家与思想家的鲁迅，战士与民族魂
的鲁迅（以瞿秋白为代表）。

（3）20世纪40—50年代末："三个伟大的家"（文学家、思想家、
革命家），民族英雄（以毛泽东为代表）。

（4）20世纪50—60年代末："三个家"的普及与深入（全民族的对
于鲁迅的学习与接受）。

以冯雪峰作为代表的，以及以鲁迅的学生、弟子为核心的鲁迅研究
的广泛深入的宣传和发展。

一个革命的、战斗的、斗争的金刚怒目式的鲁迅形象的完成。

问题：欣赏与接受偏离角的产生。

以鲁迅的思想与毛泽东思想作对应性的比较与论证。

（5）20世纪60—70年代末：对鲁迅的歪曲、神化、鬼化与利用。
鲁迅形象被破坏。受难的鲁迅与鲁迅的受难。

（6）20世纪70年代末—80年代初：对鲁迅认识的大改变，鲁迅研
究的大解放，"回到鲁迅"，鲁迅开始重露光辉。

我有幸自身经历了这场思想解放运动中的一个巨大浪花的洗礼，投
身于其中，洗涤我自身思想上的尘灰、灵魂上的暗影、视野里的云翳。
如恩格斯所言，只有亲身经历者才会懂得其意义。

胡乔木——鲁迅和他同时代的人。

周扬——鲁迅："知人论世"。

对鲁迅的全面接受与全民诠释。思想文化的、革命的、人道主义
的、文化大师的鲁迅形象的诞生。

（7）20世纪80年代末—90年代初，鲁迅研究上的两极现象：一面
是深思与探索，走向新的鲁迅诠释与接受；一面是惊人的、令人痛心的
冷漠。

新一轮攻击与否定的开始。

（8）20世纪90年代：扩展、深化、提高与问题。

三、四个方面

（1）中国作家第一人。

（2）鲁迅的文学文本的现代主义的诠释。

（3）百科全书式哲人大师的文化鲁迅形象的丰满与深化。

（4）鲁迅学的进一步发展与建设。

四、十个主题

（1）鲁迅阅读的发展。

（2）海外鲁迅阅读的发展。

（3）鲁迅研究规模的发展与良好态势。鲁迅研究：世界文化现象。

① 第三世界的文学文本，民族寓言。这种寓言化过程的最佳例子就是鲁迅的《狂人日记》。

② 鲁迅：东方文化、第三世界文化代表的"他者"，"发达国家新的觉悟"。

③ 西方普遍的认识：把鲁迅创造的文化遗产，作为世界文化的一个重要组成部分，参与世界面临问题的解决。

（4）鲁迅研究领域的扩展。

（5）鲁迅研究的延伸。

（6）鲁迅研究的主题的增加与扩展。

（7）鲁迅同时代人研究的发展。

（8）比较研究的发展。

（9）综合研究与专题研究的发展。

（10）从反面对鲁迅的研读。

五、鲁迅：被误读与被否定

美籍华人夏志清，以及我国香港、台湾的个别作家等。

六、21世纪人们怎样认识与接受鲁迅？

（1）新的研究观念、研究视角、研究方法与研究规范。

（2）新的国际国内学术、文化发展与鲁迅研究的发展。

（3）新的鲁迅价值观与鲁迅形象。

读/细读鲁迅与新的诠释/接受，形成多元构造的研究。

领域拓宽：外部研究。

② 纵深深入：内部研究。

③ 诸种文论开掘下的新解读。

④ 新的解读领域与旧领域的新解读。

⑤ 大综合研究。

⑥ 比较研究。

⑦ 鲁迅创作心理研究。

⑧ 鲁迅：文化大师研究。

⑨ 鲁迅学的建设与发展。

七、我们需要鲁迅，我们呼唤鲁迅——鲁迅对于当代中国的意义

（1）围绕"历史主题"与"民族与世界主题"，研究鲁迅为创获中国文化的现代性和建设现代文化奋斗终身所作出的巨大、深邃、久远，为别人所难企及、无可替代的建设和贡献，以及在奋战中所表现的崇高品性与人格魅力。

（2）他的文学创作、翻译文学与学术著作是中国现代文化文本的典范之一，是我们今天艺术与文化创造的源头水，启示着和创造新灵感的激起动因与范式。

（3）真正的现代性：（波特莱尔、卡夫卡、陀思妥耶夫斯基）民族文化从传统向现代转换和中国人从传统向现代转换，能够从鲁迅的理论与实践中汲取教养和灵感。

正确处理如下文化主题与文化课题：物质/精神；传统/现代；科技/人文；西方/东方；世界/中国。

（4）正确的观念、态度和决策——鲁迅的革命批判现实主义：历史的遗言、现实的诤言。

① 保守：对已成之物爱之弥深，对未成之物求全责备。

② 虚伪："做戏的虚无党"。

③ 冷漠：对别人的事漠不关心。

④ 隔膜：自己的手不懂得自己的足。

⑤ 残酷：拿残酷当娱乐，拿他人的苦作赏玩、作慰安。

⑥阿Q：精神胜利法。

⑦等级制度和观念。

⑧瞒和骗。

八、忍俊不禁的微笑：面对"辱骂、贬斥和否弃鲁迅"的逝去的尘埃

（1）有人骂鲁迅是"汉奸"，有人骂鲁迅是"流氓文化风"……；

（2）但这种无根据的谩骂，无损于鲁迅的壮大。

（3）它们都是逝去的尘埃。现在国内和国际学术文化家，都对鲁迅的评价越来越高了。

九、我的读鲁心史：我心中的鲁迅

（1）百科全书式的大师。

（2）绝代爱国者。

（3）民族的思考人、代言人。

（4）民族的伟大批判者。

（5）民族性格的代表。

（6）悲天悯人的伟大人道主义者。

（7）养育了几代作家、艺术家、革命家的思想与文化导师。

（8）光彩照人的人格魅力。

附录3 中国当代社会的"期待视野"与 "接受屏幕"

彭定安文集
鲁迅学论集
16

（一）世界文化格局中的中国当代文学艺术

1. 处在世界文化格局中的中国当代文学艺术
（1）世界文化的重新积累、新的转型和重新组合；
（2）在世界文化对话中的中国当代文学艺术；
（3）中西互补矛盾纷争的世界文化格局中的文学艺术。
2. 中国社会的重新构造运动
（1）阶层变化；
（2）新的理性和感性世；
（3）新的审美现想和审美心理。
3. 中国当代四股文化潮流
（1）以亿计的人涌进文化领域；
（2）亚艺术形式的产生；
（3）商品经济的冲击；
（4）开放后西方文化的撞击。

（二）艺术发展的社会态势

（1）接受者成为"上帝"；
（2）经济杠杆的作用；
（3）通俗艺术潮。

（三）期待什么和接受什么

（1）期待初级文化与初级艺术产品；

（2）亚艺术形式的满足与不满足；

（3）消费的接受与批评的接受；

（4）了解过去、现在和未来：兴趣的迅速转换和飘忽性。

（四）基本的要求

（1）了解我们的生活发生了什么变化和它是什么样的？

（2）了解自己与了解别人——了解民族的传统和现实状况；了解国外情况与动态；

（3）要求普及的又要求提高的。

（五）中国当代文学艺术期待视野与接受屏幕

1. 艺术的生产－接受动力学

（1）艺术的四个世界

①世界；②作家；③作品；④读者（观众）。

（2）艺术的生产

作品的"一半"；另一半：读者。

（3）社会接受

"第四世界"的生产。

（4）视界的转换

（5）条件

作品基础→接受→又合又不合→视界转换。

2. 中国当代一般接受态势

（1）传统——民间——低文化层。

（2）三股潮流的冲击：几亿人进入文化领域；商品经济浪潮；外国和我国港台文艺思潮。

（3）以作品和评论、审美理论，引导和创辟新的期待视野和接受屏幕。